UX 라이팅 교과서
원리, 프로세스, 사례로 배우는

UX 라이팅 교과서

원리, 프로세스, 사례로 배우는

지은이 이춘희, 이지현

엮은이 전이주

펴낸이 박찬규   디자인 북누리   표지디자인 Arowa & Arowana

펴낸곳 위키북스   전화 031-955-3658, 3659   팩스 031-955-3660

주소 경기도 파주시 문발로 115 세종출판벤처타운 311호

가격 28,000   페이지 340   책규격 175 x 235mm

초판 발행 2023년 09월 08일
ISBN 979-11-5839-455-4

등록번호 제406-2006-000036호   등록일자 2006년 05월 19일
홈페이지 wikibook.co.kr   전자우편 wikibook@wikibook.co.kr

Copyright © 2023 by 이춘희, 이지현
All rights reserved.
Printed & published in Korea by WIKIBOOKS

이 책의 한국어판 저작권은 저작권자와 독점 계약한 위키북스에 있습니다.
신저작권법에 의해 한국 내에서 보호를 받는 저작물이므로 무단 전재와 복제를 금합니다.
이 책의 내용에 대한 추가 지원과 문의는 위키북스 출판사 홈페이지 wikibook.co.kr이나
이메일 wikibook@wikibook.co.kr을 이용해 주세요.

UX
라이팅
교과서

원리, 프로세스, 사례로 배우는

이춘희, 이지현 지음

위키북스

저자 서문

이춘희

이 책은 어떻게 시작되었나

나의 UX 라이팅 연구는 존경하는 재니스래디쉬(지니)로부터 시작되었다. 지니는 위키북스에서 출간한 『콘텐츠 UX 디자인』(위키북스, 2011)의 저자로 공저자인 이지현 교수님과 2011년에 공동 번역했다. 지니는 1979년 미국 정부 산하 연구소인 문서 디자인 센터(Documents Design Centre)를 설립하고 디렉터로 일했다. 여기에서 Plain Language Guidelines를 만들고 정부와 공공 문서를 쉽게 고치는 일을 도왔다. 1992년부터 이 노하우를 다국적 기업과 인터넷 기업으로 옮겨와 기업의 문서와 온라인 콘텐츠의 이해도를 높이는 "문서와 사용성 연구소"를 미국 최초로 만들어 운영했다. 지금까지 콘텐츠 업계에서 탄탄한 토대를 다진 인물로 거론되며, 2013년 User Experience Professionals Association에서 지니의 평생 업적을 기려 Lifetime Achievement Award를 수여했다.

나는 다양한 업종과 성격의 인터넷 서비스 작업을 하면서 전략, 디자인, 개발에 쓰는 노력에 비해 글에 쏟아 붓는 노력은 매우 적은 것을 경험했다. 콘텐츠 작업은 프로젝트의 끝단에 빨리 해치웠고, 체계적인 방법이나 근거보다 기획자 개개인의 역량에 의존했다. '이게 맞나?'라는 의문이 있던 와중에 이 책은 나에게 빛과 같았다. 온라인 인터페이스에서 왜 글이 중요한지, 사용자들은 무엇을 어떻게 읽는지, 어떻게 써야 글이 더 눈에 잘 들어오고 서비스를 더 잘 이해시키는지 이 책을 통해 배웠다. 이런 계기로 국내에 적합한 온라인 글쓰기 방법론을 연구하고 정리하는 비전을 품게 되었다. UX Writing Lab의 설립과 이 책의 출간은 이 행로의 큰 결실이라고 볼 수 있다.

왜 책 이름이 교과서인가

우리가 책 제목을 '교과서'라고 명명한 것은 책의 완결성이나 엄중함을 드러내려는 거만한 의도에서 비롯된 것이 아니다. 한 지식을 이해하기 위해 주교재로 틀을 잡고 부교재로 연관 주제를 깊이 있게 이해하듯이 UX Writing과 관련해서 벌어지는 업계의 이슈와 단계를 대부분 포괄하여 UX 라이팅을 연구하려는 대학, UX 라이터로 취업이나 전직을 원하는 사람들, UX 라이팅을 조직에 도입하려는 기업 담당자들에게 논리적, 조직적, 방법적인 큰 틀을 제시하고 싶었다. 이런 의미를 잘 내포하고 있는 단어가 '교과서'이기에 이런 이름을 붙이게 된 것이다. 집필 전 계획의 시간까지 더하면 3년간 이 작업에 매진했다. 이 책을 주교재로 삼고 시중에 나와 있는 훌륭한 실무서와 아티클을 부교재로 삼으며 실무를 해나간다면 단언컨대 탄탄한 UX 라이팅 내공을 다지게 될 것이다. 개인적인 행로를 밝히자면 지금까지 틀을 잡는 일을 했다면 이제부터는 이 틀을 이루는 구성 요소들을 하나 하나 깊이 있게 파헤칠 작정이다. 평생 하고 싶은 가치 있는 일이 있다는 것은 정말 감사한 일이다.

이 책이 나오도록 도와주신 분들

사용자, 트렌드, 목표, 기업이라는 큰 틀에 강한 이지현 교수님과 인간의 내밀한 심리와 글자의 미묘함에 강한 나와의 협업은 언제나 최고이다. 서로의 약점을 보완함으로써 서로의 강점이 드러나도록 돕는 훌륭한 파트너 관계이다. 이 책을 교과서라고 부를 수 있는 것도 이런 협업이 있기에 가능했다.

이 책이 세상에 나올 수 있도록 출간 작업을 해주신 위키북스의 박찬규 대표님, 김윤래 실장님에게 감사드린다. 몇 년 만에 불쑥 연락드려도 한결 같은 신뢰와 따뜻함과 전문성으로 감동을 주신다.

책 안의 인터뷰에 응해주신 뷰저블 박태준 대표님, 엄지연 팀장님, 숨고의 정서우 님, SWIT의 이수현 님에게도 감사드린다. 2023년 현재, UX 라이터로서 밟는 모든 행보는 미지의 것을 파헤치는 도전인데 일선에서 각자의 재능과 전문성으로 개척해 주시는 이 분들께 존경과 위안을 느낀다.

이 책에 컨설팅 사례를 올리게 허락해 주신 에어서플라이의 김원균 대표님과 웨이브웨어 조나연 대표님에게도 감사드린다. 이 기업들을 보면서 우리 삶의 빈틈을 새로운 혁신으로 메워주는 스타트업의 도전 정신을 배운다.

온라인 서비스의 본질과 모습을 알려준 이전 FID와 SK 커뮤니케이션즈 동료들, 그리고 UX Writing Lab을 믿고 일을 맡겨 주시는 다양한 클라이언트들에게도 감사드린다. 일일이 이름을 언급하기 어려울 정도로 많은 분들이 지금의 나를 만들어 주셨다.

인생에서도 글에서도 눈에 보이는 현상에 흔들리지 말고 본질에만 집중하도록 매일 일깨우시는 나의 하나님, 그리고 우리에게 주어진 인생이라는 선물을 헛되이 쓰지 않도록 매일 기도와 교제로 서로를 북돋워주는 승영 언니와 첫열매 식구들이 없다면 나는 정말 불쌍한 사람이다.

마지막으로 나와 내 남편을 이 세상에 있게 하고 힘난한 세상에서 끝없는 안전함과 소속감을 선사해 주는 부모님과 가족들, 특히 이루 말할 수 없는 사랑과 기다림과 성숙이라는 선물을 선사하는 사랑하는 딸과 남편에게 깊은 감사와 사랑을 전한다.

이지현

UX 연구와 UX 라이팅 연구는 어떻게 시작되었나

새로운 분야를 개척하고 해당 분야의 지식 체계를 책으로 정리할 기회를 갖는다는 건 매우 감사하고 보람된 일이다. 오래전 (혹은 그리 오래전은 아닌 시기에) UX 조직을 컨설팅 회사와 인하우스 조직의 형태로 각각 만들고 국내 UX 분야의 연구와 실무를 선도적으로 한 것은 매우 소중한 기회이자 경험이었다. 그 당시에는 너무 일들이 도전적이고 공부할 게 많다는 생각으로 해외의 UX 도서를 국내에 소개하는 것으로 책 집필의 기회를 대신하였다. 본 도서의 출판사인 위키북스와 함께 『UX 디자인 프로젝트 가이드 1, 2』(위키북스, 2010, 2013) 『UX 디자인 커뮤니케이션 1, 2』(위키북스, 2008, 2012) 등 양서를 이춘희 대표님과 공동 번역하여 당시 부족한 UX 지식 체계를 널리 전파하기 위해 노력하였다. 물론 은사님의 소개로 Global Usability의 집필에 참여하고, 멋진 국내 최대 인터넷 에이전시였던 FID의 웹기획 도서 집필에 부분적으로는 참여한 적은 있지만 그리 주도적인 역할로 참여하지는 않았다. 참고로 『UX 디자인 프로젝트 가이드 1』은 소중한 네이버 UX Lab 구성원들의 공동번역 작품이다.

서울여대에 재직하면서 더 폭넓은 시야와 더 뾰족한 초점과 방법들을 가지고 인터넷 서비스와 UX 분야를 연구하였는데, 도중에 위키북스와 『콘텐츠 UX 디자인』을 이춘희 대표님과 공동 번역할 기회가 있었다. 저자인 재니스 래디쉬(지니)는 원래 사용성 전문가로 잘 알고 있던 저자였으나 콘텐츠와 UX 라이팅 분야에도 큰 전문성을 가지고 책을 남긴 것을 보고 존경하는 마음을 갖게 되었다. 또한 인터넷 초창기부터 정보 설계(IA), 콘텐츠 서비스 전략 컨설팅 및 구축 업무와 관련 공부를 꾸준히 해왔지만 늘 바쁘게 새로운 프로젝트를 진행해야 했으므로 지식 체계 정리에 대한 갈증도 컸다. 국내에도 지니와 같은 전문가들이 많아져야 하겠다는 생각을 꾸준히 했었는데, 마침 공동 번역자이자 파트너인 이춘희 대표님이 UX Writing Lab이라는 전문 연구, 컨설팅 그룹을 만들고 발전시키는 것을 도와드렸다. UX Writing Lab은 과거 정보설계 컨설팅 때부터 이어져온 노하우를 바탕으로 최신의 방법과 프로세스를 연구하고, 계속 사례 연구를 만들어내며 지식과 노하우를 축적하고 있다.

누구에게 어떤 도움이 되는 책인가

이 책은 UX Writing Lab에서 그간 해온 작업과 연구, 네트워크들의 핵심만 정리한 책이라 생각한다. 물론 교과서란 이름이 부담스럽긴 하지만 아직 생소한 이 분야를 잘 정리하려고 최선을 다한 결과물임은 말할 수 있다. 이미 국내외 전문가들이 좋은 UX 라이팅 책들을 집필해 주셨으나, 그래도 본 도서는 존재가치가 있다고 생각한다. 어쩌면 UX 라이팅 분야를 가장 체계적이고 포괄적으로 잘 정리했으며, 콘텐츠 디자인도 포함하며 서술하였고, UX 리서치와의 협업, Generative AI 활용법까지도 담은 책이기 때문이다. 그러므로 UX 라이팅을 처음 접하는 사람에겐 전반적인 체계를 종합적으로 파악할 수 있도록 해주며, 기업의 경영자, PO, 기획, 디자인, 개발자들도 UX 라이팅의 업무 범위와 역할을 이해하여 효과적인 협업이 가능할 수 있도록 해주고, 현장의 UX 라이터들도 현재의 이슈에만 매몰되기보다는 미래지향적으로 UX 라이팅이 가야할 길을 고민하는 데 참고할 수 있는 책이라 생각한다.

이 책이 나오도록 도와주신 분들

우선 창조주 하나님께 가장 먼저 감사드린다. 삶의 의미를 알아가며 나의 역할을 찾아가는 보람과 감사와 기쁨을 늘 깨우쳐 주신다. 그리고 이 책이 나올 수 있게 도와 주신 위키북스 박대표님, 김실장님, 편집자님, 디자이너님께 감사드린다. 위키북스와의 만남은 책을 통해 새로운 길을 많이 만날 수 있었기에 인생의 큰 선물 중 하나로 느껴진다. 그리고 이 책에 실린 인터뷰에 참여해주신 기업관계자, 전문가분들에 대한 감사는 앞서 이춘희 대표님이 해주셨다. 그래도 조금 덧붙이자면 창업 때부터 오랜 신뢰관계를 바탕으로 데이터기반UX에 대한 다양한 파트너십을 발전시켜온 포그리트 박태준 대표님, 엄지연 팀장님께 다시 한 번 감사드리며, UX 라이팅 관련 분야를 열심히 연구하여 학계와 업계에 도움되는 훌륭한 결과물을 남겨준 정지현 제자에게도 감사의 말을 남기고 싶다.

생소했던 분야를 용감하게 개척하고 뿌리깊은 나무처럼 전문성과 리더쉽을 가질 수 있도록 많은 영향과 영감을 주시고 지도해주신 부모님, 이건표 지도교수님과 학교 선후배님들, UX/디자인/HCI/인터넷 비즈니스 분야에서 배움과 도움을 나눠주신 선후배 연구자들에게 감사드린다. 그리고 국내 최고 인터넷 기업에서 쉽게 경험할 수 없는 일들을 맡겨주시고 경험하게 해주신 GIO님, 센터장님과 대표님, 크고 작은 조직에서 함께할 수 있어 많은 것을 가능하게 한 훌륭한 동료들, KAIST와 Aalto EMBA, 규슈국립대를 거치며 다양한 과정을 공부할 때마다 함께한 멋진 교수님, 동기들과 훌륭한 선후배들, 최근까지 많은 산학 프로젝트를 함께한 여러 대기업/중소기업/스타트업 관계자들, 자문역할로 장기간 함께하고 있는 멋진 대표님들, 서울여대에서 함께 연구하며 본 책에도 많은 도움과 영감을 준 동료 교수님들, 많은 수업과 연구를 함께한 아끼는 대학원 및 학부 제자(아제)들에게 깊은 감사를 드린다. 그리고 늘 든든하게 함께하는 와이프와 딸에게 고맙고 서로 힘이 되어주는 가족 모두에게 감사드린다.

마지막으로 나의 훌륭한 파트너이자 멋지고 훌륭한 UX 라이팅 전문가이신 공동 저자 이춘희 대표님께 더할 수 없는 깊은 감사의 말씀을 드린다.

저자프로필

이춘희

한양대학교 신문방송학과

FID 전략 기획 · 제안 · 구축 PM

SK 커뮤니케이션즈 네이트온 서비스 기획 · 운영

『콘텐츠 UX 디자인』, 『심플은 정답이 아니다』, 『스티브 크룩의 사용성 평가』 등 UX 디자인 전문서 번역

(현재) UX Writing Lab 대표: UX Writing 전문 연구, 강의, 컨설팅

UX Writing Lab 브런치: https://brunch.co.kr/@margrit74

탈잉 강의: https://taling.me/vod/view/43543

이지현

KAIST 산업디자인 학/석사, Aalto EMBA, 규슈국립대학교 박사

새한정보시스템 인터랙션 디자이너

넥슨 기획자 및 웹디자이너

FID CX Lab 설립 및 디렉터

Naver(구NHN) UX Lab 설립 및 디렉터

(현재) 서울여자대학교 산업디자인학과 교수, UX 디자인랩 공동운용

UX Writing Lab 및 스타트업 UX 자문 교수

연구실 홈페이지: http://uxdl.swu.ac.kr/

추천의 글

이건표 _ 홍콩 폴리테크닉대학 디자인대학 학장

요즘같이 모든 게 순식간에 파괴적으로 바뀌는 때에 책을 집필한다는 것은 쉽지 않은 일이다. 서문을 쓰고 나중에 책을 마감하려는 순간, 이미 책의 내용이 너무 진부하다든가, 심지어 그릇될 수도 있기 때문이다. 더구나 '교과서'라는 단어가 책의 제목에 포함되었을 때는 다양한 사례에 적용될 수 있는 포괄성과 책의 내용이 오랜 기간 사실로 유지될 수 있는 지속성을 지녀야 한다. 이에 덧붙여 사람들이 요즘의 디지털 콘텐츠를 읽은 행태가 지극히 다양해져 '라이팅'이 너무 힘들어진 것도 사실이다.

이 책의 구조적 흐름은 대체로 'why', 'what', 'how'로 자연스럽게 앞부분의 이해가 뒷부분의 이해로 이어질 수 있게 탄탄하게 짜여 있다. 즉, 왜 UX 라이팅이 필요한지, UX 라이팅이 뭔지, 어떻게 UX 라이팅을 잘 할 수 있는지가 각각 독립적이면서도 전체적으로 조화를 잘 이루고 있다. 게다가 최근 화두로 떠오른 생성 AI까지 다루고 있어 가히 저자의 엄청난 도전이 부러울 뿐이다. 라이팅 전문가라서 그런지 무거운 내용이지만 가볍고 쉽게 읽힌다. 책 내용을 이해하는 데서 그치지 않고 독자로 하여금 더 생각하게 리드한다.

교과서라는 제목이지만, 학생은 물론이고 실무자, 경영자 등 모두에게 도움이 될 만한 책이다.

이은종 _ 한동대학교 콘텐츠 융합디자인 학부 교수 및 디자인 연구소 소장

먼저 점점 복잡해지는 제품과 서비스로 인해 UX 라이팅이 크게 중요해진 현시대에 이처럼 탁월한 저서가 시의적절하게 출간된 것은 무척 기쁜 일입니다. 이 책의 제목이 '교과서'인 이유에 대해 저자들은 겸손하게 설명하고 있지만, 실제로 이 책은 '교과서'라고 하기에 그야말로 부족함이 없다고 말할 수 있습니다.

특히 이춘희 대표와 이지현 교수와의 오랜 교류를 통해 알 수 있는 그들의 탁월성과 높은 완성도에 대한 열정을 생각했을 때 이 작업에 얼마나 많은 공을 들였는지 알 수 있었습니다. 명확한 개념과 탄탄한 이론, 그리고 실무에 적용 가능한 유용한 방법들과 AI까지 포괄하는 미래지향성, 결과물의 평가와 엄선된 사례, 그리고 UX 라이터로서의 자세까지 정말 알차고 정교하게 짜인 구성과 내용의 세세함과 깊이가 돋보이는 근래 나온 수작이라고 생각합니다.

UX 라이팅 교과서가 제시하는 하나하나의 주옥같은 내용은 UX 라이팅의 가장 확실한 길라잡이의 역할을 할 것이라 확신하며 이 책을 강력하게 추천합니다.

박광훈 _ 신한카드 DX팀 부부장

최근 사용자 경험 설계에 UX 라이팅의 중요성이 대두되고 관련 업계에 몸을 담고 있는 이들의 관심이 급증함에 따라 UX 라이팅 관련 서적이 하루가 멀다고 출간되는 건 정말 반길 만한 일이 아닐 수 없다.

그러나 최근 출간되는 UX 라이팅 관련 서적 중에는 다소 가벼운 소개와 사례만을 다루거나 외국의 사례를 그대로 번역하는 등 UX 라이팅을 좀 더 깊이 있게 공부하고자 하는 이에게는 다소 부족한 부분이 있어 아쉬움이 많았다.

그와 달리, 이 책의 구성은 UX 라이팅의 이론적 배경뿐만 아니라 국내 수많은 프로젝트를 통해 얻은 실무 사례까지 균형 잡힌 시각으로 서술하고 있어 UX 라이팅을 체계적으로 배우는 데 있어 참고할 만한 '교과서'로 활용하기에 부족함이 없어 보인다.

책 이름을 『UX 라이팅 교과서』라 붙인 이유를 충분히 이해할 수가 있다.

박태준 _ 포그리트 대표

인간이 사회적 존재가 되도록 해주는 근간인 '글'의 중요성을 우리는 언제부터인가 놓치고 있었습니다. 하지만 인간의 사회적 활동 무대가 오프라인에서 온라인으로 옮겨지는 엄청난 변화의 시대를 살아가는 우리에게 '글'의 중요성은 이제 빅데이터를 만남으로써 새롭게 정의되고 다시 바라볼 수 있게 되었고, 그것을 우리는 UX 라이팅이라는 장르로 다룸으로써 매우 효율적인 서비스 개선 방법을 발견하게 됩니다.

이 책에서는 보다 쉽고 친절하며 일관된 어조를 유지하는 방법을 통해 사용자가 원하는 곳에 최고의 경험으로 도달할 수 있게 해주는 UX 라이팅 과정을 다루고 있습니다. 무엇보다 근거와 배경지식까지 필요한 대부분의 내용을 다루고 있기에 입문자부터 숙련자까지 UX 라이팅에 관심이 있는 모두에게 도움이 될 거라 생각합니다.

글에는 힘이 있습니다. 말하는 대로 이루어진다는 동서양 선조들의 가르침을 본 교재를 통해 확인하시기 바랍니다.

하현남 _ 페이북컴퍼니, ㈜비씨카드 서비스 그룹장

UX 라이팅을 위해 가장 먼저 읽어야 할 책, '교과서'라는 제목에 꼭 맞는 UX 라이팅 기본 필독서

Digital Product의 좋은 사용자 경험과 비즈니스 목표 달성에 있어 UX 라이팅의 역할은 이제 데이터로 입증되고 있다. 그러나 잘 쓰기라는 과업은 UX 실무에서 여전히 매우 어려운 숙제로 남겨져 있다.

이 책은 UX에 대한 깊은 이해와 다양한 UX 실무 경험을 가진 두 저자가 UX 라이팅에서 다루어야 하는 전 영역을 구조화하여 이론과 다양한 사례뿐만 아니라 최근 화두가 되는 생성형 AI 협업에 이르기까지 촘촘하게 담아내고 있다.

UX를 공부하는 학생에서부터 UX 실무자와 마케터에 이르기까지, Digital Product의 글쓰기를 체계적으로 배우고 싶은 이들이 가장 먼저 읽어야 할 UX 라이팅 필독서로 추천한다.

김찬일 _ 네이버 클라우드 Global SaaS 이사

흔히 UX 라이팅은 누구나 쉽게 할 수 있는 일이라고 생각하기 쉽고 웹사이트나 애플리케이션을 설계하면서 해당 영역의 전문적인 역량을 확보하지 않고 진행하는 경우가 많습니다. 하지만 실제로는 적절한 레이블, 명료한 문장, 언어의 톤앤매너를 정리하는 작업에 애를 먹는 경우가 비일비재하며, 결과적으로 사용자의 반응과 결과물의 퀄리티에 즉각적인 영향을 미치는 것을 자주 목격하게 됩니다.

일방향으로 생각을 전달하는 통상적인 글쓰기와는 달리 UX 라이팅은 사용자 중심적인 글쓰기, 능동적인 과업 수행에 최적화된 정보 패턴, 복잡한 시스템을 고려한 체계성이 요구됩니다. 저자가 교과서라고 표방한 바와 같이 본 서적은 UX 라이팅에서 고려해야 할 이러한 원칙과 프로세스를 일목요연하게 다루고 있으며, 특히 실제 사례와 함께 제시한 다양한 예시들은 개념을 쉽게 이해하고, 실제 현장에 어떻게 적용할지에 대한 현실적인 도움을 줄 것이라고 생각합니다.

이 책은 UX 라이팅 분야에 관심 있는 분들은 물론, 현업에서 서비스 기획, UX 디자인을 하는 모든 분에게 간과해서는 안 될 중요한 지침을 제공할 것입니다.

유은조 _ 현대경제연구원 인재개발원 연구개발실 연구위원

텍스트만으로도 우리 사이트에 방문한 고객의 공감을 얻고 브랜드 친밀도를 높일 수 있다!

고객이 읽기 편한, 사용자 중심의 글을 쓰는 UX 라이팅의 원칙은 무엇일까?

이 책은 저자들이 다양한 기업과의 협업을 통해 얻었던 금쪽같은 실무 팁을 고스란히 녹인 국내 최초 UX 라이팅 기본서이자 실무서이다. 또한 UX 라이팅의 방법론을 실제 사례에 접목시켜 구체적인 개선 방안까지 소개함으로써 실무 활용도를 높였다.

이 책을 통해 UX 라이팅의 기본 원칙을 이해하고, 이를 업무에 적용하여 사용자 경험을 향상시키고자 하는 실무자들에게 적극 추천한다.

목차

1부 _ UX 라이팅 틀 잡기 — 1

1장 / 왜 UX 라이팅이 필요한가? — 2

- 1.1. UX 라이팅의 중요한 전제 — 2
- 1.2. 사람들은 읽지 않는다, 스캔한다. — 3
  - 1.2.1. 6가지 스캐닝 패턴 — 6
  - 1.2.2. 그렇다면, 어떻게 글을 써야 할까? — 12
- 1.3. UX 라이팅은 무엇인가? — 17
  - 1.3.1. UX 라이팅 정의와 특징 — 17
  - 1.3.2. UX 라이팅 업무 영역 — 19
  - 1.3.3. UX 라이터가 쓰는 글의 종류 — 24
  - 1.3.4. UX 라이팅 프로세스 — 33
  - 1.3.5. 좋은 UX 라이팅의 효과 — 35
- 1장 요약 — 37
- 참고 자료 — 38

2장 / UX 라이팅의 시작은 사용자에서 — 39

- 2.1. 글쓰기는 사용자와의 대화다 — 39
  - 2.1.1. 대화체 = 대화? — 39
  - 2.1.2. 좋은 대화를 나누는 과정 — 44
  - 2.1.3. 대화의 예시 — 46
  - 2.1.4. 사용자 질문 뽑아내기 — 51

2.2. 콘텐츠 전략과 사용자에 집중하는 도구　62
2.2.1. 페르소나　62
2.2.2. 사용자 여정 지도　68
2장 요약　70
참고 자료　71

2부 _ UX 라이팅 실무 방법론　73

3장 / 보이스앤톤 디자인　74

3.1. 보이스앤톤 디자인의 정의　75
3.2. 보이스앤톤 디자인의 효과　76
3.2.1. 브랜드를 친근하게 느낀다　76
3.2.2. 사용자 중심적인 글을 더 빨리 쓸 수 있다　76
3.2.3. 마케팅 노력을 극대화할 수 있다　77
3.2.4. 일관된 글을 쓸 수 있다　78
3.3. 보이스앤톤 디자인 프로세스　78
3.4. 보이스앤톤 적용 사례　82
3.4.1. 메일침프　82
3.4.2. 우버　85
3.4.3. 국내 사례　87
3.5. 보이스앤톤 디자인 시 주의사항　90
3장 요약　91
참고 문헌　91

4장 / 사용성이 좋아지는 글쓰기　　92

4.1. 사용성 휴리스틱 소개　　93

4.1.1. 시스템 상태의 가시성　　95
4.1.2. 시스템과 실생활의 일치　　98
4.1.3. 문제 방지　　99
4.1.4. 기억보다 직관　　101
4.1.5. 아름다운 최소한의 디자인　　104
4.1.6. 문제 인지, 진단, 복구하기　　106

4장 요약　　108
참고 자료　　109

5장 / 핵심이 잘 보이는 글쓰기　　110

5.1. 정보 패턴화　　110

5.1.1. 정보 패턴의 중요성　　112
5.1.2. 패턴의 작동 원리　　113
5.1.3. 정보 패턴 가이드라인 사례　　114

5.2. 역피라미드 글쓰기　　115

5.2.1. 역피라미드 글의 정의와 효과　　116
5.2.2. 역피라미드 글쓰기 방식　　117
5.2.3. 역피라미드 글의 사례　　117

5.3. 글 디자인하기　　121

5.3.1. 꼭 필요한 내용으로만 압축하기　　121
5.3.2. 정보의 계층 구조　　123
5.3.3. 여백 활용하기　　125

5.3.4. 연관된 정보는 근처에 배치 · 127
5.3.5. 목록과 도표 활용 · 129
5장 요약 · 131
참고 자료 · 132

6장 / 문장 쓰기 · 133

6.1. 읽게 만드는 제목 쓰기 · 133
6.1.1. 글의 문맥을 반영하라 · 134
6.1.2. 독자에게 유용한 것을 제안하라 · 135
6.1.3. 장난스럽거나 유행 타는 어휘는 피하라 · 135
6.1.4. 불필요한 단어는 제거하라 · 136
6.1.5. 중요한 키워드는 앞에 써라 · 136

6.2. 클릭을 유도하는 링크 쓰기 · 137
6.2.1. 구체적으로 써라(Specific) · 138
6.2.2. 진실하게 써라(Sincere) · 140
6.2.3. 중요한 내용을 써라(Substantial) · 141
6.2.4. 명료하게 써라(Succinct) · 142

6.3. 짧고 쉽고 유용하게 쓰기 · 142
6.3.1. 짧게 쓰기 · 143
6.3.2. 쉽게 쓰기 · 145
6.3.3. 유용하게 쓰기 · 149

6.4. 콘텐츠 스토리텔링 · 151
6장 요약 · 158
참고 자료 · 159

7장 / 전환율을 높이는 글쓰기　　160

7.1. 마이크로카피　　160

- 7.1.1. 마이크로카피의 정의　　160
- 7.1.2. UX 라이팅과 마이크로카피의 관계　　161
- 7.1.3. 좋은 마이크로카피 쓰는 방법　　162
- 7.1.4. 마이크로카피의 효과　　168
- 7.1.5. 마이크로카피를 쓸 때 주의할 점　　177

7.2. 카피와 전환율　　180

- 7.2.1. 버튼 최적화 사례　　181
- 7.2.2. 랜딩 페이지 최적화　　184
- 7.2.3. 전환율을 높이는 디자인의 7가지 원칙　　186

현업 인터뷰: 뷰저블　　193

7장 요약　　198
참고 문헌　　198

8장 / UX 라이팅에 생성형 AI 활용하기　　199

8.1. UX 라이팅 분야의 AI 도입　　199

- 8.1.1. UX 라이팅을 위한 생성형 AI의 도입　　199
- 8.1.2. 생성형 AI 활용 영역　　201

8.2. UX 라이팅에 활용할 수 있는 AI 도구　　204

- 8.2.1. 에디팅 및 번역 도구　　204
- 8.2.2. 범용 생성형 AI 도구　　208
- 8.2.3. 버티컬 생성형 AI 도구　　216

8.3 챗GPT로 서비스 글쓰기 — 220
- 8.3.1. 환불이 불가능하다고 알리는 글 — 221
- 8.3.2. CTA 글자 — 225
- 8.3.3. 보이스앤톤 조정 — 230
- 8.3.4. 스타일 가이드 만들기 — 233

8.4. AI 도구는 UX 라이터를 대체할까? — 238
- 8.4.1. 사용자에 초점을 맞추자 — 239
- 8.4.2. 선택의 기준을 확립하자 — 240
- 8.4.3. 사용자 경험의 큰 틀을 바라보자 — 240
- 8.4.4. 디테일이 생명이다 — 241
- 8.4.5. 출처와 사실 여부를 꼼꼼하게 확인하자 — 241
- 8.4.6. 사회적, 시대적, 지역적 상황을 검토하자 — 241

8장 요약 — 241
참고 문헌 — 242

9장 / 글쓰기 마무리; 검토, 테스트, 관리 — 243

9.1. 콘텐츠 검토하기 — 243
- 9.1.1. 작가가 직접 검토하기 — 244
- 9.1.2. 동료와 함께 검토하기 — 246

9.2. 일관된 글쓰기 — 247
- 9.2.1. 체크리스트 — 247
- 9.2.2. 콘텐츠 스타일 가이드 — 251
- 9.2.3. 디자인 시스템과 라이팅 결합하기 — 257

9.3. 콘텐츠 평가하기 — 259
- 9.3.1. 트리 테스팅 — 261
- 9.3.2. 스퀀트 테스트 — 262
- 9.3.3. 아이트래킹 — 263
- 9.3.4. 읽기 속도 테스트 — 264
- 9.3.5. 가독성 점수 — 264
- 9.3.6. 전문가 테스트 — 264
- 9.3.7. 클로즈 테스트 — 265
- 9.3.8. 형광펜 테스트 — 265
- 9.3.9. 패러프레이즈 테스트 — 266
- 9.3.10. 문해력 설문 — 266
- 9.3.11. 콘텐츠 스타일 가이드 검수(자동화/반자동화) — 266
- 9.3.12. 반응 카드 기법 — 266
- 9.3.13. 보이스앤톤 이미지 설문조사 — 267
- 9.3.14. 복합 사용성 평가 — 267

9장 요약 — 268
참고 문헌 — 268

3부 _ UX 라이터로 살기 — 271

10장 / UX 라이팅 실전 사례 — 272

10.1. 해외 UX 라이팅 사례 — 272
- 10.1.1. 허브스팟 온보딩 데모 — 273
- 10.1.2. 구글 ARCore — 275

xxi

10.2. 국내 UX 라이팅 사례 — 277
- 10.2.1. 에어서플라이 — 277
- 10.2.2. 웨이브웨어 — 280
- 10.2.3. 사용성 평가와 UX 라이팅 결합 — 284
- 현업 인터뷰: SWIT UX 라이터 이수현 — 287

참고 문헌 — 291

11장 / UX 라이터로 일하기 — 292

11.1. UX 라이터 채용 기업과 요구 역량 — 292
11.2. UX 라이터와 협업 — 297
- 11.2.1. 협업의 대상 — 297
- 11.2.2. 협업의 전략 — 298
- 11.2.3. 피드백 주고받기 — 300
- 현업 인터뷰: 숨고 UX 라이터 정서우 — 303

11장 요약 — 306
참고 문헌 — 307

프롤로그

갑자기 산업계에서 UX 라이팅이 화두가 됐다. 검색어 추이를 보면 UX 라이팅에 대한 관심이 얼마나 증가하는지 알 수 있다. 그림 P.1은 네이버 검색어 트렌드에서 'UX Writing'과 'UX 라이팅'의 검색 추이를 보여준다. UX 라이팅은 2019년에 급작스럽게 등장해서 단속적으로 이슈가 있을 때만 등장하다가 2020년 후반부터는 지속해서 관심이 증가하고 있다.

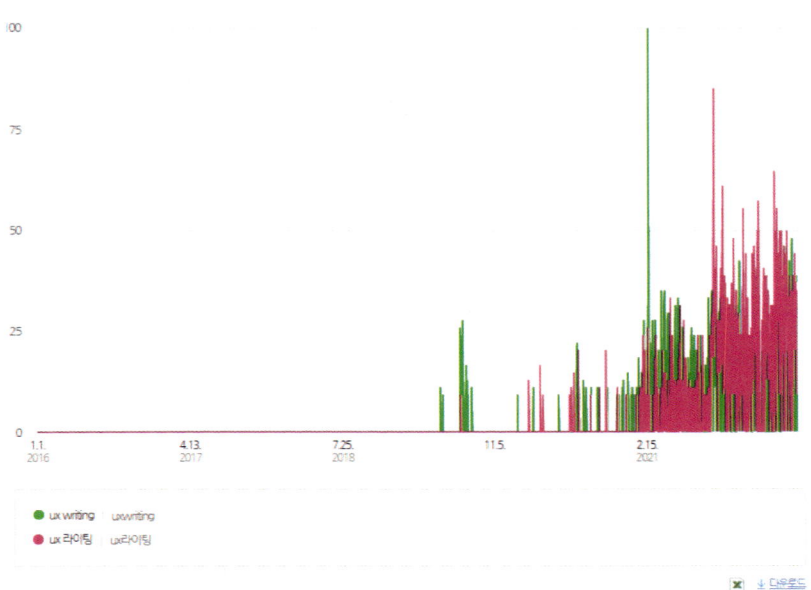

그림 P.1. 네이버 검색어 트렌드의 키워드 'UX Writing과 'UX 라이팅' 검색 추이(2016년 1월~ 2022년 5월)

그림 P.2. 구글 트렌드의 키워드 'UX Writing' 검색 추이(2004년 1월~2022년 5월)

그럼 왜 갑자기 산업계에서 UX 라이팅에 대한 관심이 증가하게 됐을까?

서비스 기획자나 UX 라이터는 제한된 화면에서 제한된 양의 텍스트로 사용자에게 다가가야 한다. 어떤 내용을 담을 것인가, 어떤 길이로 담아야 하는가, 어떻게 하면 중요한 내용이 더 잘 보일까를 고민한다. 기업의 비전을 멋지게 포장해서 모두 나열하고, 중요한 글자는 진하고 큰 글자로 보여주며 아이콘까지 추가한다. 하지만 2006년 닐슨 노먼 그룹의 제이콥 닐슨이 수행한 아이트래킹 연구 결과는 웹 페이지에서 많은 내용을 화려하게 디자인해서 제공해도 사용자들이 궁금해하는 내용이 한눈에 드러나지 않으면 잘 읽지 않고 나간다는 사실을 실험으로 증명했다[1].

그래서 사용자가 궁금해할 만한 내용만 사용자의 언어로 사용자가 읽기 편한 방식으로 콘텐츠를 구성하는 방식을 연구하고 그에 맞춰 콘텐츠를 디자인하기 시작했다. 글의 내용이나 흐름, 구조, 색상, 크기 등 텍스트의 모든 것을 세심하게 고려해 제시했을 때 사용자는 서비스에 더 호감을 느끼고, 더 잘 설득되고, 더 행동한다는 사례가 속속 발표되면서 UX 라이팅 전문화가 촉발됐다. UX 라이팅이 서비스에 긍정적인 영향을 끼친 구체적인 사례 몇 가지를 살펴보자.

---

[1] 제이콥 닐슨(Jacob Nielson), 「F-Shaped Pattern For Reading Web Content (original study)」, https://vo.la/z6ivL, 2006.4

사례 1. 적절한 곳에 위치한 짧은 카피

UX 디자이너이자 프로덕트 디자이너인 조슈아 포터는 쇼핑 프로젝트를 진행했다. 그런데 결제 단계의 주소 입력 칸에서 사용자가 결제를 포기하는 일이 반복됐다. 조슈아는 신용카드에 적힌 결제지 주소 대신 집 주소를 적어서 오류가 발생했다고 가정했다. 그리고 그 내용을 주소지 바로 아래 짧은 카피로 추가했다.

> Be sure to enter the billing address associated with your credit card.
> (반드시 신용카드에 적힌 결제지 주소를 적으세요.)

그러자 그 과정에서 이탈률이 낮아지고, 그에 따라 수익도 높아졌다. 조슈아 포터는 "좋은 인터페이스를 만드는 지름길은 카피를 잘 쓰는 것이다."라고 말했다.[2]

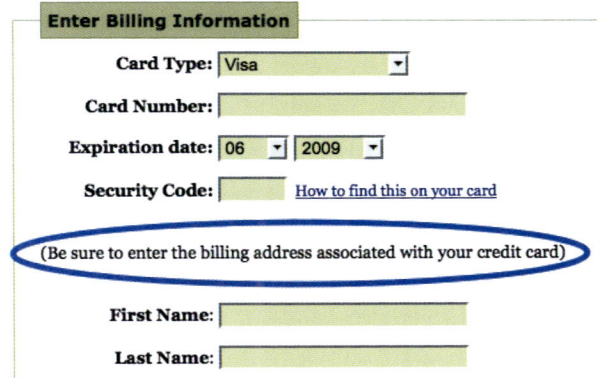

그림 P.3. 쇼핑몰 결제 단계에서 주소 입력 시 주의사항을 담은 마이크로카피

---

2 조슈아 포터(Joshua Porter), Writing Microcopy, bokardo, http://bokardo.com/about/, 2009.6

사례 2. 글자를 변경해 전환율 상승

컨버전 최적화 전문가인 마이클 에이가드는 사무실 임대 사이트에서 사무실 정보를 더 보기 위한 버튼의 글자를 'Order information(정보 주문하기)'에서 'Get information(정보 얻기)'로 바꿨다. 글자를 바꾼 것만으로 전환율이 38.26% 상승했다. 마이클은 글자의 변화만으로도 전환율에 큰 영향을 끼칠 수 있다고 말했다.[3]

그림 P.4. CTA 글자를 '정보 주문하기'에서 '정보 얻기'로 바꿔 실험한 화면

사례 3. 정확한 정보가 제품에 끼치는 영향

닐슨 노먼 그룹은 쇼핑몰에서 사용자 경험에 끼치는 영향을 조사했다. 이 연구 기관은 사용자 경험에 영향을 끼치는 수많은 요소 중 하나로 '정확한 정보'를 꼽았다. 애완견 쇼핑몰을 둘러본 한 참가자는 "내가 기르는 애완견종을 정확히 명명하고, 유사한 다른 종과 정확히 분리할 줄 아는 사업자의 정확성이 구매 결정에 영향을 끼친다."고 답했다. 닐슨 노먼 그룹은 정확하고 수준 높은 정보는 사업을 차별화하는 요소가 될 수 있다고 제안한다.[4]

---

[3] 마이클 에이가드(Michael Aagaard), [How To] Write a Call-to-Action that Converts, Unbounce, https://vo.la/GFTul, 2012. 9
[4] Kim Salazar(킴 살라자), 아나 케일리(Anna Kaley), 「The New Ecommerce User Experience: Changes in Users' Expectations」, 닐슨 노먼 그룹, https://www.nngroup.com/articles/ecommerce-expectations/, 2018. 6

위의 세 가지 사례에서 살펴본 바와 같이 수많은 연구와 사례에서 인터페이스의 글자, 내용, 디자인, 위치 등이 제품의 전환율, 신뢰도, 호감도 등 많은 부분에서 영향을 끼친다는 점을 입증한다. 국내에서도 몇몇 플랫폼에서 사용자 중심적인 서비스와 쉽고 친근한 글이 확장의 원동력으로 작용하는 것이 목격되면서 온라인 기업, 금융권, 통신, 전자 업계에서 서비스 정보를 사용자 친화적으로 바꿔야 한다는 공감대가 커지고 있다. 이에 UX 라이팅 전문 조직을 신설하고, 라이팅 가이드라인을 제작 및 배포하고 있으며, 전문가의 컨설팅 수요가 늘고 있다. 대대적인 개발이나 디자인 개편 없이 그에 준하는 효과를 낸다는 점에서 UX 라이팅은 더 매력적이다. 하지만 국내 UX 라이팅 논의는 친근한 대화체와 문법에 맞는 언어 사용, 짧게 쓰기, 전환율 정도에 머물러 있고, 이조차도 공유 사례가 희소하다. 그나마도 체계적인 지식이나 방법론의 틀 없이 개개인의 역량과 경험치에 의존하고 있어 현업에서 사용할 수 있는 지식으로 쓰기에는 무리가 있다.

이런 상황에서 동영상 교육 플랫폼인 탈잉에서 UX 라이팅 강의를 만들어 보자는 제안이 들어왔다. UX 라이팅에 대한 관심은 증가하는데, 어디서부터 어떻게 접근해야 할지 막막해하는 사람들의 니즈를 간파한 것이다. 이렇게 탈잉과 인연을 맺어 UX 라이터로 취업 또는 전업하려는 학생부터 구체적인 적용 방식을 알고 싶어 하는 실무자와 작가, 그리고 UX 라이팅이 서비스와 비즈니스에 끼치는 영향을 이해하고 싶은 경영진에게 전달할 목적으로 "사용자 중심 서비스의 비밀, UX 라이팅 완전판"[5]이라는 동영상 수업을 출시했다. 이 강의는 개인의 경험이나 지식에 머무르지 않고 이론적 근거와 전문 방법론, 뒷받침 근거, 국내외 풍부한 사례, UX 라이팅과 관련된 기업의 동향까지 UX 라이팅의 전반적인 측면을 다뤘다. 국내 온라인 서비스 환경에서 벌어지는 라이팅 영역을 원리에 입각해서 포괄적으로 다룬 책이나 강의가 기존에 없었기 때문에 이 강의는 출시하면서 인기 강의로 등극했다. 이 책은 탈잉의 온라인 강의와 큰 흐름은 유사하지만, 대부분의 항목에서 더 많은 사례와 방법론으로 보강했다. 책의 구조를 보면서 이 책을 누가 읽고, 어떻게 활용해야 할지 살펴보자.

---

[5] 탈잉 강의, "사용자 중심 서비스의 비밀 UX 라이팅 완전판", 제니

이 책의 구조와 활용 방법

이 책은 크게 'UX 라이팅 틀 잡기', 'UX 라이팅 실무 방법론', 'UX 라이터로 살기'의 세 파트, 총 11장으로 구성된다. 구체적인 내용은 다음과 같다.

1부. UX 라이팅 틀 잡기		
제목	핵심	꼭 읽어야 하는 사람
1장. 왜 UX 라이팅이 필요한가?	온라인에서 사용자들이 글을 스캐닝하는 패턴을 살펴보며 사용자들이 온라인에서 어떻게 글을 읽는지, 서비스 제공자는 어떻게 대응해야 하는지를 알아본다.	▪ 경영진, PM 등의 의사결정권자: UX 라이팅이 무엇이고, 조직에서 어떻게 가치를 뽑아낼지, UX 라이팅 조직과 인력을 어떻게 활용해야 할지를 고민하는 이해관계자들이라면 다른 장은 건너뛰더라도 이 두 장은 꼭 읽기를 추천한다. ▪ 서비스 기획자, 작가, 디자이너와 같은 실무자: 글을 쓰는 실무자, 또는 글을 쓰지 않더라도 사용자 중심적인 서비스를 담당하는 사람이라면 세부적인 글쓰기 방식을 숙지하기에 앞서 어떤 마인드셋으로 임할지를 이 장들을 보면서 이해하기를 바란다.
2장. UX 라이팅의 시작은 사용자에서	사용자 중심적인 글을 쓰기 위한 토대인 사용자를 이해하고, 사용자의 입장에 몰입하는 방식을 알아본다.	
2부. UX 라이팅 실무 방법론		
3장. 보이스앤톤 디자인	서비스를 인간처럼 친근하게 느끼게 하는 보이스앤톤 디자인 방법을 알아본다.	▪ 서비스 기획자, 작가, 사용성 전문가, 디자이너와 같은 온라인 서비스 실무자: 사용자와 접점이 되는 글을 담당하거나, 그런 서비스를 만드는 실무자라면 이 파트를 반드시 읽자. 글의 호감도, 사용성, 가독성, 이해력, 전환율을 높이는 방법을 사례, 근거와 함께 제공한다. 순서대로 읽지 않아도 무방하고 필요한 부분만 건너뛰며 읽어도 된다. ▪ 저널리즘, 브랜드, 출판 등 다른 매체의 글쓰기 담당자: 이 책은 온라인 글쓰기를 다루지만, 다른 매체에서도 활용할 만한 실용적인 방법이 풍부하다. 책, 저널리즘과 같은 다른 전문 영역에 적용한다면 전문성과 함께 가독성, 전환율까지 올리는 팁을 얻을 수 있다.
4장. 사용성이 좋아지는 글쓰기	라이팅으로 서비스의 사용성을 높이는 다양한 방법을 알아본다.	
5장. 핵심이 잘 보이는 글쓰기	글의 주제나 구조가 잘 드러나서 더 이해가 잘되는 글쓰기 방법을 알아본다.	
6장. 문장 쓰기	더 이해가 잘되고, 더 클릭을 유도하고, 쉽게 이해되는 문장을 쓰는 방법을 알아본다.	

7장. 전환율을 높이는 글쓰기	사용자들의 이용을 매끄럽게 하고, 기업이 목적하는 행동으로 사용자를 더 많이 전환하게 하는 글과 디자인을 알아본다.	■ 내 글을 더 돋보이게 하고 싶은 모든 사람: 이력서, 포트폴리오, 이메일, 사내 문서 등 딱 봐도 '읽을 만하고' '잘 이해되게' 글을 쓰고자 하는 사람이라면 이 파트를 읽으면서 아이디어를 얻을 수 있다.
8장. UX 라이팅에 생성형 AI 활용하기	UX 라이팅의 효율성을 높여 더 생산적인 작업에 집중할 수 있도록 생성형 AI 도구를 활용하는 방법을 알아본다.	
9장. 글쓰기 마무리 – 검토, 테스트, 시스템	수준 높은 글을 쓰기 위해서 조직에서 효과적으로 글을 검토하는 다양한 방법을 알아본다.	
3부. UX 라이터로 살기		
10장 UX 라이팅 실전 사례	UX 라이팅을 적용한 다양한 국내외 사례를 알아본다.	■ UX 라이터로 취업, 또는 전업을 원하는 사람: UX 라이터로 커리어를 만들고 싶어 하는 사람들은 이 파트를 읽으며 UX 라이터가 일하는 방식, 취업에 필요한 자격 요건을 이해할 수 있다.
11장 UX 라이터로 일하기	국내외 UX 라이팅 기업과 동향, 업무 방식, UX 라이터의 자격을 알아본다.	

탈잉 동영상 강의와 연계 방법

이 책의 큰 틀은 탈잉의 동영상 강의와 유사하니 강의나 책 어떤 것을 택해도 UX 라이팅의 개념과 방법론을 이해하기에 부족함이 없다. 자신에게 주어진 시간과 비용을 감안해서 편리한 매체를 선택하면 된다. 동영상 강의는 2시간 30분 길이로, 짧은 시간에 UX 라이팅의 큰 틀과 방법을 배울 수 있다. 책은 책상 한구석에 두고 꺼내 볼 수 있으니 필요할 때마다 즉시 실무에 활용하기에 편리하다. 책은 동영상 강의에서 다루지 않은 최신 현업 정보가 더 추가되어 시간을 두고 깊이 있게 UX 라이팅을 공부하고 싶어 하는 사람에게 적당하다. 나의 제안은 동영상 강의와 책 모두를 구입하고 상황에 맞게 활용하는 것이다.

동영상 강의와 책의 공통점	동영상 강의의 장점	책의 장점
큰 틀과 흐름이 유사하다.	▪ 2시간 30분에 빠르고 효과적으로 정보 습득 ▪ 쉬운 이해 ▪ 이동 중에도 시청 가능	▪ 더 깊이 있고 자세한 정보 ▪ 책꽂이에 꽂아 두고 필요할 때마다 참고

최선의 활용법: 동영상 강의로 큰 틀을 빠르게 이해하고, 필요할 때마다 책을 꺼내 참고한다.

자, 이제 본격적으로 UX 라이팅의 세계로 들어가보자.

참고 자료

1. 제이콥 닐슨(Jacob Nielson), 「F-Shaped Pattern For Reading Web Content (original study)」, https://vo.la/z6ivL, 2006. 4
2. 조슈아 포터(Joshua Porter), Writing Microcopy, bokardo, http://bokardo.com/about/, 2009. 6
3. 마이클 에이가드(Michael Aagaard), [How To] Write a Call-to-Action that Converts, Unbounce, https://vo.la/GFTul, 2012. 9
4. Kim Salazar(킴 살라자), 아나 케일리(Anna Kaley), 「The New Ecommerce User Experience: Changes in Users' Expectations」, 닐슨 노먼 그룹, https://www.nngroup.com/articles/ecommerce-expectations/, 2018. 6
5. 탈잉, "사용자 중심 서비스의 비밀 UX 라이팅 완전판", 제니

01

UX 라이팅 틀 잡기

1장

왜 UX 라이팅이 필요한가?

이 책은 온라인 서비스 환경에서 왜, 무엇을, 어떻게 쓰는지에 대해 다루고 있다. 1장에서는 사용자들이 온라인에서 콘텐츠를 어떻게 읽는지를 이해하고, 사용자들이 더 많이, 더 빨리 더 빨리 읽고 기업이 원하는 행동을 유도하게 하기 위해서 기업에서 UX 라이팅이라는 이름으로 해야 하는 역할과 다뤄야 하는 글이 무엇인지 알아보자.

1.1. UX 라이팅의 중요한 전제

UX 라이팅의 중요한 전제는 이해의 책임이 작가에게 있다는 것이다. 글쓰기를 보는 두 가지 관점을 통해 이 의미를 이해해 보자.

한 가지는 글쓰기를 작가의 지식과 생각을 드러내는 것으로 보는 관점이다. 글의 목적은 남다른 생각과 지식을 글로 알리는 것이다. 정형화된 포맷에 생각을 맞추기보다 저자의 생각이 효과적으로 드러날 수 있는 포맷을 채택한다. 배경과 논리를 쌓다가 핵심을 뒤에 놓기도 하고, 글의 중간 중간에 주제를 배치하기도 한다. 작가의 역할은 전달로 끝나고, 해석의 책임은 독자에게 있다. 정확히 이해하려면 독자가 노력해야 한다. 글의 구조, 전개, 내용 등 모든 측면에서 작가의 개성과 창의성을 발휘할 수 있다. 이런 형태의 글을 '작가 중심의 글'이라고 한다. 전달 방식보다 누가, 무엇을 전달하느냐가 중요하다.

다른 관점은 글쓰기를 작가의 생각을 이해시키는 것이라고 보는 것이다. 이해시키는 것이 목적이기 때문에 의미를 이해하는 데 시간이 오래 걸리거나 잘못된 해석의 여지가 있다면 작가의 책임이다. 독자가 글을 쉽게 읽고 이해할 수 있도록 독자에게 익숙한 포맷을 정해 그 포맷을 따른다. 개성을 억제하고 틀을 지키는 선에서만 창의력을 발휘한다. 이런 형태의 글을 '독자 중심의 글'이라고 한다. 누가, 무엇을 쓰는지만큼 어떻게 쓰느냐도 중요하다. 표 1.1에서 두 글의 차이를 살펴보자.

표 1.1. 작가 중심의 글 vs. 독자 중심의 글

	작가 중심의 글	독자 중심의 글
목적	작가의 생각 드러내기	작가의 생각 이해시키기
구조	작가의 생각을 가장 잘 뒷받침하는 흐름과 포맷	많은 사람이 이해할 수 있는 정형화된 흐름과 포맷
이해의 책임	독자에게 있다	작가에게 있다

수필이나 소설 같은 글에서는 작가의 자유도와 개성이 중요하다. 반면 학문이나 비즈니스 상황에서는 글쓴이의 개성보다 독자가 빨리, 잘 이해하는 것이 중요하다. 어떤 형태의 글이 좋다, 나쁘다라기보다 상황이나 문화에 따라 글에 접근하는 방식이 다르다.

이 책은 온라인 서비스 환경에서 독자 중심적인 글에 대한 것이다. 독자가 글을 빨리 잘 이해하는 원리, 근거, 방법을 이제부터 알아보자.

1.2. 사람들은 읽지 않는다, 스캔한다.

2006년 사용성 전문가인 제이콥 닐슨은 아이트래킹이라는 조사 방식을 이용해 사용자들이 웹 사이트에서 어떻게 읽는지를 관찰했다. 아이트래킹은 특수 장비를 이용해 사람들의 시선이 화면에서 어떻게 움직이는지를 관찰하는 조사 기법이다. 온라인 페이지에 대한 아이트래킹 결과를 보면 사용자들이 어디에 시선을 주고, 어디에 시선을 주지 않는지를 알 수 있다. 온라인 콘텐츠 디자인에 중요한 시사점을 던져준 한 이미지를 보자.

그림 1.1에서 색상이 붉을수록 사용자들이 시선을 많이 준 것이고 보라색으로 갈수록 시선을 적게 준 것이다. 사용자들이 시선을 많이 주는 붉은 선을 중심으로 보면 글의 윗부분을 읽다가 아래로 내려갈수록 단락의 앞부분만 골라 읽는다. 더 아래로 내려가면 주목이 거의 사라진다. 이렇게 사용자들이 주로 눈길을 주는 붉은색 선이 알파벳 F를 닮았다고 해서 이 아이트래킹 방식을 F형 패턴이라고 이름 붙였다. 이 조사로 사용자들은 웹 페이지에서 글의 윗부분, 단락의 앞부분만 골라 읽는다는 사실을 발견했다. 눈으로 글을 보고 두뇌에서 언어를 처리해 내용을 이해하는 전통적인 읽기 과정이 아니라, 필요한 단어를 눈으로 골라내는 것이다. 즉, 읽지 않고 스캔한다. 그렇다면 사람들은 왜 읽지 않을까?

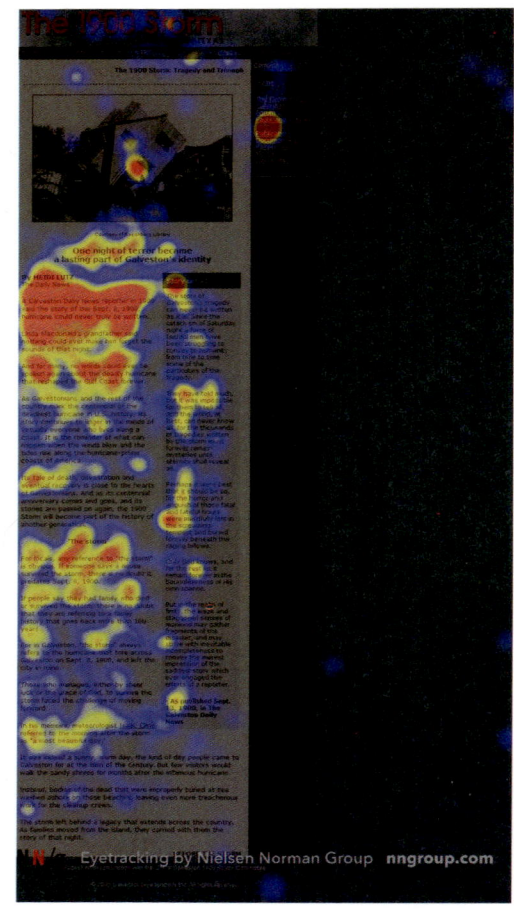

그림 1.1 F 패턴 아이트래킹 조사 결과[1]

현대인은 바쁘고 읽어야 할 정보는 많다. 모든 정보를 일일이 읽으면서 온라인 세계를 항해한다면 하루 종일 읽어도 모자랄 것이다. 정보의 홍수 시대에 사는 사용자는 읽지 않고 훑어봄으로써 정보 탐색의 효율화를 극대화한다. 찾는 것이 페이지에 있는지 슬쩍 훑어보고 읽을 만한 가치가 있다고 판단하면 멈추고, 그렇지 않으면 정보가 있을 만한 다른 곳으로 간다. 1990년대에 제록스(Xerox) PARC의 연구원들은 사용자의 이런 정보 탐색 방식을

---

[1] 카라 퍼니스(Kara Pernice), 「F-Shaped Pattern of Reading on the Web: Misunderstood, But Still Relevant (Even on Mobile)」, https://www.nngroup.com/articles/f-shaped-pattern-reading-web-content/, 닐슨 노먼 그룹, 2017.11

'정보 사냥(information foraging)²'이라고 표현했다. 마치 육식 동물이 냄새를 맡으며 먹이를 쫓는 것 같이 정보의 향기(information scent), 즉 관련 키워드 등으로 이루어진 단서를 하나씩 파악하며 정보를 탐색한다는 뜻이다. 예를 들면 구매 고려 단계에는 상품 검색 결과 페이지에서 상품평이나 전문가 리뷰 관련 텍스트를 주시하는 데 반해, 구매 단계에서는 가격 비교나 구매처 링크나 텍스트를 선택하는 패턴이 강하게 나타난다.

읽지 않고 스캔하는 사용자의 읽는 방식은 콘텐츠를 구조화하는 방식에 따라 달라진다. 스캐닝에 영향을 끼치는 요소는 다음 4가지가 있다.

- **의욕**: 정보에 대한 관심도, 필요 정도, 다른 곳에서 찾을 수 있는지 여부
- **현재 태스크와 태스크 유형**: 현재 수행하는 태스크. 예를 들면 여행지 정보를 탐색하는 사용자와 숙소의 가격을 궁금해하는 사용자는 스캐닝 영역이 다르다.
- **집중도**: 목적의식, 긴급도 등
- **개인의 성향**: 문해력 정도

사용자의 스캐닝 패턴은 콘텐츠 디자인 방식에 따라 F 패턴 외에도 다양하다. 사용성 전문 연구 기관인 닐슨 노먼 그룹에서 발간한 조사 보고서 『How People Read Online: The Eyetracking Evidence』³에서 제시한 스캐닝 패턴 중 6가지를 알아보자.

6가지 스캐닝 패턴

- F 패턴
- 스파티드(Spotted) 패턴
- 론 모어(Lawn Mower) 패턴
- 레이어 케이크(Layer Cake) 패턴
- 커미트먼트(Commitment) 패턴
- 바이패싱(Bypassing) 패턴

---

2 라루카 부듸(Raluca Budui), 「Information Foraging: A Theory of How People Navigate on the Web」, https://www.nngroup.com/articles/information-foraging/, 닐슨 노먼 그룹, 2019.11.
3 닐슨 노먼 그룹, 「How People Read Online: The Eyetracking Evidence」 2판

1.2.1. 6가지 스캐닝 패턴

앞에서 언급한 6가지 스캐닝 패턴을 하나씩 살펴보자.

F 패턴

F 패턴에 따르면 페이지 제목이나 글의 상단을 읽다가 아래로 내려가면서 단락의 첫 한두 문장만 골라 읽고, 더 아래로 갈수록 읽는 양이 줄어든다. 별도의 포맷이 없는 긴 글을 읽을 때 이런 읽기 패턴이 나타난다.

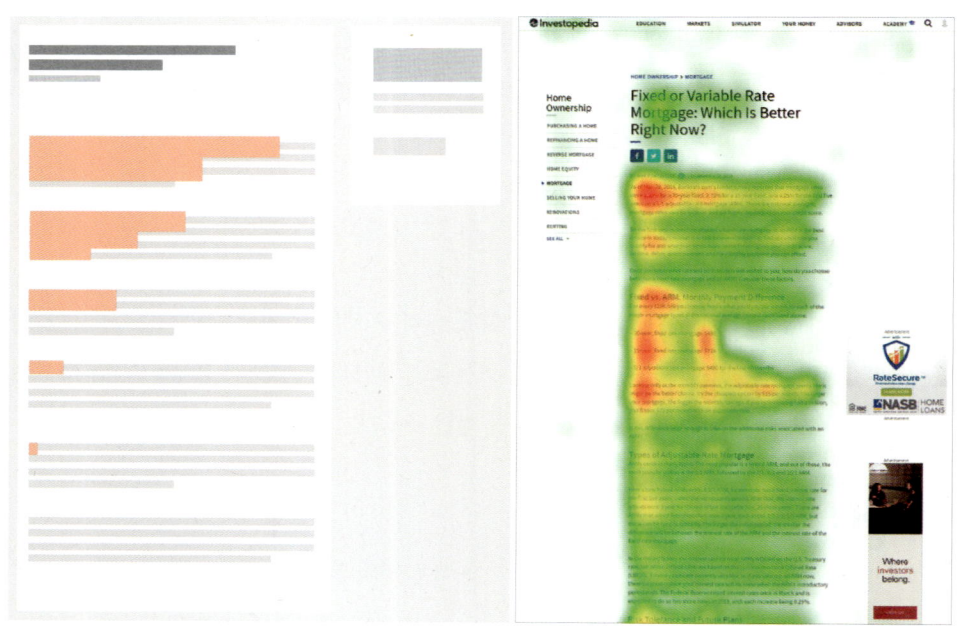

그림 1.2 F 패턴 스캐닝 방식

제목이나 목록, 진한 글자처럼 사용자의 시선을 유인할 만한 디자인적 장치가 없는 경우에 본능적으로 읽는 방식이다. 모바일에서도, 글을 왼쪽에서 오른쪽으로 읽는 문화권에서도, 나라가 달라져도 이렇게 읽는다. 서비스 입장에서는 정보를 제대로 전달하지 못하고, 사용자 입장에서는 필요한 정보를 찾기 어려우니 비효율적인 콘텐츠 디자인이다.

레이어 케이크(Layer Cake) 패턴

레이어 케이크 패턴에 따르면 사람들은 본문을 읽기 전에 단락의 소제목을 평행하게 훑어본다. 제목만 일렬로 읽는 모양이 케이크의 겹겹이 쌓인 층을 닮았다고 해서 레이어 케이크라고 이름 붙였다. 본문을 읽기 전에 제목을 읽음으로써 글 전체에 어떤 내용이 있는지 파악할 수 있고, 읽고 싶은 단락 선택을 돕기 때문에 콘텐츠가 효율적으로 구성됐다는 신호로 받아들일 수 있다.

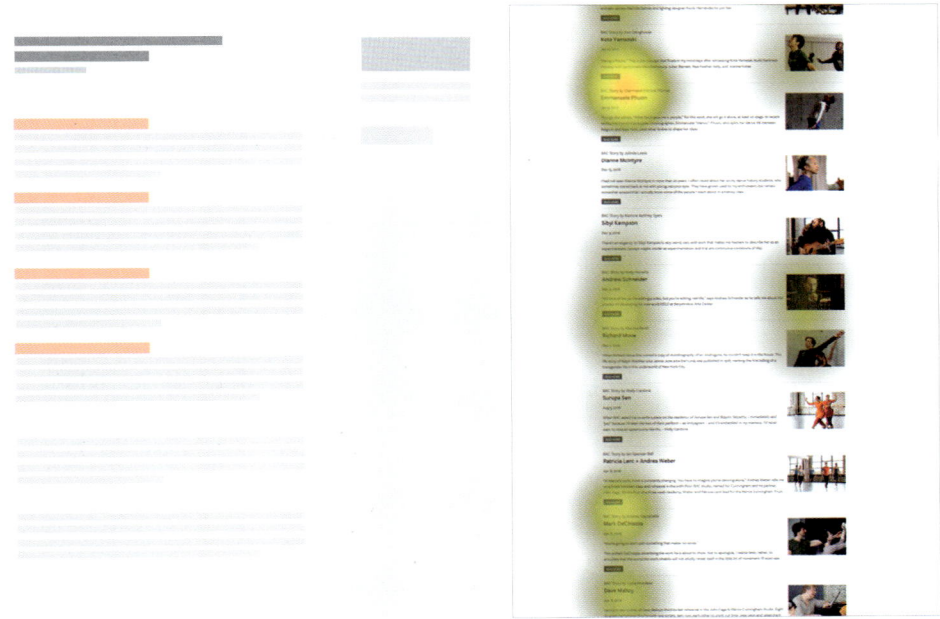

그림 1.3 레이어 케이크 스캐닝

사용자들이 단락 안에서 헤매지 않게 제목에 단락의 내용을 정확하게 담아야 한다. 페이지를 끝까지 스크롤하지 않아도 한눈에 내용을 파악할 수 있게 상단에 개요를 적거나 왼쪽 사이드 바에 바로 해당 단락으로 이동할 수 있는 링크 목록을 제공하면 편리하다.

스파티드(Spotted) 패턴

사람들은 진하거나, 밑줄이 있거나, 인용됐거나, 색상이 다르거나, 숫자와 같이 다른 글자와 다르게 보이는 지점에 시선을 주는 경향이 있다. 스파티드 패턴은 관심을 끄는 단어나 시각적으로 눈에 띄는 글자를 띄엄띄엄 골라 읽는 방식이다.

눈에 띄는 단어들이 전략적으로 계획된 것이라면 사용자들은 이렇게만 읽어도 중요한 정보를 파악할 수 있다. 하지만 글자 디자인이 의미 없는 장식이거나 시선을 잡아끄는 것이 무분별하게 많다면 사용자의 정보 파악에 도움을 주지 못한다.

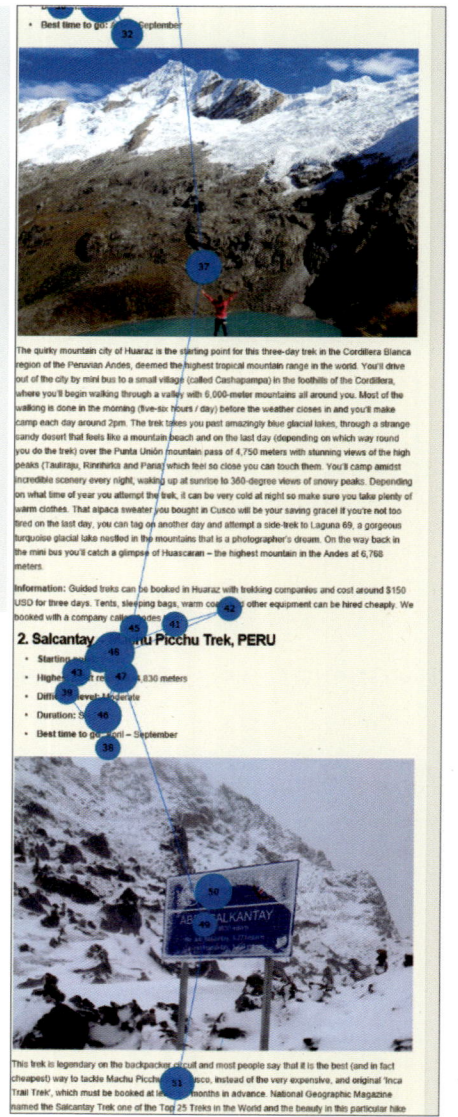

그림 1.4 스파티드 패턴 스캐닝

커미트먼트(Commitment) 패턴

커미트먼트는 '헌신', '전념'이라는 뜻 그대로 철저하고 꼼꼼하게 읽는 것을 말한다. 헌신적인 읽기는 사용자가 콘텐츠에 원하는 주제가 있다고 판단할 때 일어난다. 시선을 움직이다가 원하는 부분이다 싶으면 그 부분만 집중적으로 읽고 그렇지 않은 부분은 눈길을 주지 않는다.

사람들이 유용한 부분을 골라서 집중적으로 읽는다는 것은 콘텐츠에서 사용자가 원하는 정보를 다뤘다는 신호지만, 반드시 긍정적이기만 한 것은 아니다. 주제를 드러내는 데는 성공했지만, 내용이 불분명해서 읽고 또 읽는 신호일 수도 있기 때문이다.

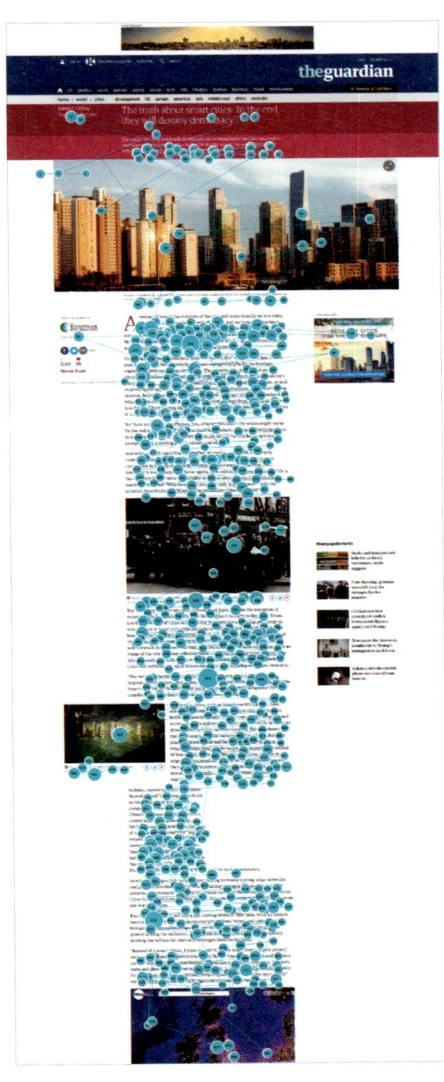

그림 1.5 커미트먼트 패턴 스캐닝

론 모어(Lawn Mower) 패턴

론 모어는 잔디 깎는 기계로, 기계가 잔디를 깎을 때 한쪽에서 반대쪽 이동하고 그 자리에서 돌아서 다시 반대편으로 이동하는 모습에 빗대어 붙인 이름이다. 도표나 셀처럼 그리드에 담긴 정보를 볼 때 주로 발생한다. 왼쪽 상단에서 오른쪽으로 이동한 후 아랫줄로 내려가고, 그다음에는 오른쪽에서 왼쪽으로 시선을 이동하며 정보를 훑어본다.

정보 구조화 방식이 확연히 인지될 때 이렇게 좌우로 움직이며 정보를 탐색하는데, 이런 구조화는 정보 탐색에 효율적이지만 글이나 이미지에 중요한 정보가 담겨 있지 않다면 정보 파악에 방해가 되기도 한다.

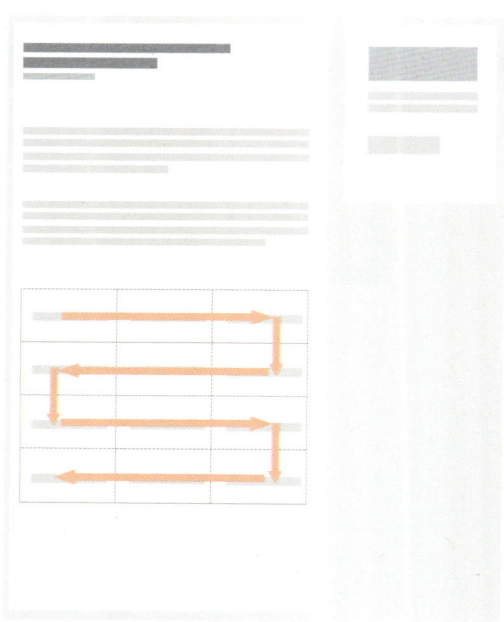
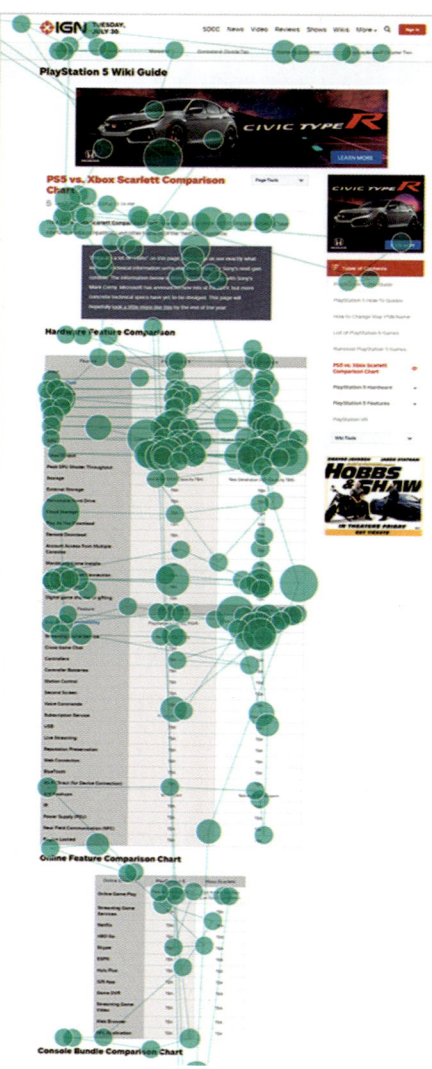

그림 1.6 론 모어 패턴 스캐닝

바이패싱(Bypassing) 패턴

바이패싱 패턴은 콘텐츠의 특정 영역을 걸러내며 읽는 형태다. 목록에서 처음 반복되는 구문을 건너뛰는 목록 바이패싱과 특정 단락이 불필요하다고 판단해서 불필요한 단락을 건너뛰며 읽는 단락 바이패싱이 있다.

그림 1.7 바이패싱 패턴 스캐닝

이 경향은 의미 없는 단어가 반복될 때 사람들이 읽지 않는다는 점을 알려준다. 읽지 않는 정보 때문에 화면의 공간을 낭비하고 중요한 정보로 가는 길이 어려워진다. 불필요한 글은 철저하게 제거하고, 중요한 내용을 전면에 배치하자.

> **Deep dive** 검색 결과, 라우팅 페이지에서의 스캐닝 패턴
>
> 앞에서 서술한 6가지 스캐닝 패턴은 랜딩 페이지의 스캐닝 패턴이다. 랜딩 페이지는 정보의 종착지, 즉 서비스에서 요구하는 최종 행위를 담은 페이지다. 예를 들면, 정보를 보거나 구매하거나 공유를 유도하는 것이다. 그렇다면 정보의 종착지 말고 종착지로 가는 '중간' 페이지에서는 어떻게 시선을 움직일까? 사용자를 머물게 하는 랜딩 페이지와 달리 사용자를 다른 페이지로 보내는 역할을 하는 중간 페이지를 라우팅(Routing) 페이지라고 한다. 검색 결과 페이지도 이런 역할을 한다.

검색 결과 페이지나 라우팅 페이지의 목적은 사용자를 빨리 적합한 페이지로 이동시키는 것이다. 따라서 사용자가 찾는 정보가 이곳에 있겠구나 하는 강한 향기를 뿜는 것이 중요하다. 사용자의 관심을 끌고, 어떤 정보로 이어지는지를 분명히 알려줘야 한다. 미리 보기처럼 연결된 페이지를 요약하거나 서문을 열어주는 것도 좋다.

검색 결과, 라우팅 페이지에서 주된 시선 흐름은 시퀀셜(Sequential), 핀볼(Pinball), 러브 앳 퍼스트(Love at first), 레이어 케이크(Layer Cake) 패턴이다.

- **시퀀셜 패턴**: 위에서부터 아래로 순서대로 훑어본다.
- **핀볼 패턴**: 여기 저기 오가며 비선형적으로 훑어본다.
- **러브 앳 퍼스트 패턴**: 딱 하나만 선택해서 바로 안으로 들어간다.
- **레이어 케이크 패턴**: 정보가 강력한 제목을 중심으로 구조화됐을 때 제목을 중심으로 페이지를 훑어본다.

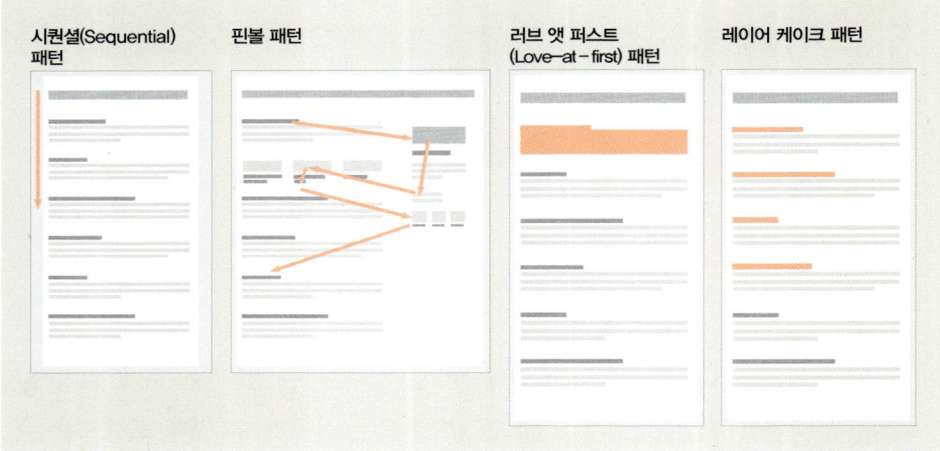

1.2.2. 그렇다면, 어떻게 글을 써야 할까?

아이트래킹 조사 결과는 서비스 제공자가 사용자의 읽는 패턴에 맞게 글을 써야 한다는 중요한 시사점을 준다. '코로나가 전파되는 방식'에 대해 쓴 두 글을 보면서 더 자세히 살펴보자.

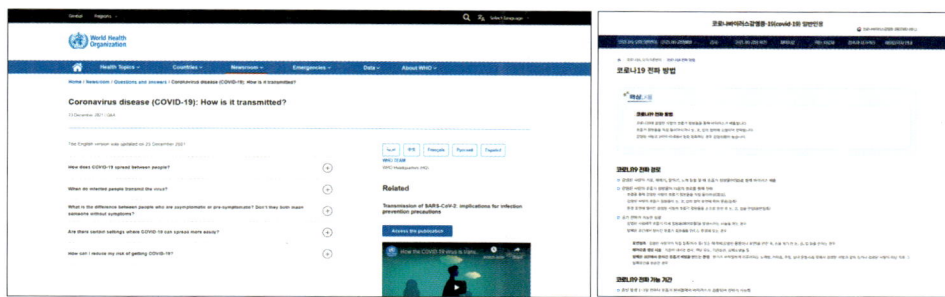

그림 1.9 코로나 바이러스 전파 경로(왼쪽: 세계보건기구, 오른쪽: 질병관리청)

먼저 왼쪽의 글을 보자.

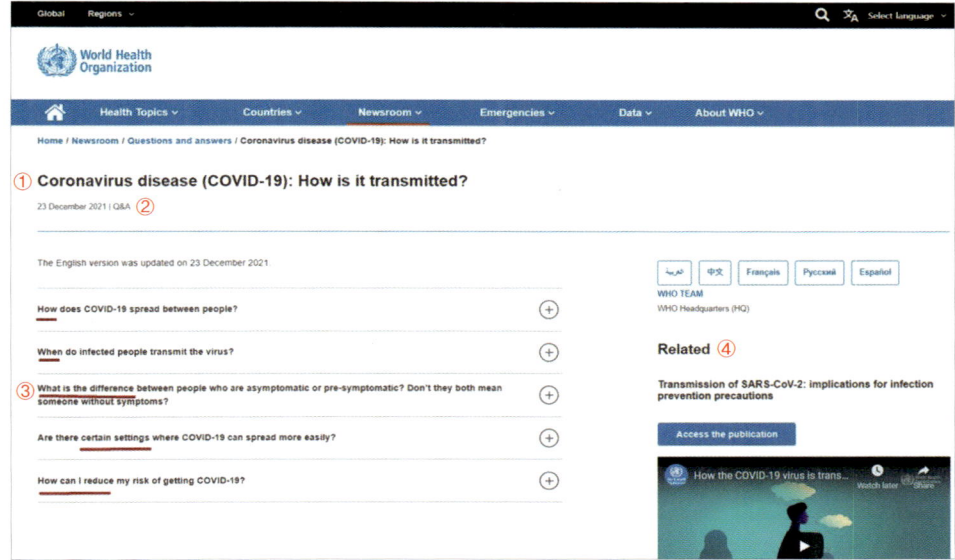

그림 1.10 코로나 바이러스는 어떻게 전파되는가를 쓴 세계보건기구의 글[4]

이 글은 대제목과 소제목으로 자연스럽게 시선이 떨어진다. 글자의 위치, 크기, 진하기 등으로 핵심 정보와 부수적인 정보가 확연히 구분되고, 정보의 중요도에 따라 눈길이 머무는 정도가 달라진다. 불필요한 아이콘, 색상, 강조, 이미지가 없다. 화면에 보이는 단 하나의

---

[4] 세계보건기구, Coronavirus disease(COVID-19): How is it transmitted?

글자도 의미 없이 존재하거나 중복되지 않는다. 제목들만 훑어보면 이 페이지에 담긴 내용을 한눈에 알 수 있다. 각각의 요소를 자세히 살펴보자.

① **대주제**, "Coronavirus disease(COVID-19): How is it transmitted?": 페이지 전체의 주제다. 주제가 가장 잘 보이는 위치에, 가장 크게 보인다.

② **날짜**: 필수 정보지만 핵심과는 무관하다. 잘 보이지만, 핵심 파악에 지장이 없게 글자의 비중을 줄였다.

③ **소주제**: 주제를 5개의 소주제로 나눴다. 소제목 하나가 소주제 하나다. 제목은 다소 사무적인 명사형 대신 사람들의 표현을 그대로 질문 형태로 적었다. 상세 정보를 알고 싶은 사람은 '+'를 클릭하면 된다.

④ **연관 정보**: 오른쪽에 연관 정보가 보인다. 핵심에 가장 큰 영역이 할당되고, 연관 정보에는 작은 영역을 할당했다. 이로써 주 정보와 부속 정보의 서열이 명확히 구분된다. 원하는 사람은 클릭하고 원하지 않는 사람은 핵심만 보고 나가면 된다.

이 페이지는 자연스러운 시선의 움직임을 감안한 정보 배치와 구조화로 사용자의 인지 부하와 시선 부하를 최소화했다. 중복되거나 불필요한 글자가 없어 핵심이 잘 드러난다.

같은 주제를 다룬 다른 글을 보자. 그림 1.11에 표시된 숫자를 보면서 설명을 보자.

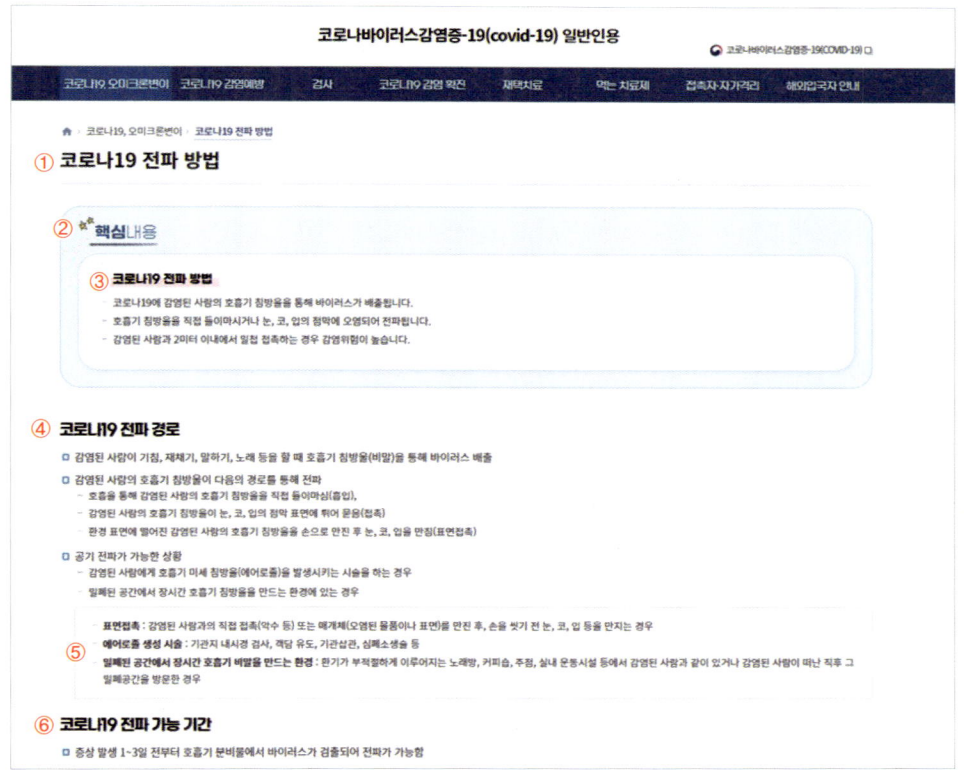

그림 1.11 코로나19 전파 방법을 적은 질병관리청의 글

- ①은 이 글의 주제문이다. ①, ③, ④에서 동일한 의미의 문장이 반복된다.
- ②는 이 글 전체의 요약문이다. 이 페이지는 길지 않다. 요약 글 대신 이 글의 핵심인 ④와 ⑥을 더 짧고 간결하게 정리했다면 글자 수가 줄고 내용이 더 눈에 잘 들어왔을 것이다.
- 비슷한 내용의 ③, ④ 단락이 연이어 이어진다.
- ⑤는 ④의 요약문이다. 요약문이 또다시 연이어 나온다. 게다가 요약문이 하단에 있다.

질병관리청의 글은 반복과 요약이 많아 글이 길어져서 답을 찾는 데 더 오래 걸린다. 글자 크기 차이가 명확하지 않고 방해 요소가 많아서 구조 파악에 시간이 걸린다. 본문 글씨는 작고 선명도가 떨어져 가독성이 떨어진다.

이 두 페이지는 사용자의 시선에 따른 정보 구조화가 가독성과 이해에 어떻게 영향을 끼치는지를 보여준다. 온라인에서 글을 쓴다는 것은 사용자가 스캐닝을 잘할 수 있게 도와야 한다는 의미다. 웬만해서는 읽지 않는 사용자들이 슬쩍 훑어만 봐도 핵심을 이해할 수 있게 불필요한 글자를 제거하고 핵심만으로 구조화하는 역량이 필요하다. 내용이 더 잘 이해되면 사용자들은 더 깊이 알고 싶어 하고, 그 서비스를 신뢰하게 된다.

그럼 스캐닝을 돕는 글이란 어떤 글일까?

- **사용자가 궁금해하는 주제를 쓴다.** 사용자가 페이지에 오는 목적은 무엇인가? 기업이 전달하고 싶은 내용이 아니라, 사용자가 그 페이지에 방문하는 이유에 대한 답을 주자. 예를 들면 채용 시기와 방법을 알고 싶어 하는 사용자에게 회사의 비전을 알려주지 말고 채용 시기와 방법을 알려주자.

- **필요한 내용만 쓴다.** 페이지의 핵심 주제가 무엇인가? 핵심에만 집중하고 한 번만 쓰자. 비슷한 내용이 반복되면 읽을 것이 많다는 신호를 던져 읽을 의욕을 떨어뜨린다. 게다가 내용을 다 이해했는데도 아직 더 읽을 글자가 남아 있다면 사용자가 해당 콘텐츠를 제대로 파악하지 못했다는 착각을 줄 수 있다. 핵심에만 집중하고 '관련' 내용이나 '세부' 내용은 최소화하자. 꼭 넣어야 한다면 정보의 성격이 명확히 드러나도록 정보의 계층을 명확하게 설계하자.

- **중요한 내용은 페이지 위쪽, 그리고 단락의 앞쪽에 배치한다.** 앞부분만 읽고 나가는 사용자들을 위해 중요한 내용일수록 페이지 위쪽에, 그리고 단락의 앞쪽에 배치하자. 글이 길다면 상단에 요약문을 제공하자. 단락 안에 중요 정보가 있다면 진하기, 목록, 색상 등으로 화면에서 도드라지게 표시하자.

- **정보의 서열을 명확히 한다.** 사용자는 정보의 서열로 콘텐츠를 구조화한다. 글의 제목으로 페이지 전체를 구조화하고, 대제목과 소제목으로 단락을 구조화한다. 정보가 구조화되면 세부 내용을 예측할 수 있기 때문에 더 잘 이해된다.

- **중요한 내용, 개념, 문구를 강조한다.** 꼭 알아야 하는 개념이나 단어가 있다면 진하기, 크기, 색상 등으로 화면에서 잘 보이게 하자. 이렇게 하면 스캐닝만 하고 나가는 사용자를 도울 수 있다. 단, 핵심을 가릴 정도로 과하면 안 된다.

- **제목으로 본문을 나눈다.** 제목으로 본문을 나누면 사용자가 콘텐츠를 구조화하는 데 도움이 된다. 필요한 내용을 골라 내기도 좋다. 페이지가 길어도 여러 개의 작은 단위로 나뉘어 있으면 읽을 만하다고 느낀다.

- **장식적인 이미지를 자제한다.** 글 대신 이미지로 내용을 완벽하게 전달할 수 있다면 이미지만 있어도 좋다. 글보다 이미지가 인지 부담이 적기 때문이다. 글이 표현하지 못하는 내용을 이미지로 보완해도 좋다. 하지만 의미 없는 장식 목적의 이미지는 자제하자. 목적 없는 이미지는 스캐닝의 방해물로 작용해 핵심으로 가는 길을 막고, 핵심 파악을 방해한다.

이 외에도 온라인 서비스 작가들이 적용할 수 있는 방법은 다양하다. 1장에서는 사용자들이 어떻게 읽는지에 초점을 맞추고 자세한 방법은 2장부터 소개할 예정이다.

1.3. UX 라이팅은 무엇인가?

지금까지 UX 라이팅의 근거가 되는 연구를 살펴봤다. 이제는 기업 환경에서 UX 라이팅이 무엇이고, UX 라이팅이라는 이름으로 어떤 일을 하는지 알아보자. 좋은 UX 라이팅이 서비스와 사용자에게 어떤 영향을 미치는지도 알아볼 것이다.

1.3.1. UX 라이팅 정의와 특징

먼저 UX 라이팅의 정의를 살펴보자.

UX 라이팅(UX Writing)

> 사용성이나 브랜드 경험을 향상시키고 최적화하기 위해서(목적)
> 인터넷 인터페이스 안에서 사용하는 언어와 언어의 포맷을 다루는 업무(업무 대상)

UX 라이팅이 서비스에서 하는 중요한 역할의 하나는 '사용성을 향상'시키는 것이다. 적절한 위치에 놓인 적합한 문구는 서비스를 더 잘 이해하고 더 잘 사용할 수 있게 돕는다. 또 다른 중요한 역할은 '브랜드 경험'을 향상시키는 것이다. 서비스 고유의 분위기나 개성을 글에 녹여 기계화된 인터페이스가 아닌 사람과 상호작용하는 것처럼 느끼게 한다.

UX 라이팅은 인터페이스 안에 있는 언어와 언어의 포맷을 다루는 업무를 포괄한다. '이 위치에서 사용자들이 무엇을 궁금해하는지', '무엇을 불편해하는지'를 발굴하여 그에 적합한 글자를 추가(삭제, 수정)한다. 또는 서비스 가치와 사용자 가치가 일치하는 지점을 글자에 담아 서비스와 사용자 모두가 목적을 달성할 수 있도록 도움을 준다. 인력이 많지 않은 스타트업에 종사한다면 이런 일을 원활히 할 수 있도록 글의 방향성을 세우고, 일관된 가이드를 만들며, 홍보·배포하는 역할을 담당하기도 한다. 이 책에서 특이한 점은 '언어'만이 아니라 '언어의 포맷'까지 다르다는 점이다. 정보의 내용과 함께 정보가 들어가는 레이아웃을 함께 고려하지 않는다면 아무리 좋은 내용도 사용자의 시선에 잡히지 않기 때문이다.

UX 라이팅은 다른 라이팅과 어떻게 다를까? UX 라이팅은 제품이나 서비스 안에서 사용하는 글이다. 이 특성이 UX 라이팅을 다른 종류의 글과 다르게 만든다. 이에 반해 카피라이팅은 제품 밖에서 제품에 들어오게 하는 라이팅이다. 생활 속 비유로 두 글의 차이를 알아보자. 남녀가 사귀기 전 호감을 느낀다. 본격적으로 사귀기 전에 남녀는 평소보다 멋지게 자신을 포장한다. 하지만 연인으로 발전하면서 포장을 벗고 본질을 보여준다. 장기적으로 좋은 연인 관계로 발전하려면 꾸민 모습보다 진솔하고 성실한 말과 행동이 더 좋다.

글도 마찬가지다. 글은 서비스와 사용자가 나누는 대화와 같다. 카피라이팅은 '이 제품을 써보라고' 유혹한다. 제품에 들어오게 하려고 솔직한 민낯 대신 예쁘게 화장한 모습을 보여준다. 하지만 이미 제품 안에 들어온 사용자에게 계속 꿈과 환상만 심어줄 수 없다. 사용자는 제품의 '실제적인' 가치를 경험하면서 편안함을 느껴야 한다. 카피라이팅은 '제품을 매력적으로 포장'하는 연애 전 대화라면, UX 라이팅은 '제품을 편리하게 사용하도록 진실되게 도와주는' 사귀고 난 후의 대화와 같다.

표 1.2. UX 라이팅 vs. 카피라이팅

	UX 라이팅	카피라이팅
정의	제품 안에서 사용하는 글	제품에 들어오도록 하는 글
성격	사용자를 돕는다	사용자를 유혹한다
대상	제품에 들어온 사용자	제품을 경험하지 못한 사용자
목표	▪ 서비스를 쉽게 이해하고 ▪ 서비스를 자연스럽게 사용하고 ▪ 서비스에 애정을 갖고 ▪ 서비스가 원하는 행동을 하게 한다	▪ 제품으로 들어올 수 있도록 ▪ 제품을 매력적으로 포장한다

UX 라이팅과 카피라이팅을 사례로 확인해보자. 네이버는 소상공인의 온라인 사업을 돕는 SME(Small-Medium Enterprise) 풀케어시스템을 지원한다. 오프라인 매장을 온라인으

로 연결할 수 있게 온라인 쇼핑몰, 결제, 교육, 기술, 솔루션을 제공한다. 네이버 SME 서비스의 광고 캠페인 문구는 'ㅇㅇ씨의 경쟁력, 네이버'다. 서울 쌀로 막걸리를 빚어 만드는 성용 씨라는 인물이 등장한다. 막걸리를 만들어 네이버에서 라이브 방송을 하고 스마트스토어에서 판매한다. 네이버 성장 포인트로 다양한 마케팅 활동을 지원받는다. 네이버 SME 광고 캠페인 문구는 '성용씨의 경쟁력, 네이버'다. 네이버에서 할 수 있는 구체적인 행동 대신 네이버로 만드는 라이프 스타일을 담았다. 반면, SME 시스템의 일부인 스마트스토어센터로 들어가 보자. '나만의 온라인 쇼핑몰, 스마트스토어 - 온라인에서 상품을 팔고 싶은데, 쇼핑몰이 없으시다고요?'라고 쓰여 있다. 추상적인 개념을 자제하고 서비스의 개념과 사용자가 할 수 있는 일을 구체적으로 전한다. 카피라이팅은 전자처럼 제품이 가진 본질을 아름답게 포장해서 제품으로 얻을 수 있는 가치를 유혹적으로 소구하는 반면, UX 라이팅은 그 제품으로 할 수 있는 행동과 결과를 더 구체적이고 직접적으로 설명한다.

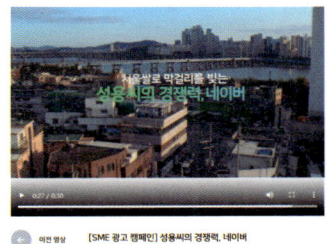 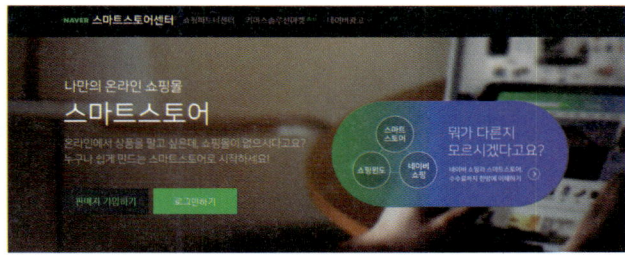

그림 1.12 네이버 SME(Small-Medium Enterprise)
광고 캠페인 문구(왼쪽) vs. 스마트스토어센터 홈페이지 문구(오른쪽)

1.3.2. UX 라이팅 업무 영역

UX 라이터가 하는 일을 들어보면 저마다 다른 이야기를 하는 것처럼 느껴진다. 어떤 사람은 보이스앤톤 디자인과 대화체 글을 UX 라이팅이라고 하고, 어떤 사람은 마이크로카피를 UX 라이팅이라고 한다. 어떤 사람은 AB 테스트와 전환율 향상이 가장 중요하다고 한다. UX 라이팅은 아직 역할이 분명하지 않은 신생 분야이기 때문에 UX 라이터라는 이름으로 일할 때 자주 역할에 혼선이 생긴다.

UX 라이팅의 업무 영역을 이해하면 왜 사람마다 UX 라이팅을 다르게 이야기하는지 알 수 있다. 서비스의 빈틈이 어디인지, 어떤 부분을 보강할지 감을 잡아 서비스에서 UX 라이터가 집중적으로 노력을 기울일 부분과 장기적인 방향성을 정할 수 있다. 서비스의 사용성과 브랜드 경험을 향상시키기 위해 UX 라이터가 담당해야 할 업무는 다음의 5가지로 나눌 수 있다:

- 언어
- 전환율
- 사용성
- 일관성
- 브랜딩

UX 라이팅의 언어적 측면의 업무

좋은 UX 라이팅은 쉽고 간결하다. 독자의 눈높이와 관심에 맞는 내용을 쓴다. 문법이나 표기 원칙도 바르다. 이 분야를 잘하려면 온라인 언어의 문법을 이해하고 국어 지식이 많아야 한다.

언어를 가다듬는 UX 라이터의 역할은 텍스트 집약적인 서비스나 개념이 어려운 서비스에서 특히 중요하다. 최근 통신, 금융, 공공 기관에서 공급자 중심적인 언어를 사용자 중심적인 언어로 바꾸는 것은 서비스 글을 언어의 측면에서 개선하는 것이다. 이 분야에 많은 노력을 기울이는 기업들은 '이 지점에서 사용자는 무엇을 알고 싶어 할까?', '사용자는 글을 잘 이해하는가?', '해결 못 한 문제는 무엇일까?'를 조사하며 글을 사용자 친화적으로 바꾸는 데 시간과 노력을 기울인다. 정보가 어려운 통신업계나 금융업계에서 가이드북을 만들어 사내에 배포하고, 글로벌 기업이 읽기 어려운 개인정보보호정책, 약관, 법률 정보를 쉽게 고치는 것이 이러한 노력의 일환이다. 이 분야에 많은 노력을 기울이는 기업의 글은 눈에 잘 들어오고, 쉽게 이해되며, 짧지만 핵심이 잘 파악된다.

영국 정부의 홈페이지는 언어적인 측면에서 대대적인 개편을 단행하여 어렵고 긴 글을 짧고 쉬운 글로 바꿨다. 영국 정부 홈페이지의 글은 길고 어려웠다. 정보가 수십 개의 연관 사이트에 분산되어 막상 필요한 곳에서는 답을 찾을 수 없었다. 홈페이지에 오래 머물다 결국 답을 찾지 못하고 검색 사이트에서 문제를 해결했다. 그래서 콘텐츠 전문 기업가 함께 콘텐츠를 쉽고 짧고 통일되게 바꾸는 대대적인 개편을 했다. 목표는 사용자가 답을 금방 찾고 다시는 같은 문제로 돌아오지 않게 하는 것이다. 사용자가 궁금해하는 내용을 조사하고, 사용자 여정을 그려서 필요한 상황에서 정보가 보이게 했다. 긴 글은 짧게, 어려운 용어는 쉽게 고쳤고, 일관된 글의 포맷을 만들었다. 콘텐츠의 높은 품질을 유지할 수 있도록 조직을 개편하고 관리 체계를 만들었다. 온라인 콘텐츠에 대한 포괄적인 가이드북을 만들어 내·외부 관계자들에게 배포했다. 개편 이후 고객 불만이 사라지고 긍정적인 코멘트가 증가했다. 답을 찾는 시간이 줄어들고 재방문율이 낮아졌다.

표 1.3. UX 라이팅의 언어적 측면

업무 성격	필요한 지식	필요한 분야	효과
▪ 쉽고 간결한 글쓰기 ▪ 독자 중심적인 언어 ▪ 바른 언어와 문법	▪ 언어에 대한 이해 ▪ 온라인 콘텐츠에 대한 이해	▪ 텍스트 집약적인 서비스 ▪ 개념이 어렵고 복잡한 정보	▪ 가독성, 이해력 향상

UX 라이팅의 사용성 측면의 업무

사용성 측면에서 UX 라이팅을 세심하게 고려하면 서비스 사용이 자연스러워진다. 사용자가 서비스를 활용하는 방법대로 인터페이스 순서가 배치된다. 상황에 적합한 언어가 나오니 의문이 줄어든다. 문제가 생기면 위로를 받거나 쉽게 해결한다. 모르는 것이 있어도 상담원이 곁에 있는 것처럼 안내해준다. 흐름이 매끄러우니 자연스럽게 전환율이 향상된다.

특히 기능이나 절차가 집약돼서 복잡도가 높은 서비스는 사용성에 노력을 집중해야 한다. 사용자 경험이나 서비스 기획 경험이 많은 사람이 이 부분에서 큰 역할을 할 수 있다. 사용성 측면에서 UX 라이팅 노력을 기울인다면 서비스 개발이나 고객 관리에 드는 비용이 절감되고 사용자는 서비스 안에서 매끄럽게 활동한다.

프롤로그의 xxv페이지에서 본 조슈아 포터의 사례에서 사용성 측면에서의 UX 라이팅 업무를 확인했다. 사용자가 이탈하는 지점을 관찰하여 원인을 해결하는 마이크로카피를 추가했더니 결제 완료에 이르는 비율이 증가한 것이다. 미국의 금융사 캐피탈원의 사라 월시는 온라인 양식을 개편했다. 은행을 찾아가 은행원과 고객이 대화하고 행동하는 상황을 관찰하고, 실제 순서에 따라 양식의 흐름을 설계하고, 실제 상황에서 쓰인 용어를 양식에 그대로 사용했다. 어려운 개념은 툴팁으로 안내하고, 고객의 현재 위치를 알게 했다. 개편 후 고객 문의가 줄고, 양식 완료율이 26%에서 92%로 증가했다. 양식 완료에 걸리는 시간도 줄었다.[5]

표 1.4. UX 라이팅의 사용성 측면

업무 성격	필요한 지식	필요한 분야	효과
▪ 자연스러운 플로 ▪ 사용자의 상황에 적합한 언어	▪ 서비스, 사용자 경험에 대한 이해	▪ 기능 집약적인 서비스 ▪ 모바일 서비스 ▪ 복잡도가 높은 서비스	▪ 사용성 향상 ▪ 비용 절감

UX 라이팅의 브랜딩 측면의 업무

서비스의 개성을 보여주는 보이스앤톤 디자인이나 고객과 나누는 감성적인 대화가 여기에 속한다. 사용자는 서비스를 감정 없는 무생물로 대하지 않는다. 서비스를 사람으로 의인화한 후, 서비스가 잘 작동하면 애정을 느끼고 잘 작동하지 않으면 미워한다. 서비스가 표방하는 이미지와 잘 어울리는 인격체를 정해 그 인격체가 말하거나 대화하듯이 쓴다. 사용자의 감정이 연루되는 지점을 찾아 그 감정에 공감한다. 이런 글은 사용자 경험이나 브랜딩, 고객을 잘 아는 사람이 유리하다. 친근한 글, 말하는 듯한 글, 개성이 분명한 글을 보았다면 이 서비스팀은 브랜드 아이덴티티와 사용자 페르소나를 잘 규정해서 이들과 대화하듯이 쓰는 데 노력을 기울이고 있을 것이다.

이 역할은 사용자가 있는 서비스라면 어디에나 필요하다. 친근하고 개성적인 글이 제품 친밀도에 좋은 영향을 끼친다는 사례가 발표되면서 이 부분에 노력을 기울이는 회사가 생겨나기 시작했다. 이 영역에 노력을 집중하면 서비스와 고객 간의 친밀도, 신뢰도가 높아진다.

---

5 사라 월시(Sara Walsh), Designing the conversation: Don't forget your online forms, InVision Design Talks, https://www.youtube.com/watch?v=FUXZZSa8lgk, 2018. 08

표 1.5. UX 라이팅의 브랜딩 측면

업무 성격	필요한 지식	필요한 분야	효과
▪ 보이스앤톤 디자인 ▪ 감성, 공감 대화	▪ 사용자 경험, 브랜딩, 고객에 대한 이해	▪ 사용자를 상대로 하는 모든 서비스	▪ 친밀도, 신뢰도, 일관성 향상

UX 라이팅의 전환율 측면의 업무

지금까지 언급한 UX 라이팅의 3가지 측면에서(언어, 사용성, 브랜딩, 일관성 측면) 노력을 기울이면 전환율에 좋은 영향을 끼칠 것이다. 하지만 일반적인 전환율과 다르게 여기서 의미하는 전환율은 버튼, 배너, 짧은 글의 글자를 최적화해 의도적으로 전환 수치를 변화시키는 활동을 말한다. 전환율은 서비스가 고객에게 유도하는 행동을 얼마나 했는가를 측정한다. 파일을 다운로드하거나, 친구와 공유하거나, 회원 가입을 하거나, 제품을 구매하는 행동을 전체 사용자 대비 몇 명이 했는가를 측정한다. 버튼이나 배너에 적힌 글자가 사용자의 이해와 맞아떨어질 때 전환 비율에 영향을 끼친다. 완전히 동일한 디자인에서 버튼에 적힌 글자를 바꾸는 것만으로 전환율이 급격히 올라가기도, 내려가기도 한다.

전환율을 의미 있게 변화시키기 위해서는 연구 설계 능력과 고객의 가치에 대한 이해가 중요하다. 제품과 시장 적합성을 찾았고, 서비스나 정보에 대한 이해가 만족스러운 상태에서 더 좋은 수치를 만들고자 한다면 글자 하나하나의 디테일에 집중할 필요가 있다.

이때 전환율이라는 결과에만 집착하지 않도록 주의하자. 전환율을 높인다고 사용자를 존중하지 않는 언어를 선택하는 경우가 있다. 하지만 사용자 경험을 무시한 전환 수치는 장기적으로 서비스의 신뢰에 나쁜 영향을 끼칠 수 있다.

표 1.6. UX 라이팅의 전환율 측면

업무 성격	필요한 지식	필요한 분야	효과
▪ 연구 설계	▪ 카피 최적화, 사용자 가치에 대한 이해	▪ 특정 지점의 이탈율을 낮추거나 전환율을 높여야 할 때	▪ 비즈니스 목표 달성

UX 라이팅의 일관성 측면의 업무

글을 일관되게 쓰고, 또 일관되게 쓰기 위한 시스템을 만드는 일도 UX 라이터의 중요한 일이다. 서비스가 고도화되고 플랫폼이 확장되면서 글의 일관성 관리가 중요해졌다. 어떤 브랜드는 서로 다른 서비스에 들어가도 동일한 브랜드처럼 느껴지는데, 어떤 브랜드는 페이지를 옮길 때마다 다른 서비스처럼 보인다. 여러 서비스를 넘나들어도 같은 브랜드에 있는 것처럼 느낄 때 사용자는 브랜드와 일체감을 느끼고, 정보를 잘 이해한다.

서비스가 작을 때는 작가 한 사람이 일관성을 유지할 수 있지만, 서비스가 고도화될수록 인력의 힘으로는 한계가 생긴다. 이때 UX 라이터가 일관된 서비스처럼 느껴지도록 구조를 세우거나 원칙을 정하고, 관리하고 배포하는 역할을 한다. 콘텐츠 스타일 가이드를 만들고, 이를 교육 및 배포하고, 디자인 시스템 팀과 협업하기도 한다. 일관성에 들이는 노력을 최소화하면서도 일관성을 유지하기 위해 많은 글로벌 기업은 디자인 시스템에 자주 사용되는 용법이나 단어를 자동화하기도 한다.

작은 차이가 거슬리는 꼼꼼함, 서로 다른 팀의 입장을 이해하고 조정하는 커뮤니케이션 능력이 필요하다. 정보나 상품이 많거나 담당자가 많은 기업이라면 일관성 관리가 필요하다. 이 부분에 노력을 집중한다면 글의 일관성이 올라가고, 이로 인해 브랜드 안에서 편안함을 느낀다.

표 1.7. UX 라이팅의 일관성 측면

업무 성격	필요한 지식	필요한 분야	효과
■ 콘텐츠 가이드 제작, 교육, 배포 ■ 디자인 시스템과 결합 ■ 커뮤니케이션	■ 다양한 서비스와 팀에 대한 이해 ■ 꼼꼼함, 커뮤니케이션 능력	■ 서비스나 담당자가 많은 기업	■ 일관성, 브랜드 신뢰도 상승

1.3.3. UX 라이터가 쓰는 글의 종류

서비스의 특징, 비즈니스 목표, 기업의 상황에 따라 UX 라이터가 하는 일과 쓰는 글의 종류가 달라진다. 글자를 통해 사업의 목표를 달성하고, 문제를 해결하고, 사용자의 만족을 위해 UX 라이터가 다루는 글에는 다음과 같은 것이 있다.

1. UI/UX 카피
2. 콘텐츠 제작
3. 보이스앤톤 디자인
4. 콘텐츠 전략 수립
5. 카피 최적화

UI/UX 카피

UX 라이터는 UI나 UX를 구성하는 글자를 쓴다. 내비게이션 메뉴의 이름을 정하거나 사용자의 정보 탐색을 돕는 레이블을 정한다. 중요한 양식을 설계하거나 필요한 상황에서 툴팁이나 에러 메시지를 쓴다.

- 내비게이션 메뉴
- 툴팁
- 목록
- 배너
- 양식
- 에러 메시지
- 공백 메시지
- 기타

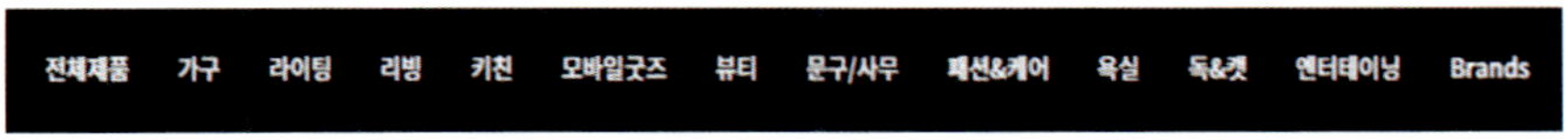

그림 1.13 사용자들이 탐색하는 방식에 맞춘 내비게이션 네이밍 설계(출처: Collection B의 내비게이션 메뉴)

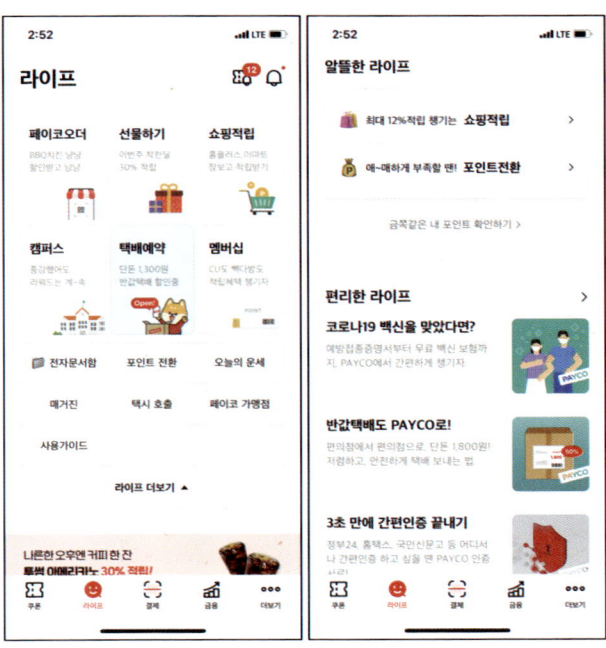

그림 1.14 앱 메뉴를 구성하거나 그 메뉴의 특징을 간결하게 요약(출처: 페이코 앱)

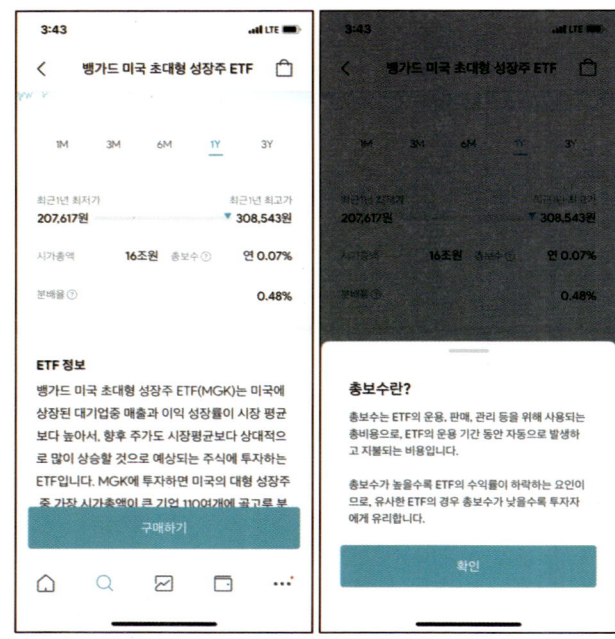

그림 1.15 설명이 필요한 어려운 용어를 풀어 쓴 툴팁 (출처: 미니스탁 앱)

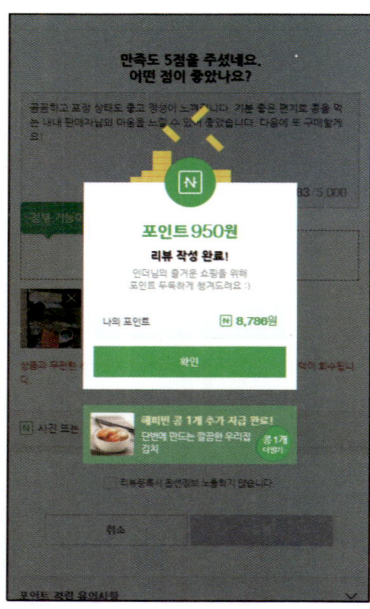

그림 1.16 에러 메시지나 완료 메시지 (출처: 네이버)

콘텐츠 제작

UX 라이터는 마이크로카피나 길이가 짧은 콘텐츠뿐만 아니라 긴 서비스 글을 제작하거나 수정하는 일을 맡기도 한다. 사용자가 궁금해하는 내용을 선별하고, 논리적인 순서로 배치하고, 사용자의 눈높이에 맞는 용어로 바꿔 쓰고, 이해도를 점검한다.

- 상품 설명
- 회사 소개문
- 안내/공지문
- 각종 정책/약관
- 기타

 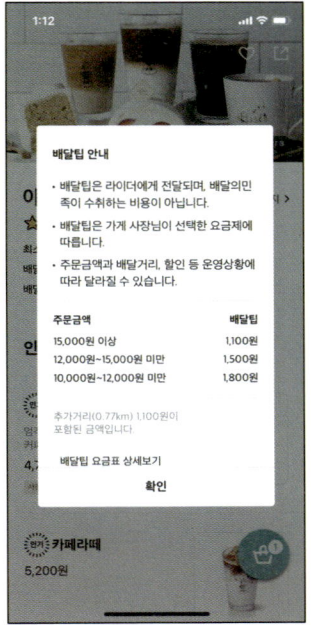

그림 1.17 상품 설명 (출처: 에어비앤비)   그림 1.18 중요한 안내문이나 공지문 (출처: 배달의민족)

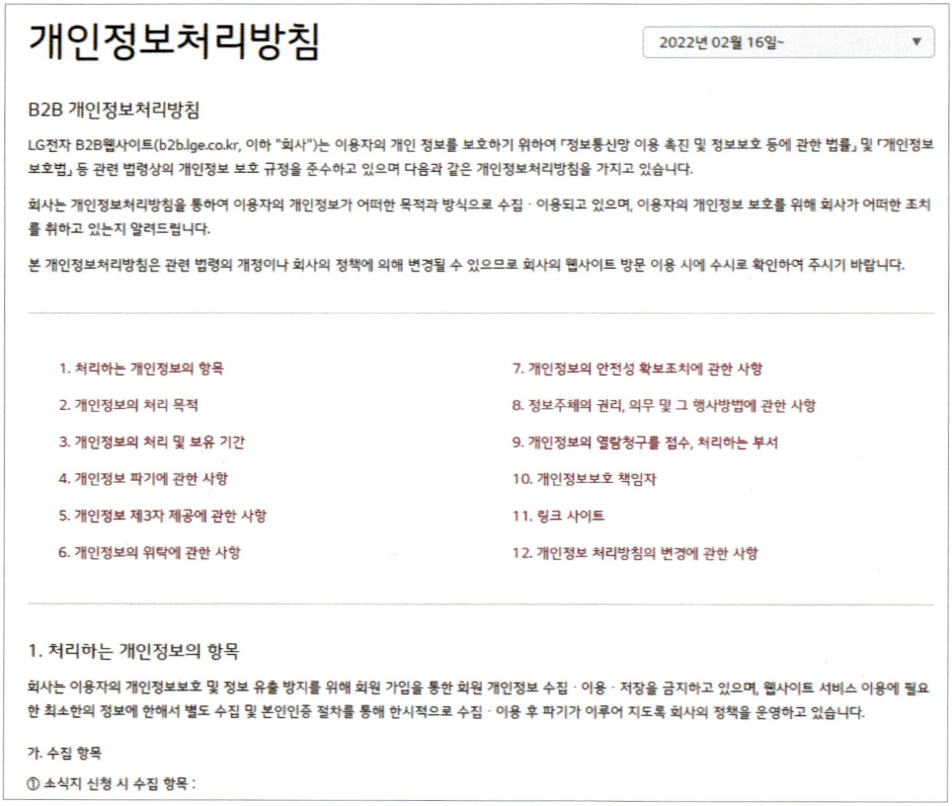

개인정보처리방침

2022년 02월 16일~ ▼

B2B 개인정보처리방침

LG전자 B2B웹사이트(b2b.lge.co.kr, 이하 "회사")는 이용자의 개인 정보를 보호하기 위하여 「정보통신망 이용 촉진 및 정보보호 등에 관한 법률」 및 「개인정보 보호법」 등 관련 법령상의 개인정보 보호 규정을 준수하고 있으며 다음과 같은 개인정보처리방침을 가지고 있습니다.

회사는 개인정보처리방침을 통하여 이용자의 개인정보가 어떠한 목적과 방식으로 수집 · 이용되고 있으며, 이용자의 개인정보 보호를 위해 회사가 어떠한 조치를 취하고 있는지 알려드립니다.

본 개인정보처리방침은 관련 법령의 개정이나 회사의 정책에 의해 변경될 수 있으므로 회사의 웹사이트 방문 이용 시에 수시로 확인하여 주시기 바랍니다.

1. 처리하는 개인정보의 항목
2. 개인정보의 처리 목적
3. 개인정보의 처리 및 보유 기간
4. 개인정보 파기에 관한 사항
5. 개인정보 제3자 제공에 관한 사항
6. 개인정보의 위탁에 관한 사항
7. 개인정보의 안전성 확보조치에 관한 사항
8. 정보주체의 권리, 의무 및 그 행사방법에 관한 사항
9. 개인정보의 열람청구를 접수, 처리하는 부서
10. 개인정보보호 책임자
11. 링크 사이트
12. 개인정보 처리방침의 변경에 관한 사항

1. 처리하는 개인정보의 항목

회사는 이용자의 개인정보보호 및 정보 유출 방지를 위해 회원 가입을 통한 회원 개인정보 수집 · 이용 · 저장을 금지하고 있으며, 웹사이트 서비스 이용에 필요한 최소한의 정보에 한해서 별도 수집 및 본인인증 절차를 통해 한시적으로 수집 · 이용 후 파기가 이루어 지도록 회사의 정책을 운영하고 있습니다.

가. 수집 항목

① 소식지 신청 시 수집 항목 :

그림 1.19 사용자 친화적으로 바꿔 쓴 정책, 법률 관련 글 (출처: LG전자)

보이스앤톤 디자인

탐색에 필수적인 글은 아니지만, 딱딱하고 사실적인 글을 UX 라이터가 사용자와 교감하는 감성적인 글로 고쳐 쓰기도 한다. 사람들은 인터페이스의 글을 인격체와 대화로 받아들인다. 따라서 상황에 적합하고, 고객에 공감하는 감성적인 글은 서비스에 대한 애정과 신뢰도를 올린다.

- 브랜딩 메시지
- 개인화 메시지
- 문장의 톤 조정

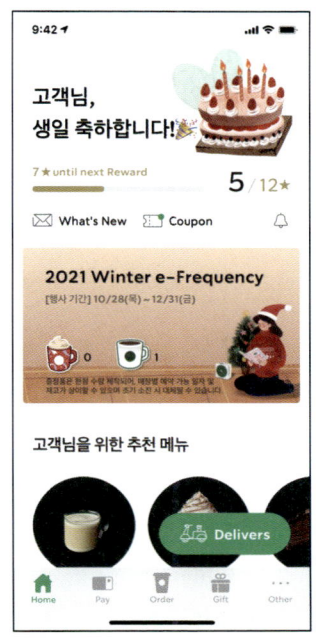

그림 1.20 사용자와 교감하는 글 (출처: 스타벅스)

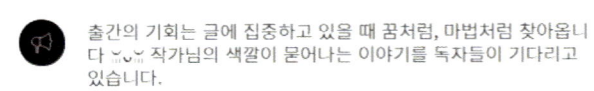

그림 1.21 고객의 동기를 자극하는 글 (출처: 브런치)

그림 1.22 브랜드와 고객의 감성을 연결하는 글 (출처: ssorry.com)

콘텐츠 전략 수립

콘텐츠 전략 수립은 기업의 비즈니스의 목적을 달성하고, 유용하며 사용하기 편한 경험을 제공하는 서비스를 위해 콘텐츠의 생성, 운영 및 관리 체계를 총괄하는 업무다. UX 라이터는 작가와 독자의 페르소나를 만들어 글 쓰는 모든 사람이 작가, 또는 독자의 입장에 몰입하여 일관된 글을 쓰도록 돕는다. 또한 가이드를 만들고 활용하기 위해 관련자들의 요구를 듣고, 조율하고, 전파하고 관리하는 역할도 한다.

- 콘텐츠 원칙
- 보이스앤톤 가이드라인
- 용어, 문법, 표현 가이드라인
- 콘텐츠 인벤토리 관리
- 사내 공유
- 기타

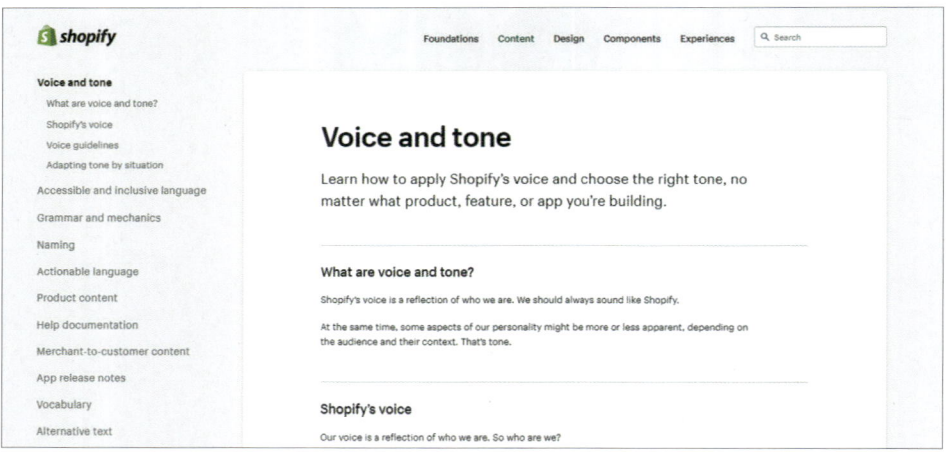

그림 1.23 한 사람이 쓴 것처럼 쓸 수 있도록 돕는 보이스앤톤과 콘텐츠 스타일 가이드
(출처: 쇼피파이 폴라리스)

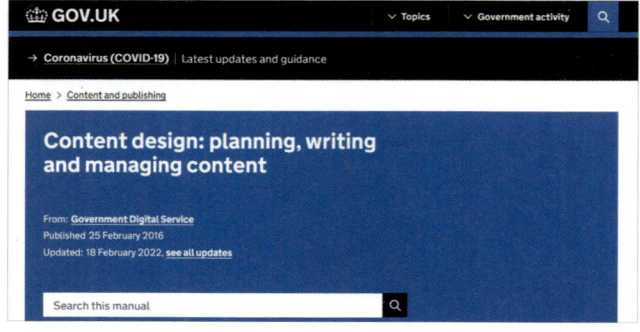

그림 1.24 영국 정부 콘텐츠 디자인 가이드라인: 콘텐츠 디자인 원리를 전사에 교육, 전파 (출처: GOV.UK)

카피 최적화

사업적으로 달성해야 하는 목표가 있을 때는 카피 하나를 붙들고 미세하게 변수를 적용하며 최적화에 매달린다. 문제와 목표를 정의하고, 가설을 세운 후, 테스트하고 적용하거나 가설을 기각하고 다시 시작한다. 디자인이나 개발상의 큰 변화 없이 비교적 적은 노력과 비용으로 사업적인 목적을 달성할 수 있다. 부킹닷컴을 비롯한 글로벌 온라인 기업은 별도의 테스트 조직을 만들어 카피뿐 아니라 서비스의 모든 측면을 테스트하며 전환율에 기여하도록 최적화한다.

- CTA, 버튼 카피
- 배너 메시지
- 랜딩 페이지
- 기타

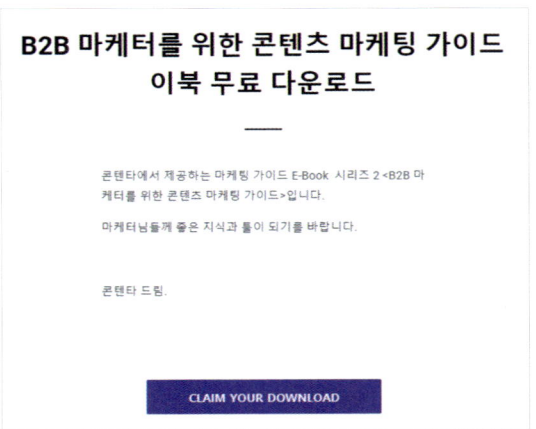

그림 1.25 버튼 최적화 (출처: 네이버 장보기)   그림 1.26 이메일 뉴스레터 최적화 (출처: 콘텐타)

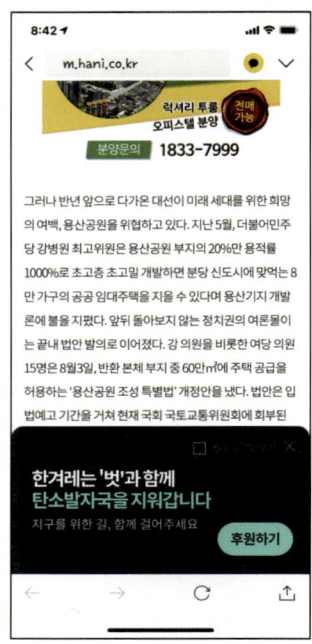

그림 1.27 배너 카피 최적화 (출처: 한겨레신문)

정리하면 UX 라이터는 이 다섯 범주에 해당하는 글을 쓰거나, 그런 글을 쓰기 위한 활동을 한다. 중요한 것은 UX 라이터가 어떤 글을 쓰고, 쓰지 않는지를 일률적으로 정하기보다는 UX 라이팅 조직이 어떤 일을 해야 가장 효과적으로 서비스 목표를 달성할 수 있는지 명확한 기준을 세우는 것이다. 서비스 여정에서 사용자의 이탈율을 낮춰야 하는가? 내부 기획자들이 글 쓰는 데 들이는 시간을 줄여야 하는가? 서비스마다 톤이 달라 서비스 신뢰도에 악영향을 주는가? 글이 어려워 사용자들이 우리 사이트에서 읽지 않고 다른 곳에서 읽는가? 또는 사용자가 과제를 빨리 해결하고 나가도록 도와야 하는데, 과도하게 오래 머물러 있는가? 그렇다면 해결할 문제를 규정하고 그 문제를 가장 효율적으로 해결할 수 있도록 UX 라이팅 조직이 해야 할 장단기 계획과 업무를 규정해야 한다.

1.3.4. UX 라이팅 프로세스

이 글을 쓰고 있는 2023년, UX 라이팅 조직은 비교적 새로운 직군에 속하기 때문에 누구도 UX 라이팅 조직에 대한 명확한 상을 가지고 있지 않다. 누군가는 모든 글을 UX 라이터에게 고쳐 달라고 할 수도 있고, 누군가는 기존 인력과 업무 분장이 명확하지 않아 업무 범위가 애매하다고 생각할 수도 있다. 일이 몰릴 때는 기준을 가지고 선택과 집중을 해야 하고, 일이 없을 때는 기준을 가지고 자발적으로 찾아 나서야 한다. UX 라이터는 어디서부터 어디까지 일을 맡아야 할까? 사용성을 올리고 사업의 목표에 기여하거나, 그런 글을 위해 프레임워크를 세우는 일 모두 UX 라이터가 마땅히 맡아야 한다. 자발적으로 이런 일을 찾아 개선하면 조직에서 입지를 단단히 다질 수 있다.

조직의 역할과 책임을 명확히 규정했다면 이제부터 본격적으로 글을 써보자. 화면에 보이는 글은 쓰는 것은 UX 라이팅의 10~20%에 불과하다. 나머지는 문제를 포착하고, 테스트하고, 논의하고, 해결 방안을 내는 데 있다. 에이브러햄 링컨은 "나에게 장작을 패는 데 한 시간이 주어진다면 45분은 도끼를 가는 데 쓸 것이다"라고 했다. 장작 패기가 글쓰기라면 도끼날 갈기는 사전 작업이다. UX 라이터가 화면에 글자를 내보내기까지 어떤 과정을 거치는지 살펴보자.

조직, 개인, 상황마다 글 쓰는 프로세스가 모두 다르지만, 이 책에서는 5단계로 나눌 수 있다. 문제를 정의하고, 해결 방안을 모색하고, 프로토타입을 만들어, 안을 테스트하고, 테스트 결과로 재정비하고 다시 반복 과정을 거친다. 각 단계에 대해 알아보자.

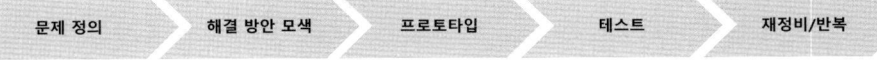

그림 1.28 UX 라이팅 프로세스

- **문제 정의**: 문제를 해결하려면 문제가 무엇인지 알아야 한다. 이해 관계자가 모여 목표 달성의 장애물은 무엇인지, 사용자 불평 지점이 어디인지, 어떤 단계에서 이탈이 나오는지 고객 채널을 보고 현장의 이야기를 듣고 통계를 보며 문제를 파악한다. 경쟁사도 조사한다.
- **해결 방안 모색**: 해결할 문제를 정했다면 해결책을 찾는다. 문제를 해결하려면 어떤 콘텐츠가 필요할까? 이 문제를 해결할 다른 표현 방식이 있을까? 있어야 하는데 없는 것은 무엇인가? 이해 관계자들이 모여 머리를 맞대고 목표 달성에 가장 효과적인 해결책을 찾는다.

- **프로토타입**: 앞에서 찾은 해결책으로 프로토타입을 만든다. 핵심 기능과 콘텐츠만 담은 최소한으로 작동하는 제품(MVP, Minimal viable product)을 제작한다. 정교하게 만들 필요는 없고 정 여유가 안 된다면 흐름을 볼 수 있게 종이에 그려도 좋다.
- **테스트**: 프로토타입을 테스트한다. 실제 사용자에게 테스트하는 것이 최선이고, 상황이 여의치 않다면 해당 과제와 무관한 다른 부서 사람에게라도 테스트한다. 이때 라이팅의 관점에서 사람들이 의미를 제대로 이해하는지, 다른 좋은 표현이 있는지, 적절한 위치에 있는지 등을 본다.
- **재정비/반복**: 마지막으로 테스트 결과를 취합하고 재정비한 후 앞의 과정을 반복한다. 가설이 잘못됐다면 새로 가설을 세워 새 프로토타입으로 테스트하고, 가설은 맞는데 방법이 잘못됐다면 방법을 달리하여 테스트한다.

이렇게 단계를 밟으며 개선하면서 조금씩 사용자 중심적인 라이팅으로 발전시켜 나간다. 모든 과정이 순차적으로 진행되지는 않는다. 이미 존재하는 협업 프로세스에 맞춰 단계를 변형하기도 한다. 상황에 따라 요구 기간도 달라진다. 그럼에도 불구하고 프로세스를 정의하는 이유는 어떤 논리와 가정으로 글을 썼고, 어떤 기대 효과를 바라는지 자신이나 조직의 논리가 반드시 필요하기 때문이다. 이렇게 논리를 촘촘하게 세우다 보면 더 목표에 근접한 글을 쓰고, 조직에서 설득력을 얻는다. 작은 성공이 쌓여 실력이 되고, 신뢰가 쌓이면 나중에 큰 프로젝트에서 정교하게 설계해서 정말 사용자 중심적으로 글을 쓸 수 있는 입지가 마련된다.

이렇게 정교한 절차를 걸쳐 제대로 된 카피를 쓴다고 모든 사람이 손뼉 치며 지원하지 않을 수도 있다. 사용자 입장에 공감해야 하는 UX 라이터는 회사의 문화와 협업의 관행도 공감하고 존중할 필요가 있다. 사용자 친화적이지 않아 보이는 문화나 해법도 나름의 이유가 있어 형성된 것이다. 사용자와 서비스 조직의 입장에 공감하고 예리하게 관찰해서 빈틈을 찾자. 서비스와 사용자, 조직과 조직 간에 소통이 깨진 부분을 관찰하고 그 빈틈을 채워 원활히 돌아가게 하는 일에 집중하자. 서비스 팀이 서비스를 더 잘 만들 수 있게 돕고, 조직이 더 잘 소통하게 돕고, 사용자가 서비스를 더 쉽게 쓸 수 있게 돕는 역할을 자청하자. 이렇게 신뢰와 입지를 다지면 점차 체계적이고 과학적인 방법으로 글을 시도할 수 있는 입지가 생긴다.

UX 라이터는 단독으로 일하지 않는다는 점을 기억하자. UX 라이터는 온라인 서비스를 만드는 다양한 직군이 모여 전략부터 품질 검수까지 모든 단계에 걸친 최적의 협업 시스템 안에서 일한다. CEO(Chief Executive Officer), CPO(Chief Product Officer), CDO(Chief Design Officer)와는 최고의 품질과 성능, 시장 적합성과 고객 만족을 고민한다. 다른 직군의 사람들과 수시로 교류하며 적절한 의사소통, 의사결정, 관리체계를 정한다. UX 라이팅의 중요성을 이미 인정한 조직이라면 이 작업이 비교적 수월하지만, 중요성을 아직 인식하지 못하는 조직이라면 UX 라이터가 UX 라이팅의 효과, 역할, 의사결정 기준, 협업 방식 등을 체계화하고 전파하는 에반젤리스트의 역할까지 수행해야 한다.

1.3.5. 좋은 UX 라이팅의 효과

UX 라이팅은 좋은 카피 몇 개만 떼서 판단하기는 어렵다. 언어, 사용성, 전환율, 브랜딩, 일관성의 다섯 영역이 고루 잘 갖춰졌을 때 '읽기 좋고', '호감 가고', '편안한' 글이 된다.

UX 라이팅의 탄탄한 기초는 비즈니스와 사용자 경험에 대한 이해다. 대화체로 다정하게 쓰기에 앞서 사용자가 듣고 싶어 하는 말이 무엇인지, 서비스 여정마다 어떤 정보가 필요한지, 어떤 감정을 느끼는지 이해하는 작업이 선행돼야 한다. 사용자를 만나고 사용자가 원하는 것을 찾아내자. 이 기초가 없으면 어떤 글쓰기 전략이나 시스템도 소용없다. 기초 위에 핵심만 간결하게 전하는 언어, 사용에 도움을 주는 언어가 놓여야 한다. 쉬운 언어, 사용에 도움을 주는 언어가 뒷받침되면 비로소 사용자에 공감하고 친밀감을 쌓는 언어를 시도해 볼 만하다. 사용하기 불편하고 이해가 안 가는데 고객과 친밀함을 시도하면 역효과를 낼 수 있다. 한 사람이 쓴 것처럼 일관되게 글을 관리하는 방법도 시도해 보자. 좋은 UX 라이팅의 계층 구조를 도식화하면 그림 1.29와 같은 모습이 된다.

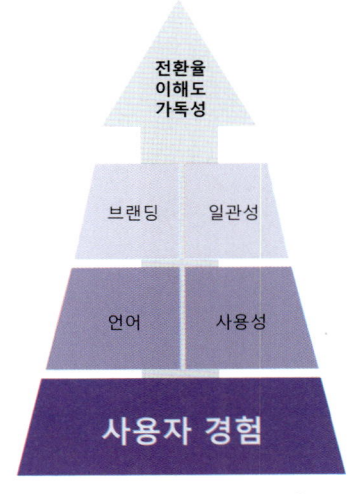

그림 1.29 좋은 UX 라이팅의 계층 구조

서비스의 모든 과정에서 전환율을 높이는 시도를 할 수 있지만, UX 라이팅의 토대가 뿌리 내리지 않은 상태에서 전환율만 높이려는 시도 또한 사용자에게 불쾌감을 줄 수 있다. 컨펌 셰이밍[6]은 사용자 경험에 대한 토대 없이 무리하게 전환율을 높일 때 발생한다. 전환이 잘 되지 않는다면 카피에 매달리기 전에 기초로 돌아가 무너진 곳이 없는지 점검하자.

서비스를 처음 시작한다면 이 네 단계를 잘 규정하고 시작할 수 있지만, 이미 서비스가 운영 중이라면 한꺼번에 개선하기는 어렵다. 시급성이나 효과가 큰 부분부터 개선하면서 시간이 갈수록 조금씩 확장해 나가자. 이를테면 어렵고 긴 글이 많아 사용자가 우리 페이지에 머물지 않고 나간다면 사용자가 읽기 쉽고 명확하게 글을 바꾸는 작업부터 착수하자.

UX 라이팅이 좋아지면 사용자는 서비스를 인격체로 느끼고 브랜드에 로열티와 신뢰감을 가진다. 사용자 경험이 수월해지고 서비스 가치를 더 잘 이해한다. 서비스 입장에서는 일관성을 지키기 쉬워지고 CTA나 카피를 쓰는 것도 수월해진다. 사용자의 행동을 부드럽게 유도하니 전환율도 높아진다.

표 1.8 좋은 UX 라이팅의 효과

사용자	서비스
▪ 서비스를 인격체로 느낀다. ▪ 브랜드에 로열티와 신뢰감이 생긴다. ▪ 사용자 경험이 수월하게 느껴진다. ▪ 서비스의 가치를 더 잘 이해한다.	▪ 일관성 지키기가 수월해진다. ▪ CTA, 카피 제작이 수월해진다. ▪ 사용자의 행동을 부드럽게 유도할 수 있다.

1장에서는 왜 온라인 글쓰기가 중요한지, UX 라이팅이 무엇이고 어떻게 서비스에 도움을 주는지, UX 라이터는 어떤 일을 하는지에 대해 알아봤다. 왜 사람마다 UX 라이팅에 대해 다른 말을 하는지 이제 이해가 될 것이다. 또한 우리 서비스의 빈 곳이 어디이고, 다음 단계는 어디로 가야 하는지도 감이 잡힐 것이다. UX 라이팅 팀이 회사에서 어떤 역할을 수행해야 하는지도 그림이 그려질 것이다. UX 라이팅의 기초를 다졌으니 이제부터 본격적으로 UX 글쓰기로 들어가보자. 2장에서는 온라인 글의 본질을 알아볼 것이다.

---

6 컨펌 셰이밍(Confirm shaming): 고객의 수치심이나 죄책감을 자극하여 원치 않는 클릭을 유도하는 행위

콘텐츠 전략에 대해

이 책은 콘텐츠 전략에 대해 다루지 않는다. 콘텐츠 전략은 기업, 시장, 사용자의 상황을 분석하고 기업이 추구해야 할 콘텐츠의 비전, 운용, 고도화 방안을 결정한다. 기업과 서비스를 충분히 이해한 후 서비스의 방향성을 새롭게 정의하거나 콘텐츠 소싱, 운용체계, 저작권, 악성 콘텐츠 및 고객 응대 전략까지 큰 범위를 포괄하기도 한다. 유수 IT 기업에서는 콘텐츠 전략 부서를 만들기도 하고 UX 라이터가 이 업무를 수행하기도 한다.

콘텐츠 전략 수립 업무에 대해 감을 잡을 수 있도록 이 책의 저자 중 한 명이 네이버 UX 디렉터로 재직하면서 수행한 일을 예로 들어보겠다. 네이버 재직 시절 콘텐츠 전략을 수립하고, 그에 따라 종합적으로 개편하는 업무를 다수 수행했다. 그 예로 네이버 홈페이지에서 비즈니스 목표와 사용 행태를 연구한 후 네이버만의 흥미롭고 시의성 있는 콘텐츠를 발굴했다. 뉴스만 있던 홈페이지에 오늘 읽을 만한 글(구 요즘 뜨는 이야기)을 추가했다. 그 결과 콘텐츠 소비가 다분화되어 더 많은 정보 소비로 이어졌다. 또한 네이버 뉴스도 전체 콘텐츠 체계를 잡고 정보 설계를 새로 했다. 언론사별로 분류된 뉴스를 속보, 주요 이슈, 관심 뉴스로 세분화했다. 또한 오른쪽 콘텐츠 섹션을 신설해 많이 본 뉴스나 분야별 주요 뉴스를 배치했다. 그 결과 사용자가 뉴스에서 머무는 시간이 늘어났다.

1장 요약

1. 사람들은 정보를 일일이 읽지 않고 원하는 답을 찾기 위해 스캔한다. 콘텐츠가 디자인된 방식에 따라 스캐닝 패턴이 달라진다: F 패턴, 레이어 케이크(Layer Cake) 패턴, 스파티드(Spotted) 패턴, 커미트먼트(Commitment) 패턴, 론 모어(Lawn Mower) 패턴, 바이패싱(Bypassing) 패턴. 사람들이 시간을 덜 들이고 정보를 잘 이해할 수 있게 사람들의 스캐닝을 돕는 글을 써야 한다.

2. UX 라이팅은 사용성이나 브랜드 경험을 향상시키기 위해서 인터넷 인터페이스 안에서 사용하는 언어와 언어의 포맷을 다루는 업무다. 좋은 UX 라이팅으로 제품 안으로 들어온 사용자가 제품을 잘 이해하고 잘 사용하고 친근하게 느끼도록 돕는다.

3. 좋은 UX 라이팅은 언어가 간결하고, 상황에 적합한 용어를 사용하며, 고객의 마음을 이해하고, 기업의 목표에 도움을 주고, 서비스 어디를 들어가도 일관되고 편안하다.

4. UX 라이터는 글을 쓰거나 글의 전략을 세워 사용자의 문제를 해결하고 비즈니스 목표를 달성하고 이해 관계자의 요구를 충족시키는 역할을 한다.

참고 자료

1. 카라 퍼니스(Kara Pernice), 「F-Shaped Pattern of Reading on the Web: Misunderstood, But Still Relevant (Even on Mobile)」, https://www.nngroup.com/articles/f-shaped-pattern-reading-web-content/, 닐슨 노먼 그룹, 2017.11

2. 라루카 부뒤(Raluca Budui), 「Information Foraging: A Theory of How People Navigate on the Web」, https://www.nngroup.com/articles/information-foraging/, 닐슨 노먼 그룹, 2019.11.

3. 닐슨 노먼 그룹, 「How People Read Online: The Eyetracking Evidence」, 2판, 닐슨 노먼 그룹

4. 사라 월시(Sara Walsh), Designing the conversation: Don't forget your online forms, InVision Design Talks, https://www.youtube.com/watch?v=FUXZZSa8lgk, 2018. 08

2장

UX 라이팅의 시작은 사용자에서

1장에서 인터페이스에 보이는 글은 독자가 궁금해하는 것을 알려주고 쉽게 이해할 수 있도록 작가가 책임을 다하는 독자 중심적인 글이라고 규정했다. 이 장에서는 사용자 중심적인 글을 쓰기 위해서 사용자에 초점을 맞추고 사용자 입장에서 생각하는 다양한 방법을 살펴보려고 한다.

2.1. 글쓰기는 사용자와의 대화다

독자 중심적인 글을 쓰는 첫 번째 마음가짐은 '글은 사용자와 서비스가 나누는 대화'라는 것이다. 그렇다면 사용자와의 대화라는 것은 무슨 말인가, 어떻게 인터페이스에서 대화를 구현하는가에 대해 알아보자.

2.1.1. 대화체 = 대화?

좋은 글은 사용자와 나누는 대화와 같다. 여기에서 말하는 대화란 상대가 궁금해하는 내용에 답을 주는 것이다. 최근 사람들이 대화체에 친근감을 느낀다는 이유로 많은 서비스 글이 대화체로 쓰이고 있다. 대화체는 친근감을 주고 말하듯이 쓰는 좋은 방법이다. 그렇다면 대화체와 대화는 같은 것일까? 친근한 대화체는 대화를 기분 좋게 하는 조건이 될 수 있지만, 대화체로 썼다고 다 대화가 될 수는 없다. 이 의미를 서비스상에서 구체적으로 살펴보자.

사용자가 '가격이 얼마예요?'라는 질문을 가지고 우리 서비스에 들어왔다고 가정해 보자. 여기서 '우리는 미래 지향적인 기술로 소비자를 만족시키기 위해 최선을 다합니다'라고 썼다면 이것은 과연 좋은 답일까? 가격을 물어봤는데, 자랑이 나오니 답이 될 수 없다. 같은 질문에 '3만 원입니다'라고 답했다면 짧고 명료한 답이 될 수 있다. 그래서 결제를 하려고 들어가니 방금 전에 보이지 않았던 수수료와 배송비가 보인다. 이것은 진솔하지 못하다. 같은 질문에 '우리는 경쟁사에 비해 압도적인 가격으로 … 원래 가격은 OOO였는데, 지금은 특별 행사 기간이라 OOO로 판매하고 … 이 가격은 품질과 기술력을 감안했을 때…' 한참이나 긴 글 끝에 '3만 원입니다'가 나온다. 이것도 답은 맞지만, 너무 길다. 어떤 질문에 대한 답으로 자랑을 늘어놓거나 사실을 부풀리거나 말을 길게 하는 사람과는 그 누구도 얘기하고 싶어 하지 않는다. **사용자의 질문에 답하라는 의미는 '질문의 의도를 파악해서', '묻는 것에 관해서만', '간단명료하게' 답하는 것이다.**

그렇다면 대화가 서비스에서는 어떻게 이루어지는지 살펴보자. 사용자가 채용 정보 사이트에 들어왔다고 가정해 보자. 사용자는 채용 정보 사이트에 들어올 때 많은 궁금증을 가지고 들어오지만, 누구나 다음과 같은 사항을 궁금해할 것이다.

- 이 서비스(또는 메뉴)는 어떤 서비스인가요?
- 이 서비스(또는 메뉴)는 나에게 무엇을 해주나요?

이 두 질문에 한 채용 정보 서비스가 어떻게 답하는지 살펴보자.

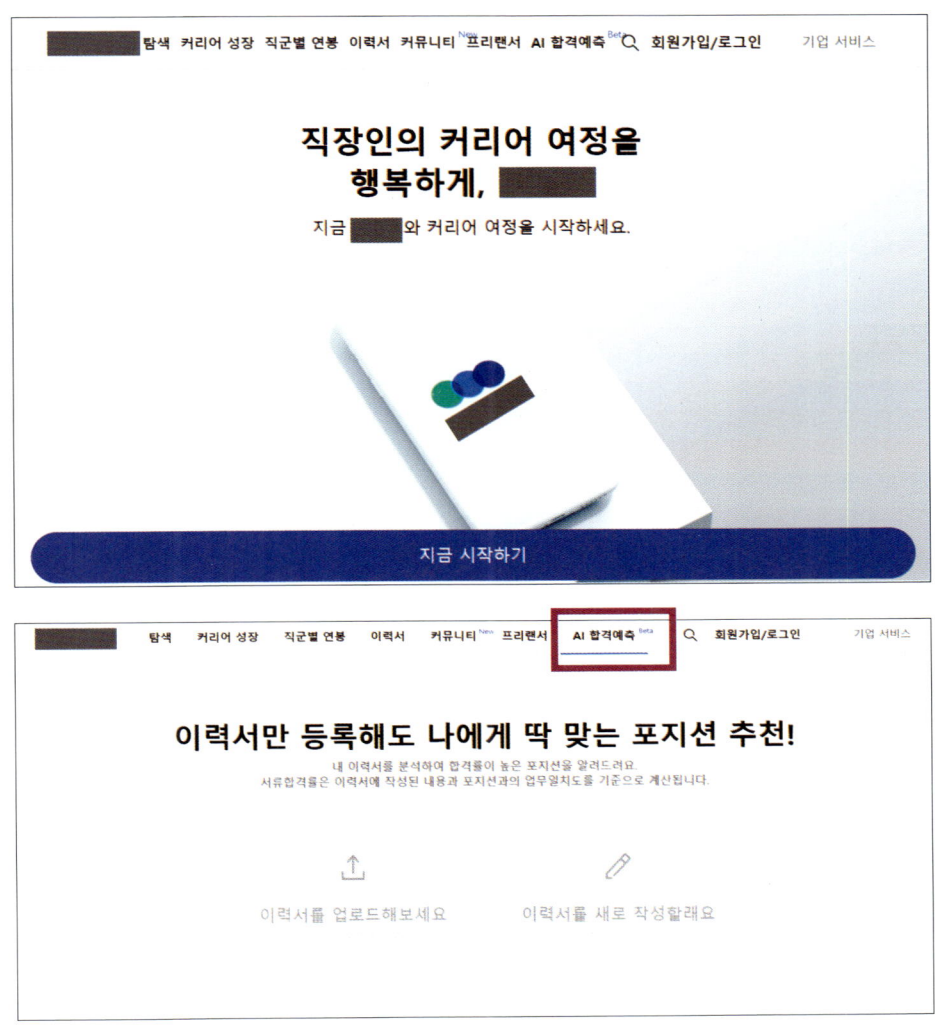

그림 2.1 채용 정보 서비스 원티드의 메인 페이지(위)와 AI 합격 예측 메인 페이지(아래)

그림 2.1의 상단 이미지는 채용 정보 사이트의 첫 페이지다. '이 서비스는 나에게 무엇을 해주나요?'라는 질문에 '직장인의 커리어 여정을 행복하게' 해준다고 답한다. 커리어 여정이라는 단어에서 직업과 연관됐음을 알 수 있다. 하지만 어떻게 커리어 여정을 행복하게 하는지는 명확하게 알 수 없다. 직장 생활로 행복해지는 방법은 여러 가지다. 좋은 동료를 만나면 행복하다. 자기 발전을 해도 행복하고, 연봉이 올라도 행복하다. 첫 페이지에서 사

용자는 이 서비스를 거치면 직업상의 행복을 얻을 수 있다는 답을 얻었지만, 어떻게 행복해지는지는 아직 알 수 없다.

아래쪽 그림을 보자. AI 합격 예측이라는 메뉴의 첫 페이지다. 바로 떠오르는 질문은 'AI 합격 예측이 뭘까?'이다. 이 메뉴를 클릭하면 '이력서만 등록해도 나에게 딱 맞는 포지션을 추천해준다'라고 답한다. AI 합격 예측은 이력서를 등록하면 사용자에 맞는 포지션을 추천해 주는 서비스다. AI라는 단어를 보니 기술적인 방법으로 추천을 도와주는 것 같다. 하지만 예측이라는 단어를 보고 들어왔는데, 서비스 내용은 추천이다. 제목과 설명이 달라 서비스에 대한 명확한 상이 잡히지 않는다.

우리가 서비스에서 무심코 쓰는 글이 때로는 답이기도 하지만, 많은 경우 사용자가 궁금해하지 않거나, 엉뚱한 답일 때가 있다. 사용자가 궁금해하는 내용을 찾는 과정 없이 사업자가 하고 싶은 말을 쓸 때 이런 일이 생긴다. 사람과의 대화에서는 원하는 답을 얻지 못해도 관계가 유지되지만, 서비스에서는 원하는 답이 나오지 않으면 읽지 않고 바로 떠난다. 1장 아이트래킹 연구 결과에서 사용자들은 '단서'를 찾다가 단서가 보이지 않으면 단서가 있을 만한 다른 곳에 가서 답을 찾는다고 했다. **사용자가 궁금해하는 내용을 클릭할 때마다 그 자리에서 바로 답을 주는 것이 서비스와 사용자와 대화이고, 서비스 글이 대화로 구성되었을 때 사람들은 단서를 클릭하며 끊임없이 서비스 안에서 항해할 수 있다. 대화는 사용자가 궁금해하는 내용을 빠르게 그 자리에서 제공한다는 측면에서 글의 '말투'만을 규정한 대화체와는 다르다.**

에리카 홀은 『Conversational Design』에서 "대화는 인터페이스의 원형이다… 대화가 사람 사이에 유의미한 상호작용인 것처럼 인터페이스는 사람과 디지털 시스템 간의 유의미한 상호작용이 돼야 한다."라고 말했다. 에리카 홀은 인터페이스가 유용한 대화가 되려면 다음의 5가지 조건을 충족해야 한다고 말하면서 해당 조건에 부합하지 않는 대화 사례를 책에서 언급하고 있다.

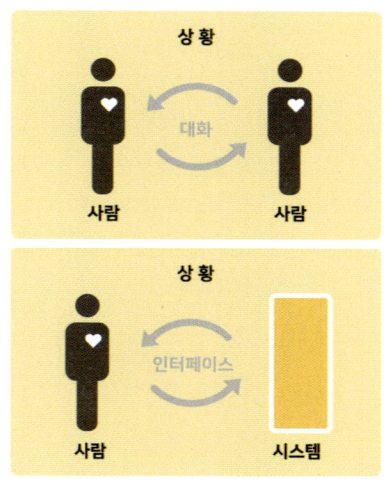

그림 2.2 인터페이스는 사람과 시스템 간의 대화[1]

분량: 충분한 정보

- **질문**: 가장 가까운 커피숍이 어디인가요?
- **답**: 아주 가까워요.

품질: 진실함

- **질문**: 가장 가까운 커피숍이 어디인가요?
- **답**: 다음 블록에 있습니다. "사실 가장 가까운 데는 아닌데, 바로 옆에 있는 커피숍 직원이 별로 마음에 안 들거든요."

관계: 적합성

- **질문**: 가장 가까운 커피숍이 어디인가요?
- **답**: 저는 차 애호가예요. 커피는 위에 안 좋아요.

---

1 에리카 홀(Erika Hall), 『Conversational Design』, A Book Apart, 2018

방식: 간결, 순차성, 비모호성

- **질문**: 가장 가까운 커피숍이 어디인가요?
- **답**: 진짜 가까움. 1970년대쯤 생긴 오래된 커피 공장이죠. 그리고… 어… 한번 봅시다. 양철로 된 천장과 진짜 오래된 창문… 정말 정말 좋은 창문이 있는 환상적인 건물에 있어요. 햇빛이 쫙 비쳐요. 진짜 좋은 장소죠. 어떻게 거기에 갈 수 있는지 알려드리죠. 왜냐하면 내가 고양이 사료 사는 곳 건너편이거든요.

공손한 태도

- **질문**: 가장 가까운 커피숍이 어디인가요?
- **답**: 헐, 세븐일레븐 바로 앞에 있잖아요.

2.1.2. 좋은 대화를 나누는 과정

인터페이스에 나오는 글을 사용자와 나누는 자연스러운 대화로 만들기 위해 다음의 5가지 단계를 거친다.

1. 사용자 정의하기

사용자가 누구인지를 정의한다. 서비스를 주로 이용하는 타깃 집단은 누구인가? 의료 서비스라면 이비인후과 의사, 피부과 의사처럼 진료과별 의사가 이용 집단이 될 수 있다. 어떤 서비스는 의사, 간호사, 환자처럼 직군이 타깃이 될 수 있다. 쇼핑몰 고객이라면 나이대, 가격 민감도, 유행 민감성 등으로 나눈다. 사용자 그룹을 명확히 규정할수록 사용자에게 적합한 정보를 제공할 수 있다.

2. 사용자의 성향, 상황, 감정 이해하기

핵심 사용자 그룹을 정했다면 이들의 성향, 관심 주제, 의문, 걱정, 감정 상태를 조사한다. 사용자 그룹을 대표하는 참가자를 모집해서 사용자 조사나 사용성 평가와 같은 조사로 사용자 정보를 모은다. 상황이 여의치 않다면 조직에서 가용한 채널을 활용해 정보를 모은다. 고객 이메일을 읽거나 고객과 대면하는 마케팅 부서나 고객 지원 부서와 이야기한다. 거리에서 사용자를 관찰하거나 인터뷰를 해도 좋다. 자세한 내용은 바로 다음 단계인 '사용자 질문 파악하기'를 참고하자.

3. 사용자 질문 파악하기

사용자의 상황과 감정을 조사했다면 그들이 서비스에 대해 던지는 중요한 질문을 뽑아라. 사용자는 어떤 질문을 가지고 서비스를 탐험할까? 품질 정보를 원하는가? 그렇다면 품질의 어떤 측면을 알고 싶어 하는가? 서비스를 탐험하는 단계마다 어떤 정보와 도움을 필요로 하는가? 서비스의 전체 여정에서 사용자가 궁금해하는 질문을 꼼꼼히 규명할수록 어느 위치에 어떤 콘텐츠가 적합한지 쉽게 알 수 있다.

그림 2.3은 쇼핑몰에 들어와서 사용자가 던질 법한 질문을 단계별로 정리한 것이다. 사용자가 서비스를 항해하는 단계마다 어떤 질문을 하는지를 뽑고 그 질문에 대한 답을 글로 쓴다. 꼼꼼하게 상위 작업을 해두면 후반 글쓰기 작업이 수월해진다.

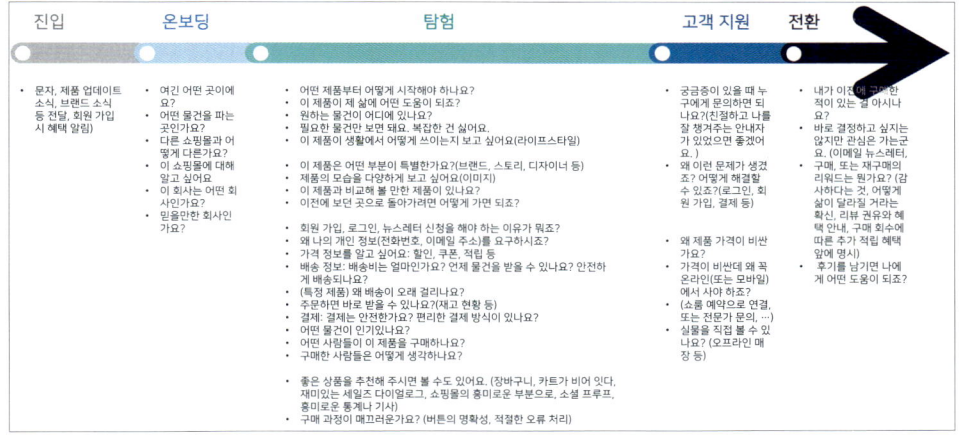

그림 2.3 쇼핑몰 경험 단계에 따른 사용자의 질문

4. 질문에 대한 답 정리하기

질문을 뽑았다면 우리 서비스가 어떤 답을 줄 수 있는지 생각한다. 품질을 궁금해하는 사용자에게 우리 서비스는 어떤 확신을 줄까? AS가 확실한가? 아니면 경쟁사별로 한눈에 제품을 비교할 수 있는가?

5. 질문과 답을 콘텐츠의 뼈대로 활용하기

이렇게 수집한 질문과 답을 모아 메뉴, 콘텐츠, 프로세스의 뼈대로 활용한다. 이런 과정을 거치면서 사용자의 질문에 즉각적이고 명확한 답을 주는 좋은 대화의 틀이 잡힌다.

2.1.3. 대화의 예시

지금까지 서비스 글은 사용자와의 대화라고 주장했다. 그러면 대화하는 글을 어떻게 써야 할까? 여기서는 대화체로 인터페이스를 구성하는 방식과 사용자의 질문을 찾아서 글로 답을 주는 두 가지 방식을 제안한다.

대화체 인터페이스

그림 2.4는 한 채용 정보 사이트에서 제공하는 서비스 중 하나인 커리어 PT의 온보딩 화면의 일부다. 이 단계에서 커리어와 관련된 몇 가지 정보를 입력하면 직무와 관련된 개인화된 정보를 추천해준다. 이 화면은 대화체의 텍스트로 인터페이스를 구성했다. 그림 2.4에서 현재 직무를 입력하는 방식을 살펴보자.

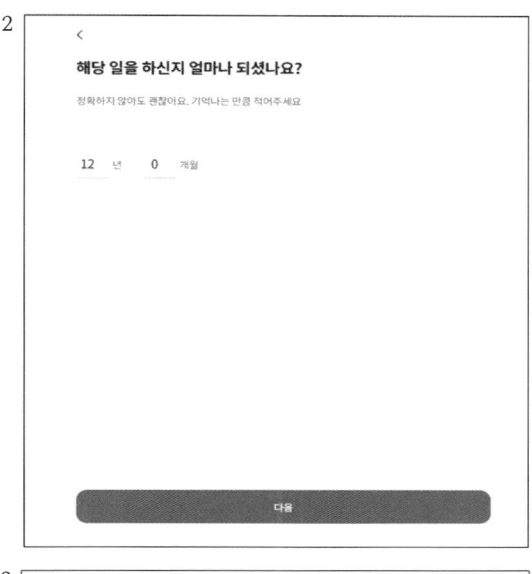

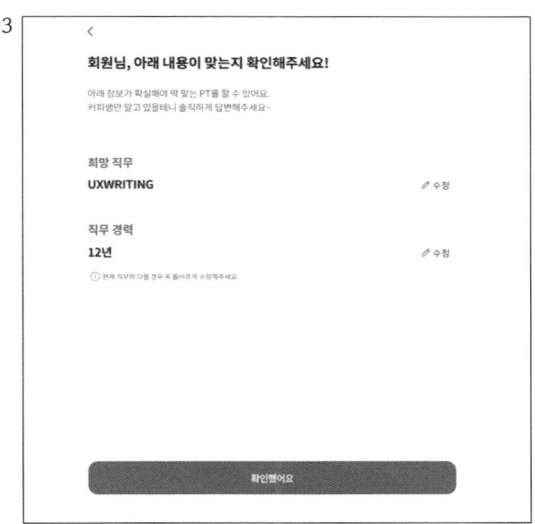

그림 2.4 사람인에서 제공하는 서비스 '커리어 PT'의 현재 직무 입력 화면

그림 2.4의 1번 화면에서는 '지금 어떤 일을 하고 계신가요?'라고 실생활에서 사용하는 언어를 그대로 사용한다. 사용자는 질문에 답하듯이 답을 적으면 된다. 종종 내가 하는 일을 정확히 규정하기가 애매할 때가 있다. 다양한 일을 한 사람이 맡기 때문일 수도, 전업을 고려하는 상황일 수도 있다. 여기서는 일에 대한 키워드 7개를 적으라고 함으로써 이런 애매

함을 해소한다. 2번 화면은 업무 기간을 적는 화면이다. '해당 일을 하신 지 얼마나 되셨어요?'라고 묻는다. 몇 년 몇 개월을 쓰게끔 돼 있어서 계산해야 하는 귀찮음을 느끼던 중 '정확하지 않아도 괜찮아요'라는 글을 봤다. 대략적인 수치면 충분하다는 생각이 들자 부담 없이 직무 기간을 적을 수 있었다. 3번 화면에서는 '회원님, 아래 내용이 맞는지 확인해 주세요'라고 묻는다. 정보가 확실해야 정확한 PT를 할 수 있다고 하니 이 화면의 필요성에 수긍이 간다.

이 온보딩 화면은 한 화면에 한 가지 태스크만 담고 있어 쉽고 집중도가 높다. 대화체로 쓰여 있어 이해도 잘 된다. 머릿속에 떠오르는 의문들을 선제적으로 부가 설명으로 적어 놓으니 편안하게 답을 작성할 수 있었다. '내가 이전에 어떤 내용을 적었지?'라는 의문이 들 때는 단계 표시 기호로 간단히 문제를 해결할 수 있었다. 반면 이 화면에는 돌아가는 기호는 있는데 앞으로 가는 기호가 없어 '내가 앞으로 얼마나 더 입력해야 하지?'라는 의문을 해결해주지는 못한다. 이와 같이 글자, 기호, 이미지 등 인터페이스에 포함되는 모든 요소는 사용자의 질문에 답을 주는 역할을 해야 하고, 이 인터페이스를 사람과 이야기하는 대화체로 구성하면 사람과 이야기하듯이 인터페이스를 탐험할 수 있다.

사용자의 질문에 답하기

이번에는 한 식품 기업의 음료 브랜드 소개 페이지를 살펴보자. 이 기업은 면, 스낵, 음료, 간편식 등을 판매한다. 사용자는 판매 음료가 궁금해서 들어갔다. 웰치스, 백산수, 이토엔, 카프리썬, Campbell's V8, 파워오투를 판매한다. 이 중 파워오투가 어떤 건지 궁금하다. 파워오투는 무슨 뜻이고 어떤 음료일까? 파워오투 브랜드 페이지는 이 질문에 이렇게 답한다(그림 2.5).

- 사용자의 질문: '파워오투는 무슨 뜻이고 어떤 음료일까?'
- 서비스의 답: '산소가 필요할 때 마시는 산소 충전 – 파워오투'

그림 2.5 농심 파워오투 소개 페이지

파워오투를 마시면 산소가 충전된다고 한다. 즉시 다른 의문이 생긴다. 산소가 어떻게 충전된다는 거지? 산소가 충전되면 나에게 뭐가 좋지? 맛은 어떨까? 도대체 이 음료는 뭘까? 물? 이온음료? 소다수? 질문이 뭉게뭉게 떠오른다. 이 페이지는 이런 질문에 어떤 답을 할까? '브랜드 이야기' 안에 답이 있을 것 같아 그쪽으로 시선을 이동했다. 그림 2.6이 브랜드 이야기 화면이다.

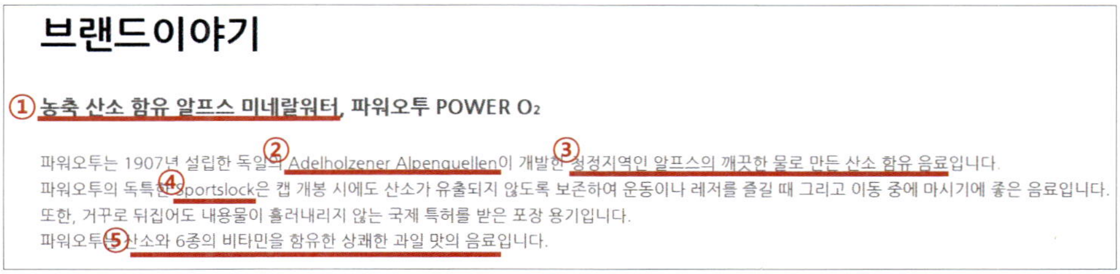

브랜드이야기

① <u>농축 산소 함유 알프스 미네랄워터</u>, 파워오투 POWER O₂

파워오투는 1907년 설립한 독일의 ② <u>Adelholzener Alpenquellen</u>이 개발한 ③ <u>청정지역인 알프스의 깨끗한 물로 만든 산소 함유 음료입니다.</u>
파워오투의 독특한 ④ <u>sportslock</u>은 캡 개봉 시에도 산소가 유출되지 않도록 보존하여 운동이나 레저를 즐길 때 그리고 이동 중에 마시기에 좋은 음료입니다.
또한, 거꾸로 뒤집어도 내용물이 흘러내리지 않는 국제 특허를 받은 포장 용기입니다.
파워오투는 ⑤ <u>산소와 6종의 비타민을 함유한 상쾌한 과일 맛의 음료입니다.</u>

그림 2.6 농심 브랜드 파워오투 소개 페이지

그림 2.6에서 ①을 보자. 파워오투는 농축 산소 함유 알프스 미네랄워터라고 한다. 이것이 파워오투의 정체다. 산소가 들어간 미네랄워터. 그냥 미네랄워터가 아니고 알프스 미네랄워터다. 그렇다면 알프스와 어떻게 관련이 있는지 추가적으로 궁금해진다. ②는 알파벳이 길고 발음도 어려워 보여 읽지 않고 건너뛰었다. ③에서 파워오투는 알프스의 깨끗한 물로 만든 산소 함유 음료라고 밝힌다. 알프스의 깨끗한 물로 만들었다는 문구에서 알프스와 파

49

워오투의 연관성을 알게 됐다. 이어지는 ④에서 파워오투의 독특한 sportslock에 대해 말한다. 스포츠락이라는 단어가 어렵다. 문장을 끝까지 읽고 나서야 sportslock이 병뚜껑이라는 사실을 알게 됐다. 산소가 유출되지 않게 보존해 주고 이동 중 마시기에 좋은 뚜껑이라고 한다. 이 글은 '파워오투는 산소와 6종의 비타민을 함유한 상쾌한 과일 맛의 음료'(⑤)로 마무리됐다. 파워오투의 정체성이 다시 나왔다. 산소와 6종의 비타민이 들어간 과일맛 음료다. 파워오투는 미네랄워터인가, 과일맛 음료인가? 파워오투의 정의가 추가됐다. '산소가 어떻게 충전되고,' '산소가 충전되면 마시는 사람에게 뭐가 좋은지'라는 첫 질문은 해결하지 못한 채 비타민이 들어갔다는 새로운 사실을 알게 됐다.

미국의 인기 쇼핑 호스트인 캐시 레바인은 『It's better to laugh』[2]에서 "물건을 판다는 것은 사람들의 관심을 끌고 훌륭한 이야기로 사람들의 주의를 지속시키는 행동이다."라고 언급했다. 훌륭한 이야기는 사용자가 궁금해하는 내용에 즉각적으로 답을 주면서 계속 읽도록 호기심을 불러일으키는 것이다. 이런 점에서 파워오투의 글은 나의 질문에 답을 주지 못했고 호기심을 자극하지도 않았다. 바로 아래 상자에서 내 질문에 답을 주도록 글의 구성을 바꿔보았다. 괄호 안에 들어간 설명은 답변의 신빙성을 높이기 위해 활용할 수 있는 자료나 내용을 제시한 것이다.

질문-답으로 재구성한 파워오투 소개글

제품명: 파워오투
파워오투는 무엇인가 1: 산소가 함유된 미네랄 워터다.
파워오투는 무엇인가 2: 산소 함유량이 높을 뿐만 아니라(다른 음료와의 비교 자료) 6종의 비타민이 들어갔다(비타민 성분 제시).
파워오투는 무엇인가 3: 과일맛이 난다.(맛 종류 제시).
왜 이 음료를 마셔야 하는가 1: 산소가 들어갔다.
정말 그런가: 파워오투는 알프스에서 나오는 물을 사용한다. 알프스에서 나오는 물은 다른 지역의 물보다 산소 함유량이 높다(사실 근거 제시).

---

[2] 캐시 레바인(Kathy Levine), 『It's better to laugh』 Gallery Books, 2011

왜 이 음료를 마셔야 하는가 2: 산소 음료를 마시면 운동 후 피로가 금방 풀린다. 학생은 두뇌 활동이 증가한다.

정말 그런가: 산소가 몸에 들어갔을 때의 효과 (과학적 근거 자료 제시)

왜 이 음료를 마셔야 하는가 3: 스포츠 마개가 특별하다. 휴대하기 좋고 산소가 유출되지 않는다.

정말 그런가: 스포츠 마개는 농심만의 기술이다. 이것은 농축 산소를 주입하고 산소가 새지 않게 만든다. 거꾸로 들어도 새지 않게 하기 때문에 휴대에 편리하다. (공정 과정이나 특허와 같은 근거 제시).

왜 이 음료를 마셔야 하는가 4: 다른 이온 음료보다 흡수가 빠르다.

정말 그런가: 흡수 속도를 비교하는 통계 자료나 비교 사진

활용 방법: 새지 않고 금방 산소가 충전되니 야외 활동할 때, 운동할 때, 활동량이 많은 아이들에게 좋다 (파워오투를 사용하는 다양한 실제 사진들).

자연스러운 질문과 답의 흐름을 따라 글의 구성을 잡아보았다. 질문에 답을 듣고 때로는 그 답이 사실임을 입증하는 근거를 제시한다. 이런 방식으로 제품에 대한 궁금증과 의혹이 완전히 사라지면 사용자는 제품을 이해했다고 느낀다. 그리고 제품을 잘 알면 구매로 이어질 확률이 높아진다.

조셉 슈거맨은 『마음에 착 달라붙는 카피 한 줄』[3]에서 "글에는 제대로 된 흐름이 필요하다… 사람들이 카피를 읽고 무언가 궁금증이 일 때, 다음 문장에서 즉시 그 궁금증을 해소할 수 있어야 한다… 뛰어난 문장력이 생존력의 열쇠…"라고 말한다. 글이 꼭 질문과 답변 형식일 필요는 없지만, 자연스러운 생각의 흐름에 따라 질문과 답이 오가도록 글을 쓰면 몰입도가 높아지고 이해하기도 쉬워진다.

2.1.4. 사용자 질문 뽑아내기

지금까지 서비스 글은 사용자와의 대화라고 했고, 사용자와의 대화는 사용자의 질문에 답을 주는 것이라고 했다. 그러면 사용자의 질문이 무엇인지는 어떻게 알 수 있을까? 작가 스스로 사용자의 입장에서 생각하는 것은 언제나 중요하지만, 사용자의 생각이나 표현을 직

---

[3] 조셉 슈거맨(Joseph Sugarman), 『마음에 착 달라붙는 카피 한 줄』(북스넛, 2011)

접 듣는 것만큼 정확하지는 않다. 『UX 리서치: 관찰에서 출발하는 디자인 접근법』[4]에서 데이비드 트래비스는 UX 리서처의 죄악으로 맹신, 독단, 편향 등을 꼽는다. 회사의 표현이나 개념에 익숙해지면서 나도 모르게 사용자의 생각과 멀어지고 글은 대화가 아닌 일방적인 전달이 되고 만다. 직접 사용자를 불러 궁금증을 듣자. 그럴 수 없는 상황이라면 최소한 회사의 고객 채널에서 사용자의 목소리를 찾아보자. 사용자를 잘 알수록 사용자 중심적인 글을 쓸 수 있다. 사용자의 생각과 질문, 감정을 알기 위해 다음의 방법을 활용할 수 있다.

1. 경청 투어
2. 고객 접점 채널 활용: 고객 이메일, 마케팅팀, 고객 지원팀 등
3. 사용자 인터뷰
4. 시장/경쟁사 분석
5. 사용성 평가
6. 카드 소팅
7. 설문 조사
8. 데이터 분석

경청 투어

어떤 서비스를 제공하고 어디에 노력을 집중할지 이해하기 위해 서비스 담당자들의 의견을 듣는 경청의 시간을 갖자. 흔히 이를 이해관계자 인터뷰라고도 한다. 이 시간을 통해 서비스 목표, 작동 방식, 한계를 이해한다. 현장에서 마주하는 사용자의 생각과 행위도 알 수 있다. 서비스와 독립된 부서에서 글 작업을 할 때, 회사나 서비스에 처음 투입될 때, 새로운 프로젝트를 시작할 때 관련자와 30분~1시간 정도의 심층 인터뷰로 이해의 폭을 넓히자.

- 담당자에 대해: 역할, 콘택트 포인트, 직책과 서비스의 연관성 등
- 서비스에 대해: 서비스 특징, 가장 중요한 기능(또는 정보 등), 문제의식, 더 잘하기 위한 계획 등

---

[4] 데이비드 트래비스(David Travis), 『UX 리서치: 관찰에서 출발하는 디자인 접근법』(에이콘출판사, 2021)

- 사업에 대해: 사업 목표, 장단기 계획, 성공 측정 방식, 목표 달성의 방해물 등
- 사용자에 대해: 사용자 집단, 성향, 목표, 사용자가 서비스에 대해 좋아하는 점과 싫어하는 점 등
- 경쟁자에 대해: 경쟁자, 포지셔닝, 우리가(또는 경쟁자가) 더 잘하거나 못하는 부분 등

경청 투어로 글에서 어떤 부분에 초점을 맞춰야 하는지, 사용자들이 원하는 것은 무엇인지를 이해할 수 있다. 인터뷰 전에 어떤 질문을 던질지 미리 알려서 상대가 마음의 준비를 하게 하자. 인터뷰를 마치면 내용을 공유하고, 앞으로의 계획도 알려주자.

고객 접점 채널 활용: 고객 이메일, 마케팅팀, 고객 지원팀, 리뷰 등

기업 내 고객 접점 채널로부터 고객의 생생한 목소리를 확인하자. 충분하다고는 할 수 없지만, 편하게 고객의 입장을 알 수 있는 좋은 방법이다. 고객 채널에서 먼저 고객의 소리를 인지하고 직접 만나면 더 깊은 니즈와 상황을 조사할 수 있다.

- 고객 이메일: 주로 누가 보내는가, 서비스의 어떤 부분을 좋아하는가(또는 싫어하는가), 문의가 집중되는 부분은 어디인가
- 마케팅 부서: 마케팅 타깃은 누구인가, 어떤 메시지와 톤에 주력하는가
- 고객 지원 부서: 누가 연락하는가, 무엇을 묻는가, 감정은 어떤가
- 리뷰: 고객이 직접 경험과 상품 후기를 남기는 글에서 쓰는 용어와 표현은 무엇인가

추가로 여러 이유로 특정 고객과 인터뷰하기 힘든 경우 서적 리뷰 마이닝(Book Review Mining)할 수 있다. 온라인 서점에서 관련 서적을 찾아 고객이 남기는 메시지 중 핵심 메시지나 주요 이슈를 선별할 수 있다.

사용자 인터뷰

새로운 글을 쓰거나 글로 문제를 해결하기 위해 사용자를 직접 만나 생각과 의도를 알아내자. 사용자는 누구인가? 어떤 일을 하고 어떤 성향을 가졌는가? 이 주제에 어떤 생각을 가지고 어떻게 행동하는가? 사용자의 배경, 생각, 의도, 행동 등을 이해함으로써 서비스나 글의 목표를 더 날카롭게 다듬고, 서비스나 프로세스의 빈틈을 찾아낼 수 있다.

인터뷰에서는 닫힌 질문이 아닌 열린 질문을 하자. 닫힌 질문은 단답형의 답을, 열린 질문은 상대의 의견과 생각을 들을 수 있는 질문이다.

- 닫힌 질문 예시: 여행지를 결정하고 맛집 검색을 하시나요?
- 열린 질문 예시: 여행지를 결정한 후 무엇을 하십니까?

질문 후 침묵이 어색해서 끝을 얼버무리거나 유도성 질문을 던지는 경향이 있는데, 진행자는 질문 후 침묵에 익숙해질 필요가 있다. 질문 후에는 입을 다물고 경청의 신호를 보내며 참가자의 이야기를 끄집어낸다. 잘 이해되지 않거나 더 깊이 알고 싶거나 답변이 충분하지 않다면 꼬리를 무는 질문을 던지며 답변의 완성도를 높이자.

시장/경쟁사 분석

언어는 진화한다. 신조어가 등장하거나 쇠퇴하기도 하고, 의미가 변하기도 한다. 기업은 변화하는 사용자의 언어를 유심히 관찰하고 서비스에 반영해야 한다. 또한 국내외 경쟁사, 참고할 만한 기업들의 개편 소식에 주의하며 서비스에 영향을 미칠 만한 변수를 세심하게 모니터링하자. 그중 UX 라이팅과 관련한 변화를 주의 깊게 살피며 경쟁사의 시도, 성공, 실패 등을 거울삼아 우리 서비스 UX에 적용하자. 한 예로 최근 특정 기업의 쉽고 격의 없는 UX 라이팅을 따라 많은 기업이 기존 글을 쉽고 격의 없게 바꾸고 있는데, 이는 업계 트렌드에 대한 반응으로 볼 수 있다. 단 외형적으로만 따라 하면 서비스의 정체성을 잃을 수 있으니 조급한 벤치마킹보다 서비스의 개성과 사용자를 중심에 두는 방향성을 먼저 정립해야 한다.

사용성 평가

사용성 평가는 가장 오랫동안 UX 디자인 분야에서 사랑받아왔고 현재도 대부분 기업에서 다양한 형태로 변형되어 제품의 개선, 경쟁사 비교, 반복적인 검증과 실험에 사용하는 대표적인 UX 리서치 방법이다. 특정 사용자층을 모집하여 과업(task)을 수행하게 하여 그 모습을 관찰하고 일대일로 질문을 던진다. 이 과정에서 사용자의 혼란, 오조작, 실패, 주저함, 실수 등을 효과적으로 수집할 수 있다.

글쓰기 측면에서 사용성 평가는 사용자들이 글을 얼마나 잘 이해하는지, 이해하기에 정보가 충분한지, 단어 선택이 적합한지, 이해에 얼마나 시간이 걸리는지(따라서 글을 더 짧게 쓸 수 있도록), 특정 상황에 어떤 언어를 사용하는지 등을 확인할 수 있다. 씽크 얼라우드(Think aloud[5]) 혹은 후속 인터뷰로 글에 대한 인식과 문제를 상세히 캐낼 수 있다.

사용성 평가는 정보 설계(Information Architecture) 분야에서 카드 소팅(Card Sorting)과 결합하면 좋다. 내비게이션 문제를 파악하고, 후속 인터뷰로 구조와 레이블에 관한 문제도 발견한다.

사용성 평가는 전문 시설을 갖춘 사용성 평가룸에서 전문적으로 수행할 수도, 줌 미팅과 카메라, 마이크 같은 범용적인 장비를 이용해서 약식으로 할 수도 있다. 『상식이 통하는 웹사이트가 성공한다』[6]의 저자인 스티브 크룩은 『사용성 평가 이렇게 하라[7]』에서 간단하고 작은 테스트로도 중요하고 시급한 문제를 발견할 수 있고, 이는 좋은 제품으로 발전하는 데 큰 도움을 주기 때문에 약식으로라도 자주 사용성 평가를 하라고 권한다.

카드 소팅

카드 소팅(Card Sorting)은 서비스의 메뉴나 주요 기능이 적힌 카드를 사용자에게 배포하고 사용자가 카드에 적힌 텍스트를 이해하는 방식대로 카드를 그루핑하는 사용자 리서치 방법이다. 서비스 개발 초기 정보 설계에 참고할 사용자 멘탈 모델(mental model)을 이해하거나 레이블에 대한 이해를 검토하는 데 자주 사용한다. 도너 스펜서는 "카드 소팅은 사용자에게 정보 단위가 적힌 카드를 나눠 주고 사용자 스스로 분류하고 분류 의도를 설명하게 함으로써 디자인 대상인 사용자를 이해하는 연구 방법이다."[8]라고 정의한다. 이때 분류 활동뿐만 아니라 분류 의도도 강조하는데, 이는 실무에서 매우 중요한 단계다. 분류 결과만으로는 사용자의 의도와 배경을 이해하기 힘든 경우가 많은데 후속 사용자 인터뷰로 분류의 정확한 이유를 파악해야 한다.

5　씽크 얼라우드(Think aloud): 태스크 수행 시 떠오르는 생각을 자연스럽게 말하게 하는 기법
6　스티브 크룩, 『상식이 통하는 웹사이트가 성공한다』(대웅, 2006)
7　스티브 크룩, 『사용성 평가 이렇게 하라』(위키북스, 2010)
8　도너 스펜서(Donna Spencer), Card Sorting: Designing Usable Categories, Rosenfeld Media, 2009, pp. 6–7.

일례로 저자는 자동차 내비게이션 메뉴 개선 전략을 도출하기 위해 메뉴 전체의 카드 소팅을 시도한 적이 있다. 방대한 내비게이션을 대상으로 분류를 요청하고 그 이유를 물었다. 메뉴를 이해하기 어려워서 단순한 언어적 유사성으로 그루핑한 것을 발견하고 이를 서비스에 반영했다.

카드 소팅을 연구할 때는 카드 소팅 방식을 결정해야 한다. 실물 카드를 사용하는 오프라인 카드 소팅과 온라인상의 카드 이미지를 그루핑하는 온라인 카드 소팅 방식이 있다. 요즘은 자동으로 분류 결과를 분석해주는 온라인 소프트웨어를 흔히 사용한다. 또한 열린 카드 소팅과 닫힌 카드 소팅 방식 선택도 중요하다. 표 2.1에서 확인해 보자.

표 2.1. 열린 카드 소팅과 닫힌 카드 소팅 [9]

분류	특징과 장단점
열린 카드 소팅	▪ 카테고리가 없는 메뉴 아이템을 실험 참가자가 원하는 대로 카테고리를 만들고 분류해서 이름 붙이는 방법 ▪ 참가자의 다양한 정보 분류 체계를 확인할 수 있지만, 서로 다른 분류 결과에서 특정한 패턴을 찾아내기가 어렵다.
닫힌 카드 소팅	▪ 주어진 메뉴 아이템을 주어진 카테고리 중 선택해 분류하는 방법 ▪ 열린 카드 소팅보다 명확한 결과를 얻을 수 있지만, 카드 명칭과 설명이 적절하지 않으면 결과의 신뢰도가 떨어질 수 있다. ▪ 실험자의 의도가 반영되어 오류가 발생할 가능성이 높다.

카드소팅 데이터 분석을 위해 개별 카드 간의 군집도 분석(Cluster Analysis)을 수행하고 그 결과물로 덴드로그램(Dendrogram)을 만든다. 덴드로그램은 개별 카드 간의 그루핑 연관도를 0%~100%까지 데이터로 산출하고 시각적으로 표현하는 다이어그램이다. 그림 2.7처럼 옵티멀 소트와 같은 소프트웨어로 이를 구현하고 분석에 활용할 수 있다. 이때 AAM(Actual Agreement Method)과 BMM(Best Merge Method) 등 덴드로그램 세부 형식을 선택하거나 결과를 해석하는 과정이 신중하게 이루어져야 한다.

---

[9] 임은정, 이지현, 「인트라넷 서비스의 카드소팅 분석 및 도움말 정보 설계에 관한 연구」, 디지털디자인학연구, 2016-06 16(2): 79-90

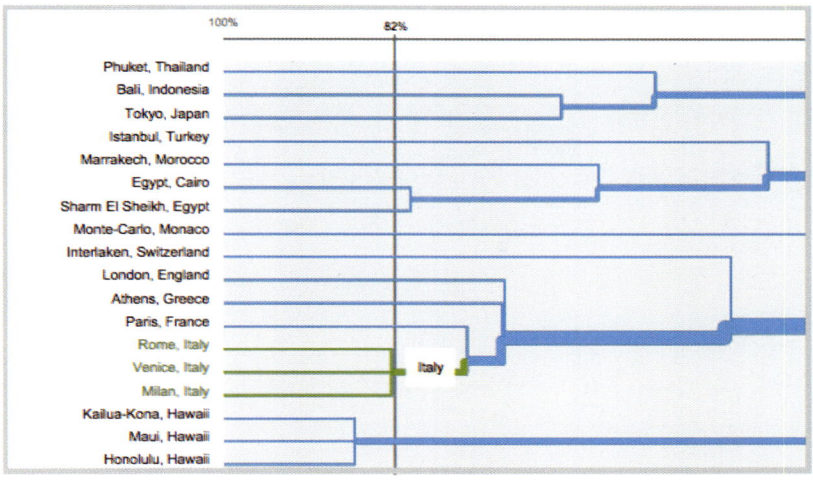

그림 2.7 옵티멀 소트(Optimal Sort)를 이용해 분석한 AAM 덴드로그램 예시[10]

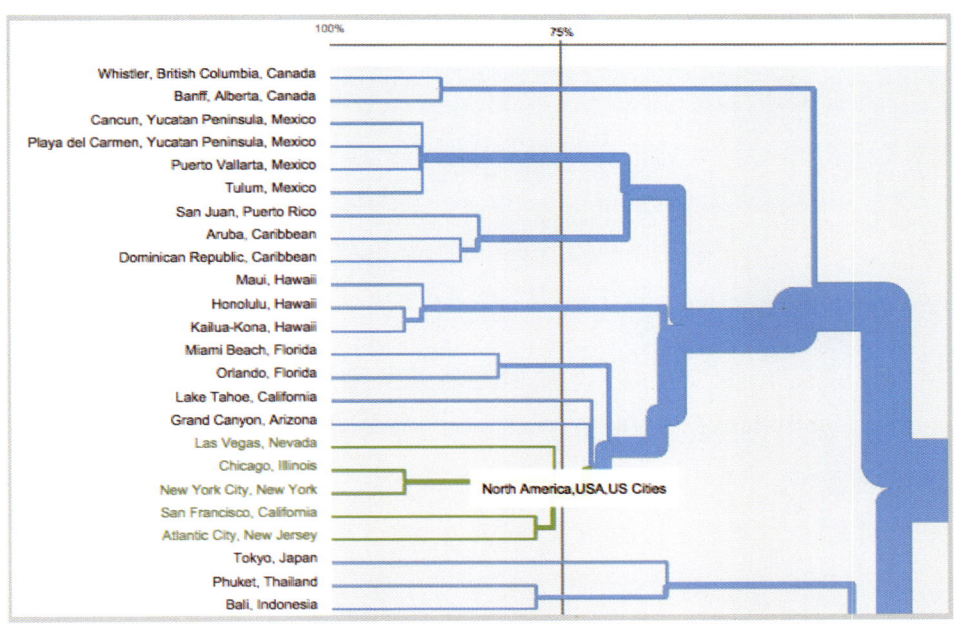

그림 2.8 옵티멀 소트(Optimal Sort)를 이용해 분석한 BMM 덴드로그램 예시[11]

[10] Optimal Workshop, 「Interpret dendrograms for open and hybrid card sorts」, https://support.optimalworkshop.com/en/articles/2626862-interpret-dendrograms-for-open-and-hybrid-card-sorts

[11] Optimal Workshop, et al.

AAM 법은 사실관계만 묘사하며 참가자가 30명 이상일 때 가장 유용한 데이터를 제공한다. 점수는 '참여자의 X%가 이 그룹화에 동의함'을 알려준다. 반면, BMM 법은 참가자의 X%가 이 그룹화의 일부에 동의했음을 알려준다. 예를 들어 BMM에서는 3개의 요소로 이루어진 그룹 중에 2개만 같은 그룹이라고 동의하더라도 그룹 데이터로 포함된다. BMM 법은 사용자 수가 적거나 답변이 불완전할 때 최대한 관계 있는 그룹을 표현하는 데 유용하다.[12] 실제 프로젝트에서는 이 두 다이어그램을 참고하여 정보의 그루핑과 구조를 판단하되, 다이어그램 자체로 정보 구조나 그룹을 만드는 경우는 드물고 사용자 컨텍스트와 배경지식, 인터뷰 결과 등을 혼합하여 라이팅과 설계에 반영한다.

설문 조사

설문 조사(Survey)는 잘 가다듬은 질문을 많은 사람에게 배포하는 조사 기법이다. 질문은 대개 객관식으로 구성하는데 이렇게 하면 나중에 도구를 이용해 답변 속에서 쉽게 패턴을 뽑아낼 수 있다.[13] 설문 조사는 대중적이고 일반적인 조사 기법으로 UX 라이팅 분야에도 잘 활용할 수 있다.

특히 특정 언어의 이해에 대한 정량적인 데이터와 근거를 확보할 때 사용하기 좋다. 저자도 해외 서비스를 출시할 때 다양한 용어와 메뉴 레이블을 결정하기 위해 해외 사용자를 대상으로 설문 조사를 했다. 의미를 설명한 후 그에 가장 적합하다고 생각하는 레이블을 객관식으로 질문하여 가장 적절한 용어를 판단하는 근거로 사용했다.

최근 들어 온라인 설문 조사 도구가 발전하면서 인앱서베이(In app survey)가 보편화됐다. 인앱서베이는 원하는 시점(여정)에 원하는 사용자 세그먼트만 타기팅하여 질문을 던져 특정 경험에 대한 인사이트를 얻을 수 있는 진보된 설문 조사 기법이다. 예를 들어 결제 페이지에서 1분 이상 머물다가 이탈한 고객에게 그 이유를 묻는 것이다. 참고로 뷰저블은 인앱서베이 기능을 런칭하여 인앱서베이를 편리하게 진행할 수 있게 돕고 있다.[14]

---

[12] Optimal Workshop, https://support.optimalworkshop.com/en/articles/2626862-interpret-dendrograms-for-open-and-hybrid-card-sorts
[13] 러스 웅거, 캐롤린 챈들러 저, 이지현, 이춘희 역, 『UX 디자인 프로젝트 가이드 2』(위키북스, 2013)
[14] 뷰저블 User Voice, https://www.beusable.net/ko/features/uservoice

데이터 분석

데이터 분석은 온라인 기업에게 가장 중요하고 일상적인 업무다. 데이터 분석으로 서비스의 성공을 측정하고 향후 활동을 정하기 때문이다. 여기서 데이터란 사용자가 서비스에 접속해 남긴 로그 데이터나 실험 데이터 등을 지칭한다. 서비스 런칭 전이라 기존에 축적된 데이터가 없다면 타사 데이터나 정성 리서치 데이터를 활용하기도 한다. 최근 사용자 경험의 현재 상황과 문제를 이해할 수 있는 다양한 체계와 지표가 소개되면서 UX 라이터가 데이터에 기반하여 라이팅의 문제를 발견하고 분석할 수 있게 됐다.

로셸 킹은 자신의 저서 『Designing with data: Improving the user experience with A/B testing』[15]에서 데이터와 디자인의 연계 방식에 따라 데이터 드리븐(Data-Driven), 데이터 인폼드(Data-Informed), 데이터 어웨어(Data-Aware)의 세 차원으로 나눴다. 데이터 드리븐은 데이터만을 기준으로 의사 결정하는 것을 의미한다. 표면적 문제를 단기적으로 해결하는 데 적합하다. 데이터 인폼드는 서비스를 개편하거나 의사 결정 방향을 수립할 때 정량, 정성 데이터를 적절히 혼합한다. 데이터 어웨어는 새로운 전략과 아이디어를 구상할 때 데이터를 참고하면서 다양한 방법과 직관을 골고루 활용하는 접근법을 지칭한다. 의사 결정에 도움을 주는 데이터를 얻을 수 있는 몇 가지 테스트를 살펴보자.

- **A/B 테스트와 다변량 테스트**: 일상적인 UX 라이팅 업무에서는 데이터 드리븐 방법을 주로 사용하는데, A/B 테스트와 다변량 테스트를 활용하여 전환율을 측정한다. 전환율은 특정 UI에서 원하는 목적을 달성한 사용자의 백분율 값이다. 특정 변수에만 집중해서 특정 UI를 특정 IP 주소에만 전송한 데이터와 다른 대안을 실험하면서 최고의 전환 변수를 찾는 것이 A/B 테스트다. 다변량 테스트는 여러 복합 변수를 다양하게 조합하여 실험한다. 이때 로컬 맥시멈(local maximum)[16, 17]을 벗어나 새로운 시도나 혁신이 필요한 것은 아닌지 고민할 필요가 있다.

- **트래픽 분석**: 서비스를 만들고 운영하는 기업이라면 사용자 접속에 관한 데이터를 지속해서 모니터링하고 주기적으로 구성원과 공유한다. 자사 트래픽 데이터뿐만 아니라 전문 회사를 통해 경쟁사 트래픽도

---

[15] 로셸 킹(Rochelle King), 엘리자베스 처칠(Elizabeth F Churchill), 케이틀린 탠(Caitlin Tan), 『Designing with data: Improving the user experience with A/B testing』, O'Reilly Media., 2017
[16] 로컬 맥시멈: 디자인의 한계 지점으로, 작은 테스트와 변화로도 이득이 거의 존재하지 않는 지점을 말한다. 로컬 맥시멈에 근접하면 새로운 시도에 대한 다른 발상이 필요하다.
[17] 알렉스 버켓(Alex Birkett), 「Local Maximum: what it is, and how to get over it in A/B Testing」, https://cxl.com/blog/local-maximum, 2022

비교 및 분석할 수 있다. UX 라이터는 콘텐츠 확충과 변화에 따른 트래픽 추이를 지속해서 모니터링하고 콘텐츠와 트래픽과의 관계를 분석해야 한다. 단, 트래픽은 서비스의 다양한 요인으로 인해 변화할 수 있기 때문에 VOC 모니터링이나 정성 리서치 같은 추가적인 데이터 분석과 혼용해야 한다.

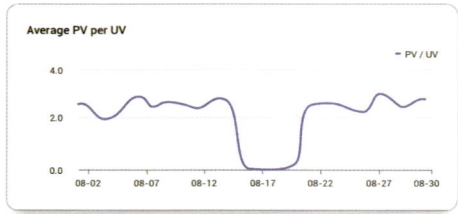
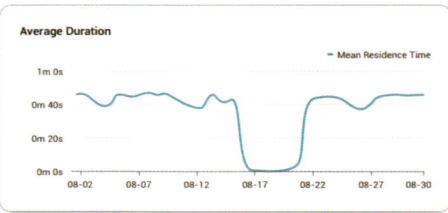
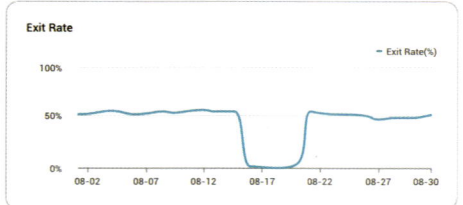
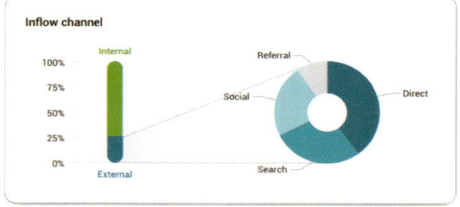

그림 2.9 트래픽 데이터 예시[18]

- **퍼널 분석**: 퍼널 분석은 비즈니스 관점에서 사용자 획득과 전환에 집중하는 방법으로, 온라인 서비스 사용자가 순차적으로 경험하는 단계 간 전환을 뜻한다. 단계별로 이탈 사용자가 생기기 때문에 퍼널은 끝으로 갈수록 좁아지는 깔때기 형태를 띤다. 대표적으로 AARRR을 널리 활용한다. 이것은 획득(Acquisition), 활성화(Activation), 유지(Retention), 추천(Referral), 수익(Revenue)의 약자로, 데이브 맥클루어(Dave McClure)에 의해 창안되어 널리 활용되고 있다.[19] UX 라이터는 현재 사용자가 어떤 퍼널에 있는지, 상황과 심리적인 배경은 어떤지, 동종 업계의 유사 퍼널은 어떤지 등을 이해하며 수치를 전환하기 위해 끊임없이 고민하고 실험해야 한다.

---

18 뷰저블 Reporting & User Analytics, https://www.beusable.net/ko/features/reporting
19 맥클루어(McClure, D.) Startup metrics for pirates. Slideshare. Net, 2007

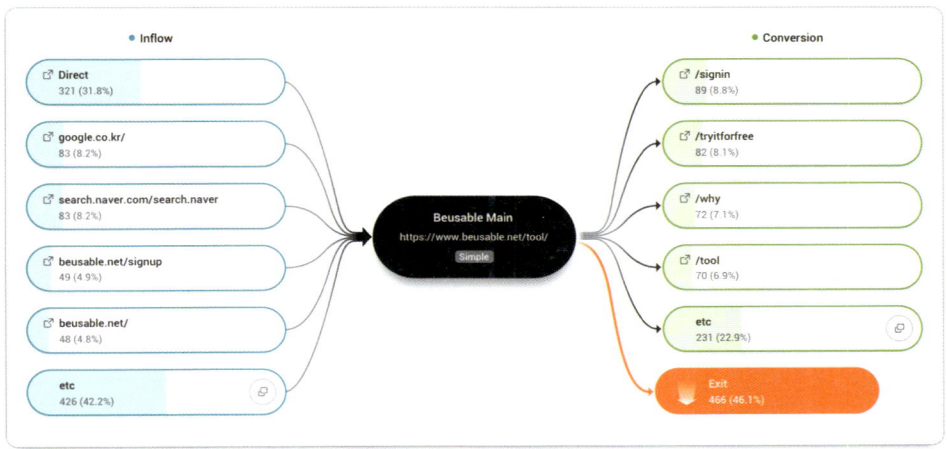

그림 2.10 컨버전 데이터 예시[20]

- **인페이지 애널리틱스(In-page Analytics)**: 최근 인페이지 애널리틱스가 고도화되면서 히트맵 데이터를 손쉽게 얻을 수 있게 됐다. 대표 도구로 핫자(hot jar), 뷰저블(Beusable) 같은 것이 있다. 인페이지 애널리틱스의 대표 기능인 히트맵(Heatmap)의 장점은 화면 UI 요소의 구체적인 클릭, 무브, 스크롤, 패스(path) 등 사용 데이터를 즉각적으로 자세하게 확인할 수 있어 사용자의 콘텐츠 소비 패턴, 주목 지점, 간과 지점을 상세하게 알 수 있다는 것이다. 클릭, 호버투클릭(hover to click), 스크롤, 애버리지폴드(average fold), 스트림(stream) 등으로 사용자의 반응, 관심, 읽는 패턴, 어려움 등을 파악할 수 있다.

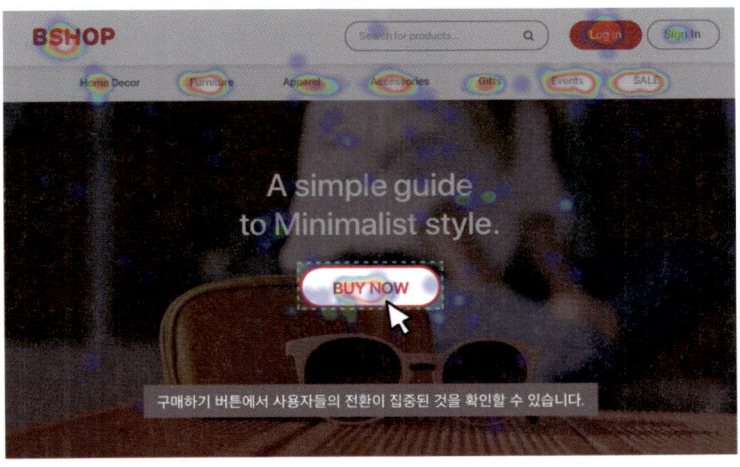

그림 2.11 히트맵 데이터 예시[21]

---

20 뷰저블 Reporting & User Analytics, https://www.beusable.net/ko/features/reporting
21 뷰저블 UX Heatmap, https://www.beusable.net/ko/features/heatmaps

- **혼합 기법**: 한 가지 조사에서 얻은 데이터로는 유의미한 결과를 얻기 어렵기 때문에 정량 리서치와 정성 리서치에서 얻은 다양한 데이터를 혼합하여 인사이트를 추출하는 것이 중요하다. UX Writing Lab은 사용성 평가와 패러프레이즈 테스트를 혼합하여 사용자의 행태와 글의 이해를 파악하기도 하고, 전문가 평가, 사용자 반응과 코멘트, 리뷰 등을 혼합하여 분석의 정확도를 높인다.

데이터에 의존하여 UX 라이팅을 최적화할 때는 윤리적 글쓰기 측면에 특히 주의해야 한다. 데이터적으로 향상된다고 사용자를 속이고, 악용하면 더 큰 문제를 야기할 수 있다. 최근 UX 라이팅의 다크 패턴(Dark pattern)[22], 컨펌 셰이밍(Confirm shaming)[23]이 문제로 지적되고 있다. UX 라이터는 늘 장기적인 기업의 존속과 이익, 소비자 보호, 윤리적 경영을 잘 이해하고 UX 라이팅 기준을 수립하고 준수해야 한다.

2.2. 콘텐츠 전략과 사용자에 집중하는 도구

글은 사용자와의 대화다. 어떤 서비스 부서가 사용자에 열정적이라 사용자의 궁금증을 많이 수집했다면 매우 훌륭하다. 하지만 프로젝트가 진행되면서 다양한 이유로 사용자의 입장을 하나둘씩 포기하기 시작한다. 어떻게 하면 흔들리지 않고 끝까지 사용자의 관심에 초점을 맞추고 그것을 기준으로 의사 결정할 수 있을까? 사용자 입장에 몰입하게 돕는 편리한 도구로 페르소나와 사용자 여정 지도를 활용해 보자.

2.2.1. 페르소나

페르소나란 공통의 목적을 가진 특정 사용자 그룹을 대표하는 가상의 캐릭터다.[24] 페르소나는 프로필, 목적, 동기, 직업, 행태, 기술적 숙련도, 관련 환경, 행동 시나리오 등을 서술하고 묘사한다. 페르소나로 타깃 유저를 유형별로 제대로 이해함으로써 전략 수립과 정교한 UX 디자인에 활용한다. 페르소나는 1999년 앨런 쿠퍼(Alan Cooper)가 본인의 저서인

---

22 다크 패턴: 사용자에게 혼란을 주며 사용자 의도와 상관없이 전환율을 높이는 시도
23 컨펌 셰이밍: 사용자에게 수치심과 불안감을 주어 원치 않은 선택을 유도하는 것
24 닐슨 노먼 그룹, 「Segment Analytics Data Using Personas」, https://www.nngroup.com/articles/analytics-persona-segment, 2014

『정신병원에서 뛰쳐나온 디자인』[25]에서 처음 제시한 개념이다. 그는 하이테크 제품이 실패할 수밖에 없는 원인을 제품 개발자가 가지고 있는 이상적이고 왜곡된 사용자관이라고 지적했다. 그는 페르소나를 목적 지향 디자인(Goal Directed Design)의 핵심 요소로 보았다. 목적 지향 디자인이란 사용자 리서치에서 알아낸 사용자 목적, 태도, 행동에 기반을 두고 사용자 목적 달성을 최우선으로 고려하는 디자인 방법을 뜻한다.[26] 이후 페르소나가 업계에 받아들여지며 UXPA(User Experience Professional Association)와 다양한 실무자를 통해 고도화되어 현재까지 다양한 산업 분야에 두루 쓰인다.

페르소나는 사용자의 요구 사항을 알려주고, 사용자를 떠올리게 하는 수단을 제공한다. 잘 만든 페르소나가 있다면 '사용자라면 이럴 것이다'라는 가정에 좌우되지 않고, 일관된 사용자 묘사를 바탕으로 그 고객군에 적합한 메시지를 정리하게 도와준다. 페르소나는 고객 관찰이나 인터뷰와 같은 정성 조사로 추출한 사용자 목적, 니즈, 요구사항, 행동 시나리오를 근간으로 만들지만, 최근에는 행동 패턴 데이터와 같은 정량 데이터를 적절히 결합하여 구성하기도 한다.

그림 2.12는 한 은퇴자 클럽에서 만든 두 개의 페르소나[27]다. 그림 2.12의 1번 이미지는 은퇴자 클럽 사이트를 이용할 것 같은 대표 그룹 중 70대 은퇴 여성을 묘사한 것이다. 이름은 에디쓰이고, 73세의 퇴직자. 마이애미에서 은퇴 생활을 즐긴다. 손주들의 사진을 이메일로 받거나 건강 정보를 찾는 용도로 웹을 이용하지만 제한적으로 쓴다. 눈이 잘 보이지 않아 보안경을 쓴다. 이런 특징을 요약한 인용문을 보자. "나는 손주들이 이메일로 사진 보내주는 것을 좋아합니다. 하지만 아이들이 어떻게 보내는지는 모릅니다", "아들 제리가 사진을 프린트하는 방법을 알려줬습니다. 나는 아들이 이야기해준 대로만 합니다." 이 사이트를 이용할 법한 에디스 같은 사용자 그룹이 확 그려진다. 2번 페르소나도 보자.

이미지 2는 이름이 매튜이고, 현직 변호사다. 매튜는 "웹은 일 처리를 도와주는 도구입니다. 그것도 빨리요." "잘 안되면 다른 곳으로 갑니다. 뭐가 뭔지 파악할 시간이 없거든요."

---

[25] 앨런 쿠퍼(Alan Cooper), 『정신병원에서 뛰쳐나온 디자인』(안그라픽스, 2004)
[26] 이지현, 「사용자 경험 디자인을 위한 페르소나 기반 브레인스토밍 기법의 활용에 관한 연구」, 디지털디자인학연구, 13(1), 2013
[27] 재니스 래디쉬, 『콘텐츠 UX 디자인』(위키북스, 2011)

라고 한다. 효율성과 속도를 중시하는 사용자다. 에디쓰와는 웹에 접근하는 방식이 다르다. 내가 이 사이트의 글을 담당하는 사람인데 이렇게 정교하게 만든 페르소나를 진지하게 받아들인다면 눈이 어두운 에디쓰 같은 사용자를 돕기 위해 많은 생각을 할 것이다. 매튜를 염두에 둘 때는 효율적인 일 처리를 돕기 위해 읽지 않고도 핵심을 파악할 수 있는 방법을 고민할 것이다. 이렇게 페르소나는 사용자를 명확히 떠올리고 사용자 중심적으로 정보를 구성할 수 있게 도와준다.

1

에디쓰

- 73세
- 은퇴한 레스토랑 주인
- 현재 마이애미 거주
- 더그와 50년간 결혼 생활
- 한정된 수입
- 4명의 자녀, 10명의 손주

"나는 손주들이 이메일로 사진 보내주는 것을 좋아합니다. 하지만 아이들이 어떻게 보내는지는 모릅니다."

"아들 제리가 사진을 프린트하는 방법을 알려줬습니다. 나는 아들이 이야기해 준 대로만 합니다."

자주 하는 온라인 과제

- 이메일
- 그녀의 남편 더그, 가끔은 친구들을 위해 건강 정보를 찾는다.
- 여행 정보 찾기 – 자식들은 여행 상품을 항상 온라인으로 구매하기 때문에 안전하다고 이야기해 주었지만, 아직 한 번도 온라인으로 구매한 적이 없다.

에디쓰는 AARP 잡지에서 사이트 기사를 볼 때까지 AARP 사이트가 있는 것도 몰랐다. 그 잡지에는 웹 사이트에서 더 많은 여행 정보를 볼 수 있다고 적혀 있었다. 에디쓰는 손주들의 집을 찾아가거나 관광하는 것을 좋아한다.

에디쓰와 더그는 연금과 레스토랑을 처분하면서 받은 돈으로 살아간다.

그들은 지출을 줄이기 위해 은퇴 후에 얻은 작은 집의 보증금을 상당 부분 현금으로 냈다.

에디쓰와 더그는 은퇴생활을 즐기고 있다. 그들은 여유로움이 좋다. (특히나 오랜 동안 레스토랑에서 정신 없는 세월을 보낸 후라 더 그렇다). 따뜻한 햇살과 사교 활동이 즐겁다.

에디쓰는 조심스러운 웹 사용자다.

자녀들은 다들 바빠서 그녀가 원하는 만큼 자주 찾아오거나 전화를 걸지 못한다. 그래서 그들이 보내는 이메일을 정기적으로 확인한다.

에디쓰는 보청기와 보안경을 착용한다. 사진을 볼 때는 안경을 벗지만, 컴퓨터로 무언가를 볼 때는 써야 한다. 손에 약간의 관절염이 있어서 종종 마우스 사용이 불편하다.

그림 2.12 미국 은퇴자 클럽 페르소나 예시

그림 2.13은 과거 저자가 한 서비스의 혁신을 위해 만든 페르소나의 기본 체계다. 앞에서 예로 든 페르소나보다 서비스 사용 계기, 이탈 경험, 감성적 목표와 같이 페르소나의 특징이나 생각, 행동을 이해할 수 있는 요소까지 포함했다. 특히 페르소나의 시나리오나 행동, 니즈를 추가적인 페이지에 더 자세히 정리하여 페르소나의 특징적 행동이나 니즈를 최대한 깊이 있게 발굴하려고 노력했다. 페르소나 자체만으로도 서비스의 목적을 잘 규정한다는 의미가 있지만, 핵심 시나리오와 관련 행동을 규명하는 과정에서 서비스의 지향점과 우선순위를 더욱 날카롭게 정의할 수 있다.

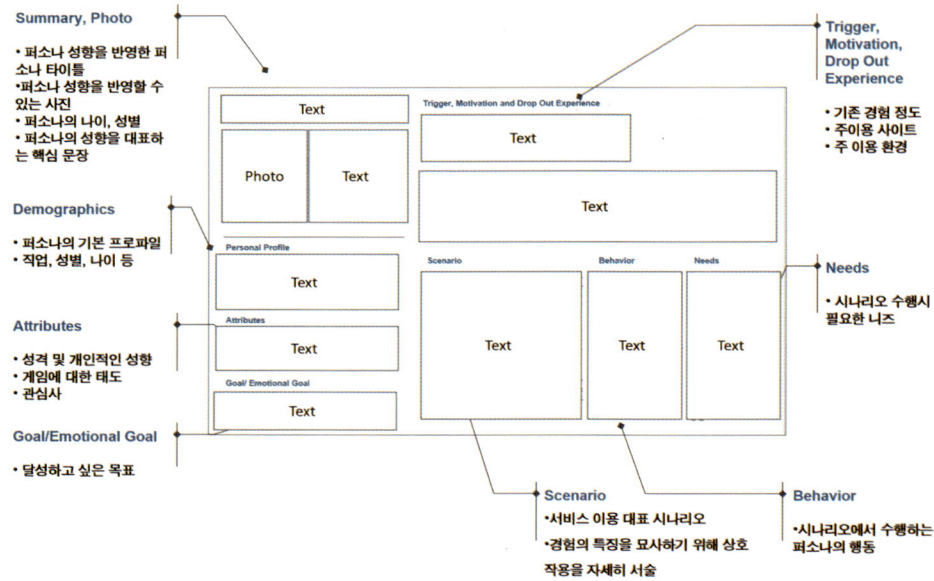

그림 2.13 저자가 담당한 프로젝트에서 사용한 페르소나 체계

페르소나를 몇 개 만들지, 어떤 내용을 넣을지는 서비스 상황에 따라 달라진다. 전문가들은 대체로 핵심 사용자 그룹을 대변하는 사용자마다 페르소나를 만들라고 조언하며, 대다수 기업의 페르소나를 분석한 결과 4~6개가 일반적이다. 시간과 비용이 허락하지 않는다면 최소한 주 페르소나(Primary Persona)와 보조 페르소나(Secondary Persona) 2개를 권한다. 이것으로도 우선순위를 결정할 때 유용하게 사용할 수 있다.

페르소나 항목은 얼마나 많은 데이터의 검증을 거쳐 만드는지에 따라 달라지지만, 『콘텐츠 UX 디자인』에서는 다음 정도의 항목을 권고한다. 특히 서비스 이용 목적, 정보 니즈는 더 정교한 UX 라이팅에 도움을 받을 수 있다.

- 사진
- 이름
- 핵심 문구 또는 인용문
- 경험, 전문 분야
- 가치
- 기술
- 사회적 문화적 상황
- 인구 통계 자료(나이, 직업 등)

- 감정
- 서비스 이용 목적
- 구체적인 지식, 능숙도
- 정보 니즈(information needs)

조지 올센(George Olsen)의 '페르소나 제작과 사용 툴킷(Persona Creation and Usage Toolkit)'에서는 컴퓨터 숙련도 이외에 언어 능숙도, 특정 주제에 대한 지식과 전문성, 특정 제품/시스템/서비스에 대한 숙련도를 포함시킬 것을 제안한다. 이 또한 UX 라이팅의 근거 자료로 활용할 수 있다.

표 2.2. 페르소나 구성 요소 중 특정 지식/능숙도[28]

언어 능숙도	제품 안에 사용된 언어를 말하고 이해하고 읽고 쓸 수 있는 능력, 페르소나가 사용하는 추가적인 언어
특정 주제 지식과 전문성	초보자, 고급 초보자(Advanced Beginner), 중급자, 전문가
컴퓨터 숙련도	초보자, 고급 초보자, 중급자, 전문가
특정 애플리케이션, 시스템, 제품 숙련도	초보자, 고급 초보자, 중급자, 전문가

페르소나는 그럴 법한 내용을 지어내는 것이 아니라 일대일 인터뷰와 같은 정성 조사로 얻은 실제 사용자의 행동을 담아야 한다. 하지만 할 일이 태산처럼 많은 상황에서 정밀하게 조사해서 실제 사용자에 근접한 페르소나를 만드는 회사는 거의 없다. 도저히 정교한 페르소나를 만들기 힘든 상황이라면 내부 자료로 워크숍을 하면서 페르소나 만들기를 권한다. 요즘 스타트업에서 자주 활용하는 프로토 페르소나(Proto Persona)도 도움이 된다. 비록 실제 사용자의 모습을 대변하지는 못하겠지만, 최소한 프로젝트가 끝날 때까지 작가가 사용자 입장에서 생각하게 도와줄 것이다. 페르소나가 사용자 관점을 유지하게 도와 글이 개선되는 경험이 쌓이다 보면 점점 정밀한 페르소나에 도전할 마음이 생길 것이다.

---

[28] 조지 올센(George Olsen), Persona Creation and Usage Toolkit, 2004

2.2.2. 사용자 여정 지도

사용자에 초점을 맞추는 다른 방법으로 사용자 여정 지도(User Journey Map)에 대해 알아보자. 사용자 여정 지도는 사용자가 특정 서비스에서 목적을 완수하기 위해 거치는 프로세스를 시각화한 문서다. 사용자 여정 지도는 서비스 경험의 타임라인에 따라 일련의 행동을 담고, 여기에 사용자의 생각과 감정을 더해 사용자 이야기처럼 구성한다. 사용자 여정 지도는 어떤 레벨로 그리는지, 또는 서비스와 얼마나 직접적인 연관이 있는지에 따라 경험 지도(Experience Map), 고객 경험 지도(Customer Experience Map)와 같이 다양하게 세분화할 수 있지만, 여기서는 편의상 모두 사용자 여정 지도라고 지칭하겠다. 그림 2.14에서 닐슨 노먼 그룹에서 공유한 사용자 여정 지도의 사례를 보자.

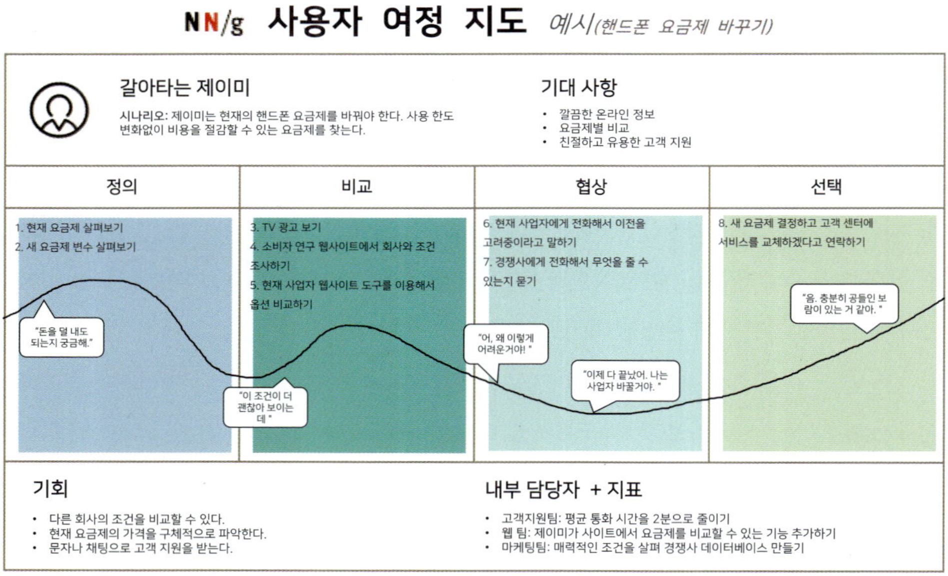

그림 2.14 사용자 여정 지도 예시[29]

이것은 핸드폰 요금제를 저렴한 것으로 바꾸고 싶어 하는 제이미라는 사용자의 사용자 여정 지도다. 저렴한 요금제로 바꿀 수 있도록 요금제를 비교하고, 쉽게 갈아타게 도와주는

---

[29] 닐슨 노먼 그룹, 「Journey Mapping 101」, https://www.nngroup.com/articles/journey-mapping-101/, 2018

고객 지원을 원한다. 이 지도는 과업을 완수하기까지 서비스에서 겪는 과정을 4단계로 규정했다. 요금제를 탐색하는 정의 단계, 이동통신사별 요금제를 비교하는 비교 단계, 좋은 조건을 협상하는 단계, 마지막으로 요금제를 선택하는 총 4단계다. 제이미의 생각도 인용문으로 보인다. 그중 "어, 왜 이렇게 어려운 거야!"라는 인용문을 보자. 제이미는 요금제를 비교하다가 요금제별로 차이가 한눈에 안 보이고, 정작 비교하고 싶은 항목은 나오지 않아 짜증 난 상황일 수 있다. 만약 작가가 "어, 왜 이렇게 어려운 거야!"라는 인용문에 집중했다면 제이미가 요금제에서 비교하고 싶은 항목이 무엇인지를 조사하고, 이 항목을 한눈에 비교할 수 있게 정보를 구성할 것이다. 그 결과 요금제별 정보를 일목요연하게 제공하는 것을 뛰어넘어 쉽게 다른 요금제로 갈아타게 유도하자는 아이디어까지 이를 수 있다. 하단을 보면 제이미의 과업을 돕기 위해 회사에서 할 일도 보인다. 이렇게 잘 정리된 사용자 여정 지도가 있으면 세부적인 글을 쓸 때도 큰 틀과 사용자의 입장을 잃지 않을 수 있다. 앞뒤의 연관 관계가 분명하기 때문에 글의 흐름도 자연스러워진다. 상위 정보부터 상세 정보까지 모든 서비스 측면에서 간단한 형태라도 사용자의 여정을 담은 시나리오를 만들기를 추천한다.

이 장의 초반부에 있던 그림 2.3을 다시 보자. 이것은 한 쇼핑몰에서 전반적인 경험 사이클을 이해하기 위해 그렸던 사용자 여정 단계와 단계별 질문을 정리한 도표다. 쇼핑몰에 들어와 고객으로 전환하기까지 고객이 거치는 단계마다 사용자가 가지는 질문을 다양한 조사와 자료를 참고해서 정리했다. 쇼핑몰 온보딩 단계에 있는 질문 중 "다른 쇼핑몰과 어떻게 다른가요?"라는 질문을 가진 사용자가 있다면 어떻게 답해야 할까? 가격이 저렴한가? 독점 아이템이 있는가? 사용자 경험이 편리한가? 이렇게 각 단계에 처한 사용자의 상황과 동기·질문에 집중하고, 이를 반영한 글을 쓰면 사용자의 맥락에 적합한 글이 탄생한다.

> **Deep dive** 경험 지도(Experience Map)와 고객 경험 지도(Customer Experience Map)

경험지도는 특정 서비스에서의 여정이 아닌 특정 경험 단계에서 다양한 서비스를 어떻게 활용하는지를 정리한 다이어그램이다. 그림 2.15는 저자가 과거에 수행한 한 서비스에서 만든 경험 지도다. 고객 중심적인 전략과 경험 혁신을 위해 만들었는데, 사용자 단계별 이슈를 아주 상세하게 만들었다. 이때 사용한 카드 개수는 회의실 한쪽 벽을 채우고 남을 정도였다. 이런 경험 지도가 부서에 걸려 있으면 수시로 문제 단계를 떠올릴 수 있을 뿐만 아니라, 장기적으로 프로젝트의 개선 이슈를 확인할 수 있어 전략 수립에 효과적으로 활용할 수 있다. 고객 경험 지도는 특정 서비스를 경험하는 고객의 경험 단계를 묘사한 다이어그램인데, 주로 구매와 결재 과정을 그린다. 고객 관점을 담기 위해 사용자 대신 고객이라는 용어를 사용한다. 경험 지도는 유사 서비스를 모두 포함하여 고객 또는 사용자가 경험하는 요소를 통합적으로 그리기 때문에 더 범위가 넓고 방대한 리서치가 필요하다.

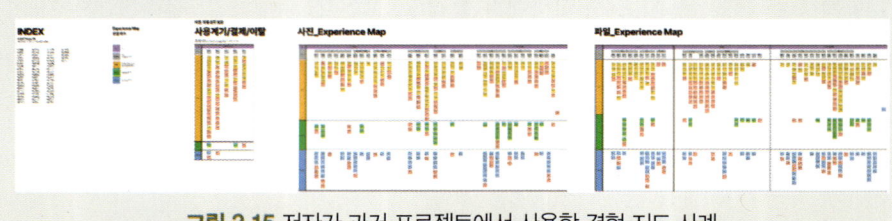

그림 2.15 저자가 과거 프로젝트에서 사용한 경험 지도 사례

이번 장은 사용자가 좋아하는 글을 쓰기 위해 사용자의 생각을 알아내는 방법과 글을 쓰는 동안 사용자를 떠올리게 돕는 도구인 페르소나와 사용자 여정 지도에 대해 알아봤다. 다음 장에서는 보이스앤톤 디자인에 대해 배워보자.

2장 요약

1. 인터페이스의 글은 사용자와의 대화다. 좋은 대화는 상대가 궁금해하는 내용에 정확한 답을 주는 것이다. 사용자의 질문에 답하라는 의미는 '질문의 의도를 파악해서', '그 질문에만', '간단 명료하게' 답하는 것이다.

2. 사용자와 유용한 대화를 나누려면 분량은 충분해야 하고, 품질은 진실해야 하며, 관계는 적합하고, 방식은 간결하고 순차적이고 모호하지 않으면서 공손해야 한다.

3. 사용자의 질문에 답하려면 사용자가 궁금해하는 것이 무엇인지, 사용자의 반응과 시장의 변화가 어떻게 이루어지는지, 현 상황과 문제는 무엇인지 지속해서 분석하고 리서치해야 한다. UX 라이팅을 하기 위한 리서치 방법으로는 경청 투어, 고객 접점 채널 연구, 사용자 인터뷰, 시장/경쟁사 분석, 사용성 평가, 카트 소팅, 설문 조사, 데이터 분석 방법 등이 있다.

4. 페르소나와 사용자 여정 지도는 사용자 입장에서 글을 쓸 수 있게 돕는 유용한 도구다. 페르소나는 사이트의 타깃 사용자를 묘사하기 위해 현실에 있을 법한 사용자 이야기를 가상으로 만든 문서다. 사용자 여정 지도는 사용자가 서비스에서 목적을 완수하기 위해 거치는 프로세스를 시각화한 문서다.

참고 자료

1. 에리카 홀(Erika Hall), 『Conversational Design』, A Book Apart, 2018
2. 캐시 레바인(Kathy Levine), 『It's better to laugh』, Gallery Books, 2011
3. 조셉 슈거맨(Joseph Sugarman), 『마음에 착 달라붙는 카피 한 줄』(북스넛, 2011)
4. 스티브 크룩(Steve Krug), 『상식이 통하는 웹사이트가 성공한다』(대웅, 2006)
5. 스티브 크룩, 『사용성 평가 이렇게 하라』(위키북스, 2010)
6. 도너 스펜서(Donna Spencer), 『Card Sorting: Designing Usable Categories』, Rosenfeld Media, 2009
7. 임은정, 이지현, 「인트라넷 서비스의 카드소팅 분석 및 도움말 정보 설계에 관한 연구」, 디지털디자인학연구, 2016
8. Optimal Workshop, 「Interpret dendrograms for open and hybrid card sorts」, https://support.optimalworkshop.com/en/articles/2626862-interpret-dendrograms-for-open-and-hybrid-card-sorts
9. Optimal Workshop, https://support.optimalworkshop.com/en/articles/2626862-interpret-dendrograms-for-open-and-hybrid-card-sorts
10. 러스 웅거, 캐롤린 챈들러, 『UX 디자인 프로젝트 가이드 2』(위키북스, 2013)
11. 뷰저블 유저 보이스(Beusable User Voice), https://www.beusable.net/ko/features/uservoice
12. 로셸 킹(Rochelle King), 엘리자베스 처칠(Elizabeth F Churchill), 케이틀린 탠(Caitlin Tan), 『Designing with data: Improving the user experience with A/B testing』, O'Reilly Media., 2017

13. 알렉스 버켓(Alex Birkett), 「Local Maximum: what it is, and how to get over it in A/B Testing」, https://cxl.com/blog/local-maximum, 2022

14. 뷰저블 Reporting & User Analytics, https://www.beusable.net/ko/features/reporting

15. 맥클루어(McClure, D.) Startup metrics for pirates. Slideshare. Net, 2007

16. 뷰저블 Reporting & User Analytics, https://www.beusable.net/ko/features/reporting

17. 닐슨 노먼 그룹, 「Segment Analytics Data Using Personas」, https://www.nngroup.com/articles/analytics-persona-segment, 2014

18. 앨런 쿠퍼(Alan Cooper), 「정신병원에서 뛰쳐나온 디자인」(안그라픽스, 2004)

19. 이지현, 「사용자 경험 디자인을 위한 페르소나 기반 브레인스토밍 기법의 활용에 관한 연구」, 디지털디자인학연구, 13(1), 2013

20. 재니스 래디쉬, 「콘텐츠 UX 디자인」(위키북스, 2011)

21. 조지 올센(George Olsen), Persona Creation and Usage Toolkit, 2004

22. 닐슨 노먼 그룹, 「Journey Mapping 101」, https://www.nngroup.com/articles/journey-mapping-101/, 2018

02

UX 라이팅
실무 방법론

3장

보이스앤톤 디자인

다음 글은 배달앱에서 주문을 마쳤을 때 카카오톡으로 오는 다양한 알림 글이다. 글마다 다양한 느낌을 비교해보자.

> **주문 접수를 알리는 카카오톡 알림 글**
>
> 1. 주문이 매장에 접수되었어요.
> 2. 접수된 주문을 처리 중입니다.
> 3. 고객님의 소중한 주문이 접수 완료되었습니다.

위 세 개의 글 모두 주문이 접수된 사실을 알려준다. 내용은 모두 동일하지만 느낌은 다르다. 1, 2번은 주문의 기계적인 처리 과정을 알려준다. 3번 문장에는 '고객님의 소중한 주문'이라는 표현이 더해져 주문 처리 사실과 함께 주문의 당사자가 보인다.

짧은 글 하나에도 상대를 어떻게 바라보는지가 담긴다. 사람들은 기계의 음성을 듣거나 사이트 글을 볼 때 사람과 대화하는 것과 똑같이 느낀다. 인터페이스의 언어가 딱딱하면 서비스를 딱딱하게 느끼고, 인터페이스가 다정하면 서비스가 다정하다고 생각한다. 보이스앤톤 디자인은 기계와 인간이 아닌 인간과 인간이 소통하는 것처럼 느끼게 하는 라이팅 기법이다.

3.1. 보이스앤톤 디자인의 정의

보이스는 인터페이스의 인간적 개성이다. '고급스럽다', '친절하다', '지혜롭다' 같은 것이다. 톤은 상황에 따른 인터페이스의 태도를 의미한다. 보이스는 내 서비스는 무엇이고, 누구와 대화를 나누는가를, 톤은 서비스의 경험마다 다가가는 다양한 글의 느낌을 규정한다. 이런 서비스의 개성과 상황에 따른 톤을 정리한 문서가 보이스앤톤 디자인이다. 보이스와 톤을 적절히 사용하여 서비스는 사용자를 얼마나 존중하는지 보여줄 수 있다. 그 대가로 사용자는 서비스에 애정을 느끼게 된다.

표 3.1. 보이스앤톤 디자인의 정의

보이스	인터페이스의 인간적 개성
톤	상황에 따른 인터페이스의 인간적 태도
보이스앤톤 디자인	서비스, 제품, 메시지 고유의 개성을 정리한 문서

그림 3.1은 한 커피 전문점 앱 상단에 보이는 글이다. '고객님, 선물 같은 오후예요', '오늘 같은 오후엔 스노우 민트초콜릿', '저물어 가는 2021, 내년에 더 좋을 거예요', '2022년 새해에는 모든 바람 이루어지길' 등 고객이 처한 시간대, 계절, 상황을 제품과 자연스럽게 연결해서 글로 내보낸다. 이 앱을 자주 사용하는 고객들은 이 글을 읽으며 이곳만의 고유한 분위기를 느끼거나, 이번에는 어떤 메시지가 나올까 기분 좋은 설렘을 가질 수 있다. 고객들은 커피라는 음료를 마시는 것 이상으로 커피가 주는 따뜻한 분위기와 문화를 제공하는 이 브랜드를 더 사랑하게 될 수 있다.

그림 3.1 스타벅스 앱 상단 메시지

서비스와 고객이 마주하는 중요한 기점에 고객과의 관계와 감정에 적합한 메시지를 내보낼 때 고객은 서비스와 연결되고 그 브랜드를 사랑하게 된다. 보이스앤톤 디자인을 잘했을 때의 효과를 좀 더 구체적으로 알아보자.

3.2. 보이스앤톤 디자인의 효과

보이스앤톤 디자인은 다음의 4가지 측면에서 서비스에 긍정적인 영향을 끼친다.

3.2.1. 브랜드를 친근하게 느낀다

닐슨 노먼 그룹의 케이트 모란은 「The impact of Tone of Voice on User's Brand Perception」[1]이라는 글에서 온라인 서비스 글의 톤이 브랜드에 대한 감정에 영향을 미친다는 것을 발견했다. 이 연구에서는 제품의 보이스와 톤을 측정할 수 있을 뿐만 아니라 그것이 브랜드 신뢰와 호감도에 영향을 끼친다는 것을 입증했다.

가상의 자동차 보험사, 은행, 보안 회사, 병원을 대상으로 한 이 실험에서 약간의 흥겨움을 불러일으키는 친근한 대화체가 보편적으로 좋은 역할을 했다. 금융사와 같은 전통 기업도 대화체가 살짝 가미된 언어를 썼을 때 그 브랜드를 더 친근하고 믿음직하다고 인식했다. 물론 이것이 모든 글에 일률적으로 통하는 공식은 아니다. 닐슨 노먼 그룹은 사용자와 기업의 특성에 적합한 톤이 그 기업을 친구에게 기꺼이 추천할 마음을 갖게 하므로 톤을 세심하게 적용할 것을 추천한다.

3.2.2. 사용자 중심적인 글을 더 빨리 쓸 수 있다

서비스 기획자는 사용자가 제품에 들어와서 기쁘게 돌아다니고, 클릭하고, 구매하기를 원한다. 사용자가 이 위치에서 어떤 생각과 감정을 느끼고, 어떤 행동을 하기를 원하는지에

---

[1] 케이트 모란(Kate Moran), 「The impact of Tone of Voice on User's Brand Perception」, 닐슨 노먼 그룹, 2016

집중하다 보면 사용자와 제품의 가치가 극대화되는 글을 뽑을 가능성이 높아지고, 사용자가 얻을 수 있는 것을 정확히 건드렸을 때 사용자는 기꺼이 클릭한다. 쿠팡은 유료 멤버십 회원 가입 버튼의 글자를 "로켓프레시 무료 체험하기"에서 "신선식품 새벽배송 받기"로 바꿨다. 사용자 입장에서 더 중요하게 생각하는 멤버십의 이유를 설명하자 가입률이 20% 상승했다.[2] 보이스앤톤 디자인은 사용자가 우리 서비스에서 정말로 원하는 것이 무엇인지를 파헤치기 위해 연구하고 관찰하고 조사하는 데서 시작한다.

또한 철저한 연구와 고민으로 잘 설계된 보이스앤톤 디자인 가이드라인이 사내 구성원 안에서 잘 공유되고 있다면 좋은 글을 더 빨리 쓸 것이다. 글의 분위기, 스타일, 감정, 용어, 그리고 좋은 사례까지 잘 담은 포괄적인 보이스앤톤 디자인 가이드라인은 처음 글을 시작하거나 마무리할 때 들이는 노력을 아껴주기 때문이다.

3.2.3. 마케팅 노력을 극대화할 수 있다

글이 일관되면 그 서비스가 일관적이라고 느끼고, 글이 친절하면 그 서비스가 친절하다고 느낀다. 고객의 삶을 편하게 바꿔준다고 말하면서 인터페이스가 복잡하고 글이 이해하기 어렵다면 어떨까? 사용자는 겉으로 드러나는 말 대신 인터페이스에서 스스로 겪은 경험과 감정으로 서비스를 판단한다. 그 서비스의 노력과 감성을 드러내는 방법 중 하나가 보이스앤톤 디자인이다. 서비스에 어울리는 인격체를 정해서 그 인격체가 말하듯 글을 쓰자. 사용자는 한 사람이 말하는 듯한 일관된 말투 속에서 편안함과 소속감을 느끼게 될 것이다.

이는 기업의 마케팅 노력을 극대화하는 방법이기도 하다. 모든 기업은 많은 비용과 노력을 들여 제품의 마케팅에 공을 들인다. 재미있는 일러스트레이션으로 SNS 광고를 집행해 많은 사용자를 유입시켰다고 해보자. 막상 사용자가 제품 안에 들어왔는데 딱딱한 말투로 지루한 내용을 본다면 어떻겠는가? 큰 비용을 들여 사용자를 유입시켰는데 사용자가 매력을 느끼지 못하고 나가는 것은 큰 손실이다. 마케팅, 브랜딩의 방향성과 일치된 제품의 보이스앤톤은 마케팅 노력을 극대화하고 일관된 제품의 이미지를 확립하는 데 큰 역할을 한다.

---

2 쿠팡 디자인, "콘텐츠 전략가가 고객 경험에 기여하는 방식", https://brunch.co.kr/@coupangdesign/65

3.2.4. 일관된 글을 쓸 수 있다

사람마다 다른 개성과 스타일은 글에도 드러난다. 메뉴마다 모두 다른 분위기, 다른 말투로 쓰인 페이지를 본다면 사용자는 같은 서비스를 탐험하면서 다른 서비스처럼 느낄 수 있다. 이는 정보 탐색의 속도를 지연시킬 뿐만 아니라 강력한 브랜드를 형성하는 것을 방해하고, 서비스 신뢰에 좋지 않은 영향을 끼칠 수 있다. 잘 규정된 가이드라인이 있으면 서비스 제작자들이 서비스 분위기에 일관된 상을 가질 수 있고, 그 서비스에 어울리는 글을 더 빠르게 쓸 수 있다. 제품의 느낌, 개성, 말투, 사용하는 용어, 맞춤법 등을 보이스앤톤 디자인 가이드라인으로 규정한다면 페이지를 오갈 때마다 다른 스타일을 마주치는 일을 방지할 수 있다.

3.3. 보이스앤톤 디자인 프로세스

보이스는 브랜드 원칙과 라이팅 가이드라인을 더한 것이다.

> 보이스 = 브랜드 원칙 + 라이팅 가이드라인[3]

브랜드 원칙은 우리 서비스가 무엇인지를 규정한 것이다.

> **브랜드 원칙**
> - 우리 서비스는 무엇인가?
> - 어떤 서비스가 되고 싶은가?
> - 우리만의 차별점은 무엇인가?
> - 우리답지 않은 것은 무엇인가?

적합한 형용사를 사용해서 우리 제품의 성격을 규정하자. 다음 목록은 닐슨 노먼 그룹에서 제시한 보이스와 톤 형용사 목록이다[4].

---

[3] 구글 I/O, "How Words Can Make Your Product Stand Out", 2017
[4] 케이트 모란(Kate Moran), 「Tone-of-Voice Words」, 닐슨 노먼 그룹, 2016

보이스와 톤 형용사 목록

1. 권위 있는
2. 따뜻한
3. 생기 넘치는
4. 투박한
5. 보수적인
6. 대화체의
7. 꾸미지 않은
8. 무미건조한
9. 통렬한
10. 열렬한
11. 격식을 차린
12. 솔직한
13. 친근한
14. 즐거움
15. 웃기는
16. 재미있는
17. 유용한 정보를 주는
18. 불손한
19. 사실을 다루는
20. 향수를 불러 일으키는
21. 열정적인
22. 놀기 좋아하는
23. 전문적인
24. 도발적인
25. 특이한
26. 공손한
27. 로맨틱한
28. 빈정대는
29. 진지한
30. 영리한
31. 비난하는
32. 공감하는
33. 최신 유행의
34. 신뢰할 수 있는
35. 사과를 하지 않는
36. 긍정적인
37. 재치 있는

그림 3.2는 신한카드에서 규정한 서비스의 핵심 원칙이다. '확신을 주는', '혁신하는', '유용한', '배려하는', '슬기롭게 하는', '편안한'으로 구성되어 있다.

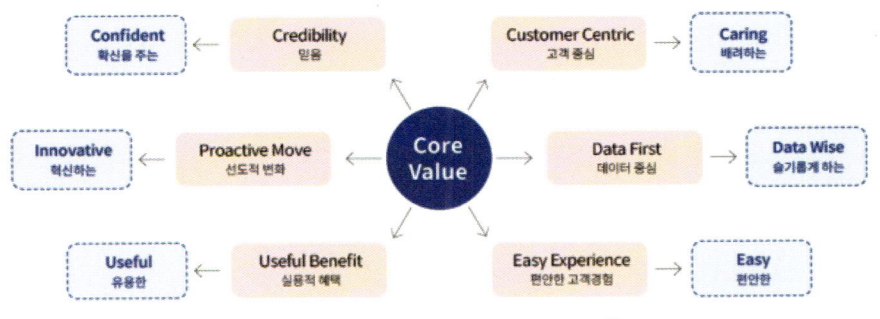

그림 3.2 신한카드의 서비스 핵심 원칙[5]

5　와이어링크, 「신한카드 UX Writing 가이드 2.0」, 디지털 인사이트, 2021.10.

서비스의 인격적인 개성을 정했다면 상황별로 말하는 톤을 정한다. 사용자가 서비스에서 경험하는 단계에 따라 언어는 얼마나 격식 차린 언어를 사용할지, 얼마나 묘사적으로 쓸지, 감정은 얼마나 실을지, 얼마나 단호하게 쓸지 등을 결정한다. 서비스 성격이나 단계마다 적절한 톤은 다르지만, 대개 친근한 대화체가 안전하다고 한다. 서비스의 성격이나 사용자 특성에 맞게 적합한 톤을 찾아가자. 표 3.2는 라이터닷컴의 애쉴리 쿨맨(Ashley Coolman)이 온라인 글에 적용할 수 있는 톤과 그에 따른 예시를 정리한 표다.

표 3.2 톤 가이드라인과 톤에 따른 예시[6]

항목	설명	예시
1. 격식의 정도	브랜드가 격식 있나요? 자유분방한가요?	▪ 격식 있는: 이메일 주소를 알려주세요. ▪ 자유로운: 어떻게 연락드릴까요?
2. 전개 방식	묘사적인가요? 설명적인가요?	▪ 묘사적: 영희가 얼굴을 떨궜다. 이메일 답을 하는데 손가락이 키보드 위를 무겁게 움직였다. ▪ 설명적: 영희는 슬펐다.
3. 감정	감정이 가득 실린 말을 쓰나요? 감정을 맡겨두나요?	▪ 감정 싣기: 이 아이들은 당신의 도움이 없이 힘겹게 살아갑니다. ▪ 감정 맡기기: 이 아이들은 당신의 도움이 필요합니다.
4. 객관성	언제 감정을 가득 실어 쓰나요? 언제 사실만 객관적으로 전달하나요?	▪ 주관적: 이 정권은 국민의 소망을 짓밟는 법을 통과시켰다. ▪ 객관적: 이 권위 정부는 국민의 생각과 다른 결정을 했다.
5. 생동감	당신의 글은 신나고 생동감 있나요? 아니면 평온하고 침착한가요?	▪ 신나는: 우리 팀에 들어와서 정말 기뻐요! ▪ 차분한: 우리 팀에 오신 것을 환영합니다.

---

[6] 애쉴리 쿨맨(Ashley Coolman), "How to create a writing styleguide for your brand", https://writer.com/blog/create-writing-style-guide/, Writer's Room

항목	설명	예시
6. 명료함	대중에게 잘 알려진 언어를 쓰나? 거창한 말로 거대한 팬을 몰고 다니나요?	• 쉬운: 이 숙소에는 심플한 방도, 화려한 방도 있습니다. • 어려운: 심플한 삶을 좋아하시나요, 화려한 삶을 좋아하시나요? 이 숙소는 당신의 모든 취향을 맞춰드립니다.
7. 확신의 정도	당신의 글에 얼마나 자신이 있나요? 그 확신은 어디에서 오나요?(예를 들면 조사나 경험)	• 강한 확신: 이렇게 하십시오. • 약한 확신: 이것이 답이 될 것이라고 생각합니다.

그림 3.3은 신한카드 서비스의 핵심 가치 중 하나인 신뢰와 확신을 주기 위해서는 구체적으로 어떻게 써야 할지를 안내하고 있다.

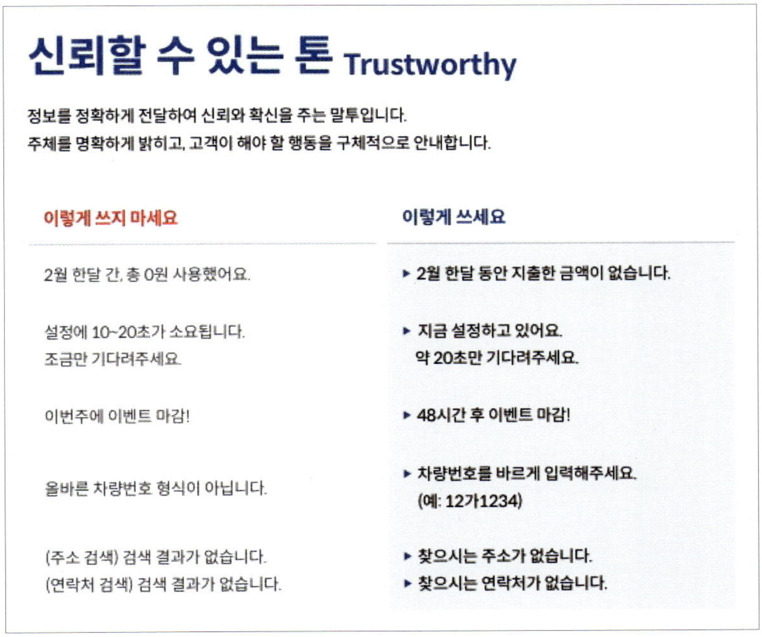

신뢰할 수 있는 톤 Trustworthy

정보를 정확하게 전달하여 신뢰와 확신을 주는 말투입니다.
주체를 명확하게 밝히고, 고객이 해야 할 행동을 구체적으로 안내합니다.

이렇게 쓰지 마세요	이렇게 쓰세요
2월 한달 간, 총 0원 사용했어요.	▶ 2월 한달 동안 지출한 금액이 없습니다.
설정에 10~20초가 소요됩니다. 조금만 기다려주세요.	▶ 지금 설정하고 있어요. 약 20초만 기다려주세요.
이번주에 이벤트 마감!	▶ 48시간 후 이벤트 마감!
올바른 차량번호 형식이 아닙니다.	▶ 차량번호를 바르게 입력해주세요. (예: 12가1234)
(주소 검색) 검색 결과가 없습니다. (연락처 검색) 검색 결과가 없습니다.	▶ 찾으시는 주소가 없습니다. ▶ 찾으시는 연락처가 없습니다.

그림 3.3 '신뢰할 수 있는 톤'에 적합한 글쓰기 사례[7]

---

[7] 박광훈, "마이데이터 시대, 가이드 2.0으로 승부수 띄울 것", 디지털 인사이트, 2021.11.26

3.4. 보이스앤톤 적용 사례

지금까지 보이스앤톤 디자인이 무엇인지, 어떻게 하는지 알아봤다. 이것만으로는 아직 어떻게 현업에 적용해야 할지 감이 오지 않을 것이다. 다양한 국내외 사례를 살펴보면서 실무에서 어떻게 보이스앤톤 디자인을 하는지를 살펴보자.

3.4.1. 메일침프[8]

메일침프는 미국 자영업자들을 위한 마케팅 플랫폼이다. 좋은 서비스와 더불어 흥겹고 유머 있는 글 때문에 디지털 서비스 업계에서 많이 회자되는 서비스다. 메일침프가 보이스와 톤을 제품에 적용하는 과정을 살펴보면서 각자의 서비스에서 보이스앤 톤 디자인을 어떻게 할지 감을 잡아보자.

먼저 메일침프의 인격적인 개성을 정하기 위해 관련자들이 모여 브레인스토밍을 했다. 구성원들은 그림 3.4처럼 "메일침프는 무엇이지만 무엇이 아니다"라는 문장으로 서비스의 개성을 고민했다.

메일침프는...

***이지만 ***은 아니다

- 재미있지만 유치하지는 않다
- 기발하지만 바보스럽지 않다
- 자신감이 넘치지만 자만하지 않다
- 스마트하지만 진부하지 않다
- 쿨하지만 따분하지 않다
- 캐주얼하지만 조잡하지는 않다
- 도움을 주지만 위압적이지 않다
- 전문적이지만 잘난 척하지 않는다
- 색다르지만 부적절하지 않다

그림 3.4 메일침프의 브랜드 원칙

---

[8] 니콜 펜튼(Nicole Fenton), 케이트 키퍼 리(Kate Kiefer Lee), 『스타일과 목적을 살리는 웹 글쓰기』(길벗, 2016)

의견을 모으는 과정에서 메일침프의 본질에 가까운 문장을 추려냈다. '재미있지만 유치하지 않다.' '기발하지만 바보스럽지 않다.' '자신감 넘치지만 자만하지 않는다.' '스마트하지만 진부하지 않다' 등의 문장을 보면 메일침프가 어떤 서비스인지 감이 잡힌다. 이렇게 관련자들이 모여서 메일침프의 이미지를 논의하는 시간을 가짐으로써 서비스의 정확한 이미지를 만들어 내는가 하면, 자연스럽게 브랜드 이미지를 공유하고 전파한다. 다음으로는 브랜드 원칙을 바탕으로 언어 가이드라인을 정했다. 표 3.3을 보자.

표 3.3. 메일침프 보이스 가이드라인

우리는 쉽게 말합니다	우리는 고객이 사는 세계를 잘 압니다. 과장된 언어와 강매, 광고로 가득하죠. 이런 것은 다 벗어버리고 확실한 것만 말합니다. 사업체들은 메일침프에 일을 하러 오죠. 그러니 가벼운 말장난이나 감정에 호소하는 값싼 짓은 하지 않습니다.
우리는 진실합니다	우리는 작은 사업체를 잘 압니다. 우리도 얼마 전에 그랬으니까요. 그러니 고객의 도전과 열정을 이해해서 친근하고, 따뜻하고, 장벽 없이 말하겠습니다.
우리는 통역가입니다	진정한 전문가만이 어려운 것을 쉽게 설명합니다. B2B의 껍데기를 벗기고 제대로 된 정보만 전달하는 것이 우리의 사명입니다.
우리의 유머는 무심합니다	우리 유머는 무표정하고, 미묘하고, 살짝 유별납니다. 특이하지만 부적합하지는 않고, 영리하지만 거만하지 않습니다. 우리는 소리 치기보다 윙크를 날립니다. 거들먹거리거나 배타적이지 않습니다. 고객을 언제나 농담으로 끌어들입니다.

큰 원칙은 '쉽게 말한다', '진실하다', '통역가다', '무심한 유머를 던진다'의 네 가지다. 원칙마다 왜 그 원칙이 필요한지, 그 원칙이 어떤 의미인지를 설명한다. '우리도 얼마 전까지 작은 자영업자였으니 누구보다 그 고충을 잘 압니다. 도움도 못 받고, 도움을 준다는 사람은 과장된 판매원들입니다. 자영업자들이 사업 초기의 어려운 상황을 잘 헤쳐 나갈 수 있게 쉽고 진실되게 말하겠습니다. 순간을 유쾌하게 넘길 수 있게 유머도 섞고요'라고 공감할 수 있는 상황을 설정했다. 메일침프 서비스 사용자가 처한 상황을 생생하게 알려줌으로써 작가들이 어떤 마음가짐으로 글을 써야 하는지 쉽게 이해하고 몰입할 수 있다. 상황마다 어떤 톤으로 말할지도 문서로 규정했다. 표 3.4를 참고하자.

표 3.4 메일침프의 톤 디자인 예시

콘텐츠 유형	독자의 감정 상태	적합한 톤
오류 메시지	당혹스러움, 스트레스, 분노	온화하고 부드러우며 진지한 톤
도움말 문서	당혹스러움, 짜증	단도직입적이고 도움을 주려는 톤
블로그 글	흥미, 기대, 호기심	가볍고 친절한 톤
완료 메시지	안도, 만족, 기쁨	긍정적이고 친절하며 열성적인 톤
법률 문서	스트레스, 당혹스러움, 짜증	이해하기 쉽고 진지하며 단도직입적인 톤
이메일 뉴스레터	흥미, 호기심, 산만함	열성적이며 도움을 주고자 하며 친근한 톤
마케팅 메시지	놀라움, 즐거움, 산만함	열성적이며 인상적인 톤

이제 상위 차원에서 규정한 보이스와 톤이 실제 제품에서 어떻게 글로 표출됐는지 살펴보자. 그림 3.5의 1번은 메일침프의 대메뉴다. 내비게이션 언어는 일상에서 사용하는 용어로 사실만 간결하게 썼다. "Get Your Business Online(온라인 비즈니스 시작하기)", "Market Your Business(마케팅하기)"는 일상에서 누구나 사용하는 용어다. B2B, 통합 패키지, 솔루션처럼 추상적이거나 개념적인 용어는 쓰지 않았다. 'you', 'me'와 같은 인칭대명사를 사용하여 서비스와 사용자의 대화로 구성했다. 메뉴는 짧고 쉬우며, 사실적이다.

1. 메인 내비게이션

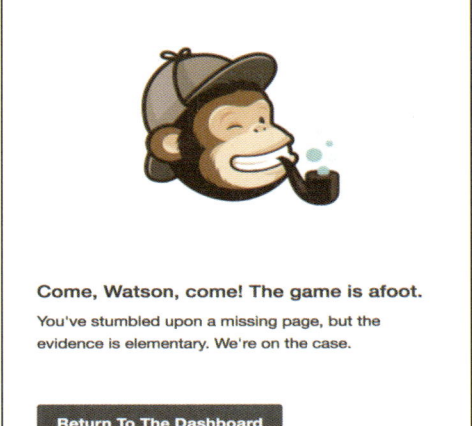

그림 3.5 메일침프의 상황별 다양한 화면

하지만 다른 상황으로 가면 톤이 달라진다. 그림 3.5의 2번은 이메일 발송을 예약하면 나오는 신나고 흥겨운 언어다. 3번은 문제가 생겼을 때의 화면이다. 메일침프의 캐릭터인 침팬지 탐정 왓슨을 불러서 문제가 생겼으니 와서 해결해 달라고 요청한다. 왓슨은 아직 증거가 부족하니 사건을 더 조사해보겠다고 한다. 메일침프만의 개성을 서비스의 곳곳에 녹여내는 한편 상황마다 다양한 방식으로 접근하고 있다.

메일침프는 전문가적인 지식과 진지함을 매력적인 개성에 담아 서비스 전체에 걸쳐 일관되게 선보임으로써 디지털 라이팅의 좋은 사례로 인용된다.

3.4.2. 우버

우버에서는 보이스앤톤 원칙을 어떻게 글에 반영했는지 살펴보자.

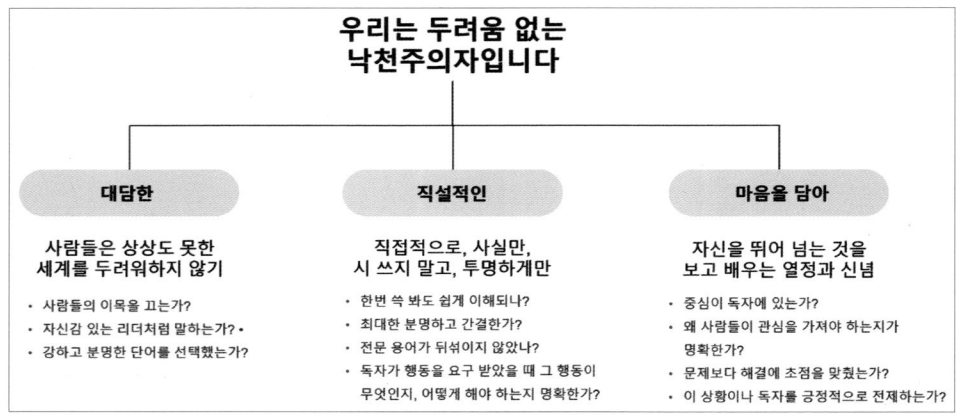

그림 3.6 우버의 보이스앤톤 원칙[9]

우버의 보이스앤톤 원칙은 '두려움 없는 낙천주의자입니다'다. 이 원칙 아래 '대담한', '직설적인', '마음을 담아'라는 세 가지 세부 원칙을 정했다. 각 원칙마다 어떻게 글을 써야 하는지 방법도 규정했다. '대담하다'는 원칙은 새로운 세계에 대한 두려움이 없어야 한다는 의미다. 그래서 글은 사람의 이목을 집중시킬 수 있게 자신감 있게 말하고, 강하고 분명한 단어를 사용하라고 한다. '직설적'이라는 원칙은 직접 사실만 투명하게 쓰라고 지시한다. 한 번만 쓱 봐도 이해할 수 있게 콘텐츠를 읽기 좋게 디자인하고 쉬운 용어로 분명하게 쓰라고 한다. '마음을 담아'라는 원칙은 열정과 긍정성을 강조한다. 독자를 중심에 두고, 사람들이 관심 가지는 주제에 초점을 맞추고, 긍정적이고 열정적인 태도를 보이라고 한다.

우버의 보이스앤톤 가이드라인에서는 이 원칙들을 글로 전환하는 방법도 알려준다. 하나의 예를 보면 그림 3.7은 우버의 사용 방법을 알려주는 페이지다. 제목은 "You're going places. We'll get you there.(여러 장소를 가시는군요. 우리가 모셔다드릴게요)"이다. 하단의 부제목들은 우버를 사용하는 3단계 방식이다. 'Set your destination(도착지를 입력하고)', 'Hop in(차에 올라타서)', 'Roll out(출발)'하라고 한다. 보이스앤톤 원칙을 적용하기 전의 문장도 사용자의 행위를 중심으로 매우 짧고 분명하다. 이 문장을 대담한, 직설적인, 마음을 담아라는 원칙에 따라 어떻게 바뀠는지 보자.

---

9 Tone of voice, https://brand.uber.com/kr/en/tone-of-voice/

- Where to, Jessica?(제시카 씨, 어디로)?: 개선안에서는 직접 아이디를 부른다. 짧고 강력하다. 사용자의 이름을 부르니 사용자 중심적인 것을 뛰어넘어 나를 위한 페이지로 느껴진다.
- Beyond simple rides(편한 주행 그 이상): 세부 설명은 우버에서 할 수 있는 단순한 행위를 넘어 사용자와 우버의 비전이 결합된 이상향을 소개한다. 도착지를 입력한다는 행위만으로는 보여줄 수 없던 혁신적인 이동 방식을 표현함으로써 우버가 지향하는 새로운 미래를 담아낸다.

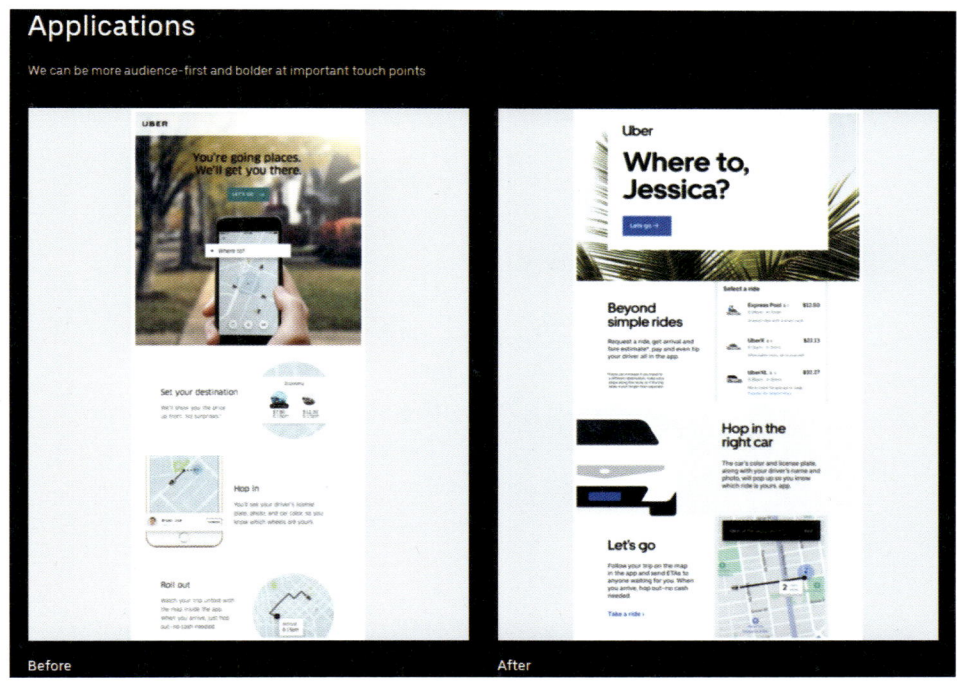

그림 3.7 우버의 보이스앤톤 원칙 적용 사례[10],

3.4.3. 국내 사례

인터페이스 너머로 인간미를 느낄 수 있는 우리나라 글도 몇 가지 살펴보자. 이 사례들은 서비스에서 특정한 순간을 경험하는 사용자의 감정을 파악해서 그 감정에 적합한 톤과 내용을 선보인다.

---

10 우버 보이스앤톤, Tone of voice, https://brand.uber.com/kr/en/tone-of-voice/

토스는 사용자들이 기뻐하는 순간을 찾아 그 상황에 공감하는 글을 쓴다. 그림 3.8은 사용자의 생일과 신용 등급이 올라간 순간을 축하하는 화면이다. '생일 축하한다'는 글도 충분히 의미가 있지만 이 화면은 글, 이미지, 분위기로 생일 축하하는 마음을 극대화시켰다. 신용 등급이 올라갔을 때도 온 화면으로 축하해 준다. 토스는 이런 감성적인 글로 차가운 금융 장벽을 낮추고 있다.

그림 3.8 생일과 신용 등급이 상승했을 때의 화면, 토스

브런치도 작가 플랫폼이라는 정체성 위에 따뜻한 감성을 담아 글로 잘 전달한다. 브런치 작가들의 최종 목적지 중 하나는 출간 작가다. 그림 3.9는 브런치 작가들에게 출간 작가가 될 수 있다고 가능성을 일깨워주고 더 열심히 쓰라고 격려한다.

그림 3.9 브런치 알림

마켓컬리도 브랜드 정체성을 일상과 연결시킨 글을 잘 쓴다. 그림 3.10에서 1번 그림에서 보이는 '오늘 놓친 한 끼는 돌아오지 않는다', '가장 쉽게 행복을 누릴 수 있는 곳은 식탁이다' 같은 표현은 마켓컬리의 정체성과 고객을 향한 마음을 잘 보여준다. 2번은 주문을 마쳤을 때 나오는 화면이다. '주문 완료!'라는 글 대신 '내일 아침에 만나요!'라고 썼다. 이 글은 주문이 완료되었다는 의미를 전달함과 동시에 주문 완료 행위가 사용자에게 주는 의미를 내포하고 있다. 이런 표현들 덕분에 서비스가 아니라 사람과 연결된 느낌을 준다.

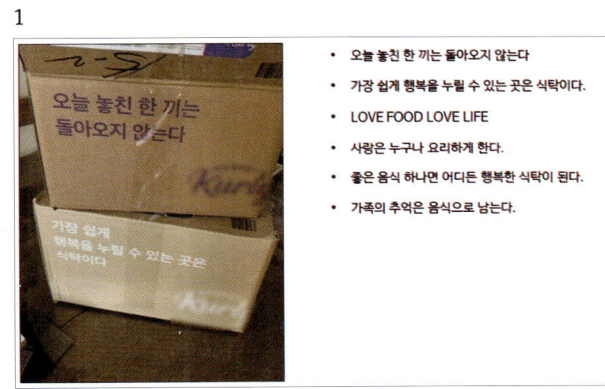
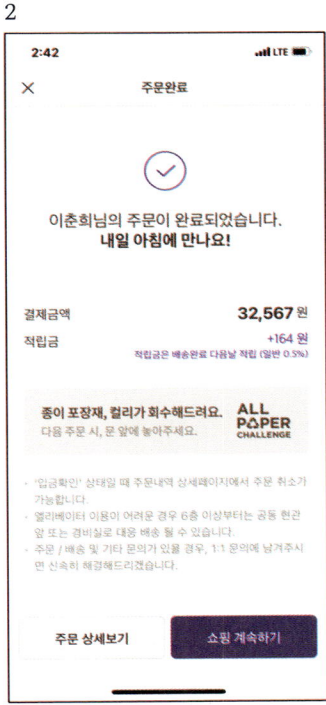

그림 3.10 마켓컬리

3.5. 보이스앤톤 디자인 시 주의사항

보이스앤톤 디자인을 할 때 주의할 점이 있다. 인간적으로 교감하면 브랜드 충성도가 높아진다고 감정을 과다하게 사용하는 것은 피해야 한다. 사용자는 답을 찾으러 왔지 서비스와 친구 되려고 온 것이 아니다. 핵심 없이 감성적인 표현만 가득하면 거부감이 생길 수 있다. 모든 글은 목적이 있어야 하고, 그 목적이 완벽하게 달성된 상태에서 인간적인 느낌만 더해야 한다. 마켓컬리는 '주문이 완료되었습니다'라는 문장으로 페이지의 목표를 달성했지만, '내일 만나요!'라고 씀으로써 목적에는 어긋나지 않으면서 인간적인 느낌을 주었다. **가장 큰 교감은 사용자의 목적을 가장 효율적이고 빨리 달성하게 돕는 것이다.** 어느 정도의 감정이 적당한지 감이 오지 않는다면 먼저 글자가 전달하려는 목표에 집중하자. 라이팅의 가장 중요한 기초는 사용자에 대한 이해다. 사용자가 듣고 싶어 하는 이야기를 쉬운 언어로, 사용하기 편리하게 쓴 후에 인간적인 글을 시도해야 한다. 친근한 글이 비호감을 낳는 경우 대다수는 기본이 충족되지 않은 상태에서 과하게 친근감을 표시하고 감정이 넘칠 때다. 사용자와 대화해 보면 "서비스가 너무 친한 척해서 싫어요"라는 반응도 있다는 것을 기억하자.

사용자 여정 지도를 그리다 보면 메시지 전체의 틀이 그려지면서 어떤 글을 담백하고 객관적으로 쓸지, 어떤 부분에 감정을 실을지, 얼마나 실을지 결정하기가 쉬워진다. 예를 들어 자신에게 더 좋은 조건으로 요금제를 갈아타려는 제이미가 요금제를 비교하는 단계라면 유능한 전문가처럼 일목요연하게 전달하되 감정은 배제하고 사실만 간결 명료하게 쓴다와 같이 결정할 수 있는 것이다.

이번 장에서는 보이스앤톤 디자인에 대해 알아봤다. 다음 장에서는 사용자가 서비스를 사용하기 편리하게 돕는 글을 어떻게 쓰는지 살펴볼 것이다.

3장 요약

1. 글은 그 서비스의 '인간적인 개성'과 '고객을 대하는 마음'을 반영한다. 보이스앤톤 디자인은 기계적이고 무미건조한 글 대신 인간과 대화하는 느낌의 글을 쓰는 방법이다. 보이스와 톤을 적절히 사용하면 서비스는 사용자를 얼마나 존중하는지 보여줄 수 있고, 그 대가로 사용자는 서비스에 애정을 느끼게 된다.

2. 보이스, 톤, 보이스앤톤은 다음과 같이 정의할 수 있다.
   A. 보이스: 인터페이스의 인간적 개성, 예) 고급스럽다, 친절하다, 지혜롭다 등
   B. 톤: 인터페이스의 인간적 태도, 예) 설명할 때 말하는 톤, 사과할 때 말하는 톤 등
   C. 보이스앤톤 디자인: 서비스, 제품, 메시지 고유의 개성을 정리한 문서

3. 글의 목적은 사용자의 목적을 효율적으로 빨리 달성하게 돕는 것이다. 감성적인 글은 목적을 달성하는 과정에서 유쾌한 감정을 느껴 브랜드와 친밀감을 갖게 한다. 단, 감성이 흘러넘쳐 가장 중요한 목적을 방해하지 않도록 주의하자.

참고 문헌

1. 케이트 모란(Kate Moran), 「The impact of Tone of Voice on User's Brand Perception」, 닐슨 노먼 그룹, 2016
2. 쿠팡 디자인, "콘텐츠 전략가가 고객 경험에 기여하는 방식", https://brunch.co.kr/@coupangdesign/65
3. 구글 I/O, "How Words Can Make Your Product Stand Out", 2017
4. 케이트 모란(Kate Moran), 「Tone-of-Voice Words」, 닐슨 노먼 그룹, 2016
5. 와이어링크, 「신한카드 UX Writing 가이드 2.0」, 디지털 인사이트, 2021.10.
6. 애슐리 쿨맨(Ashley Coolman), "How to create a writing styleguide for your brand", https://writer.com/blog/create-writing-style-guide/, Writer's Room
7. 박광훈, "마이데이터 시대, 가이드 2.0로 승부수 띄울 것", 디지털 인사이트, 2021.11.26
8. 니콜 펜튼(Nicole Fenton), 케이트 키퍼 리(Kate Kiefer Lee), 『스타일과 목적을 살리는 웹 글쓰기』(길벗, 2016)
9. 메일침프 콘텐츠 스타일 가이드/보이스앤톤, https://styleguide.mailchimp.com/voice-and-tone/
10. 우버 보이스앤톤, Tone of voice, https://brand.uber.com/kr/en/tone-of-voice/

4장

사용성이 좋아지는 글쓰기

1장에서 'UX 라이팅은 사용성이나 브랜드 경험을 향상시키기 위해 인터넷 인터페이스 안의 언어와 언어의 포맷을 다루는 업무'라고 정의했다. 여기서 UX 라이팅의 목적은 두 가지다. 하나는 사용성을 향상시키는 것, 다른 하나는 브랜드 경험을 향상시키는 것이다. 이 장에서는 UX 라이팅의 목적 중 하나인 사용성 측면에 대해 살펴본다.

서비스마다 사용성 문제는 모두 다르다. 어떤 서비스는 절차적인 문제일 수 있고, 어떤 서비스는 필요한 정보가 누락되거나 과한 문제일 수 있다. 어떤 서비스는 올바른 지름길로 안내해 주지 않는 문제일 수 있다. 서비스마다 사용성을 일으키는 원인도, 처방도 다르다. 서비스가 가진 고유한 문제를 진단하고 그에 따른 해결책을 고안하며 점진적으로 개선해 나가야 한다. 사용성과 관련된 지표를 살펴보고, 고객 창구에서 사용자의 의견에 주의를 기울이거나 전문가의 진단을 받자.

이 장에서는 서비스마다 독특한 사용성 문제를 해결하는 컨설팅적인 방법론을 다루는 대신 UX 비전문가도 사용성 문제를 진단하고 적용할 수 있는 범용적인 방법을 다루려고 한다.

4.1. 사용성 휴리스틱 소개

사용성은 특정 사용자가 특정 컨텍스트에서 제품 및 서비스와 상호작용하며 서비스를 얼마나 효과적이고 효율적이며 만족스럽게 사용하는지에 관한 지표를 의미한다.[1] 인터넷 서비스, 모바일 디바이스가 보편화되면서 사용성은 서비스 성공의 중요 요건으로 자리 잡았다. 1994년 사용성 전문가 제이콥 닐슨은 '사용하기 쉬운 사용자 인터페이스를 위한 10가지 사용성 원칙'을 발표했다[2]. 이것을 '문제 해결의 심리적 지침자'라는 의미의 휴리스틱이라는 단어를 써서 사용성 휴리스틱이라고 부른다. 정교하게 사용성을 측정하는 기준은 아니지만, 대략의 방향성을 잡는 도구로 활용할 수 있다. 기업에서는 사용성 휴리스틱을 이용해 UX 전문가가 없어도 대략적인 사용성 상태를 진단할 수 있다. 여러 사람이 휴리스틱 평가에 참여할수록 평가의 정밀도를 끌어올릴 수 있다. 제이콥 닐슨이 제공하는 10가지 사용성 휴리스틱은 다음과 같다.

제이콥 닐슨의 10가지 사용성 휴리스틱

1. **시스템 상태의 가시성(Visibility of System Status)**
   사용자는 적절한 방법과 적절한 시간에 어떤 일이 진행되고 있는지를 알 수 있어야 한다.

2. **시스템과 실생활의 일치(Match between system and the real world)**
   사용자와 친숙한 표현과 개념을 사용해야 한다.

3. **사용자 조절권과 자유(User control and freedom)**
   실수로 원치 않는 행동을 했을 때 복잡한 절차 없이도 되돌릴 수 있어야 한다.

4. **일관성과 표준(Consistency and standards)**
   플랫폼 혹은 서비스 내의 일관성을 수립하고 준수해야 한다. 다른 용어, 상황, 행동이 같은 의미를 가지면 안 된다.

5. **문제 방지(Error prevention)**
   좋은 에러 메시지는 중요하다. 하지만 문제를 방지하는 것이 우선이다.

---

[1] Interaction Design Foundation, https://www.interaction-design.org/literature/topics/usability
[2] 제이콥 닐슨, 10 Usability Heuristics for User Interface Design, 닐슨 노먼 그룹, 1994년, https://www.nngroup.com/articles/ten-usability-heuristics/

6. 기억보다 직관(Recognition rather than recall)

기억하지 않고 직관적으로 이해하게 함으로써 사용자의 인지 부담을 줄인다.

7. 유연성과 효율성(Flexibility and efficiency of use)

자주 하는 행위는 사용자가 재단할 수 있어야 한다. 능숙한 사용자에게 빨리 이동할 수 있는 지름길을 제공한다.

8. 아름다운 최소한의 디자인(Aesthetic and minimalist design)

필요 없는 정보는 넣지 않는다. 불필요한 정보는 꼭 필요한 정보와 경쟁 관계에 놓이기 때문에 꼭 필요한 정보로 가는 시선을 줄게 한다.

9. 문제 인지, 진단, 복구하기(Help users recognize, diagnose, and recover from errors)

문제 메시지는 이해하기 쉬워야 한다. 문제가 무엇인지, 어떻게 해결할 수 있는지 명확히 알려준다.

10. 도움과 기록(Help and documentation)

부가적인 설명이 필요 없는 상태가 최고다. 하지만 필요하다면 태스크를 완료하는 데 필요한 정보를 제공해야 한다.

이 장에서는 10가지 휴리스틱 중에서 UX 라이터가 실무에 바로 적용할 만한 6가지 휴리스틱을 뽑아서 각각의 사용성 기준에 따라 다른 서비스는 어떻게 하고 있는지를 살펴보려고 한다. 아울러 UX 라이터가 실전에 빠르게 적용할 수 있는 실전 아이디어도 제공한다. 다음의 6가지 휴리스틱을 차례대로 살펴보자.

1. 시스템 상태의 가시성
2. 시스템과 실생활의 일치
3. 문제 방지
4. 기억보다 직관
5. 아름다운 최소한의 디자인
6. 문제를 인지, 진단, 복구하기

4.1.1. 시스템 상태의 가시성

표 4.1. 시스템 상태의 가시성

정의	사용자는 적절한 방법과 적절한 시간에 어떤 일이 진행되고 있는지를 알 수 있어야 한다.
UX 라이팅 실전 가이드	▪ 현재 상태 알려주기 ▪ 단계가 많다면 전체 단계와 현재 단계를 알려주기 ▪ 오래 걸리는 동작이라면 시간 알려주기 ▪ 동작의 결과 알려주기

사용자는 인터페이스를 보면서 무슨 일이 진행되는지를 적절한 방식으로 적절한 시간 안에 알 수 있어야 한다. 여러 단계를 거치는 태스크라면 전체 단계를 알려주고, 그 안에서 현재 내가 어떤 상태인지를 알려주자. 사람들은 예측 가능한 상황에서 더 편안해한다. 지나온 단계와 앞으로 남은 단계를 알면 현재 절차에 더 편안하다. 예상 소요 시간을 알려주는 것도 좋다. 동작을 마치면 동작의 상태와 결과물도 알려주자. 다른 서비스는 어떻게 하는지 살펴보자.

그림 4.1은 여행 앱의 숙소 예약 화면이다. 숙소 예약 단계를 한 화면에 한 단계씩 제시한다. 첫 번째 화면은 여행지를 검색하고, 두 번째 화면은 원하는 예약 형태를 선택한다. 세 번째는 날짜, 네 번째는 일행을 입력한다. 현재 내가 무엇을 하는지 분명히 알 수 있고, 이전에 거쳐온 단계도 볼 수 있다.

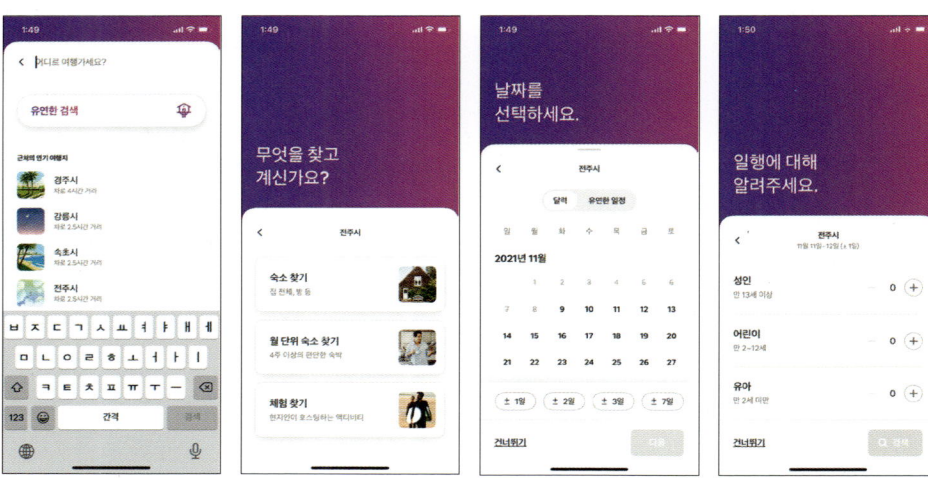

그림 4.1 에어비앤비 숙소 예약 과정

그림 4.2는 계좌 송금 화면이다. 5번에 나눠서 송금이 진행된다는 사실을 알려주고, 현재 몇 번째 송금인지가 눈에 보여 투명하고 재미있다.

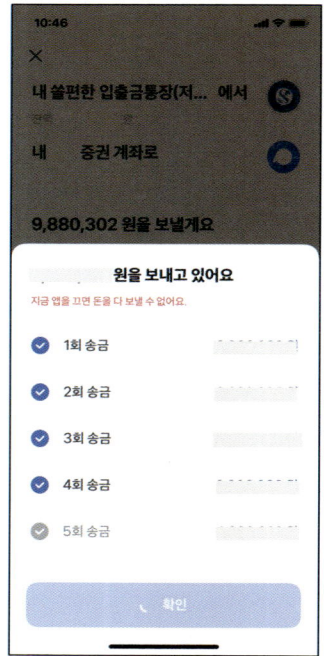

그림 4.2 토스 송금 화면

시스템 상태를 몰라 사용이 어려운 사례도 살펴보자. 그림 4.3은 증권사에서 원화를 달러로 환전할 때 이용한 화면이다. 먼저 비밀번호를 입력한 후 달러로 바꾸고 싶었기 때문에 2번을 체크했다. 그리고 3번에서 미국 달러를 선택하고 4번의 환율 갱신 버튼을 눌렀다. 그러자 현재 환율이 표시되고 바로 아래 칸에 환전 가능한 금액이 자동으로 입력됐다. 잔액 전부를 달러로 바꿀 생각이었기 때문에 여기까지 입력하고 바로 환전하고 싶어 5번 버튼으로 갔다. 그런데 환전 조회를 해야 하는지 환전 처리를 해야 하는지 분명하지 않았다. 환전 처리가 환전인 것 같아 클릭하니 환전 조회를 하고 나서 클릭하라고 한다. 환전 조회를 클릭하자 외화 신청 금액을 입력하라고 한다. 여기까지 하고 환전에 성공했다. 그림 4.3에서 환전할 때 취한 행동의 순서를 보자. 정보 배치 순서와 사용자 액션 순서가 다르다. 현실의 환전 순서와 화면상의 순서도 일치하지 않는다. 내가 다음에 어떤 일을 해야 하는지 알 수 없고, 어떤 절차로 환전해야 하는지도 알 수 없다.

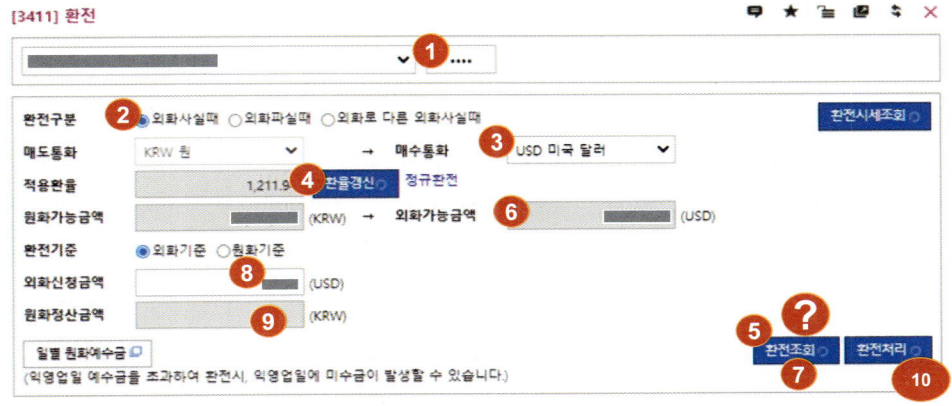

그림 4.3 삼성증권 환전 화면

이 서비스는 어떻게 태스크를 해야 하는지 알기 어려워하는 사용자들이 버튼을 클릭하면 그다음 절차를 알려주는 방법으로 문제를 해결해 온 것으로 짐작할 수 있다. 사용성 문제를 인지했는데, 이상적인 상태로 보완할 시간과 인력이 부족하다면 화면 상단에 이용 순서를 써놓거나, 버튼 옆에 다음 절차를 써놓는 것과 같은 방식으로라도 대응했다면 사용자들의 고민과 시간을 훨씬 더 많이 절약해 줄 수 있었을 것이다.

4.1.2. 시스템과 실생활의 일치

표 4.2. 시스템과 실생활의 일치

정의	사용자와 친숙한 개념을 사용해야 한다.
UX 라이팅 실전 가이드	▪ 내부 용어, 전문 용어, 잘 쓰이지 않는 표현을 쓰지 않는다. ▪ 실생활의 관례를 따른다. ▪ 순서는 논리적이고 자연스러워야 한다.

서비스의 글은 사용자가 잘 아는 표현과 개념을 사용해야 한다. 구체적으로는 내부 용어나 전문 용어를 쓰지 않고, 실생활에서 익숙한 관례를 따라야 한다. 정보나 태스크의 순서는 논리적이고 자연스러워야 한다.

그림 4.3을 다시 보면 어려운 금융 용어가 가득하다. 매도, 매수, 일별 원화예수금은 어렵고, 원화가능금액, 외화신청금액, 원화정산금액도 명확히 구분이 안 된다. 환전조회와 환전처리는 의미가 불명확할뿐더러, 실생활에서 잘 쓰지 않는 용어이기도 하다.

그림 4.4는 항공권을 관리하는 앱이다. 출발지 공항에서 도착지 공항까지의 과정이 실제 공항에서 비행기를 타는 과정과 동일하다. 체크인, 탑승, 이륙은 현실에서 쓰는 용어 그대로이고, 필요한 정보는 해당 단계 근처에 배치되어 있다. 예를 들면 탑승 시 필요한 터미널과 게이트 정보는 탑승 단계 바로 밑에 4터미널 B39 게이트로 가라고 적혀 있다. 시간은 3시 25분, 3시 45분처럼 정확한 시간으로 적혀 있다. '출발 시각 30분 전까지 가세요'라고 하는 경우가 있는데, 이처럼 시간을 콕 집어서 알려주면 30분 전이 몇 시인지 생각하는 수고를 줄여주기 때문에 더 쉽고 정확하다. 필요한 글자만 있어서 쉬운데, 현실과 같아서 더 쉽다.

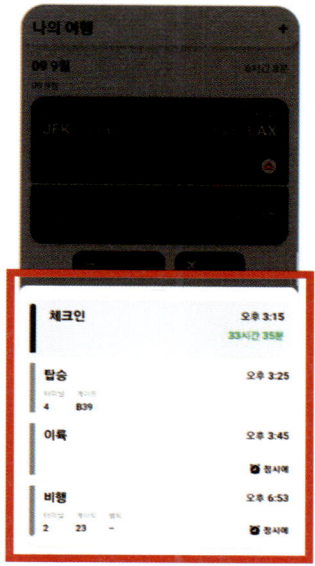

그림 4.4 항공권 관리 앱(app in the air)의 화면

4.1.3. 문제 방지

표 4.3. 문제 방지

정의	좋은 에러 메시지는 중요하다. 하지만 문제를 방지하는 것이 우선이다.
UX 라이팅 실전 가이드	• 유용한 디폴트를 설정한다. • 실수가 일어날 수 있는 부분이라면 짧은 안내문을 제공한다. • 결과가 파괴적인 행위라면 그 결과가 일어나기 전에 경고한다.

좋은 에러 메시지는 중요하지만, 그 전에 문제가 일어나지 않게 예방하는 것이 먼저다. 디폴트를 유용하게 설정한다. 실수가 일어나기 쉬운 부분이라면 짧은 안내문을 제공하고, 파괴적인 결과를 가져온다면 버튼을 클릭하기 전에 경고한다. 사례를 보자.

그림 4.5 환전 화면의 디폴트 옵션은 '외화사실 때'다. 외화를 사는 경우가 대다수라면 좋은 디폴트라고 할 수 있다.

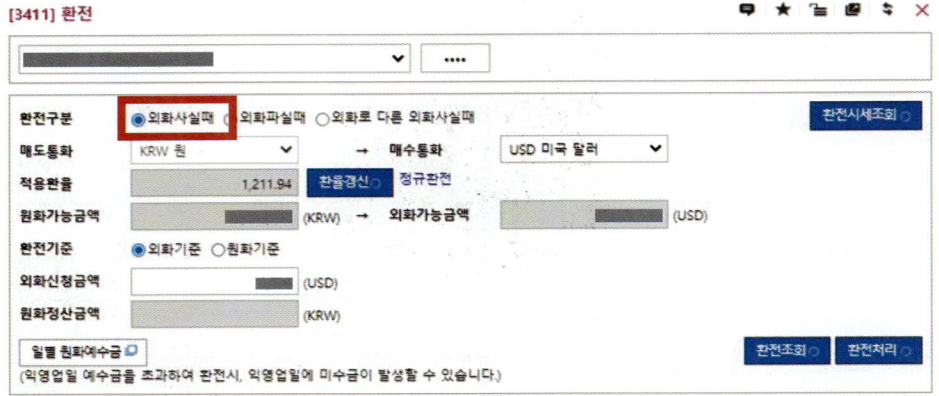

그림 4.5 삼성증권 환전 페이지

그림 4.6을 보면 '지금 앱을 끄면 돈을 다 보낼 수 없어요'라고 알려준다. 다섯 번에 걸쳐 송금하느라 시간이 지체되면 무심코 앱을 끄고 다른 앱을 켤 수 있는데, 이 안내문이 있어 그런 행동을 방지하고 성공적으로 송금이 끝나게 돕는다.

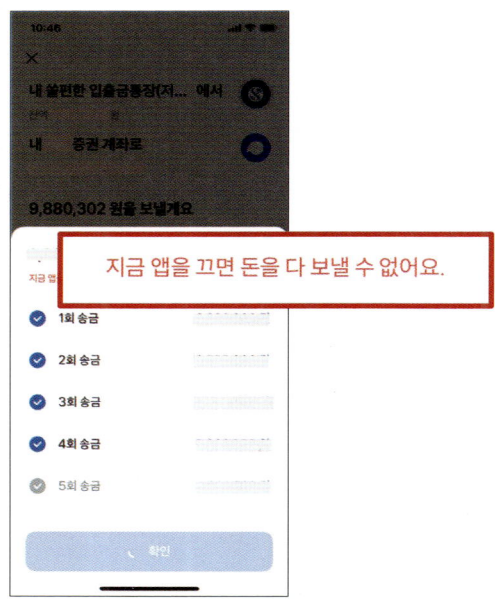

그림 4.6 토스의 송금 화면

그림 4.7은 배달팁 안내 화면이다. 왜 배달팁을 내는지, 얼마인지를 알려준다. 이 안내는 배달팁에 대한 거부감을 줄이면서 CS의 노고를 줄일 수 있다.

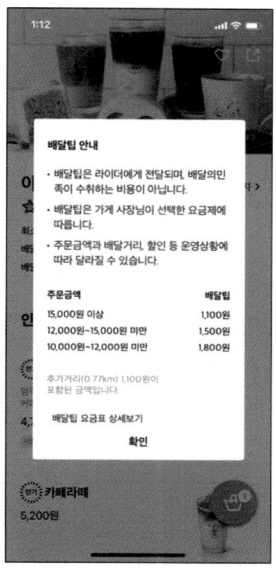

그림 4.7 배달의 민족 배달팁 안내 화면

4.1.4. 기억보다 직관

표 4.4. 기억보다 직관

정의	기억하지 않고 직관적으로 이해하게 함으로써 사용자의 인지 부담을 줄인다.
UX 라이팅 실전 가이드	▪ 정보, 제목, 메뉴 등이 눈에 보이게 한다. ▪ 도움이 필요한 바로 그 상황에 도움을 준다. ▪ 추가 설명이 필요하면 힌트를 준다.

사람의 단기 기억력은 짧아서 바로 전 화면에서 했던 일도 쉽게 잊는다. 기억할 필요 없이 눈으로 보기만 해도 이해된다면 사용자의 부담이 줄어들고 사용성도 높아진다. 이를 위해

정보나 제목, 메뉴는 숨기지 말고 눈에 보이게 한다. 도움이 필요한 상황이 있다면 그 자리에서 도움을 준다. 추가 설명이 필요하다면 힌트를 준다.

그림 4.8은 주식 검색창이다. 주식을 검색할 때 검색어로 뭘 입력해야 할지 모를 때가 있는데, 이 화면에서는 검색창에 주식명이나 코드를 넣으라고 힌트를 준다. 이마저도 필요 없이 많이 검색하는 주식은 아래에서 바로 선택할 수 있다.

그림 4.8 미니스탁 주식 검색 화면

그림 4.9는 생년월일을 어떤 형식으로 기입해야 하는지 입력창에서 바로 알려준다.

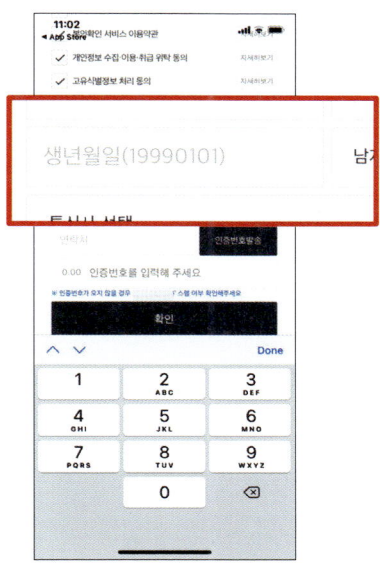

그림 4.9 체크페이 회원 가입 화면

리뷰를 올리려고 하는데 막상 어떤 내용을 써야 할지 생각나지 않을 때가 있다. 그림 4.10 의 식품 리뷰는 이렇게 올리라는 안내문이 있어 리뷰 올리기가 더 수월하다.

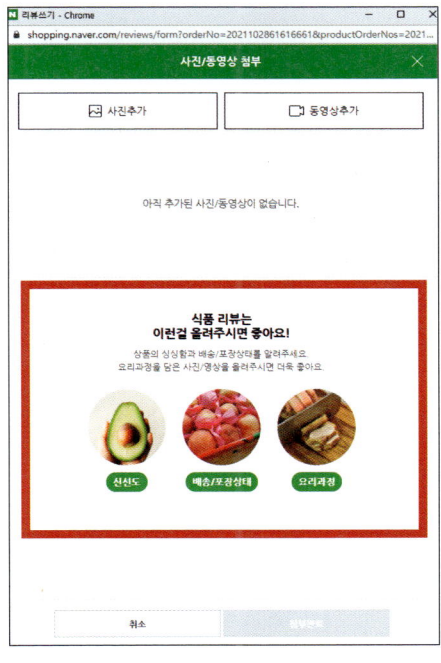

그림 4.10 네이버 리뷰 작성 방법 안내 화면

4.1.5. 아름다운 최소한의 디자인

표 4.5. 아름다운 최소한의 디자인

정의	필요 없는 정보는 넣지 않는다. 불필요한 정보는 꼭 필요한 정보와 경쟁 관계에 놓이기 때문에 꼭 필요한 정보로 가는 시선을 줄게 한다.
UX 라이팅 실전 가이드	▪ 핵심에 집중한다. 사용자가 이 서비스에 오는 주된 목표는 무엇인가? ▪ 불필요한 정보를 제거한다. ▪ 핵심이 돋보이는 글자 디자인을 한다. ▪ 단순한 패턴을 만들고 반복한다.

비주얼 디자인뿐만 아니라 글자도 이 원칙은 중요하다. 이 원칙은 꼭 필요한 내용만 있어야 한다는 의미다. 기업은 화면에 놓인 글자로 전달하고자 하는 메시지를 전하고, 사용자는 이 글자들의 안내를 받으며 임무를 완료한다. 하지만 불필요한 내용이 있으면 꼭 필요한 내용으로 가는 시선이 줄어들기 때문에 기업은 원하는 메시지를 전달하지 못하고, 사용자는 서비스에 온 목적을 달성하지 못할 수 있다. 핵심에 집중하자. 사용자 목표에 부합하는 정보만 쓴다. 없어도 목표 달성에 문제가 없는 부수적인 정보는 과감하게 없앤다. 꼭 필요한 내용으로 정보를 압축했다면 패턴을 만들고, 핵심이 더 돋보이게 글자를 디자인한다. 사용자는 더 많은 내용을 주면 더 잘 이해하는 것이 아니라 읽지 않고 그 정보가 있는 다른 곳으로 간다.

그림 4.11은 미국 주식을 매매하는 앱의 온보딩 화면 중 일부다. 해외 주식을 살 때 적은 금액으로 주식을 살 수 있다, 수수료가 없다, 테마 투자를 쉽게 한다, 환전이 필요 없다는 점은 사용자에게 좋은 가치다. 온보딩 화면에서 서비스 가치를 잘 알려준다. 한 화면에 한 가지 내용만 담았고, 제목, 부가 설명, 이미지가 패턴화돼서 글자를 잡아내기가 쉽다. 글자 수와 줄 수의 제한이 있어 불필요한 내용은 자연스럽게 가지치기하는 구조로 되어 있다.

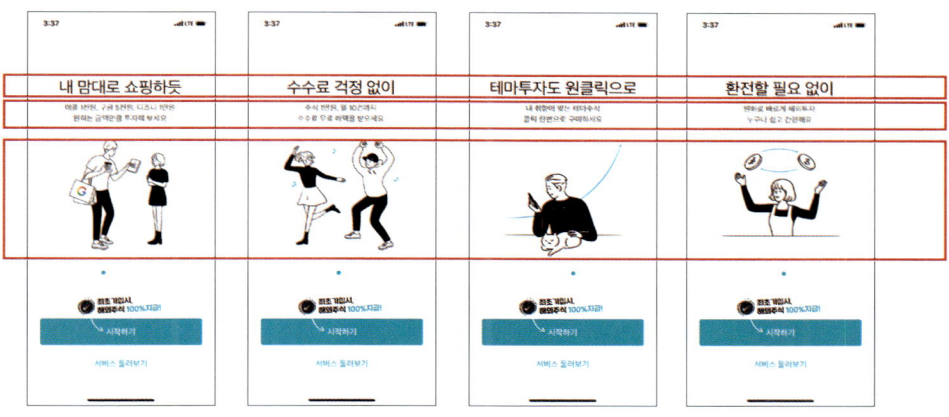

그림 4.11 미니스탁의 온보딩 화면

다만 "내 맘대로 쇼핑하듯"이라는 제목은 소액으로 주식을 살 수 있다는 부가 설명과 의미가 다르다. 핵심을 파악하려면 제목과 내용까지 다 읽어야 하니 최소한의 글이라고 할 수 없다.

오른쪽 이미지는 글자의 내용과 이미지 내용이 다르다. 수수료 걱정이 없어 즐거운 것은 수수료가 없는 결과이지 수수료가 없다는 사실 자체는 아니다. 수수료를 나타내는 기호에 빨간 금지 표시 같은 그림이 더 정확하다. 글자, 이미지, 디자인 모두가 하나의 목표를 향해 달려갈 때 요소 하나만 훑어봐도 핵심이 이해되는 최소한의 디자인이 된다.

4.1.6. 문제 인지, 진단, 복구하기

표 4.6. 문제 인지, 진단, 복구하기

정의	문제 메시지는 이해하기 쉬워야 한다. 문제가 무엇인지, 어떻게 해결할 수 있는지 명확히 알려준다.
UX 라이팅 실전 가이드	▪ 문제 메시지는 문제의 내용과 해결 방식을 구체적으로 말한다. ▪ 해결할 수 있는 링크가 있다면 제공한다. ▪ 양식에서 문제가 발생했다면 문제가 발생한 그 필드에 표시한다.

문제가 생기면 문제가 무엇인지, 어떻게 해결할 수 있는지를 쉬운 언어로 알려주자. 에러 메시지에는 문제의 내용과 해결 방식이 구체적으로 담겨야 한다. 링크가 있다면 링크를 제공하고, 양식에서 발생한 문제라면 문제가 발생한 그 필드에 표시하거나 그 필드로 이동시킨다.

한 사이트에 카드 사용 내역을 조회하러 갔다. 다 입력하고 조회를 누르자 그림 4.12와 같은 오류 메시지가 나왔다. 그림과 제목, 주황색 응답 코드, 진한 색 글자에 눈길이 갔다. 모두 심각도를 알려주는 장치인데, 눈에 띄는 것 중 어느 것도 문제가 무엇인지 알려주지 않는다. 시선가는 곳에 핵심 정보가 없어 그 외의 글자로 들어가서야 거래일자에 오류가 생겼다는 것을 알게 됐다. 그래서 거래일자를 수정하기 위해 다시 최초의 입력 화면으로 돌아갔다.

그림 4.12 수협은행 오류 화면

최초 화면인 그림 4.13으로 돌아가서 다시 입력하려고 보니 거래일자라는 글자가 보이지 않는다. 어차피 날짜 입력란은 하나밖에 없으니 조회 시작일에서 재입력했다.

그림 4.13 수협은행 오류 화면

이 경우 에러 메시지를 어떻게 쓰면 좋을까? 레이블을 통일하고 불필요한 내용을 제거하고, 꼭 알아야 할 내용만 쉽고 간결하게 바꿔 보면, "날짜에 문제가 있습니다. 날짜를 정확히 입력해 주세요." 정도로 바꿀 수 있다. 레이블을 동일하게 조회 시작일로 통일하려고 하다 보니 오히려 문장이 더 어려워져서 누구나 이해할 수 있게 '날짜'라는 단어를 사용했다. 사용자 편의에 집착하는 회사라면 짧은 에러 메시지에 서비스 팀이 많은 희생을 치른다 해도 '조회 시작일이 종료일보다 더 느리다'처럼 정확한 문제를 내보내는 시도를 할지도 모른다.

이번 장에서는 6가지 사용성 휴리스틱과 거기에 적용할 수 있는 실전적인 UX 라이팅 아이디어를 살펴봤다. UX 라이팅이 어떻게 사용성에 기여하는지 구체적으로 감을 잡았기를 바란다. UX 라이팅은 비교적 적은 노력으로 현재의 문제를 개선하고 서비스를 발전시킨다는 데 그 아름다움이 있다. 담당하는 서비스가 있다면 구석 구석 찾아서 글자로 문제를 해결해 보자. 적은 노력으로 이탈률을 낮추고 고객 문의가 줄어들 수 있다.

이제 본격적으로 글쓰기에 대해 알아보자. 5장에서는 핵심이 잘 드러나고 가독성이 높아지는 글쓰기 방법을 알아본다.

4장 요약

제이콥 닐슨의 6가지 사용성 휴리스틱을 이용해 UX 라이팅을 실무에 적용하자.

1. 시스템 상태의 가시성
   - 현재 상태를 알려준다.
   - 단계가 많다면 전체 단계와 현재 단계를 알려준다.
   - 오래 걸리는 동작이면 시간을 알려준다.
   - 동작의 결과를 알려준다.

2. 시스템과 실생활의 일치
   - 내부 용어, 전문 용어, 잘 쓰이지 않는 표현을 쓰지 않는다.
   - 실생활의 관례를 따른다.
   - 순서는 논리적이고 자연스러워야 한다.

3. 문제 방지
   - 유용한 디폴트를 설정한다.
   - 실수가 일어날 수 있는 부분이라면 짧은 안내문을 제공한다.
   - 결과가 파괴적인 행위라면 그 결과가 일어나기 전에 경고한다.

4. 기억보다 직관
   - 정보, 제목, 메뉴 등이 눈에 보이게 한다.
   - 도움이 필요한 바로 그 상황에 도움을 준다.
   - 추가 설명이 필요하면 힌트를 준다.

5. 아름다운 최소한의 디자인
   - 핵심에 집중한다. 사용자가 이 서비스에 오는 주된 목표는 무엇인가?
   - 불필요한 정보를 제거한다.
   - 핵심이 돋보이는 글자 디자인을 한다.
   - 단순한 패턴을 만들고 반복한다.

6. 문제 인지, 진단, 복구하기
   - 문제 메시지는 문제의 내용과 해결 방식을 구체적으로 말한다.
   - 해결할 수 있는 링크가 있다면 제공한다.
   - 양식에서 문제가 발생했다면 문제가 발생한 그 필드에 표시한다.

참고 자료

1. Interaction Design Foundation, https://www.interaction-design.org/literature/topics/usability
2. 제이콥 닐슨, 10 Usability Heuristics for User Interface Design, 닐슨 노먼 그룹, 1994년, https://www.nngroup.com/articles/ten-usability-heuristics/

5장

핵심이 잘 보이는 글쓰기

사용자의 질문과 그에 대한 답을 찾았다면 본격적으로 글을 쓰기 시작한다. 하지만 아무리 보석 같은 내용이라도 잘 읽지 않는 사용자를 위해 내용이 눈에 잘 띄게 글을 디자인해야 한다. 이번 장에서는 중요한 정보가 사용자에게 더 잘 전달될 수 있는 온라인 글쓰기 방법을 알아본다. 빠르게 페이지를 스캔하면서 내려가는 사용자라도 핵심을 더 빨리 잡아갈 수 있는 다음의 세 가지 글쓰기 방법을 알아보자.

1. 정보 패턴화
2. 역피라미드 글쓰기
3. 글 디자인하기

5.1. 정보 패턴화

정보 패턴화는 정보를 단순하고 분명한 레이아웃에 담아 반복되는 패턴으로 제공하는 것이다. 그림 5.1에 개인사업자 대출 상품이 있는데, 한 번 찾아보자. 다들 어렵지 않게 찾았을 것이다. 그 이유는 단순한 레이아웃과 반복되는 패턴 때문이다.

사용성 전문가 에릭 리스는 『UX 불변의 법칙』(유엑스리뷰, 2021)이라는 책에서 열 번째 UX 법칙으로 **예측 가능성**을 꼽았다. '**시스템이 예상한 대로 작동하게 만들어야 한다**'는 것인데, 정보를 패턴화하면 다음에 어떤 내용이 나올지 짐작할 수 있기 때문에 예측 가능성이 높아진다.

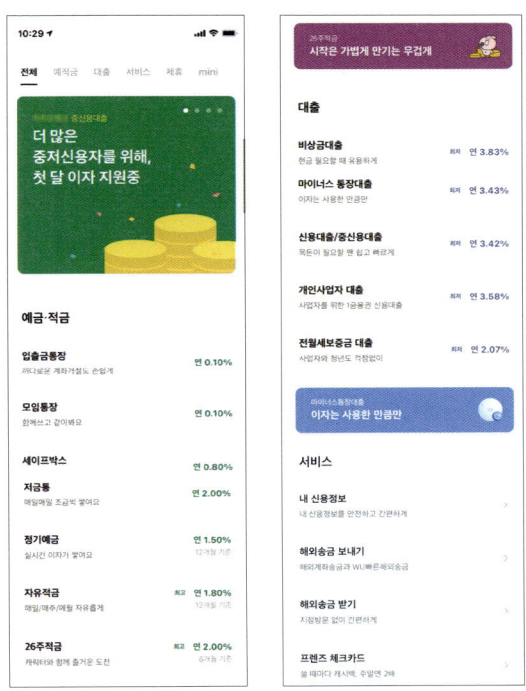

그림 5.1 카카오뱅크 홈 화면

그림 5.2는 이전 화면처럼 제목이나 세부 패턴이 동일하지는 않지만, 하얀 박스가 정보를 잘 묶어서 정보가 어떻게 구조화됐는지 잘 보인다. 하지만 박스의 성격을 규정하는 제목이 없기 때문에 세부 항목을 본 후에 후행적으로 박스의 성격을 파악해야 한다. 구조 속에서 항목을 볼 수 없어 하나하나 읽어야 하니 정보의 성격을 파악하는 데 시간이 더 걸린다. **구조가 명확하면 그 안에 어떤 항목이 있는지 쉽게 예측할 수 있기 때문에 정보를 잡아가는 속도를 높일 수 있다.**

 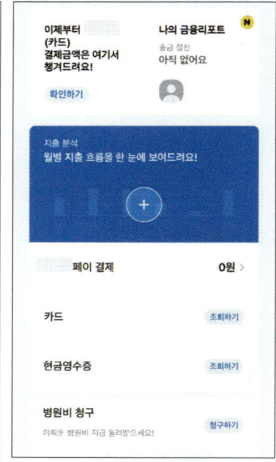 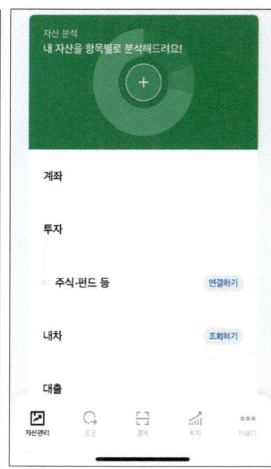

그림 5.2 카카오페이 홈 화면

5.1.1. 정보 패턴의 중요성

패턴은 구조를 드러낸다. 콘텐츠를 읽기 전에 사용자의 머릿속에 콘텐츠 구조가 그려지면 다음과 같은 효과를 볼 수 있다.

- 콘텐츠가 더 잘 이해된다.
- 이해가 잘 되니 읽는 시간이 줄어든다.
- 필요한 내용을 찾기 쉬워진다.
- 볼 만하다 싶은 콘텐츠는 클릭하거나 서비스에서 유도하는 행동으로 전환할 가능성이 높아진다.

서비스에서 많은 것을 제시하면 사용자는 더 보는 것이 아니라 금세 찾지 못해서 다른 서비스로 가버린다. 사용자들이 글을 빨리 이해하고 찾게 하는 간단한 방법이 단순한 레이아웃을 반복적으로 사용해서 정보를 패턴화하는 것이다. 정보 레벨이 복잡해서 단순한 레이아웃으로는 도저히 구조화가 안 된다면 너무 많은 주제를 다루고 있다는 증거다. 페이지의 목표가 무엇인지를 상기하고 그 목표에 부합하는 정보만 담기게 글의 구조를 조정하자.

5.1.2. 패턴의 작동 원리

패턴이 작동하는 원리를 보자.

그림 5.3은 심플하고 명확한 구조화로 보인다. 화면에 들어와서 먼저 1번 펀드에 눈길을 준다. 펀드에 관심 없는 사람은 2번 온라인 연계투자로 넘어간다. 이것도 관심이 없으면 건너뛴다. 이제 3번으로 시선을 옮긴다. 갑자기 시선을 고정시킬 닻(제목)이 사라졌다. 이제 어디를 봐야 할까? 여기부터 시선이 분산되기 시작한다. 이렇게 시선이 분산되면서 화면 아래로 내려가는 시간이 1초, 2초 늘어난다. 연금보험이라는 글자 앞에는 큰 아이콘이 가로막고 있다. 아이콘만으로 정보를 전달할 수 있다면 텍스트보다 이미지가 더 쉽고 빠르지만, 이 아이콘을 보자마자 연금보험이라는 것을 짐작할 수 없다면 글자로 가는 시선을 지체시키는 예쁜 장식물에 지나지 않는다. 아이콘도 패턴과 반복의 대상이고, 사려 깊게 사용해야 한다. 이렇게 사용자의 시간이 희생되기 시작한다. 더구나 구조가 쉽고 빠르게 머릿속에 세워지면 끝까지 읽거나 터치할 확률이 높아지는데 그렇지 못하니 서비스 입장에서도 손실이다.

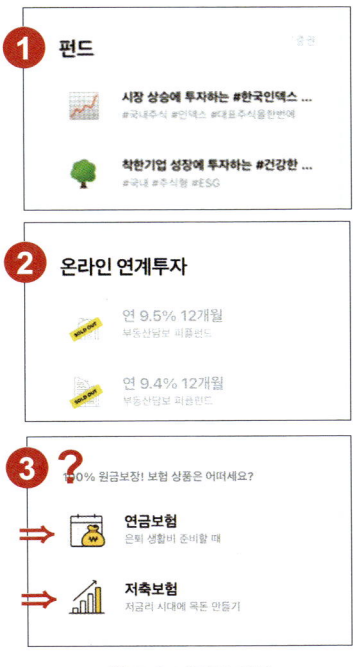

그림 5.3 카카오페이

5.1.3. 정보 패턴 가이드라인 사례

일관된 구조화를 위해 많은 글로벌 플랫폼 기업은 콘텐츠의 레이아웃과 규칙을 디자인 시스템에 규정한다. 구글의 디자인 시스템인 '머티리얼 디자인 가이드라인'의 레이아웃 원칙은 '예측 가능한(Predictable), 일관된(Consistent), 반응하는(Responsive)'이다. 그중 예측 가능 항목을 보자.

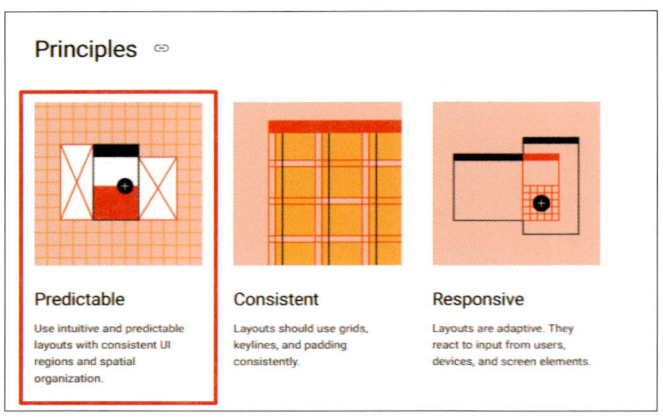

그림 5.4 구글 머티리얼 디자인 가이드라인 중 레이아웃 원칙[1]

> 구글 레이아웃 원칙 중 '예측 가능성'
> 1. 직관적이며 예측 가능한 레이아웃
> 2. UI 영역과 공간을 일관되게 구조화하라.

콘텐츠가 예측 가능하려면 한눈에 훑어봐도 정보의 위계와 성격이 바로 파악되게 레이아웃을 단순하게 만들어야 한다. 그리고 그 레이아웃을 반복적으로 사용해야 한다. 그렇다면 콘텐츠마다 조건이 다양해서 일관된 레이아웃을 만들기 어려울 때는 어떻게 할까? 온라인 자영업자에게 전자상거래 솔루션을 제공하는 쇼피파이의 디자인 시스템인 폴라리스는 콘

---

[1] 구글 머티리얼 디자인〉 Understanding layout, https://m2.material.io/design/layout/understanding-layout.html

텐츠 조건에 따라 다양한 레이아웃 포맷을 규정했다. 콘텐츠 조건이 달라도 여전히 레이아웃이 직관적이고 통일감이 느껴지는 것을 볼 수 있다.

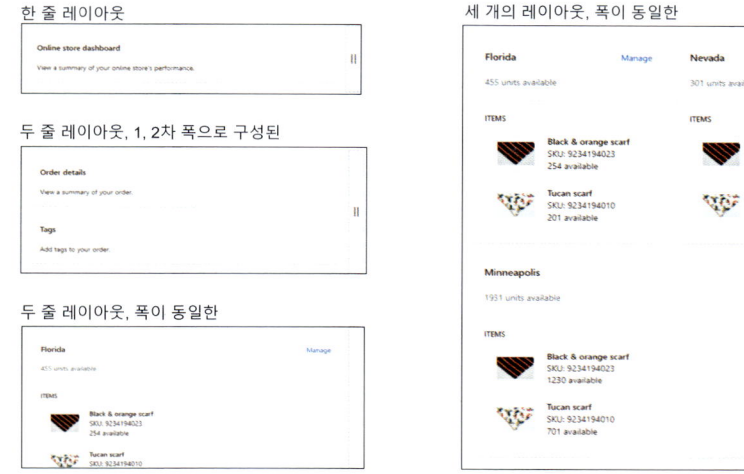

그림 5.5 쇼피파이 폴라리스 레이아웃[2]

같은 브랜드 안에 있는 여러 다른 서비스 간에 일관된 패턴을 유지하는 것이 온라인 서비스 기업의 큰 도전 과제이듯이 한 화면에서 일관된 레이아웃을 유지하는 것도 마찬가지다. 이를 위해 많은 기업은 콘텐츠의 레이아웃이나 언어 규칙을 콘텐츠 시스템에 규정하고 교육하는 일에 큰 노력을 쏟는다. 콘텐츠 가이드라인과 디자인 시스템에 대해서는 8장에서 더 자세히 다룰 것이다.

5.2. 역피라미드 글쓰기

1장에서 사람들이 웹 페이지에서 시선을 어떻게 움직이는지를 보여주는 아이트래킹 연구를 살펴봤다. 처음 한두 줄만 읽고 필요 없다 싶은 내용은 건너뛰면서 필요한 부분만 읽는

---

[2] Shopify Polaris〉Components〉Layout and Structure〉Layout

F 패턴이 대표적이다. 사용자의 읽는 행태에 맞춘 글쓰기 방식이 역피라미드형 글쓰기다. 역피라미드 글이 무엇인지, 왜 온라인에서 역피라미드 글을 써야 하는지 알아보자.

5.2.1. 역피라미드 글의 정의와 효과

역피라미드형 글쓰기는 언론사에서 뉴스를 쓰는 방식으로, 꼭 알아야 할 글의 주제를 헤드 카피나 서브 카피에 쓰고, 뒤로 갈수록 알면 좋고 몰라도 핵심을 파악하는 데 지장이 없는 세부적인 내용을 쓰는 글쓰기 방식이다. 그 덕분에 제목만 읽고도 글의 큰 흐름을 이해할 수 있다. 그뿐만 아니라 관심 없는 기사는 건너뛰고, 더 읽고 싶은 기사만 선택하기도 쉽다. 이 방식은 앞부분만 슬쩍 보다가 필요하면 읽고 그렇지 않으면 나가버리는 온라인 사용자가 읽는 방식과 일치한다.

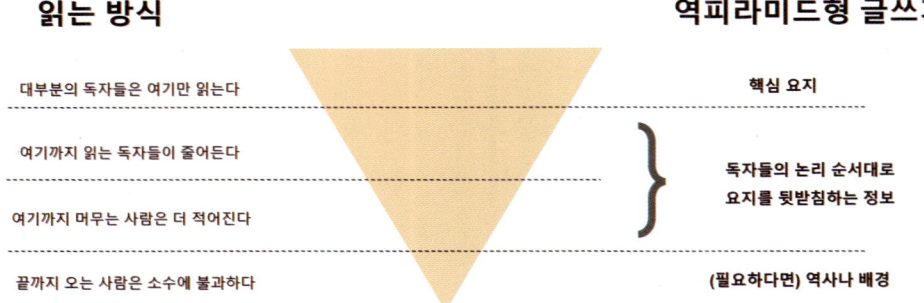

그림 5.6 사람들이 온라인에서 글을 읽는 방식과 역피라미드형 글의 구조[3]

역피라미드 스타일로 글을 쓰면 다음과 같은 이점이 있다.

- 글이 더 잘 이해된다.
- 사고 구조와 글의 구조가 일치하기 때문에 인지 부담이 줄어든다.
- 스크롤 욕구가 증가한다.

---

[3] 재니스 래디쉬, 『콘텐츠 UX 디자인』(위키북스, 2011)

- 콘텐츠를 논리적으로 구조화할 수 있다.
- 훑어보는 독자를 돕는다.

5.2.2. 역피라미드 글쓰기 방식

역피라미드 형태로 글을 쓸 때는 다음의 과정을 거친다.

1. 가장 중요한 내용을 파악한다. 사용자가 서비스에 10초 동안 머문다면 꼭 알아야 할 한 가지 내용은 무엇인가? 20초를 머문다면 어떤 내용인가?
2. 이렇게 추출한 정보로 우선순위를 정하자. 이 순서로 글의 뼈대를 잡는다.
3. 글의 틀, 스타일, 내용에서 일관성을 유지한다.
4. 중요한 정보는 글, 단락, 문장의 제일 앞에 배치한다. 그래야 눈으로 훑고 지나갈 때도 핵심을 파악할 수 있다.
5. 글이 길면 제목 아래, 즉 글의 상단에 요약문을 추가한다. 정보가 복잡하다면 글자 대신 목록이나 도표, 또는 이미지로 제작할 수 있을지 생각하자.

한국 사람은 글쓰기 습성상 4번, '중요 정보를 전면에 배치하기'가 쉽지 않다. 글의 주제를 앞에 소개하고 뒷받침하는 논거를 이어서 제시하는 서구식 글쓰기와 다르게 한국 사람은 논거를 점층적으로 쌓다가 끝에서 결론을 도출하는 글쓰기에 익숙하기 때문이다. 개인적인 글에서는 사람들의 궁금증을 자아내는 이런 접근도 좋지만, 온라인 글쓰기에서는 조심해야 한다.

5.2.3. 역피라미드 글의 사례

역피라미드 글의 예를 보자. 2020년 코로나가 발발하면서 정부 재난지원금이 지급됐다. 이때 누가 어떻게 지원금을 받을 수 있는지 작성한 한 기업의 글이 화제가 됐다. 이 글로 역피라미드 구조를 이해해 보자.

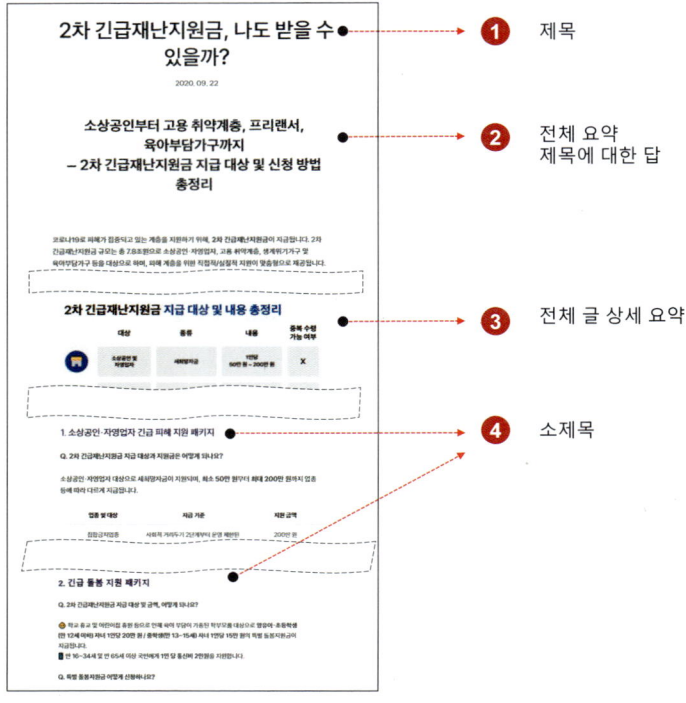

그림 5.7 "2차 긴급재난지원금, 나도 받을 수 있을까?" (출처: 토스피드)

그림 5.8은 눈에 들어오는 중요도대로 잡은 이 글의 구조다. 시선의 우선순위와 내용의 우선순위가 정확히 일치한다. 즉, 가장 중요한 내용이 가장 중요해 보이고, 덜 중요한 내용은 덜 중요해 보인다. 그리고 가장 중요해 보이는 곳에 핵심이 있고, 덜 중요해 보이는 곳에 세부 내용이 있다.

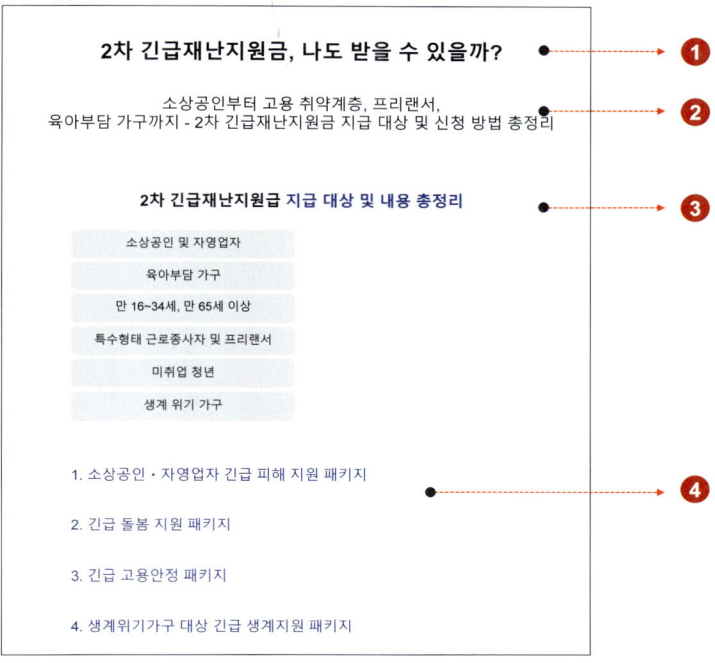

그림 5.8 "2차 긴급재난지원금, 나도 받을 수 있을까?" 글의 구조 (출처: 토스피드)

4번 소제목 중 하나로 들어가 첫 번째 "소상공인·자영업자 긴급 피해 지원 패키지"도 보자. 독자가 소상공인 자영업자에 해당된다면 이 제목만 보고 바로 내려가면 된다. 이 본문도 여러 면에서 훌륭하다.

> **1. 소상공인·자영업자 긴급 피해 지원 패키지**
>
> **Q. 2차 긴급재난지원금 지급 대상과 지원금은 어떻게 되나요?**
> 소상공인·자영업자 대상으로 새희망자금이 지원되며, **최소 50만 원**부터 **최대 200만 원**까지...
>
> **Q. 언제부터 신청할 수 있나요?**
> 소상공인 새희망자금은 **9.24(목)** 자정부터 신청 가능합니다.
>
> **Q. 신청하기 위해 제출해야 할 서류가 있나요?**
> 집합 금지, 집합 제한 업종 등은 매출 실적이 필요하지 않습니다.
>
> **Q. 이미 폐업한 경우에는 지원금을 받을 수 없나요?**
> 받을 수 있습니다.
>
> **Q. 지원금은 언제 받을 수 있나요?**
> 정부 행정 정보로 매출 감소가 확인된 분들은 **9월 28일** 지급될 예정입니다.

그림 5.9 "2차 긴급재난지원금, 나도 받을 수 있을까?"
중 소상공인·자영업자 긴급 피해 지원 패키지 상세 내용 (출처: 토스피드)

- **사용자가 궁금해할 만한 내용만 뽑았다.** 지원금은 얼마인지, 언제부터 신청하는지, 제출할 서류가 무엇인지, 폐업자도 지원받을 수 있는지, 지원금 언제 받는지는 누구나 궁금해할 만한 내용만 썼다.
- **사용자의 언어 그대로 질문 형태로 적었다.** '신청 시기'보다 '언제부터 신청하나요?'가 더 친근하다.
- **질문과 답변 형식으로 되어 있다.** "언제부터 신청하나요?"라고 물으면 "9월 24일이요."라고 첫 문장에서 답한다. 대화하는 느낌이 들고, 답이 바로 나와서 좋다.
- **핵심만 썼다.** 질문에 대한 답변 외에 군더더기 설명이 없다. 중복도 없다.

이 글은 역피라미드 글의 전형이다. 복잡한 정부 발표 내용에서 핵심만 추출했고, 쉽게 썼고, 중복을 없앴고, 구조가 확연히 보인다. 자신에게 해당하는 글인지 상단만 보고도 쉽게 판단할 수 있으니 사용자의 시간을 절약해 준다. 핵심만 간결하게 전달하는 역피라미드형 글은 용건만 짧고 간단하게 얻고 싶어 하는 MZ 세대의 요구와도 잘 맞는다.

5.3. 글 디자인하기

이 절에서는 가독성이 높아지게 콘텐츠를 디자인하는 방법을 알아볼 것이다. 같은 내용이라도 글을 효과적으로 디자인하면 중요한 내용이 잘 드러나고 사용자의 눈에 잘 들어온다.

5.3.1. 꼭 필요한 내용으로만 압축하기

온라인 화면에서 정보를 디자인하는 일은 땅값 비싼 도심지에서 공간을 활용하는 것과 같다. 비싼 월세를 내고 작은 자리를 구했다면 꼭 필요한 물건을 필요한 만큼만 둬야 한다. 그래야 공간이 깨끗해지고, 자주 사용하는 물건이 더 잘 보이고, 자주 사용하지 않는 물건의 위치를 잘 기억할 수 있다.

사용자 입장에서 그림 5.10을 보면 같은 제목을 두 번 보게 된다. 반복되는 제목 때문에 정작 중요한 내용은 화면 아래쪽으로 내려갔다. 사용자가 보는 최종 화면에서도 확인하는 습관이 필요하다.

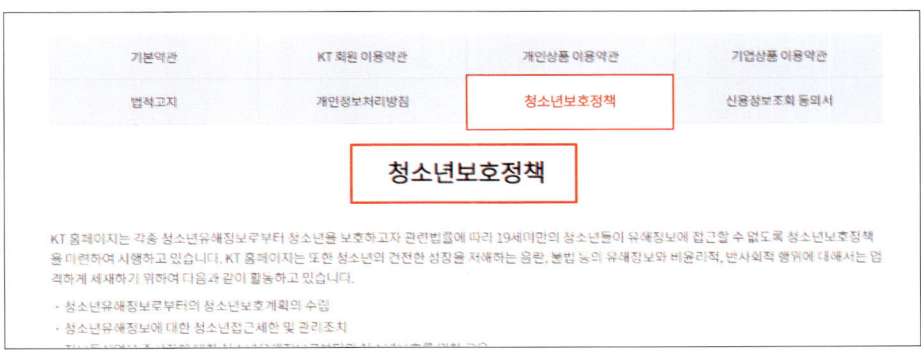

그림 5.10 KT 홈페이지〉 약관/정책〉 청소년보호정책

그림 5.11은 보리암이라는 관광지 정보를 제공하는 글이다. 이 페이지의 사용자가 보리암의 한자 표기, 주소와 번지수, 상세한 불교 종파 정보를 알고 싶어 할까? 그렇지 않다면 이 글은 불필요한 정보 때문에 길어지고 어려워졌다. 필요한 정보를 찾아내기도 어렵다.

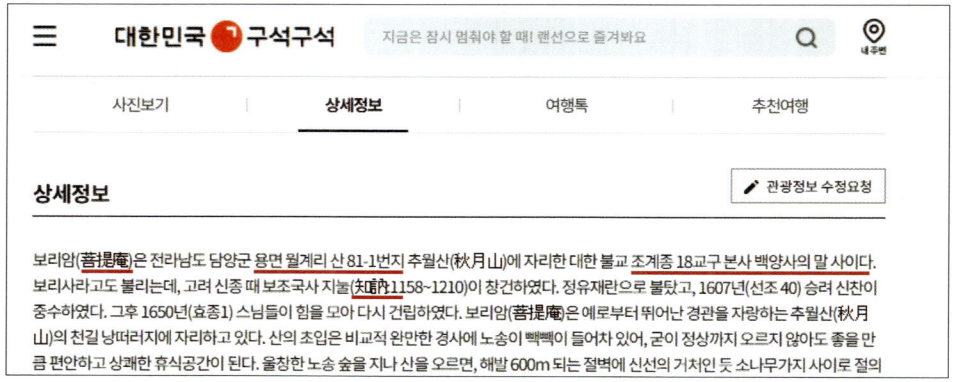

그림 5.11 한자, 상세한 주소 정보, 종파 정보가 이 지역을 이해하기 위해 꼭 필요한가?[4]

가장 좋은 글은 사용자가 알고 싶어 하는 내용을 일목요연하게 정리한 글이다. 『콘텐츠 UX 디자인』에서 제안하는 방법[5]을 살펴보자.

첫째, 방문자 관점에서 주제를 생각한다.

둘째, 방문자가 주제에 대해 물을 만한 질문을 뽑는다.

셋째, 질문을 논리적인 순서로 배치한다. 가장 먼저 물을 만한 질문은 무엇인가, 그다음 질문은 무엇인가 등 방문자의 논리에 맞게 질문의 순서를 정한다.

넷째, 질문에 답한다. 회사나 페이지에 이미 있는 내용을 활용한다. 질문에만 답한다. 질문과 상관없는 내용을 쓰거나 답을 길게 쓰지 않는다.

다섯째, 사용자가 궁금해할 만한 다른 정보는 없는지 생각한다. 방문자가 꼭 알아야 할 내용이 있는가? 이 정보로 방문자의 언어로 질문을 만들고 그 질문에 대한 답을 만든다.

여섯째, 회사가 알려주고 싶은 내용이나 버리기 아까워서 놔둔 정보는 과감히 버린다. 방문자가 알고 싶어 하는 내용으로만 내용을 압축했을 때 글이 더 많이 들어온다.

---

[4] 출처: 대한민국 구석구석, 전남 담양군 보리암 정보
[5] 재니스 래디쉬, 『콘텐츠 UX 디자인』(위키북스, 2011)

더 뺄 것이 없이 핵심만 모았다면 이제부터 본격적으로 글을 디자인한다. 이제 가독성이 높아지도록 글을 디자인하는 다음 네 가지 방법을 알아보자.

- 정보의 계층 구조
- 여백 활용하기
- 연관된 정보는 근처에 배치
- 목록과 도표 활용

5.3.2. 정보의 계층 구조

글이 잘 읽히려면 정보의 계층 구조가 명확해야 한다. 흔히 정보의 하이어라키(hierarchy)라고 한다. 윌 그랜트는 『UXer를 위한 101가지 UX 원칙』[6]에서 4번째 사용성 원칙으로 "글자 크기를 사용해서 정보 체계를 표현하라"고 주장한다. 원리는 간단하다. 제목은 제목처럼, 제목이 아닌 것은 제목이 아닌 것처럼 보이게 하는 것이다. 정보의 계층 구조가 분명한 글은 구조가 한눈에 들어와 사용자의 스캐닝을 돕고, 전체 글의 구조가 머릿속에 형성되기 때문에 본문을 더 잘 이해할 수 있다. 이것은 온라인 글뿐만 아니라 모든 글에 적용된다. 계층 구조가 잘 드러나게 하는 방법은 다음과 같다.

- 정보의 레벨마다 글자 크기를 확연히 다르게 한다. 크기 차이가 커야 정보의 레벨이 잘 인지된다. 약간 크거나 약간 작은 크기로는 레벨이 잘 드러나지 않는다(그림 5.12).
- 글자 크기를 정보 레벨의 핵심 변별자로 사용한다. 글자 크기, 색상, 아이콘, 강조 표시를 혼용하면 체계와 강조의 의미가 사라진다.
- 정보 레벨을 2~3개로 제한한다. 정보의 층위가 깊어지면 상위 정보가 금세 잊히기 때문에 생각하고 있던 정보의 틀이 사라진다. 정보가 깊어진다는 것은 너무 많은 주제를 다룬다는 증거다. 반드시 필요한 내용인지 생각하고, 꼭 필요한 내용이라면 다른 화면으로 분리한다.

---

[6] 윌 그랜트, 『UXer를 위한 101가지 UX 원칙』(에이콘출판사, 2019)

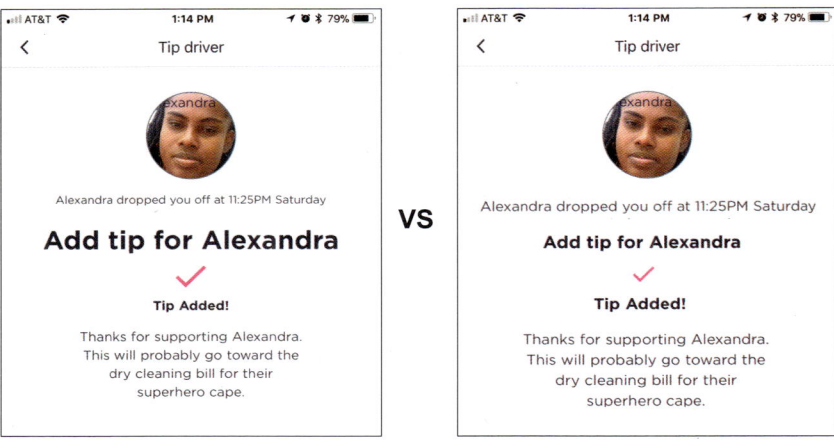

그림 5.12 글자 크기 차이가 확연한 왼쪽 이미지 vs. 글자 크기 차이가 확연하지 않은 오른쪽 이미지. 어떤 이미지에서 핵심이 더 잘 보이는가? (출처: 미국 차량 공유 서비스 Lyft)

정보 계층의 측면에서 그림 5.13을 살펴보자. 이 화면은 정보의 중요도를 결정하는 변별자로 크기, 진하기, 색상, 텍스트 박스 4가지를 사용했다. 1, 2, 3번 중 어떤 글자가 가장 핵심인가? 위치가 중요한가, 색상이 중요한가, 아니면 박스로 둘러싸인 글자가 중요한가? 이 화면은 정보가 많지 않아 내용을 스캔하는 데 큰 문제는 없지만, 긴 글에서 더 중요한 정보와 덜 중요한 정보가 정확히 변별되지 않으면 글을 스캐닝하기 어려워진다.

그림 5.13 이 화면에서 정보 계층의 핵심 변별자는 색상인가, 크기인가, 진하기인가? (출처: 네이버)

그림 5.14에서 그림 5.13번 화면의 계층을 글자 크기만으로 다시 구조화해 봤다. 어떤 화면에서 정보 스캐닝이 더 편한지 비교해보자.

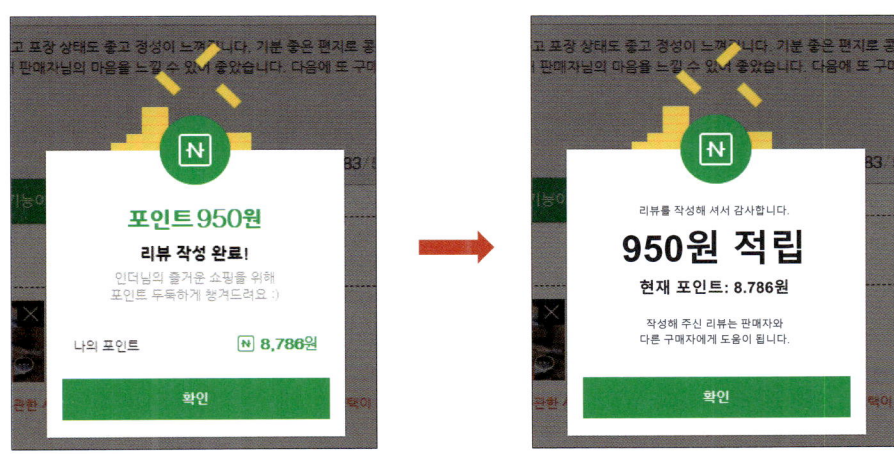

그림 5.14 그림 5.13 화면의 정보 계층을 재구조화

5.3.3. 여백 활용하기

여백은 능동적 여백과 수동적 여백이 있다. 능동적 여백은 콘텐츠 안쪽에 있는 여백이고, 수동적 여백은 콘텐츠 영역 바깥쪽에 있는 여백이다.

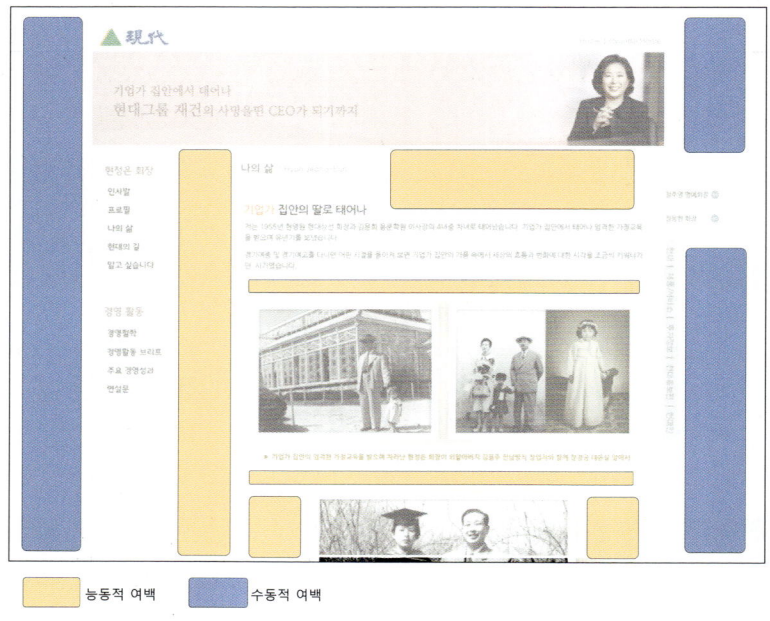

> 능동적 여백 　　　　수동적 여백

그림 5.15 능동적 여백과 수동적 여백 (출처: 현대그룹 홈페이지〉CEO〉나의 삶)

능동적 여백은 빼곡한 글자를 분리시키기 때문에 글이 더 잘 보이게 한다. 그림 5.16의 글이 잘 읽히지 않는 이유는 여러 가지가 있지만, 능동적 여백이 부족한 것이 그중 하나다.

그림 5.16 월인석보 권 20 (출처: 국립중앙박물관)

능동적 여백을 만드는 방법은 다음과 같다.[7]

- 글을 작은 단위로 나눈다.
- 글의 중간중간 소제목을 많이 넣는다.
- 단락을 짧게 만들어 단락 사이의 공간을 만든다.
- 글로 된 문장을 목록이나 도표 같은 시각적인 정보로 바꾼다.
- 사진이나 그림을 첨가해 주위에 공간을 둔다.

5.3.4. 연관된 정보는 근처에 배치

연관된 정보는 가깝게 배치한다. 정보의 거리는 정보(또는 이미지)가 어떻게 묶이는지를 알려준다. 사람들은 거리가 가까운 정보 묶음을 하나의 그룹으로 인식한다.

그림 5.17 정보의 거리로 정보의 그루핑을 알 수 있다. (출처: JTBC)

여백은 쉬운 개념 같지만, 콘텐츠 디자인에서 자주 일어나는 실수다. 그림 5.18의 왼쪽 이미지는 제목이 본문과 본문 중간에 있다. 이 제목이 윗글에 속한 것인지 아랫글에 속한 것인지 다 읽어보기 전에는 알기가 어렵다. 오른쪽 이미지는 텍스트와 텍스트 중간에 이미지가 있어 이 이미지가 윗글에 속하는지 아랫글에 속하는지 알 수가 없다. 이런 것을 떠 있는 제목, 떠 있는 이미지라고 한다. 연관되는 내용은 가깝게, 그렇지 않은 내용은 거리를 두면 떠 있는 콘텐츠를 피할 수 있고 정보의 그루핑이 더 잘 보인다.

---

[7] 재니스 래디쉬, 『콘텐츠 UX 디자인』(위키북스, 2011)

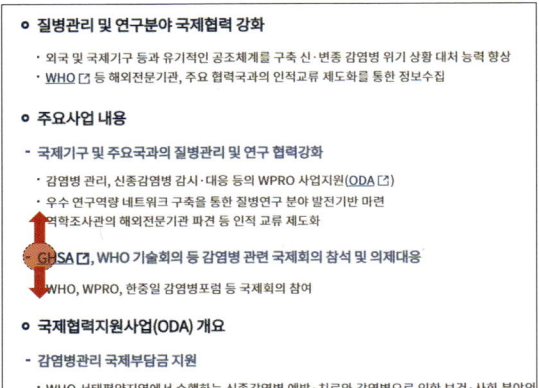

그림 5.18 왼쪽의 떠 있는 제목(출처: 질병관리청)과 오른쪽의 떠 있는 이미지(출처: 마이셰프)

정보 간의 거리는 사용성에도 영향을 끼친다. 그림 5.19는 한 은행에서 카드 사용 내역을 조회할 때 이용한 화면이다. 조회 날짜를 선택하는 데 항목과 입력 필드 간의 간격이 넓어서 지금 입력하는 필드가 시작일인지 종료일인지 계속 눈을 좌우로 왔다 갔다 하며 확인해야 했다. 글자가 정확한 신호를 전달하지 못해 사용자가 시선을 이리저리 움직여야 할 때 '시각 부하가 높다'고 말한다. 연관된 정보가 서로 가깝게 있지 않으면 시각 부하가 높아져 정보를 이해하기가 어려워진다.

그림 5.19 현재 입력하는 날짜가 조회 시작일인지 종료일인지 수평으로 시선을 이동하며 확인해야 한다.
(출처: 수협은행)

5.3.5. 목록과 도표 활용

글자 정보를 목록이나 도표로 그릴 수 있다면 적극 활용하라. 목록과 도표는 텍스트 안에 파묻힌 정보를 끄집어내서 여백을 만들기 때문에 내용이 잘 드러난다. 아이트래킹 조사 결과를 보면 목록이나 도표 같은 영역을 우선적으로 스캐닝하기도 한다. 웹 페이지뿐만 아니라 좁은 화면에서 정보를 제공해야 하는 모바일 환경에서도 목록은 유용하다. 순서 목록은 번호로, 순서와 무관하다면 적당한 기호를 이용한다. 단, 기호는 평범한 것으로 한 가지만 쓴다. 목록의 기호가 크거나 디자인이 과하거나 가짓수가 많아지면 글자로 가는 시선을 방해한다. 목록의 깊이도 하나로 제한하자. 깊이가 깊어지면 목록을 사용하는 의미가 사라진다.

그림 5.20 글자 블록보다 목록이 더 스캐닝하기 좋다. (출처: 카카오메이커스)

그림 5.21은 목록의 깊이가 깊고, 목록 기호가 5개나 사용됐다. 목록이 깊어지면 불필요한 내용이 없는지를 점검하고 다른 목록으로 분리하거나 정보의 연관 관계를 다시 생각해야 한다.

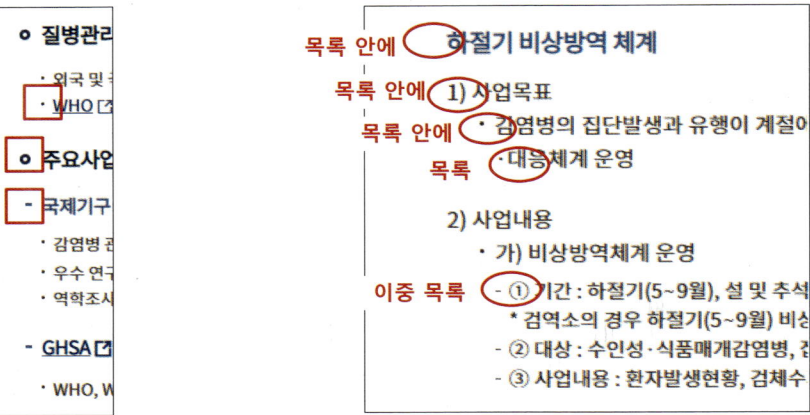

그림 5.21 목록 기호가 다양하고 깊이가 깊다. (출처: 질병관리청)

그림 5.22는 정보를 도표로 구성한 예다. 글로 작성했다면 이해하기 어려웠을 정보가 도표 안에 들어가서 더 읽기 좋아졌다.

노인 주의 의약품

	정의	부작용
해열, 진통, 소염제	두통, 관절염 등 통증에 사용하는 약물	• 소화불량, 위장관 출혈 같은 위장관계 이상반응, 신장 기능 악화, 혈압 상승, 체액저류에 의한 심부전 악화 등
항정신병제	치매환자의 행동장애 등에 사용하는 약물	• 가만히 있지 못하는 정좌불안, 입 오물거림 등 운동이상증과 졸림, 어지러움 등
삼환계 항우울제	대표적인 우울증 치료에 사용하는 약물	• 기립성 저혈압과 졸림, 변비, 환각 증상 등 • 녹내장·불안정협심증·부정맥·전립선비대증 환자는 증상이 악화할 수 있으므로 주의
장기 지속형 벤조다이아제핀	심한 불안증 등의 치료에 사용하는 약물	• 과도한 진정 작용과 운동 실조 발생 위험 • 자동차 사고, 낙상, 고관절 골절 위험을 증가 * 실조 : 몸 여러 부분이 조화를 잃어 운동을 하고자 해도 하지 못하는 질환

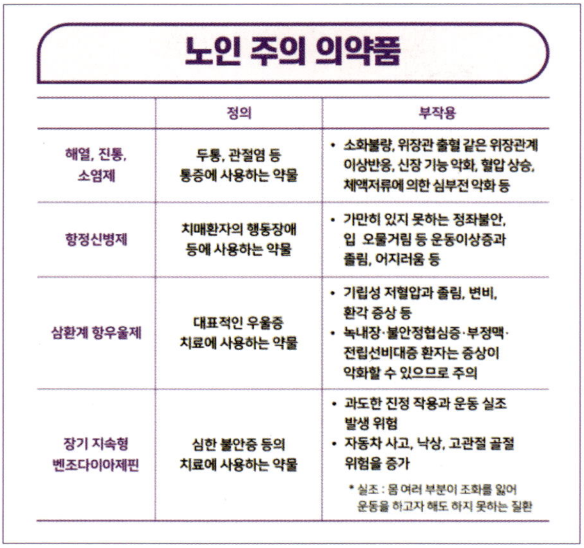

그림 5.22 정보를 도표로 구성한 좋은 예 (출처: 네이버포스트〉 국민건강보험일산병원〉 [팔팔한 老벤져스], 어르신이 조심해야 하는 의약품 4가지)

다시 한번 강조하지만 글 디자인은 내용이 유용하고, 분량이 딱 필요한 만큼만 있을 때 의미가 있다. 눈에 잘 들어오지만 중요하지 않은 내용이거나, 중요한 내용이라도 같은 내용이 나오고 또 나온다면 글의 디자인은 효과를 발휘하지 못한다. 사용자는 읽을 만하다고 판단할 때만 읽는다. 그나마도 다 읽지 않고 필요한 내용만 골라 읽는다. 콘텐츠를 의미 있게 디자인하면 사용자가 필요한 정보를 잘 찾고 잘 이해하게 도울 수 있다. 이번 장에서는 콘텐츠의 구조와 틀을 디자인하는 방법을 알아봤다. 다음 장에서는 잘 디자인된 글 안에서 문장을 쓰는 방법을 알아보자.

5장 요약

글을 효과적으로 디자인하면 핵심이 잘 드러나고, 서비스 정보를 더 잘 이해하게 된다.

1. 정보 패턴화
   레이아웃을 단순화하고, 유사한 레이아웃을 반복하면 예측 가능성이 높아지기 때문에 필요한 내용을 더 잘 찾을 수 있다.
2. 역피라미드 글쓰기
   역피라미드형 글쓰기는 핵심을 글의 상단에, 세부 내용을 글의 하단에 배치하는 글쓰기 방법이다. 역피라미드형 글은 글의 상단이나 단락의 앞부분만 훑고 가는 온라인 사용자에게 적합하다.
3. 글 디자인하기
   - 핵심만 쓰기: 온라인 사용자는 읽지 않는다. 사용자가 알고 싶어 하는 내용을 간결하게 쓴다.
   - 정보의 계층 구조: 정보의 계층 구조가 분명한 글은 사용자의 스캐닝을 돕고 본문을 더 잘 이해하게 돕는다.
   - 여백 활용하기: 능동적 여백은 빽빽한 글자의 장벽을 분리시키기 때문에 내용이 더 잘 드러난다.
   - 연관된 정보는 근처에 배치: 정보 간 거리는 정보의 연관성을 잘 보여주기 때문에 사용자의 인지 부담을 줄여준다.
   - 목록과 도표 활용: 목록과 도표는 텍스트 안에 파묻힌 정보를 끄집어내고 여백을 만들기 때문에 내용이 잘 드러난다. 사용자는 목록이나 도표를 우선적으로 스캐닝한다.

참고 자료

1. 에릭 리스, 『UX 불변의 법칙』(유엑스리뷰, 2021)
2. 구글 머티리얼 디자인 〉Understanding layout, https://m2.material.io/design/layout/understanding-layout.html
3. Shopify Polaris〉Components〉Layout and Structure〉Layout
4. 재니스 래디쉬, 『콘텐츠 UX 디자인』(위키북스, 2011)
5. 윌 그랜트, 『UXer를 위한 101가지 UX 원칙』(에이콘출판사, 2019)
6. 토스피드, "2차 긴급재난지원금, 나도 받을 수 있을까?"

6장

문장 쓰기

지금까지 독자를 알고 글의 뼈대를 잡고 글을 배치하고 디자인하는 방법을 알아봤다. 이번 장에서는 온라인 서비스에서 유용한 문장 쓰기 기술을 다뤄보려고 한다. 시선을 잡아끄는 데 큰 역할을 하는 제목, 링크를 쓰는 방법과 콘텐츠로 스토리텔링하는 방법에 대해 알아보자.

6.1. 읽게 만드는 제목 쓰기

닐슨 노먼 그룹의 호아 로랜저는 "Headings Are Pick-Up Lines: 5 Tips for Writing Headlines That Convert"[1]라는 글에서 글을 읽게 유도하는 제목을 쓰는 5가지 방법을 알려준다.

- 글의 문맥을 반영하라.
- 독자에게 유용한 것을 제안하라.
- 장난스럽거나 유행 타는 어휘는 피하라.

---

[1] 호아 로랜저(Hoa Loranger), 「Headings Are Pick-Up Lines: 5 Tips for Writing Headlines That Convert」, 닐슨 노먼 그룹, 2015.8.9, https://www.nngroup.com/articles/headings-pickup-lines/

- 불필요한 단어는 제거하라.
- 중요한 키워드는 앞에 써라.

각 항목에 대해 좀 더 자세히 살펴보자.

6.1.1. 글의 문맥을 반영하라

제목은 본문의 핵심을 담아야 한다. 하지만 많은 글, 페이지, 검색 결과, 블로그의 제목은 너무 포괄적이거나 도입문적인 성격을 띤다. 제목은 본문을 포괄하되 구체적이어야 한다. 구체적이고 문맥을 반영한 제목은 제목을 위주로 페이지를 훑어보는 사용자가 페이지를 읽을지 말지를 결정하는 데 도움을 준다. 한 은행의 메뉴 개편을 알리는 제목을 보자.

제목: 좀더 친근해진 **뱅크 메뉴

이 제목은 어떤가? 아마 사용자 친화적으로 메뉴가 개편된 것 같다. 그렇다면 왜 친근한가? 친근함이 사용자에게 어떤 가치를 제공하는가? 이 제목은 방향성을 알려주는 데는 성공했지만, 구체성이 떨어져서 잘 와닿지 않는다. 봄꽃과의 연관을 암시하는 아래의 제목도 살펴보자.

제목: 몸도 마음도 봄꽃처럼 활짝![2]

이 제목을 가진 글은 어떤 글일까? 이 글은 서울의 봄꽃 길을 알려주는 글의 제목이다. 이 제목은 글의 도입문 역할을 하지만, 내용 전체를 포괄하지는 못하기 때문에 서울의 봄꽃 길이 궁금해서 들어온 사용자가 이 제목만 보고는 봄꽃 길에 대한 글이 아니라고 생각하고 지나칠지도 모른다. 제목은 "서울의 봄꽃 길을 소개합니다", "걷기 좋은 서울의 봄꽃 길"처럼 본문을 포괄하면서도 구체적으로 쓰는 게 좋다.

---

[2] 출처: 서울특별시 홈페이지

6.1.2. 독자에게 유용한 것을 제안하라

독자는 페이지 상단이나 제목, 목록, 도표, 링크처럼 눈에 띄는 것을 훑으며 페이지의 구조를 파악하고, 자신에게 유용한 내용이 있는지를 판단한다. 따라서 우선적으로 사용자의 시선을 받는 제목을 사용자 입장에서 유용하게 쓴다면 독자의 의사 결정을 도우면서 독자가 그 페이지에 머물 가능성을 높일 수 있다. 해충 방제 시스템에 대해 설명하는 다음 두 제목을 보자. 이 두 글 중 어떤 글을 더 읽고 싶은가?

제목 A: 해충 방제 시스템으로 위생적인 생활을 누리세요.
제목 B: 해충 방제 시스템으로 모기 없이 잠들 수 있습니다.

'위생적인 생활'은 많은 사람이 추구하는 가치이기는 하지만 너무 광범위해서 그다지 매력적으로 보이지 않는다. 여름에 모기 때문에 잠 못 이룬 경험이 있는 독자가 많다면 해결책을 애타게 찾고 있을 것이고, 두 번째 제목 B를 읽었을 때 그다음 글까지 읽고 싶은 욕구가 생길 것이다.

6.1.3. 장난스럽거나 유행 타는 어휘는 피하라

유행어, 속어, 줄임말과 같이 의미가 불분명하고 공신력이 떨어지는 어휘 사용은 피하자. 글이나 매체의 개성에 따라 독자에게 적합하다면 조심스럽게 시도할 수 있지만, 무엇이 사용자에게 더 유용할지 확신이 서지 않는다면 공식적으로 사용하는 표준어가 언제나 안전하다. 특히 오랫동안 매체에 노출되는 글이라면 더욱 그렇다. 클래식 감상법을 설명하는 다음의 제목을 보자.

제목: 귀에 쏙쏙 꽂히는 클래식 감상법

이 제목은 의미가 명료하지만 클래식을 좋아하는 독자에게 적합하지 않은 어휘일 수 있다. 세련된 언어가 사람의 품격을 좌우하듯이 올바른 언어가 서비스의 수준을 좌우한다.

6.1.4. 불필요한 단어는 제거하라

온라인 공간, 특히 'above the fold'[3]는 땅값 비싼 도심지 부동산 같다. 가장 많은 시선과 기대, 궁금증이 몰리는 곳이다. 그중에서 제목은 핵심 중의 핵심 자리다. 이런 자리에 의미 전달에 영향을 주지 않는 글이 있다면 효율적으로 부동산을 활용했다고 볼 수 없다. 핵심과 관련이 없거나, 부수적인 내용이거나, 불필요하게 같은 내용을 반복하고 있다면 꼼꼼히 읽는 사용자에게는 부담을 주고, 키워드만 훑어 가며 읽는 사용자에게는 핵심을 눈으로 잡아 내기 어렵게 만든다. 그림 6.1은 유사한 의미의 제목이 두 번 나온다. 두 문장 중 어느 한 문장이 없어도 의미 전달에 지장이 없다. 의미를 전달하는 데 필요한 문장이나 단어는 딱 한 번만 쓰자.

그림 6.1 유사한 의미가 두 번 반복되는 제목 (출처: 서울특별시 홈페이지〉 서울소개〉 서울의 역사)

6.1.5. 중요한 키워드는 앞에 써라

사람들은 글의 상단에 있는 제목, 도드라져 보이는 요소의 앞부분을 스캔하며 읽는다. 그 중에서도 처음 몇 개의 단어만을 눈으로 집어낸다. 사람들의 결정에 도움을 주는 좋은 방법은 핵심 키워드를 문장의 앞부분에 쓰는 것이다. 그림 6.2는 화면에서 눈길이 많이 가는 곳에 핵심 단어를 배치했다. 불필요하거나 겹치는 내용도 없다.

---

[3] Above the fold: 웹 사이트에서 스크롤을 내리지 않은 채 제일 먼저 볼 수 있는 영역(출처. 국제영어대학원대학교 신어사전)

체계적이고 보호되고 연결됩니다.

어디서나 가능한 액세스	백업 및 보호	공유 및 공동 작업
어디서나 모든 디바이스에서 자유롭게 파일에 액세스하고 편집 및 공유하세요.	디바이스를 잃어버려도, OneDrive에 저장된 파일과 사진은 잃어버릴 걱정이 없습니다.	연결을 유지하고, 친구 및 가족과 문서를 공유하고, Office 앱에서 실시간으로 공동 작업하세요.

그림 6.2 중요한 키워드가 앞에 배치된 글 (출처: 마이크로소프트 365) OneDrive 개인 클라우드 저장소

내용이 문장의 끝부분에서 결정되는 한글에서는 키워드를 앞에 배치하기가 어려울 수 있다. 따라서 한글에서는 더욱 짧고 구체적으로 써서 한눈에 봐도 내용이 파악되게 쓰는 것이 좋다. 투자 정보를 알려주는 한 증권사의 제목을 살펴보자.

> 제목[4]: 수급탑픽으로 종목 "포착"
> 수급우수로 종목 "선별"
> 수급현황으로 관심종목 "진단"

이 제목은 몇 가지 점에서 문제가 있다. 일단 '포착,' '선별,' '진단'과 같은 핵심어가 뒤쪽에 있다는 것이다. 수급으로 시작하는 문장으로 패턴을 만들었기 때문에 더 중요한 '포착,' '선별,' '진단'보다 수급이 더 중요해 보인다. 다음으로는 '수급탑픽', '수급우수,' '수급현황'과 같이 어려운 업계 전문 용어가 사용됐다. 마지막으로, 핵심어인 '포착', '선별', '진단'의 차이가 무엇인지 불분명하다. 포착하고 선별하고 진단하는 시스템의 활동이 사용자에게 어떤 가치를 주는지도 알 수 없다.

6.2. 클릭을 유도하는 링크 쓰기

닐슨 노먼 그룹의 케이트 모란은 "Better Link Labels: 4Ss for Encouraging Clicks"[5]라는 글에서 클릭을 유도하는 네 가지 요령을 4S라고 이름 붙였다: Specific(구체적인), Sincere(진실한), Substantial(중요한), Succinct(명료한).

---

[4] 출처: 미래에셋증권〉투자정보〉파워맵(실시간수급분석)
[5] 케이트 모란(Kate Moran), 「Better Link Labels: 4Ss for Encouraging Clicks」, 닐슨 노먼 그룹, 2019.3.24, https://www.nn-group.com/articles/better-link-labels/

6.2.1. 구체적으로 써라(Specific)

링크를 클릭하면 무엇을 보게 될지를 알려줘야 한다. 따라서 링크의 제목이 광범위하거나, 여기를 클릭하라거나, 근처 단어를 반복한다면 링크 레이블로의 기능을 효과적으로 수행하지 못한다. 흔한 경우가 'Read more', '더 보기', '바로가기' 같은 것이다. 그림 6.3에 나온 링크 이름 중에서 '더보기'는 광범위하고, '최신 사회공헌 활동'은 제목과 같은 내용이다. 이런 링크는 제목이나 본문을 클릭해도 같은 기능을 수행할 수 있으니 없어도 무방하다. 글자가 줄어들어 본문으로 더 시선을 유도할 수 있다.

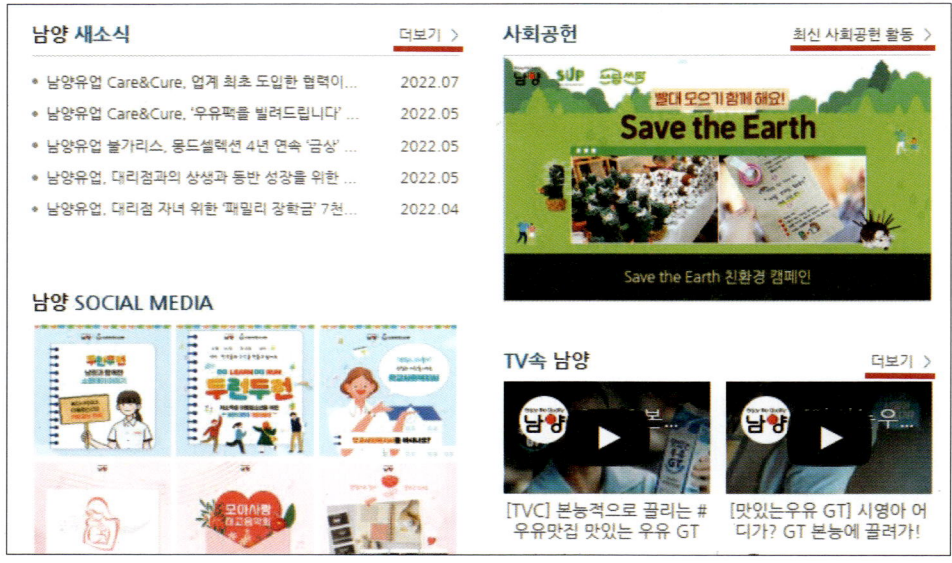

그림 6.3 내용이 광범위하거나(더보기) 같은 내용이 반복되는 링크 제목 (출처: 남양유업 홈페이지)

그림 6.4 구체적인 링크 제목(오늘의 주요일정, 실시간증권방송)과 광범위한 링크 제목(바로가기)
(출처: 삼성증권〉 투자정보〉 최신정보〉 최신투자정보)

그림 6.4의 '바로가기'도 '더보기'와 비슷하다. 클릭하라는 사실을 알려주기보다 클릭하면 보게 될 내용을 알려주자. 같은 그림 상단의 '오늘의 주요일정'이나 '실시간증권방송'은 이런 면에서 링크의 역할을 잘 수행한다. 링크 제목은 사람들이 페이지에서 훑어보는 중요한 요소 중 하나다. 링크만으로 이동하는 페이지의 정보를 정확히 알 수 있다면 사람들이 더 빨리 내용을 파악하도록 도움을 줄 수 있다.

그림 6.5에서 '경기결과'나 '경기영상'은 '더보기'나 'Read more'보다 구체적이다. 하지만 어떤 경기의 결과인지를 알려면 왼쪽의 경기팀을 확인해야 한다. 경기와 링크 사이의 거리 때문에 시선에 부담을 준다. 이때는 링크 버튼을 경기 바로 옆에 두거나, 링크 버튼 없이 경기를 클릭하면 바로 결과 페이지로 이동하게 하는 것으로 문제를 해결할 수 있다.

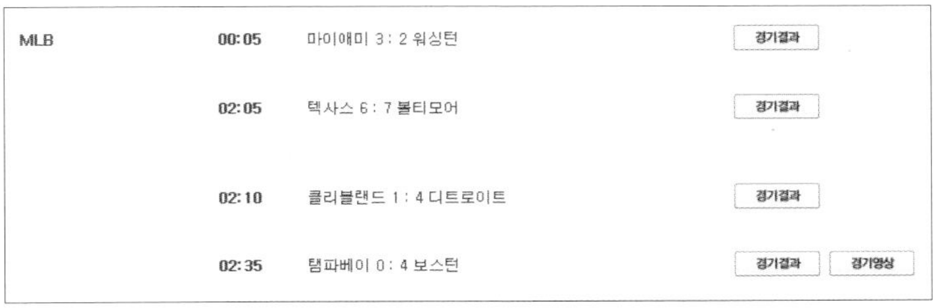

그림 6.5 구체적인 링크 제목 (출처: 네이버 스포츠)

링크 하나로 필요한 내용을 바로 확인할 수 있다면 길이가 다소 길어져도 괜찮다. 그림 6.6은 일반적인 링크에 비해 글자수는 많아졌지만 사용자에게 필요한 구체적인 정보를 담고 있어 정보 제공과 링크의 역할을 동시에 잘 수행하고 있다.

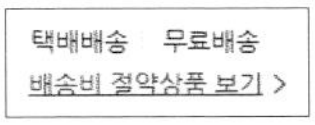

그림 6.6 구체적인 링크 제목 (출처: 네이버 쇼핑)

6.2.2. 진실하게 써라(Sincere)

링크는 약속이다. 정확하고 솔직해야 한다. 구매하는 페이지로 이어진다면 '구매하기'라고 쓰고, 구독 페이지로 이어진다면 '구독하기'라고 쓰자. 정보를 보는 페이지인 줄 알고 들어갔는데, 구독이나 구매 페이지가 나오면 안 된다. 그림 6.7의 '구매하기' 링크는 정확히 구매 페이지로 이어진다.

그림 6.7 링크가 안내하는 페이지로 정확히 이동하는 링크
(출처: CJ 제일제당〉 K-FOOD LIFE〉 K-푸드스토리〉 비하인드 스토리)

반면 그림 6.8의 배너는 제목, 본문, 하단 메시지의 의미가 모두 다르다. 상단의 메시지는 구독을 유도하고, 배너안의 글자는 매거진 이름을 알려주며, 하단의 메시지는 매거진의 장점을 전한다. 이 배너를 클릭하면 매거진 홈페이지로 이어질까, 구독 페이지로 이어질까. 왜 나는 매거진의 제목만 보고 이 매거진을 보거나 구독해야 하는가. 이 배너를 클릭하면 매거진이 나온다. 매거진 정보를 보여준다고 하고 가입이나 구독을 유도하는 것보다는 낫지만, 유용한 기사를 바로 볼 수 있는데 굳이 '구독'이라는 레이블로 독자에게 부담을 줄 필요는 없다.

그림 6.8 구독 페이지인 줄 알고 들어갔는데, 다른 내용이 나오는 링크 (출처: 한겨레신문)

인터페이스에 나오는 글자는 서비스와 고객이 맺는 관계다. 글자를 믿고 들어갔는데 다른 내용이 나오면 신뢰가 깨진다. 글자 하나에서 신뢰를 잃으면 서비스에 대한 인상으로 이어지고, 신뢰를 잃은 기업에서 원하는 행동의 전환으로 이어지지 않는다.

6.2.3. 중요한 내용을 써라(Substantial)

사용자는 온라인에서 본문과 스타일이 다른 요소를 눈으로 집어내며 읽는다. 어떤 사용자는 링크만 읽는다. 따라서 링크 단독으로도 핵심을 전달하는 역할을 수행할 수 있어야 한다. 'Read more', '더보기', '바로가기' 같은 레이블은 구체적이지도 않고 중요하지도 않은 대표적인 예다. 링크임을 알려주는 텍스트 스타일만 갖춰도 더 읽을 것이 있고 클릭할 수 있는 요소임을 알 수 있기 때문에 반드시 독립적인 링크 버튼을 만들지 않아도 된다. 구체적이지 않은 레이블과 함께 의미 없고 추상적인 단어도 링크에 적합하지 않다.

그림 6.9는 영국 정부 홈페이지다. 주제 하나하나가 링크다. Coronavirus, Find a job, Births & Deaths처럼 사람들이 현실에서 궁금해할 만한 주제를 표현 그대로 썼다. 단어의 뜻을 안다면 외국인도 쉽게 이해할 수 있을 정도다. 시선을 분산시키는 이미지도 없고, 의미 없는 수식어도 없다. 주제에만 집중하기 때문에 링크만 훑어봐도 페이지에서 필요한 것을 쉽게 골라낼 수 있다. 사람들은 읽지 않는다는 통념이 무색하게 명확한 키워드와 하이어라키(hierarchy)로 글자만으로도 필요한 것을 쉽게 찾을 수 있는 홈페이지를 완성했다.

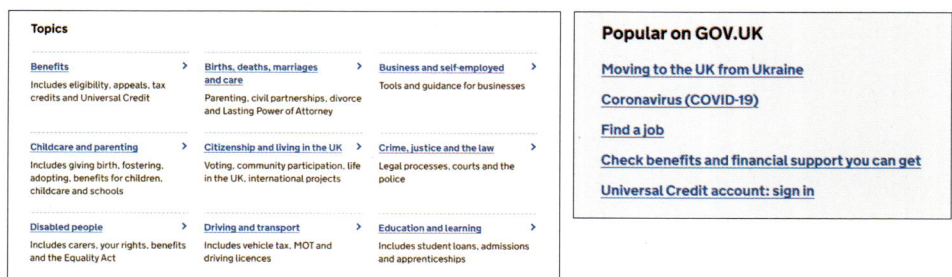

그림 6.9 글자와 링크만으로 유용한 정보를 전달하는 페이지 (출처: 영국 정부 홈페이지)

6.2.4. 명료하게 써라(Succinct)

'succinct'는 '간결하다'로 번역하지만, 원어의 의미는 간결한 형태와 더불어 내용의 명료함까지 포괄한다. 간결함에 집중하느라 명료함이 훼손된다면 차라리 간결함을 포기하는 게 낫다. 내용을 전달할 정도로만 간결하게 쓰자. 위의 그림 6.9를 보면 카테고리가 사람들이 이 홈페이지를 방문하는 이유로 구성됐다. 카테고리 이름은 포괄적이고 짧은 한 단어로 제시하기보다 Births, deaths, marriages and care처럼 사람들이 쉽게 이해하는 일상 용어로 주제를 나열했다. 길이는 길어졌지만 모든 주제가 명료하며 주제끼리 겹치지 않는다.

6.3. 짧고 쉽고 유용하게 쓰기

이 절에서는 문장을 짧고 쉽고 유용하게 쓰는 방법을 알아보자.

표 6.1 짧고 쉽고 유용하게 쓰는 방법

짧게 쓰기	쉽게 쓰기	유용하게 쓰기
1. 핵심만 전달하라. 2. 문장, 단락, 섹션을 짧게 해서 정보를 잘게 분할하라. 3. 도표, 목록을 활용하라. 4. 필요 없는 내용, 과도한 수식어 등을 잘라라. 5. 중복된 내용은 통합하라.	1. 일상 용어를 써라. 2. 정확하게 써라. 3. 어려운 한자어, 외래어, 전문 용어, 내부 용어를 자제하라. 4. 일관성을 지켜라. 5. 구체적으로 써라.	1. 사람들이 필요로 하는 내용만 써라. 2. 실생활의 의미와 연결하라. 3. 상황과 감정에 맞게 써라.

6.3.1. 짧게 쓰기

핵심만 써라. 사용자가 반드시 알아야 하는 내용만 쓰고, 군더더기 없이 글자 하나하나가 독립적인 역할을 수행하게 하라. 그림 6.10은 여행사 앱에서 숙소를 검색할 때 날짜와 일행 정보를 입력하는 화면이다. 인터페이스에 나오는 모든 문자는 독자적인 역할을 수행하고 다른 글자와 기능, 의미에서 전혀 겹치지 않는다.

그림 6.10 이유 없이 존재하는 글자가 하나도 없는 화면 (출처: 에어비앤비)

어쩔 수 없이 길게 써야 한다면 문장과 단락을 짧게 만들고 글을 잘게 분할하자. 제목을 많이 붙이면 글을 잘게 나눌 수 있고, 본문의 내용이 드러나서 구조를 파악하기에 좋다. 온라인에서는 한 문장짜리 단락도 괜찮다. 그림 6.11에서는 세탁과 관련한 생활 기사를 제공한다. 이 서비스는 긴 본문을 몇 개의 소주제로 나누고, 이 소주제와 요약문을 글의 상단에 배치했다. 이로써 글의 구조를 알 수 있고, 읽을지 말지 빠르게 판단하게 할 수 있으며, 원하는 기사로 바로 들어갈 수 있다.

그림 6.11 상단에 전체 글의 요약을 링크로 제공 (출처: 런드리고)

글을 짧게 만드는 방법으로 도표나 목록이 유용하다. 도표와 목록은 정보를 일목요연하게 보여주고 글자 사이에 여백을 만들어 가독성을 높인다. 몇 가지 조건으로 정보가 패턴화됐다면 도표나 목록을 만들 것을 고려하자. 그림 6.12는 도표와 목록을 적절히 활용해서 불필요한 글자를 없애고 정보가 한눈에 보이게 했다.

그림 6.12 도표와 목록으로 구성한 글 (출처: 마켓컬리)

필요 없는 내용이나 과도한 수식어는 자제한다. 필요의 기준은 '사용자가 알고 싶어 하는가?', '실생활과 연관이 있는가?'이다. 사람들이 기업의 윤리경영 활동을 알고 싶어 하는데, 과연 윤리 헌장과 윤리 강령을 알고 싶어 할까? 꼭 필요한 내용이라도 계속 반복하고 있다면 통합하라. 딱 한 번만 부각해야 더 잘 드러난다. 그림 6.13의 배너는 글을 더 짧게 쓸 수 있다. '결제할 때마다 알 드려요'와 '최대 100%, 랜덤 알 받기'는 의미가 동일하다. '3천원 할인 불금쿠폰'은 제목, 설명, 이미지에서 세 번 반복된다. 한 문장만 써도 의미 전달에 전혀 지장이 없다.

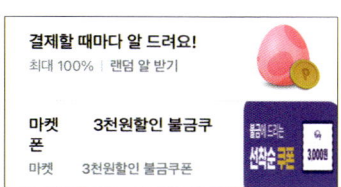

그림 6.13 같은 의미의 단어가 반복되는 화면 (출처: 카카오페이)

6.3.2. 쉽게 쓰기

쉽게 써라. 사용자가 생각하게 하지 말라. 해석할 필요 없이 눈에 보이는 대로 이해되면 글을 더 많이 읽는다.

먼저 일상 용어를 사용하자. 사용자가 궁금해할 만한 내용을 사용자의 언어로 쓴다. 그림 6.14는 조선 시대 궁궐의 소개 글이다. 우리는 위치를 말할 때 '북악산 왼쪽 봉우리 응봉자락'이라고 말하지 않는다. '북악산 아래에 있다' 같은 표현이 더 쉽다. '경복궁의 이궁'이라는 표현도 어렵다. '경복궁에서 정사를 돌보고, 창덕궁에서는 휴식을 취했다'처럼 풀어 쓰거나, 꼭 이궁이라는 단어를 써야 한다면 각주로 의미를 알려준다.

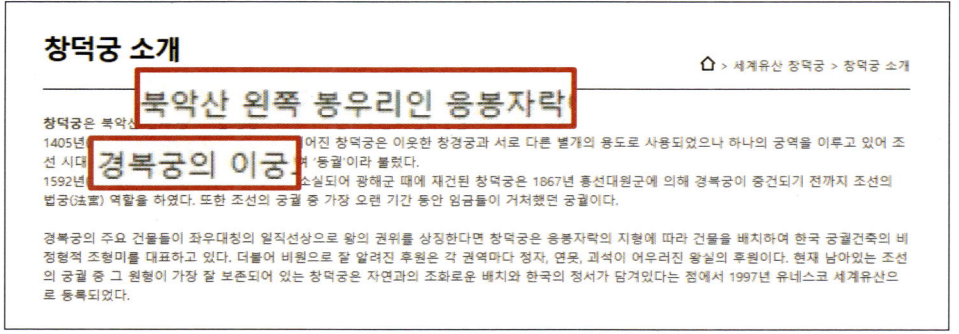

그림 6.14 잘 쓰지 않은 표현을 써서 이해하기 어려운 글 (출처: 창덕궁 관리소)

그림 6.15의 왼쪽 이미지에서는 '대출 가능 금액'이나 '예상 대출 조회'와 같은 뻔한 말 대신 '이만큼 대출이 가능했어요'라고 사용자의 생각을 그대로 적어서 더 쉽고 브랜드에 애정이 생긴다. 오른쪽 그림은 일상의 상황을 금융 상품 이름에 녹였다. 금융 상품을 이름이 아닌 '배당금을 매달 또박또박 받았으면', 또는 '커피 안 사 먹고 저축해야지'처럼 목적으로 접근한다. 어려운 금융 용어 대신 생활의 필요가 들어가니 금융 상품이 더 직관적으로 이해된다.

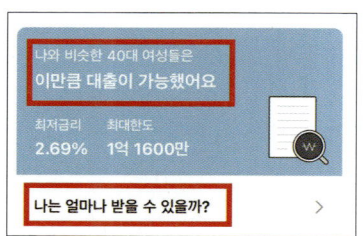
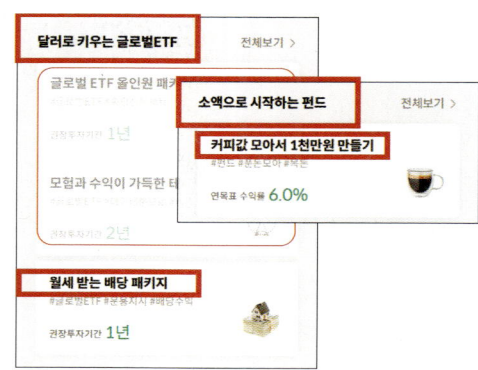

그림 6.15 사용자의 상황을 글에 녹인 화면들 (왼쪽: 카카오페이, 오른쪽: 파운트)

일상의 용어라도 정확하지 않으면 혼란을 준다. 개념은 정확해야 하고, 제목과 본문은 일치해야 한다. 그림 6.16에서는 월정액 서비스를 설명한다. 월정액은 달마다 고정으로 비용을 지급하는 것이다. 하지만 상세 설명은 주기적인 세탁이라는 표현을 썼다. 주기적인 세탁은 일정한 기간마다 맡기는 것이다. 월정액 서비스를 이용하면 꼭 주기적으로 세탁해야 하는지 혼란을 줄 수 있다.

그림 6.16 제목과 본문의 내용이 달라 혼동을 일으키는 사례 (출처: 런드리고)

어려운 한자어, 외래어, 전문용어의 사용을 자제하자. 누구나 다 아는 단어이고 이해하기 쉽다면 괜찮다. 그러나 작가는 어려운 단어도 익숙해하는 경향이 있고, 타깃 집단이 알 거라고 가정하고 전문 용어를 사용했지만 사용자가 이해하지 못하는 경우도 많다. 꼭 써야 하는 전문 용어라면 사용자를 대상으로 테스트하는 편이 안전하다. 닐슨 노먼 그룹은 전문가 집단이라도 누구나 쉬운 단어를 좋아하기 때문에 쉬운 단어가 더 좋은 선택이라고 권고한다. 그림 6.17에서 런드리나 베딩은 일상적으로 사용하는 단어가 아니다. 런드리 대신 물빨래나 이불 빨래가 더 쉽다.

그림 6.17 잘 사용하지 않는 외래어를 사용 (출처: 런드리고)

내용이 일관적이면 이해하기가 더 쉽다. 같은 의미를 다른 단어나 다른 디자인으로 제공하면 그때마다 글자의 의미를 새로 해석해야 해서 어려워진다. 추상적인 단어 대신 구체적인 단어를 사용하는 것도 쉽게 쓰는 방법의 하나다. 그림 6.18의 왼쪽 이미지에 쓰인 '273kcal 대신 식빵 한 뭉치만큼의 칼로리'라는 표현은 273칼로리라는 숫자보다 재미있고, 생활의 의미와 연결되어 더 쉽게 다가온다. 오른쪽 이미지의 배너에 쓰인 '두근거리는 미래'나 '벗과 함께 차별받지 않는 세상'은 추상적이라 후원의 성격을 전혀 알 수 없다. 사용자는 어떤 미래를 위해 후원해야 하는가? 성소수자가 차별받지 않아서 두근거리는 미래인가? 탄소중립이 실천되어 두근거리는 미래인가? 내용이 구체적일 때 사람들은 더 잘 이해하고, 잘 이해해야 행동이 늘어난다. 구체적인 표현보다 후원의 내용과 관련된 한 사람의 삶을 보여줄 때 후원액이 늘어난다는 연구 결과도 있다.

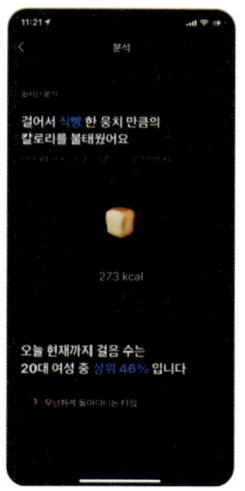 

그림 6.18 숫자에 담긴 구체적인 의미를 제공(왼쪽: 토스),
후원의 성격을 추상적으로 제공(오른쪽: 한겨레신문)

6.3.3. 유용하게 쓰기

실생활의 의미와 연결해서 상황과 감정에 맞게 써라. 코로나바이러스에 효과적인 마스크를 골라야 하는데, 식약처가 인증했는지 여부를 대부분 사용자가 궁금해하는가? 만약 그렇다면 식약처가 인증했다는 사실은 실생활에 어떤 의미를 주는가? 식약처 인증 마스크만 써야 한다는 의미인가? 그렇다면 식약처가 인증하지 않은 마스크는 쓰지 말아야 하는가? 이렇게 사용자 입장에서 질문을 던지면서 사용자에게 유의미한 정보로 압축해 간다.

그림 6.19의 '잘하고 있어요'라는 칭찬에는 '지금처럼 유지하세요', '최근 1년 이내에 연체가 없으셨네요'와 같은 진짜 메시지가 담겨 있다. 실생활의 의미와 연결시키니 기분 좋고 유용하다. 상황과 감정에 맞게 쓰는 것도 필요하다. 화난 사람 앞에서 유머를 던지지 않는 것과 같은 이치다.

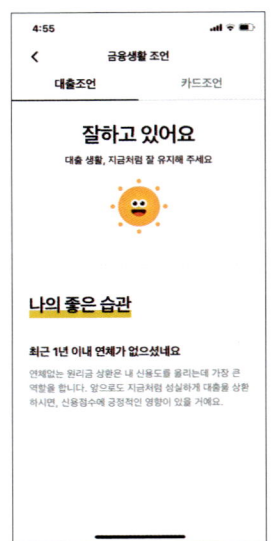

그림 6.19 대출 상황에 대한 실생활의 의미를 알려주는 사례 (출처: 카카오페이)

구글 호텔 검색의 기존 타이틀은 '예약하기'였다. 하지만 빈방이 있는지 찾는 단계에서 '예약'이라는 타이틀은 사용자에게 부담을 준다고 판단해서 예약 대신 '빈방 찾기'로 타이틀을 바꿨다. 사용자가 서비스를 이용하는 상황에 맞는 용어로 바꾸자 전환율이 17% 상승했다.

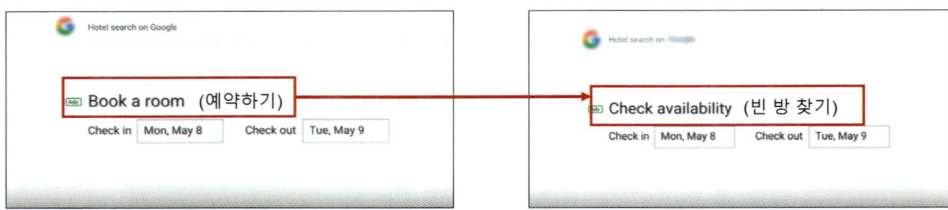

그림 6.20 사용자의 상황에 맞는 내용으로 바꾸고 전환율이 상승한 사례[6]

---

6 구글 I/O '17, "How Words Can Make Your Product Stand Out"

6.4. 콘텐츠 스토리텔링

사람은 누구나 이야기를 좋아한다. 시대를 막론하고 아이들은 뻔한 전래동화에 열광한다. 해와 달이 된 오누이 이야기를 들으며 자신과 주인공을 일체화시킨다. 남매가 행여나 호랑이에게 문을 열어줄까 봐 조마조마하다. 호랑이에게 쫓길 때는 마치 내 뒷덜미가 잡힐 듯 가슴이 오그라든다. 끝내 착하고 순진한 남매를 구해주는 하나님에게 감사하고 앞으로 착하게 살겠다는 다짐도 한다. '밤길을 조심해라', '혼자 있을 때 낯선 사람에게 문 열어 주면 안 된다'라고 말하지 않지만 아이들은 이 교훈을 온몸으로 흡수한다. 이것을 부모님이 말로 하면 '잔소리'가 된다. 잔소리에는 진실이 없을까? 잔소리는 유용하지 않을까? 그렇지 않다. 하지만 효과는 부담 없이 읽어 준 동화책 한 편을 따라가지 못한다. 이것이 이야기의 힘이다. 이야기는 세상의 다단한 현실을 그럴듯하게 그려서 이야기와 우리를 일체화시키고 주제를 쉽게 이해시키며 이야기 전달자에게 애정을 갖게 한다.

설득력 강한 메시지에 대한 통찰을 담은 『스틱!』에서는 스토리가 행동을 고치시킨다[7]고 전한다. 스토리는 추상적인 교훈에서 담지 못하는 맥락을 보여준다. 특정한 주제를 일상적인 삶의 형태로 보여줌으로써 다소 추상적이고 익숙하지 않은 개념이라도 뇌가 잘 시뮬레이션하게 돕는다. 또한 이야기에 감정 이입을 하면서 감정적인 반응을 일으키고 이 감정이 행동으로 전환하게 한다. 수잔 웨인쉔크는 『모든 기획자와 디자이너가 알아야 할 사람에 대한 100가지 사실』에서 일화가 데이터보다 설득적[8]이라고 말한다.

그림 6.21의 현대그룹 홈페이지의 '나의 삶' 메뉴에서는 현정은 회장의 인생사를 제공한다. 기업가 집안에서 성장한 어린 시절부터 학업 이야기, 연애와 결혼 이야기, 현대가 며느리로서의 경험을 사진과 함께 보여준다. 귀여운 어린 시절 모습, 학창 시절 친구들과 찍은 사진, 자녀를 안고 웃는 사진을 보노라면 현대라는 거대 그룹 뒤에 살아 숨 쉬는 인간이 보인다. 개인사를 따라가다 보면 그녀도 딸로서, 며느리로서 살아가는 우리와 다를 바 없는 한 인간이라는 친근감이 느껴지고, 가정사의 비극을 딛고 일어나 기업을 성장시킨 강인함에 숙연해지기도 한다. 그렇게 이 기업이 한층 더 가까워진 느낌이다.

---

[7] 칩 히스 · 댄 히스, 『스틱!』(웅진지식하우스, 2022)
[8] 수잔 웨인쉔크, 『모든 기획자와 디자이너가 알아야 할 사람에 대한 100가지 사실』(위키북스, 2021)

그림 6.21 현정은 회장의 인생사를 닮은 글 (출처: 현대그룹〉 CEO〉나의 삶)

정주영, 정몽헌 회장 기념관에서 1998년 정주영 회장이 소 1,001마리를 몰고 북한으로 가 김정일 위원장에게 선물로 주던 광경이 보인다. 창업주와 그 일가의 이야기에 빠져 있노라니 어린 시절의 추억이 떠오르면서 이 기업의 가치관이 실감나게 다가온다. 이제 그림 6.22의 '기업은 국가와 민족의 것이라는 신념', '남북 모두에게 이득이 되는 금강산 관광사업과 개성 공단 사업을 반드시 성공시켜 남북 경제가 활짝 웃는 민족 공동 번영의 시대'라는 추상적인 비전이 조금은 더 구체적으로 다가오는 듯하다.

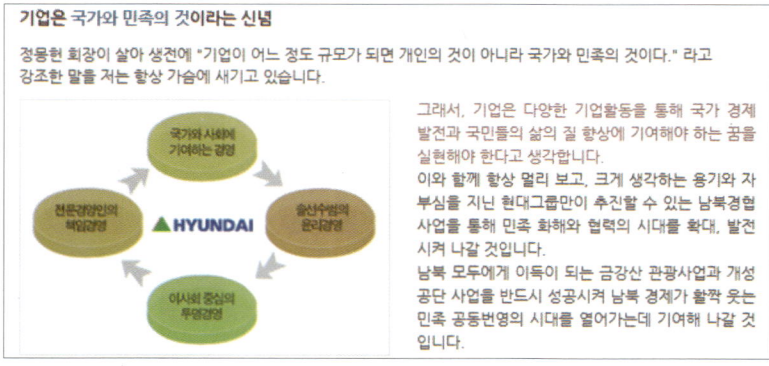

그림 6.22 그림 6.21에서 현정은 회장의 개인사를 이해하고 나니 추상적인 기업 비전이 더 잘 이해된다
(출처: 현대그룹〉 CEO〉 경영 철학)

디즈니랜드도 회사의 뒷이야기를 실감 나게 전해서 기업에 애정을 갖게 하는 데 탁월한 능력을 보여준다. 디즈니 파크 블로그(Disney Parks Blog)에 가보면 디즈니를 만들어 가는 사람들 소식, 새로 출시하는 인형 소식, 놀이 시설 새 단장 소식, 파리 디즈니랜드에서 드론 기술을 활용한 불꽃놀이 소식 등 전 세계 디즈니랜드에 대한 모든 소식을 볼 수 있다. 한 예로 프로덕트 디자인 매니저 스티브 톰슨은 2022년 백설 공주 리미티드 인형을 제작했다. 톰슨이 이 인형을 만든 이야기는 다음과 같다.

> 2020년 작업에 착수했는데, 백설 공주와 일곱 난쟁이가 디즈니의 첫 번째 공주 시리즈인 만큼, 이 기업의 역사적인 주인공으로서의 왕족의 지위를 부여하고 싶었다. 그래서 백설 공주에게 여왕의 권위를 부여하기로 했다. 여왕의 권위를 보여주는 드레스를 고민하던 중 아침 산책을 하다가 번뜩 떠올랐다…

이런 스토리를 읽고 있으면 디즈니사의 역사와 작품에 대한 자부심, 상품 하나도 허투루 만들지 않는 완벽함, 목표를 향한 집중력을 느낀다. 무엇보다 이 인형이 무척 사고 싶어졌다. 로버트 치알디니는 『설득의 심리학』에서 '익숙해지면 좋아진다'고 말한다. 잘 아는 것, 자주 보던 것에 더 호감을 느끼고 화자의 견해에 더 설득당한다고 한다.[9] 이야기는 상대를 더 친근하고 더 잘 이해하게 도와 결국 기업에 호감을 가지게 하고 상품 구매로 이어지게 한다.

그림 6.23 백설공주 인형 한정판을 만든 뒷이야기(출처: 디즈니 파크 블로그[10])

---

[9] 로버트 치알디니, 『설득의 심리학』, 21세기 북스, 2023
[10] Behind the Scenes: Making the New Snow White Limited Edition Designer Doll, Disney Parks Blogs

미국의 유명한 카피라이터인 조셉 슈거맨은 『마음에 착 달라붙는 카피 한 줄』에서 글에는 제대로 된 흐름이 필요하고, 사람들이 카피를 읽고 궁금증이 생길 때 다음 문장에서 즉시 궁금증을 해소할 수 있어야 한다[11]고 말한다. 먼저 마음을 사로잡는 헤드라인을 쓴다. 헤드라인에서 바로 이어지는 서브 헤드라인을 쓴다. 계속 다음 문장을 읽고 싶게 만드는 게 핵심이다. 미끄럼틀에서 출발하는 순간 자동으로 내려올 수밖에 없는 것처럼 첫 문장을 읽으면 끝까지 읽게 만든다. 이 책은 핀볼 게임기로 몰입도를 높이는 글의 흐름도를 제시한다. 그림 6.24를 보자.

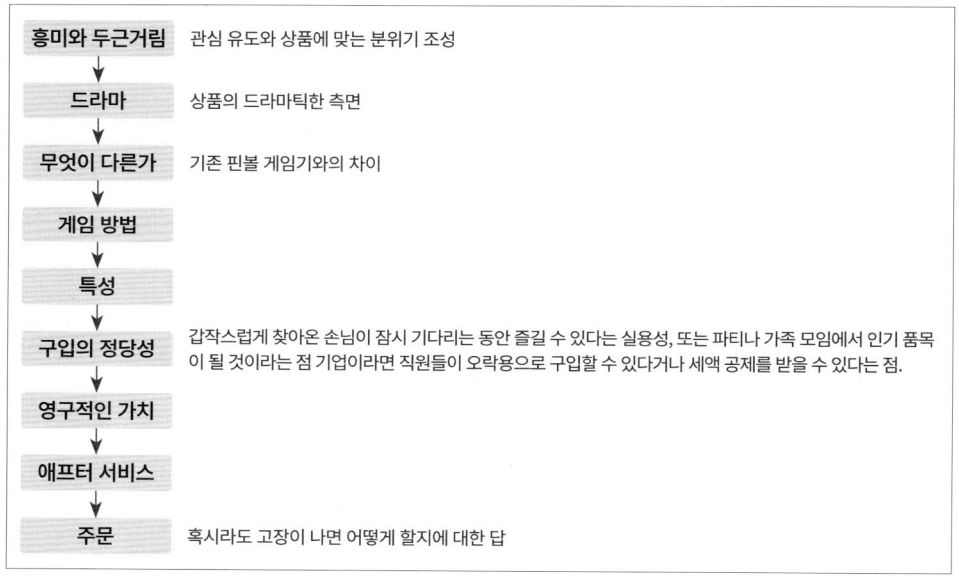

그림 6.24 핀볼 게임기로 이해하는 상품 설명의 흐름

슈거맨은 논리적인 흐름을 지키면서 독자 대신 의문을 제기하고 해결책을 제시하면서 글이 마지막까지 논리적으로 짜임새 있게 연결될 때 주문으로 이어질 확률이 높아진다고 한다. 읽는 이에게 공감을 불러일으키고 관심을 끌 수 있다면 글이 다소 길어도 끝까지 읽는다고 말한다.

---

[11] 조셉 슈거맨, 『마음에 착 달라붙는 카피 한 줄』, 북스넛, 2011

국내의 한 상품 상세 페이지를 보면서 이 흐름이 어떻게 적용됐는지 확인해 보자. V&B 리빙이라는 온라인 리빙 브랜드는 대나무로 만든 두루마리 휴지를 판매한다. 제품의 상세 페이지에서 이 휴지를 설명하는 방식을 보자.

그림 6.25 V&B 리빙의 대나무 365화장지

V&B 리빙의 대나무 365화장지의 상세 페이지 흐름

제목: 자연을 담은 대나무 365

↓

지구환경 UP / 먼지걱정 DOWN

↓

천연 대나무 펄프 100%만을 사용했다.
포름알데히드, 형광증백제, 표백제, 인공향, 잉크가 없다.

↓

대나무를 택한 이유:
세계에서 가장 빠르게 자라서 장대를 자른 후 다시 심을 필요가 없다.
대나무 화장지로 대체하면 5,131,860그루의 나무를 심는 것과 같다.

↓

특징 1
내구성이 좋다(물에 적셔서 꽉 찬 휴지 비교 실험)
   - 찢김과 밀림이 없다
   - 휴지 잔여물이 없다

> **특징 2**
> 여성의 Y 존은 독소 흡수율이 가장 높다. 화학 성분이 많은 화장지를 사용하면 자궁 질환의 원인이 될 수 있다.
> 먼지가 적다. 비염 환자에게 좋다.
>
> **특징 3**
> 3겹이라 도톰하고 부드러워 사용감이 좋다.
>
> ↓
>
> 입증 1: 포름 알데히드 형광 증백제 불검출 인증 결과
> 입증 2: 독성 물질 형광 증백제가 해롭다는 언론 기사 인용
> 입증 3: 포름 알데히드는 산불, 담배연기, 자동차 매연에서 검출되는 물질이다.
>
> ↓
>
> **대나무스토리(만화)**
> 대나무는 빨리 자라 다른 나무보다 훨씬 많은 양의 화장지를 만들어 내고, 다시 심을 필요가 없다.
>
> ↓
>
> 사이즈 정보
> 배송 정보

상세 페이지를 끝까지 읽으면서 대나무 화장지에 대한 궁금증과 걱정거리가 모두 사라졌다. 이 제품이 다른 제품과 어떻게 다른지 완전히 이해되자 다른 제품 찾기를 그만두고 즉시 구매 버튼을 눌렀다.

스토리텔링은 회사나 서비스 뒤에 담긴 사람 이야기가 될 수 있다. 상품이 가지는 내재적인 가치를 생각의 흐름에 따라 정리한 것일 수도 있다. 사용자를 주인공으로 설정하고 특정 기업(기능, 서비스)을 주인공을 돕는 해결사로 등장시킨 드라마를 글이나 애니메이션으로 보여줄 수도 있다. 고차원적인 스토리텔링 기법으로 플로나 인터페이스를 고객과의 상호작용 흐름에 따라 디자인하기도 한다. 어떤 형태든 고객의 상황과 질문, 기대 사항, 우려를 이해하고, 그에 대해 시스템이 고객에게 주는 답을 찾아야 한다. 『Conversational Design』의 에리카 홀은 사용자와 서비스가 대화를 나누는 듯한 디자인을 하려면 제품의 입장만 나열하지 말고 사용자 입장에서 생각하라고 전한다. 에리카 홀은 대화하는 듯한 디

자인을 구현하기 위해 꼭 알아야 할 최소한의 질문과 답을 '최소한으로 작동하는 대화 워크시트(Minimum Viable Conversation Worksheet)"[12]로 만들었다.

표 6.2. 최소한으로 작동하는 대화 워크시트(Minimum Viable Conversation Worksheet)

	고객	시스템
상황	어떤 일이 일어나고 있는가? 어디에 있는가? 어떤 도구, 능력, 정보를 가지고 있는가?	이 상황에서 시스템은 어디에 위치하는가?
사건	문제가 일어났다고 감지한 사건은 무엇인가?	시스템은 이 고객을 어떻게 감지하는가?
의도	이 문제에 대한 고객의 반응은 무엇인가? 이들은 어떻게 요구를 표현하는가?	시스템은 이 의도를 어떻게 기록하는가?
소개	이 고객은 시스템에서 어떻게 인식되는가?	시스템은 이것을 어떻게 의미 있고 신뢰가 가게 보여주는가?
지향점	이 공간에 대한 고객의 개념 모델은 무엇인가?	시스템은 이 공간의 한계를 어떻게 세우고 알리는가?
행동	무엇이 고객과 시스템이 상호작용하게 유도하는가?	어떤 행동이 제공되는가? 이 행동은 고객에게 어떤 가치를 제공하는가?
안내	이 행동을 성공적으로 완수하려면 고객에게는 어떤 도움이 필요한가?	시스템은 어떻게 고객의 성공을 지원하는가?
에러	무엇이 잘못될 수 있는가?	시스템은 어떻게 고객이 다시 제자리를 찾게 돕는가?
마무리	고객은 이 상호작용이 성공적으로 마무리됐음을 어떻게 아는가?	이 시스템은 어떻게 상황을 마무리하고, 미래의 상호작용을 위해 어떤 씨앗을 심는가?

---

[12] 에리카 홀(Erika Hall), 『Conversational Design』, A BOOK APART, 2018

6장 요약

1. **읽게 만드는 제목 쓰는 방법**
   - 글의 문맥을 반영하라.
   - 독자에게 유용한 것을 제안하라.
   - 장난스럽거나 유행 타는 어휘는 피하라.
   - 불필요한 단어는 제거하라.
   - 중요한 키워드는 앞에 써라.

2. **클릭을 유도하는 링크 쓰는 방법**
   - 구체적으로 써라.
   - 진실하게 써라.
   - 중요한 내용을 써라.
   - 명료하게 써라.

3. **짧고 쉽고 유용하게 쓰는 방법**

짧게 쓰기	쉽게 쓰기	유용하게 쓰기
1. 핵심만 전달하라.	1. 일상 용어를 써라.	1. 사람들이 필요로 하는 내용만 써라.
2. 문장, 단락을 짧게 해서 정보를 잘게 분할하라.	2. 정확하게 써라.	2. 실생활의 의미와 연결하라.
3. 도표, 목록을 활용하라.	3. 어려운 한자어, 외래어, 전문 용어, 내부 용어를 자제하라.	3. 상황과 감정에 맞게 써라.
4. 필요 없는 내용, 과도한 수식어 등을 잘라내라.	4. 일관성을 지켜라.	
5. 중복된 내용은 통합하라.	5. 구체적으로 써라.	

4. **콘텐츠 스토리텔링**

   서비스의 뒤에 있는 인간의 모습을 드러내거나 제품의 내용을 논리적인 흐름에 따라 자연스럽게 써 내려가면 사람들은 더 많이 읽고, 더 잘 이해하고, 서비스에 애정을 느낀다.

참고 자료

1. 호아 로랜저(Hoa Loranger), 「Headings Are Pick-Up Lines: 5 Tips for Writing Headlines That Convert 」, 닐슨 노먼 그룹, 2015.8.9, https://www.nngroup.com/articles/headings-pickup-lines/

2. 케이트 모란(Kate Moran), 「Better Link Labels: 4Ss for Encouraging Clicks 」, 닐슨 노먼 그룹, 2019.3.24, https://www.nngroup.com/articles/better-link-labels/

3. 구글 I/O '17, "How Words Can Make Your Product Stand Out"

4. 칩 히스 · 댄 히스, 『스틱』, 웅진지식하우스, 2022

5. 수잔 웨인쉔크, 『모든 기획자와 디자이너가 알아야 할 사람에 대한 100가지 사실』, 위키북스, 2021

6. 로버트 치알디니, 『설득의 심리학』, 21세기 북스, 2023

7. 조셉 슈거맨, 『마음에 착 달라붙는 카피 한 줄』, 북스넛, 2011

8. 에리카 홀(Erika Hall), 『Conversational Design』, A BOOK APART, 2018

7장

전환율을 높이는 글쓰기

지금까지는 콘텐츠의 큰 틀을 잡고 이해하기 쉬운 글을 쓰는 데 초점을 맞췄다면 이 장에서는 글자 하나하나에 집중하면서 서비스의 목표를 이루는 방법을 집중적으로 다룰 예정이다. 카피로 전환 효과를 기대하는 기업이라면 카피의 어떤 요소에 집중하고 어떤 노력을 기울여야 하는지 알아보자.

7.1. 마이크로카피

마이크로카피는 한두 단어나 문장에 불과할 정도로 짧지만 적절한 곳에 위치한 적합한 글자는 복잡한 프로세스나 긴 글을 대신할 정도로 강력한 효과를 낸다. 이 책에서 다루는 대부분의 UX 라이팅 원칙을 마이크로카피에 적용할 수 있지만 마이크로카피가 중요한 만큼 이 장에서 따로 떼어 다루려 한다. 마이크로카피는 무엇이고, 어떻게 더 잘 쓸 수 있을까? 왜 우리는 마이크로카피에 노력을 기울여야 할까?

7.1.1. 마이크로카피의 정의

마이크로카피는 사용자가 취하는 행동과 관련된 짧은 단어나 문구를 말한다. 사용자에게 동기를 부여하거나 필요한 내용을 그 자리에서 알려주거나 행동 이후에 피드백을 준다. 마이크로카피는 문제가 되거나 격려가 필요한 바로 그 자리에 적합한 문구를 제시하는 것이 **핵심이다.** 뉴스레터를 신청할 때 '이 뉴스레터는 길이가 짧다'고 알려줌으로써 사용자의 걱정을 덜어주거나, 회원 가입을 꼭 하지 않아도 되는 상황에서 '가입하면 배송 정보를 추적할 수 있어요'처럼 혜택을 제시하기도 한다. 적절한 곳에 위치한 적절한 마이크로카피는 사용성을 향상시키고 브랜드와 긍정적인 관계를 맺게 해준다.

마이크로카피의 정의[1]
- 인터페이스에서 사용자가 취하는 행동에 직접 관련된 단어 또는 문구

마이크로카피의 용도
- 사용자 행동 이전의 동기 부여
- 사용자 행동에 동반되는 지침
- 사용자 행동 이후의 피드백

마이크로카피 예시[2]
- 뉴스레터 신청할 때 "**이 뉴스레터는 길이가 짧아요**"라고 쓰기
- 사용자가 이메일을 써야 할 때 "**우리도 당신만큼 스팸을 싫어해요**"라고 쓰기
- 무료로 신청할 때 "**언제든 해지할 수 있어요**"라고 쓰기
- 유료 애플리케이션을 팔 때 "**무료 기간이 있어요**"라고 알려주기
- 고객 정보를 저장할 때 "**언제든 정보를 삭제할 수 있어요**"라고 쓰기
- 회원 가입이 선택일 때 "**가입하면 배송 정보를 추적할 수 있어요**"라고 쓰기

7.1.2. UX 라이팅과 마이크로카피의 관계

많은 사람이 UX 라이팅과 마이크로카피를 동일한 의미로 사용한다. UX 라이팅과 마이크로카피가 동일하다면 UX 라이터는 마이크로카피를 쓰는 사람일까? 마이크로카피를 본격적으로 알아보기 전에 먼저 UX 라이팅과 마이크로카피의 관계를 짚어 보자. UX 라이팅은

---

[1] 킨너렛 이프라(Kinneret Yifrah), 『마이크로카피』, 에이콘, 2020
[2] 조슈아 포터(Joshua Porter), Writing Microcopy, bokardo, http://bokardo.com/about/, 2009.

사용자 경험과 관련된 모든 언어와 체계를 다룬다. 쉬운 언어, 사용자가 알고 싶어 하는 내용, 자연스러운 흐름을 가진 글, 브랜드에 호감을 갖게 하는 말솜씨, 편리하고 직관적인 내비게이션 언어, 적절한 안내, 일관된 언어, 사용자가 읽기 편하게 편집한 글 모두가 UX 라이팅이다. 마이크로카피는 이 중에서 서비스 안의 중요한 행위 근처에 위치한 글을 다룬다. 서비스에 유익한 행동, 예를 들면 상품 주문, 검색, 회원 가입, 양식 작성, 공유 같은 행위에 직접적인 영향을 끼친다. 주요 액션 근처에 있는 적합한 글자로 이용 과정이 매끄러워지고, 모르는 내용을 안내받고, 유쾌한 경험을 하게 돕는다.

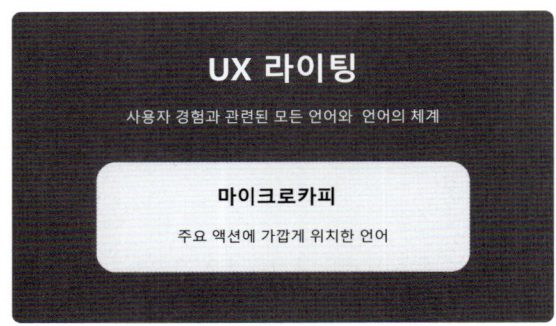

그림 7.1 UX 라이팅과 마이크로카피의 관계

7.1.3. 좋은 마이크로카피 쓰는 방법

좋은 마이크로카피를 쓸 때는 다음과 같은 점에 주의하자. 각 항목을 하나씩 살펴보자.

1. 서비스 입장이 아닌 사용자 입장에서 써라.
2. 사용자가 매끄러운 경험을 하게 도와라.
3. 사용자의 걱정을 덜어줘라.
4. 사용자를 즐겁게 하라.
5. 사회적 증거를 제시하라.
6. 사용자를 존중하라.

서비스 입장이 아닌 사용자 입장에서 써라

사용자는 카피를 보고 2~3초 안에 행동을 결정한다. 사용자의 행동을 끌어내려면 사용자가 무엇을 얻을 수 있는지 분명히 알려줘야 한다. 그림 7.2의 상단 왼쪽 그림에서는 '검색어'가 아니라 '찾는 맛집 이름'이라고 사용자의 상황을 제시한다. 상단 오른쪽은 '배민 1은 한 번에 한 집만 배달하는 서비스'로 그렇기 때문에 사용자가 빨리 받을 수 있다는 의미를 전달한다. 하단의 그림은 한 송금 서비스에서 보낸 문자 메시지다. 자잘한 설명 없이 송금 수수료가 사라진다는 사용자 혜택만 큼지막하게 적었다.

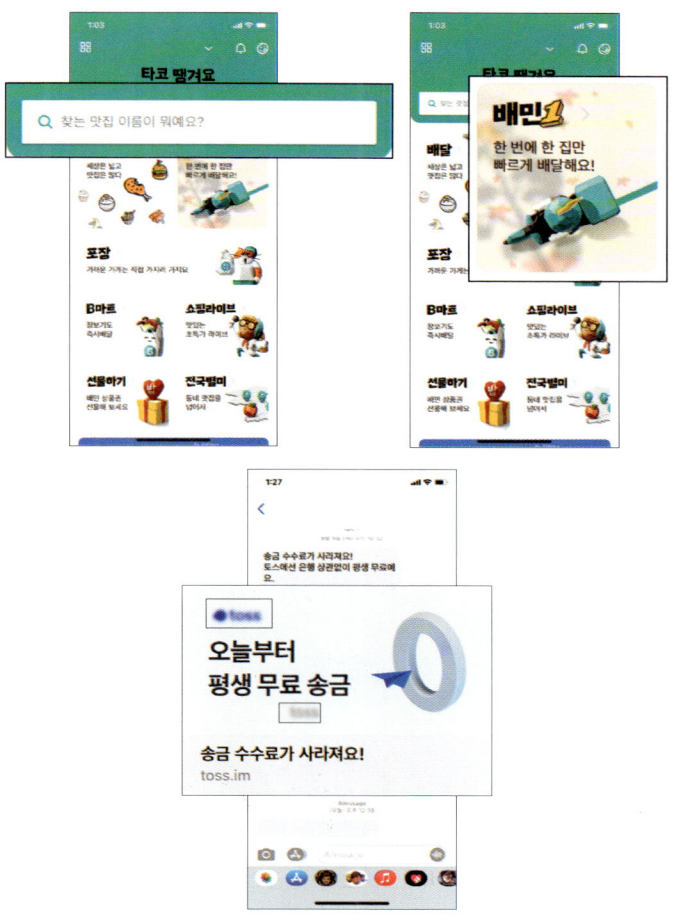

그림 7.2 사용자 혜택이나 상황을 적은 마이크로카피 (위: 배달의민족, 아래: 토스 뱅크)

매끄러운 경험을 하게 도와라

사용자가 서비스에서 여러 이유로 멈추게 되는 지점이 있다. 다음에 뭘 해야 하는지 모르거나 무슨 뜻인지 몰라서 그만두기도 하고 헤매기도 한다. 문제되는 지점에 있는 간단한 힌트 하나가 사용자 여정을 부드럽게 이어준다. 그림 7.3은 데이터 포맷을 알려주는 다양한 방식을 보여준다. 아이디, 비밀번호 규칙, 날짜 입력 방식과 같은 데이터 포맷을 알려주니 입력할 때 고민과 시간이 줄어든다.

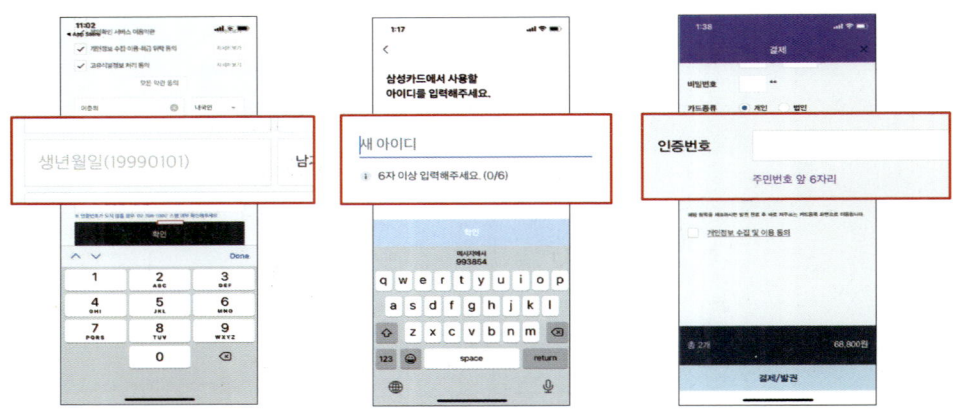

그림 7.3 데이터 포맷을 알려주는 마이크로카피 (왼쪽: 체크페이, 가운데: 토스, 오른쪽: 코레일톡)

그림 7.4는 리뷰를 올릴 때 '식품 리뷰는 이런 걸 올려주시면 좋다'라고 알려줘 어떤 리뷰를 쓸지에 관한 고민을 덜어준다.

그림 7.4 리뷰 작성 방식을 알려주는 마이크로카피 (출처: 네이버 쇼핑)

사용자의 걱정을 덜어줘라

서비스를 이용하는 동안 내 정보가 안전한지, 데이터는 잘 보관되는지 의심 들 때가 있다. 이때 우려를 덜어주는 마이크로카피로 사용자를 안심시키고 회사를 신뢰하게 만들자. 그림 7.5는 대출을 '1분안에 끝내드릴게요', '몇 번을 조회해도 신용점수나 대출에 영향이 없어요'라고 알려줘서 온라인 대출의 우려를 덜어준다.

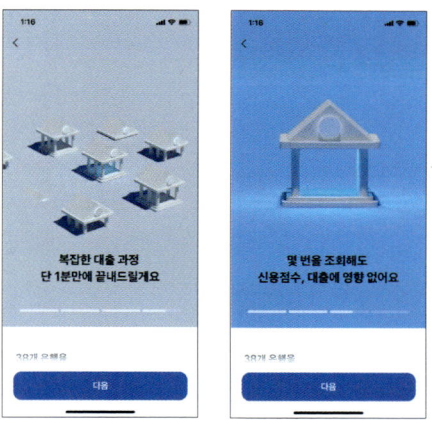

그림 7.5 대출의 우려를 덜어주는 마이크로카피 (출처: 토스 대출)

그림 7.6에서는 이메일 주소가 필요한 이유를 '성과 보고서를 발송하고 비밀번호를 찾기 위해서'라고 알려준다. 또한 인증번호를 받지 못할 경우 어떻게 하라고 선제적으로 알려줌으로써 혹시 발생할 수 있는 사고에 대처하는 방법을 알려준다.

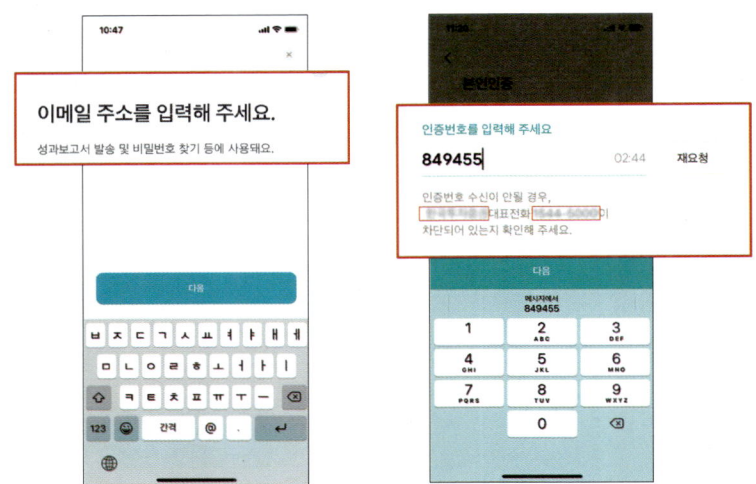

그림 7.6 (왼쪽) 사용자 정보를 어떻게 활용하는지 알려주어 사용자를 안심시킨다.
(오른쪽) 문제가 생길 때 대처 방법을 미리 알려준다. (출처: 미니스탁)

사용자를 즐겁게 하라

사람들은 긍정적이고 밝은 분위기에서 더 잘 설득된다. 적절하게 흥겨운 톤은 서비스에 애착을 갖게 하고 동기를 자극한다. 그림 7.7 왼쪽의 '내일 아침에 만나요!'는 기대감을 불러일으킨다. 오른쪽의 '타코 땡겨요', '세상은 넓고 맛집은 많다'는 흥겨움을 유발해서 식욕을 자극한다. 아이콘, 색상, 카피 등의 모든 요소에서 일관된 분위기를 전한다.

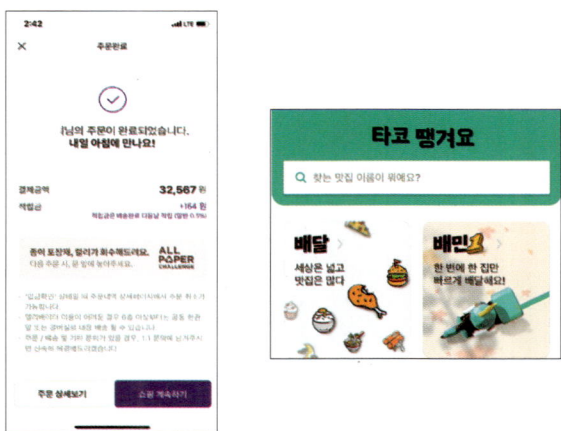

그림 7.7 흥겨움을 유발하는 마이크로카피 (왼쪽: 마켓컬리, 오른쪽: 배달의 민족)

사회적 증거를 제시하라

사회적 증거는 제품의 신뢰를 높여 선택을 촉구한다. 사람은 결정할 때 다른 사람의 행동을 따라 함으로써 인지 부담을 줄인다. 사회적 증거는 여행, 숙박 서비스에서 특히 많이 활용한다. 그림 7.8의 왼쪽 이미지는 '흔치 않은 기회다', '보통 예약이 다 차 있다'라고 말해서 지금 선택하지 않는 것에 조급한 마음을 갖게 한다. 가운데 이미지는 '4개 남았다'라고 하면서 다른 사람의 선택을 내 선택의 준거로 활용하라고 촉구한다. 오른쪽 그림처럼 전문가나 유명인의 증언을 이용하기도 한다.

그림 7.8 사회적 증거를 제시하는 다양한 마이크로카피 사례들
(왼쪽: 에어비앤비, 가운데: 호텔스 닷컴, 오른쪽: 유니세프)

사용자를 존중하라

마이크로카피를 쓸 때는 사용자를 존중해야 한다. 버튼 글자가 전환율에 영향을 미친다고 사용자의 수치심이나 죄책감을 건드려 행동을 조정하는 글자를 적기도 하는데, 이런 것을 다크 넛지, 또는 컨펌 셰이밍이라고 한다. 이러한 글은 단기적으로는 전환율을 높일 수 있지만, 장기적으로는 브랜드 인지도를 낮출 수 있으니 주의하자.

그림 7.9는 조리법을 알려주는 뉴스레터 신청 페이지다. 신청 거부 버튼은 찾기 어려울 정도로 작고, 신청 버튼에 쓰인 글자는 "됐어요, 오늘 저녁은 전자레인지에 데워 먹을게요 (No thanks, I'll have a microwave dinner tonight)"이다. 뉴스레터를 신청하지 않는 사용자를 얕보는 듯하다.

그림 7.9 사용자를 존중하지 않는 마이크로카피[3]

7.1.4. 마이크로카피의 효과

제품의 UX 라이팅이 좋다면 글이 자연스럽고 편하다. 너무 자연스러워서 좋다, 나쁘다는 판단조차 생기지 않는다. 서비스에 들어온 목적을 금방 수행하고 나가거나, 주변의 재밌는 것들을 탐색한다. UX 라이터는 사용자가 서비스에서 편하게 활동하도록 수면 아래에서 쉬지 않고 발을 굴려야 한다(반대가 되면 곤란하다).

그러나 현실을 돌아보자. 새로운 기능도 만들어야 하고, 보고서도 써야 하고, 다른 팀과 협의하고 설득해야 한다. 글자 하나, 또는 수려한 문장을 위해 시간이나 비용을 들이는 것은 사치로 보인다. 과연 그럴까? UX 라이팅과 마이크로카피에 투자했을 때의 실질적인 효과를 살펴보자.

사용이 쉬워서 더 행동하게 한다

사용자들이 서비스를 이용하다가 용도를 이해하지 못하거나, 어떻게 시작할지 모르거나, 원인을 알 수 없는 오류가 발생하거나, 무엇을 어떻게 기입해야 할지 몰라서 시작을 안 하거나, 사용을 멈춘다. 중요한 서비스 플로를 면밀히 살펴서 사용자가 어떤 부분에서 왜 멈추는지를 조사하자. 정보가 없다면 추가하고, 설명이 어렵다면 쉽게 고치고, 실수가 일어나는 부분에는 실수를 방지하는 팁을 알려주자. 사용자는 잘 이해되고 사용이 매끄러울수록 더 많이 행동한다.

---

[3] 케이트 모란(Kate Moran) & 킴 살라자(Kim Salazar), 「Stop Shaming Your Users for Micro Conversions」, 닐슨 노먼 그룹, 2017, https://www.nngroup.com/articles/shaming-users/

그림 7.10은 음성을 녹음하는 앱에서 새로운 노트를 만드는 화면이다. 이 화면에는 노트 만들기 기능만 있는 것이 아니라 그 기능을 활용하는 방법도 알려준다. 녹음을 하거나 파일 업로드를 할 때 새로운 노트를 만들면 된다고 한다. 생활에서 어떻게 활용할지를 알려주니 그런 상황에 닥쳤을 때 노트를 만들 가능성이 커진다.

그림 7.10 노트를 어떤 상황에서 만드는지를 알려주어 사용을 더 유도한다 (출처: 클로바노트)

그림 7.11은 미국 주식장이 마감된 후 보이는 주식 정보다. 프리마켓 옆의 물음표를 터치하니 '프리마켓 시간에 주식 매수 예약을 누르면 정규장이 시작됐을 때 거래가 체결된다'고 알려준다. 어려운 용어를 그 자리에서 쉽게 풀어주니 비슷한 상황에 처하는 사용자들은 더 집중하게 된다. 예를 들어 주식 거래 시간을 기다리다가 매수 타이밍을 놓칠까 걱정되는 사용자라면 프리마켓 상황이라도 구매하기 버튼을 누를 가능성이 높다.

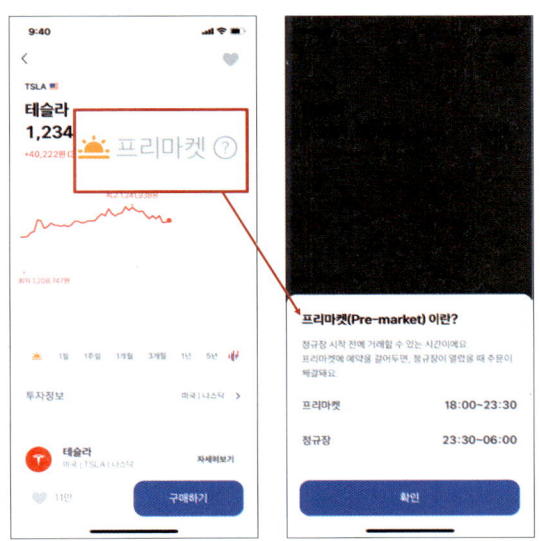

그림 7.11 어려운 용어를 그 자리에서 알려주어 궁금증을 해소시키는 마이크로카피 (출처: 토스 증권)

그림 7.12에서는 아이디를 6자 이상 입력해야 한다는 사실과 현재 입력하는 글자가 몇 번째 글자인지를 알려준다. 문자를 입력하는 바로 그 순간에 조건 충족 여부를 바로 알 수 있으니 조건에 맞춰 헤매지 않고 쉽고 빠르게 아이디를 생성할 수 있다.

그림 7.12 아이디의 조건과 현재 조건 충족 여부를 알 수 있도록 돕는 마이크로카피 (출처: 삼성카드)

걱정을 덜어 서비스를 신뢰하게 된다

디지털 제품을 사용하다 보면 의문과 걱정이 생긴다. 왜 개인 정보를 요구하는지, 왜 약관에 동의하라고 하는지, 개인 정보를 안전하게 보관하는지, 유료 서비스라면 자유롭게 해지할 수 있는지가 걱정된다. 궁금점이나 의심이 남아 있으면 사용자들은 섣불리 행동하지 않는다. 회사가 왜 사용자의 정보를 요구하는지, 어떻게 활용하는지, 원하지 않을 때 취소할 수 있는지 등을 명료하게 알려주면 걱정이 사라지고 신뢰가 생긴다. 걱정이 완전히 해소되면 주저하던 행동이라도 해볼 만해진다.

그림 7.6의 왼쪽 이미지를 다시 보면 이메일 주소를 요구하는 이유를 '성과보고서를 발송하고 비밀번호를 찾기 위해서'라고 알려준다. 내 개인 정보를 수집할 목적이 아닌 것을 확인하니 안심이 된다. 그림 7.5의 오른쪽 이미지는 대출에 대한 걱정을 안심시킨다. 대출을 조회하다 보면 신용 점수가 깎이지 않을까 걱정이 생기는데, "몇 번을 조회해도 신용점수, 대출에 영향이 없어요"라고 말해주니 대출을 조회하는 거리낌이 사라진다.

한 글쓰기 플랫폼은 연말에 일 년간의 활동을 결산한 작가 카드를 발급해 주었다. 그림 7.13은 이 카드를 신청하는 화면이다. 카드 발급을 위해 개인정보 수집과 이용에 동의해 달라고 한다. 개인정보 정책에 동의하는 것은 언제나 꺼림칙하지만 작가 카드를 발급받고 싶다는 목적이 분명하니 거부감이 덜 생긴다.

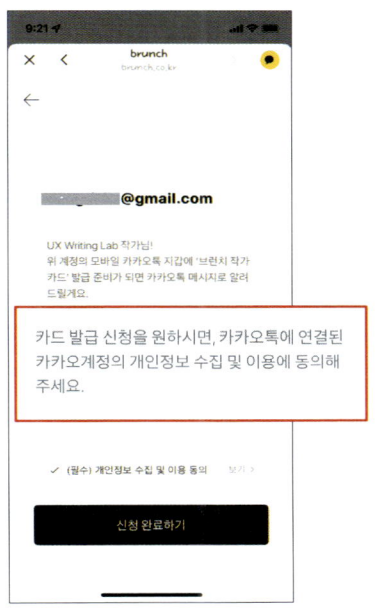

그림 7.13 개인정보 수집 동의의 이유를 알려주는 글 (출처: 브런치 카카오톡 메시지)

그림 7.14는 온라인 예약 완료 화면이다. 온라인으로 예약하고 따로 적어놓지 않으면 약속을 지키지 않을까 불안하다. 업체로서도 손님이 예약한 사실을 잊고 나타나지 않으면 손해가 크다. 이 서비스는 예약 시간이 다가오기 전에 알림을 준다고 말한다. 손님은 별도로 기록하는 수고를 하지 않아도 되고, 업체는 예약 손님이 나타나지 않는 위험을 줄일 수 있다. 온라인 예약의 편리함을 경험한 고객과 업체는 시스템을 신뢰하고, 앞으로도 이 서비스를 이용하게 될 것이다.

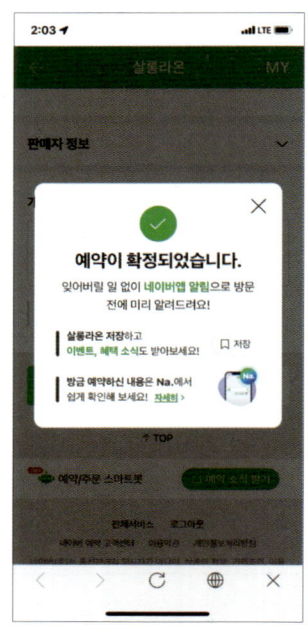

그림 7.14 예약을 잊을까 걱정을 덜어주는 글 (출처: 네이버 예약)

동기부여로 서비스 활동이 증가한다

적절한 카피는 사람들이 기분 좋게 제품을 둘러보고 행동하게 한다. 때로는 격려하기도 하고, 기분 좋게 하기도 하고, 용도를 알려주기도 한다. 제품을 왜 이용해야 하는지, 어떻게 이용해야 하는지를 알려주고, 때로는 재미있는 표현으로 기분을 들뜨게 하고 긴장을 완화시킨다. 목적이 분명하고 기분이 좋아진 사용자는 기꺼이 서비스 안에서 돌아다니고 클릭한다.

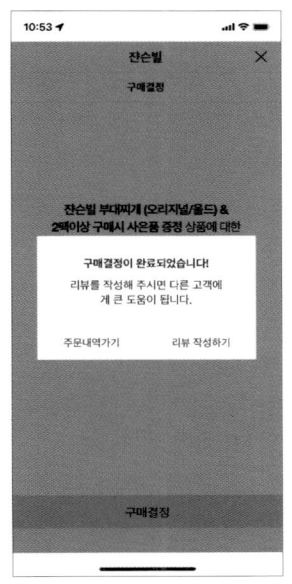

그림 7.15 리뷰 작성을 유도하는 마이크로카피(출처: 카카오쇼핑)

그림 7.15는 후기 작성을 권고하는 팝업이다. '리뷰를 작성해 주세요'라고 하거나 '리뷰를 작성하면 포인트를 적립해 드립니다'라고 할 수 있지만, '리뷰를 작성하면 다른 고객에게 도움이 된다'고 썼다. 사람들은 누구나 좋은 사람이 되기를 원한다. 물리적인 혜택으로 일시적인 만족감을 얻지만, 다른 사람을 돕는다면 더욱 차원 높은 자아 존중감을 가지게 된다. 이 글은 높은 차원의 동기를 자극함으로써 '비록 후기 쓰는 건 귀찮지만, 다른 사람을 위해서 써야겠어'라는 마음을 가지게 한다.

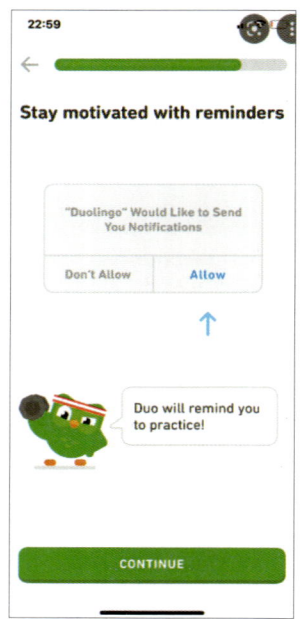

그림 7.16 알람 설정을 권고하는 글 (출처: 듀오링고)

그림 7.16은 학습 과정을 알람으로 받으라고 권한다. '알람을 설정하라'고 말하지 않고 '(알람으로) 학습 의욕을 유지하세요(Stay motivated)'고 말한다. 이미지와 색상, 글자의 적절한 조합으로 화면 전체가 학습 의욕을 고취하는 목적에 충실하다. 외국어 공부를 효과적으로 하려면 알람을 설정해야 할 것 같다.

그림 7.18은 그림 7.13에서 설명한 연말 작가 카드 발급을 알리는 카카오톡 메시지다. 작가 카드에는 한 해 동안 몇 개의 글을 올렸는지, 구독자가 몇 명인지, 그것이 브런치에서 어떤 위치를 차지하는지 등을 간단히 알려주는데, 작가의 한 해 활동을 돌아보는 한편, 작가로서의 자부심을 갖게 한다. 이 의미를 '수고했어, 올해도!'라는 카피에 함축했다. 서비스의 정체성과 작가로서의 자부심을 잘 연결한 이벤트와 카피로 사용자들은 서비스에 애정을 갖게 되고, 글 쓰는 욕구를 고취시키며, 카드를 발급받고 싶어진다.

그림 7.17 작가로서의 활동을 격려하는 마이크로카피 (출처: 브런치 카카오톡 메시지)

고객 관리와 개발 비용을 줄인다

고객의 질문에 고객 센터 직원이 응대하거나 최적의 디자인을 위해 개발이나 디자인을 새로 바꾸려면 비용과 시간이 많이 든다. 고객의 질문이 예상되는 부분에 미리 글로 답하거나 문제가 있는 부분에 글로 부족한 점을 보완한다면 고객 센터나 개발 작업으로 해결하는 것에 비해 시간과 비용을 절약할 수 있다. 최적으로 문제를 해결할 때까지 임시적인 방어 역할을 하기도 한다. 샌프란시스코에 위치한 기업 금융 회사인 펀드박스(Fundbox)의 UX 라이터인 예일 벤 데이비드는 UX 라이팅은 고객 응대의 필요성을 줄이고, 개발 비용을 절감하고, 고객 유치 비용을 절감해서 기업의 ROI 향상에 도움을 준다[4]고 말한다.

---

4 예일 벤 데이비드(Yale Ben David), Good copy is good business, UX Salon Words 2022

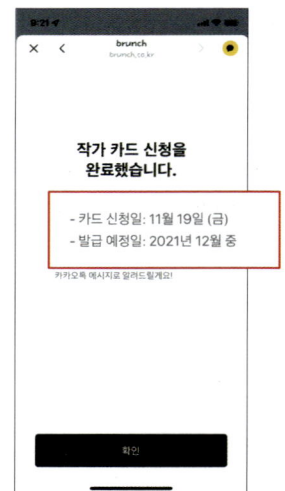

그림 7.18 작가 카드 발급 예정일을 적어 고객 문의를 줄인다 (출처: 브런치 작가 카드 발급 완료 화면)

그림 7.18은 작가 카드를 발급하면 언제까지 카드를 받을 수 있는지 알려준다. 신청 즉시 카드를 받을 것이라고 기대할지 모르는 사람에게 정확한 정보를 알려줌으로써 고객 문의 가능성을 줄였다.

그림 7.19의 왼쪽 이미지는 펀드박스의 결제 취소 창이다. 기간과 수수료가 명기되지 않아 혼동을 초래하고 있었다. 이 문제를 해결하는 이상적인 방법은 가운데 이미지다. 하지만 이렇게 바꾸려면 디자인과 개발 리소스가 투입돼야 한다. 최적의 디자인은 아니지만 인력 투입을 줄이기 위해 현재의 디자인에 필요한 정보만 추가하기로 결정하고 오른쪽 이미지처럼 현재 화면에 혼란을 덜어주는 글자만 추가했다. 결과적으로 비용을 절약하면서 고객의 불편을 줄였다.

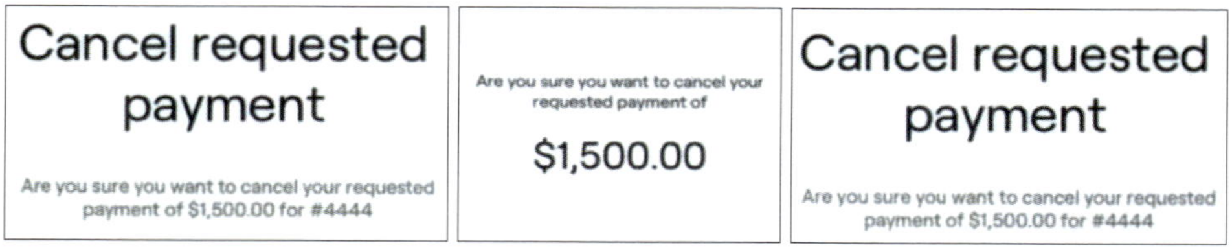

| 현재 서비스 | 최적의 해결안 개발 비용 증가 | 현재 디자인에 마이크로카피만 추가 개발 비용 절감 |

그림 7.19 마이크로카피로 문제를 해결해 비용을 절약한 사례 (출처: Fundbox 결제 취소 화면)

그림 7.20은 마이크로카피로 사용자 유치 비용을 절약한 사례다. 기업 고객이 가입하면 펀드를 조성하기 위한 대시보드라는 것이 만들어진다. 왼쪽 이미지를 보면 펀드박스 크레딧이나 대시보드라는 개념이 보인다. 사용자들은 펀드를 시작하면 그만인데, 펀드박스 크레딧이나 대시보드가 그 의미인 줄 몰라서 시작을 하지 못하고 있었다. 따라서 오른쪽 이미지와 같이 '승인이 완료되어 이제 펀드를 조성할 수 있다'고 사용자 입장의 글로 명료하게 바꿨고, 더 많은 사용자가 서비스를 이용하기 시작했다.

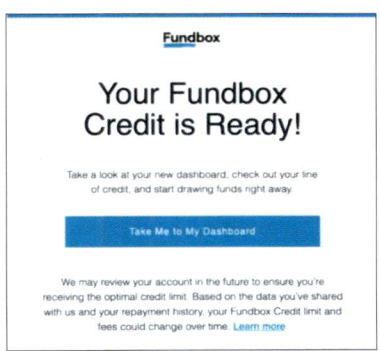 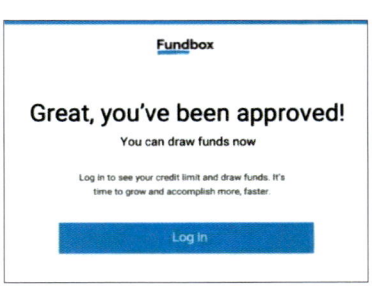

그림 7.20 혼란의 소지를 없애 더 많은 사용자가 서비스를 사용하게 만든 마이크로카피
(출처: Fundbox 가입 완료 화면)

7.1.5. 마이크로카피를 쓸 때 주의할 점

마이크로카피는 비용 효율적이다. 효과는 강력하다. 그렇다고 마이크로카피가 모든 문제의 만능 해결사라는 의미는 아니다. 마이크로카피는 서비스에 좋은 영향을 끼치기도 하지만, 예기치 않은 결과를 낳기도 한다. 마이크로카피가 효과를 보기 위해 고려할 부분을 알아보자.

사용자 경험을 충족시키는가?

마이크로카피는 글로 된 인터페이스다. 카피는 사용자 경험의 일환이다. 글자가 다른 중요한 디자인 요소에 집중하는 데 방해되는가? 반대로 글자가 다른 디자인 요소 때문에 눈에 잘 띄지 않는가? 버튼에 들어가는 글자라면 길이의 제약이 더욱 커진다. 길이가 중요할까, 명료성이 중요할까? 다른 인터페이스 요소와 일관된 용어를 사용하는가? 버튼을 클릭하고 싶은 내용이 적혔는가? 정보의 우선순위가 눈에 잘 띄는가? 눈에 부각되는 곳에 정말 중요한 내용이 담겼는가? 이는 라이팅 집단이 단독으로 결정할 문제는 아니다. 기업의 표준과 가이드를 따르고, 다른 서비스 부서와 조율하고, 회사의 기술 수준이나 인력 가용성을 감안해서 지속해서 모니터링하자.

개발 노력이 얼마나 투입되는가?

모든 변수마다 맞춤한 카피는 훌륭하다. 에러 메시지의 예를 들어 정확히 어떤 지점에서 어떤 문제가 발생했고, 어떻게 해결하는지 정확하게 보여주는 것은 정말 멋지다. 그러나 높은 수준의 맞춤 메시지는 수많은 데이터를 오가며 시스템과 개발에 부하를 주는 존재가 될 수 있다. 사용자와 지원팀 모두를 만족시키고, 법이나 정책까지 만족한다 해도 더 중요한 곳에 기울일 개발 자원을 높은 수준의 개인화에 투입할 만한 가치가 있는지를 저울질하자.

관례와 관습

사용자들은 우리 서비스보다 다른 서비스에서 대부분의 시간을 보낸다. 따라서 개별 서비스의 개성을 드러내는 것 외에 로그인 방식, 검색 방식, 내비게이션과 같이 사회적으로 받아들여지는 언어나 관습이 있다면 관례를 따라야 한다. 사용이 더 편리하고, 서비스 팀에서도 불필요한 에너지 소모를 줄일 수 있다. 대부분 사용자가 장바구니라는 단어를 더 많이 사용한다면 쇼핑 카트라고 하지 말고 장바구니라고 하자. 앱스토어라는 표현에 익숙하다면 앱 마켓이라고 하지 말고 앱스토어라고 하자.

공공, 법률, 의학, 제약, 금융처럼 정보가 어려워 이용 장벽이 높은 서비스에서 UX 라이터가 어려운 글을 사용자 친화적으로 바꾸는 것은 언제나 옳다. 닐슨 노먼 그룹의 사용자 조사 디렉터인 케이트 모란(Kate Moran)은 "수천 건의 사용자 인터뷰에서 정보가 어려워서 과제를 수행하지 못한 수많은 사람을 지켜봤다. 그러나 글이 너무 쉬워서 불만이라는 사람은 단 한 명도 보지 못했다."라고 말한다. 단 예외가 있다. 전문 용어라도 글을 읽는 사람이 더 잘 이해하고 널리 쓰이는 용어라면 그 용어를 그대로 써도 된다. 가령 다른 곳으로 돈을 보낼 때 이체라고 하는가, 돈 보내기라고 하는가, 송금이라고 하는가? 대부분이 이체라는 단어를 쓴다면 돈 보내기라고 풀어 쓴 용어가 자연스러운 이체 행위를 가로막고 한 번 더 생각하게 만들 수 있다.

법률과 정책

사용자들은 궁금해하지 않지만 법적으로 반드시 노출해야 하는 정보가 있을 수 있다. 여건이 허락한다면 어려운 법률이나 정책을 사용자가 이해하기 쉽게 고쳐 쓰자. 글로벌 플랫폼 기업을 필두로 해서 기존에는 건드리지 않던 정책·법률 등을 쉽게 고쳐 쓰는 경향이 생기고 있다. 이런 사용자에 대한 배려는 정보의 개방성과 투명성을 높이면서 사업자에 대한 신뢰를 높인다. 현재 이런 노력을 기울이는 기업이라면 쉽게 고쳐 쓴 글이 법에 저촉되는 부분은 없는지, 누락되거나 애매한 부분은 없는지 법적인 검토를 거쳐야 한다.

시간

아직 국내 기업은 UX 라이터 집단이 없거나, 있다고 해도 소수로 운영된다. 그러나 서비스나 프로젝트 관리자는 서비스에 있는 모든 글자를 전문 작가에게 검수받고 싶어 한다. 이런 상황에서는 전체 콘텐츠의 틀을 잡고 가이드라인을 세우거나 큰 기준을 바탕으로 글을 쓰기보다는 밀려오는 자잘한 수정 요청에 미시적으로 대응하는 일이 많아진다. 밀려 들어오는 요청에 개별적으로 답변하는 방식으로는 글이 좋아지지 못하고, 사내에 올바른 글쓰기 표준이 자리 잡히지 않으며, UX 라이터의 역량도 쌓이지 않는다. 한정된 UX 라이터 자원으로 글의 수준을 전반적으로 끌어올리려면 세부 작업에만 매몰되지 않도록 글의 체계와 기준을 세우고 이를 교육하고 문화화하는 업무를 병행해야 한다. 또한 작가라고 해서 항상 사용자가 단번에 이해하고 전환율이 쑥쑥 높아지는 글을 쓰는 것은 불가능하다. 사용자와 서비스에 대한 이해와 수많은 시도와 실패 경험이 쌓여 점진적으로 글이 좋아진다. 효과 높은 글을 쓰기 위해서 끊임없이 사용자를 관찰하고, 프로젝트팀과 협업하고, 업계 사례를 살펴보면서 시도와 실패를 반복하자.

번역과 현지화

서비스가 글로벌 환경으로 확대되면서 번역과 현지화 작업이 중요해지고 있다. 언어를 번역하면 길이가 달라진다. 콘텐츠 영역이나 버튼에 카피가 어색하지 않게 들어가는지 확인해야 한다. 문화적인 뉘앙스나 사회적·민족적 감성도 고려해야 한다. 모국어에 국한된 표현이나 유행어를 쓰면 모국어 환경에서는 잘 이해되더라도 다른 언어로는 의미가 전달되지 않을 수 있고, 번역 작업에 애를 먹을 수 있다. 최대한 문화적인 영향을 받지 않도록 중립적이고 짧고 쉬운 용어를 쓰자. 구글은 'Writer for a global audience'라는 개발자 문서 스타일 가이드[5]에서 '데이터(날짜, 시간 등) 포맷을 정하자, 본론부터 말하자, 긍정문을 쓰자, 짧게 쓰자, 쉬운 단어를 쓰자, 일관되게 쓰자, 유머·문화·계절적 표현을 지양하자'라고 제안한다.

7.2. 카피와 전환율

온라인 서비스를 운영하는 사람이라면 사용자가 좋아하고 사업적으로도 효과가 있기를 바란다. 사용자가 더 클릭하거나, 더 많이 구매하거나, 좋아요를 더 많이 누르게 하려고 많은 노력을 기울인다. 기업은 사용자의 반응을 높이기 위해 여러 활동을 하는데 버튼이나 페이지의 카피를 수정하는 것도 그런 노력의 일환이다. 사실 카피 최적화로 돈 한 푼 안 들이고 전환율이 높아지는 사례도 많다. 여기서는 마이크로카피로 전환율을 높이는 방법을 알아본다. 본격적인 설명에 들어가기에 앞서 전환과 관련된 개념을 먼저 살펴보자.

전환 관련 개념

CTA(Call To Action)
목표를 달성하기 위해 고객에게 행동을 유도하는 버튼, 배너, 짧은 글

전환(Conversion)
사용자가 하기를 원하는 행동을 사용자가 하는 것

---

[5] 구글, developer documentation style guide, Writer for a global audience

전환율(Conversion Rate)
전체 방문자 대비 전환된 사용자의 수

A/B 테스트
두 가지 버전을 비교하면서 어떤 것이 더 좋은 결과를 내는지 보는 테스트

CTA는 목표를 달성하기 위해 고객에게 행동을 유도하는 버튼, 배너, 짧은 글을 말한다. 파일을 다운로드하거나, 친구와 공유하거나, 회원 가입하거나, 클릭해서 더 자세히 보는 행위들이 모두 CTA로 유도하는 것이다. 컨버전, 또는 전환이란 사용자가 하기를 원하는 그 행동을 사용자가 하는 것이다. 최종적으로 성과가 달성된 상태다. 전환율(Conversion rate)이란 전체 방문자 대비 전환된 사용자의 수다. A/B 테스트는 두 가지 버전을 비교하면서 어떤 것이 더 좋은 결과를 내는지를 본다. CTA는 전환에 이르는 마지막 관문이고, 미세한 변화가 전환율에 영향을 끼치기 때문에 버튼의 위치, 색상, 디자인을 바꿔가며 A/B 테스트에 투자할 가치가 있다. 여기서는 여러 가지 최적화 대상 중 카피를 다뤄보자.

7.2.1. 버튼 최적화 사례

컨버전 최적화 전문가인 마이클 에이가드(Michael Aagaard)는 전환을 끌어내는 카피의 공식을 고객의 가치와 적합성이라고 규정한다. **고객의 가치란 고객이 버튼을 클릭함으로써 얻는 것이고 적합성은 이 버튼을 클릭하는 동기나 상황**을 말한다. 마이클은 이 두 가지가 맞아떨어졌을 때 전환율에 좋은 영향을 끼친다는 것을 발견했다. 아래 정리한 공식을 보자.

전환을 이끌어 내는 버튼 카피의 공식[6]

<u>고객의 가치</u> + <u>적합성</u> = 높은 전환율
버튼을 클릭해서 사용자가 얻는 것   버튼을 클릭하는 동기

---

[6] 마이클 에이가드(Michael Aagaard), [How To] Write a Call-to-Action that Converts, 언바운스, 2012

이런 공식이 어떻게 나오게 되었는지 그 배경을 살펴보자. 그림 7.21은 한 사무실 임대 사이트의 사무실 정보 페이지다. 이 페이지에서 주황색 버튼을 누르면 사무실의 세부 정보를 볼 수 있다. 이때 버튼 글자의 원안, 즉 컨트롤은 정보 주문하기(Order information)다. 마이클은 이것을 개선안, 즉 트리트먼트안으로 정보 얻기(Get information)로 바꿨다. 그러자 클릭이 38.26% 증가했다. 여기서 주문하기는 사용자의 동작인 반면, 얻기는 사용자가 받는 것이다. 사용자의 가치를 글자에 담자 전환율이 상승했다.

그림 7.21 사무실 임대 사이트에서의 버튼 카피 테스트

하지만 사용자의 가치가 모든 것을 결정하지는 않는다. 그림 7.22는 에세이를 보는 사이트다. 에세이 일부가 보이고 글 끝에 "Read Full Essay Now(지금 에세이 전문을 읽으세요)" 버튼이 있다. 이 글자를 "Get Instant Access Now(지금 당장 접근권을 가지세요)"로 바꾸자 전환율이 39% 감소했다. 즉시 접근할 수 있다는 것도 사용자 혜택이지만, 에세이 전체를 읽는 것이 사용자에게 더 중요한 혜택인 것이다. 서비스가 제공하는 다양한 가치 중에서 사용자가 정말로 중요하게 생각하는 가치가 무엇인지를 발굴하는 것이 중요하다. 반복 테스트를 통해 사용자가 서비스에서 얻고 싶어 하는 것이 무엇인지를 찾아내자.

그림 7.22 에세이 사이트에서의 버튼 카피 테스트

이제 전환율 공식 중 적합성을 살펴보자. 그림 7.23은 헬스 클럽의 멤버십 가입 버튼이다. 원안에 적힌 "Get your membership"은 직접적이고 사용자가 얻는 결과가 맞지만, 이 글자로 만족스러운 결과를 얻지 못했다. 마이클은 이 헬스 클럽이 미국 전체 가맹점이라 만약 집 주변에 헬스 클럽이 없다면 멤버십 가입에 의미가 없을 것이라고 가정했다. 그래서 "Get your membership" 앞에 주변에 피트니스가 있는지 검색할 수 있게 "Find your gym"이라는 카피를 추가했다. 그러자 전환율이 68% 올라갔다. 이 연구는 멤버십이라는 가치에 위치라는 상황을 가미하면 전환에 획기적인 영향을 줄 수 있다는 것을 알려준다.

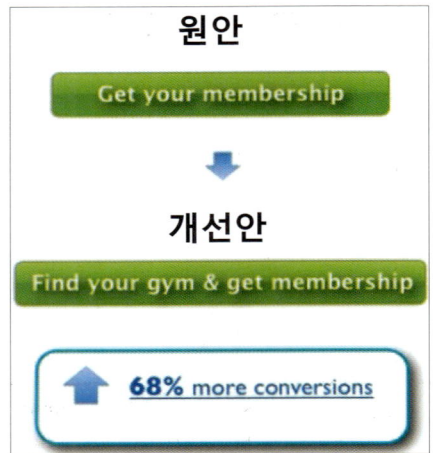

그림 7.23 헬스 클럽 멤버십 가입을 유도하는 버튼 카피 테스트

7.2.2. 랜딩 페이지 최적화

랜딩 페이지는 검색, SNS, 이메일, 광고 등을 클릭했을 때 도달하는 독립적인 웹 페이지다. 다른 웹 페이지와 다른 점은 회원 가입이나 구매, 양식 제출과 같은 특정한 목적을 위해 만들어진다는 점이다. 이 장에서는 랜딩 페이지에서 전환율을 높인 사례를 소개하려고 한다.

그림 7.24는 마이클이 발간하는 무료 e북을 다운로드하는 랜딩 페이지다[7]. 글 상단 목록에 나오는 첫 번째 항목의 문장을 바꾸고 다운로드가 18.59% 증가했다. 원래 문장은 "4년간의 연구와 350건의 A/B 테스트로 얻은 인사이트와 경험을 26페이지의 무료 e북에 담았습니다"였다. e북의 가치가 돋보이는 좋은 문장이다. 이것을 "25분이면 읽는 e북에서 4년간의 연구와 350건의 A/B 테스트로 얻은 인사이트를 얻으세요."라고 바꿨다. 문장의 내용이나 어조를 동일하게 유지한 채 '25분이면 읽는다'는 단순 구절만 추가하고 어떻게 이렇게까지 전환율에 변화를 가져올 수 있었을까? 우연이라고 생각할 수 있지만 여기에는 실험자의 중요한 가정이 깔려 있다.

---

[7] 마이클 에이가드(Michael Aagaard), Small Changes That Have a BIG Impact on Increasing Conversion Rates, 언바운스, 2013

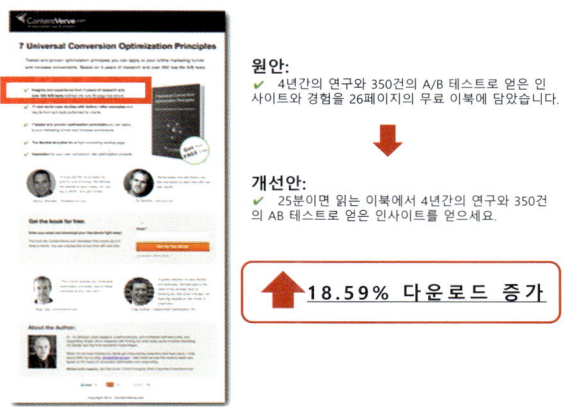

그림 7.24 랜딩페이지 최적화 사례

실험자는 사용자들이 이 페이지를 어떻게 읽을 것인지를 예측하는 도구를 통해 사용자들의 시선이 그림 7.25처럼 움직일 것이라는 점을 알아냈다. 보다시피 제목의 왼쪽 세 단어에 가장 많은 시선이 머물고, 아래로 내려가 목록의 첫 문장으로 이동한다. 따라서 목록의 첫 번째 항목을 사용자의 가치와 일치하게 바꾸면 전환율에 영향을 끼칠 것이라고 가정했다. 경험상 아무리 좋은 e북이라도 시간이 없으면 읽기 싫어하기에 시간이 오래 걸리지 않는다는 점을 강조하면 다운로드에 영향을 끼칠 것이라고 생각했다. 그래서 사용자들의 심리적 거부감을 없애기 위해 25분이라는 읽기 시간을 추가한 것이다. 다운로드 증가는 우연이 아니라 사용자가 어떻게 읽는지와 사용자가 무엇을 원하는지를 합리적으로 예측한 결과였다.

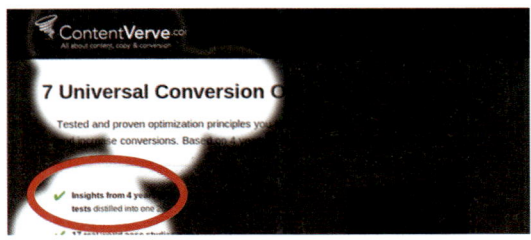

그림 7.25 랜딩 페이지에서 사용자 시선 변화 예측

마이클이 다운로드의 또 다른 장애물로 간주한 것은 "사람들이 이 책을 읽을 가치가 있다고 생각할까?"였다. 이 의문을 해결하기 위해 업계 리더들의 사회적 증언을 CTA 버튼 아래에 뒀다. 이를 더 강화하기 위해 4개의 증언 중 두 개를 버튼 위로 올렸다(그림 7.26). 그러자 다운로드가 64.53% 증가했다.

그림 7.26 사회적 증언의 위치 변경

랜딩 페이지 최적화 경험을 통해 마이클은 다음 세 가지 전략을 제안했다.

- 사용자의 행위를 가로막는 장애물을 치워라.
- 눈에 잘 띄게 하라.
- 모든 요소를 최종 목적과 전략적으로 연결되게 하라.

7.2.3. 전환율을 높이는 디자인의 7가지 원칙

마케팅 솔루션 회사인 언바운스는 "The 7 Principles of Conversion Centered Design[8]"에서 전환율을 높이는 7가지 원칙을 제안한다. **전환율을 높이는 디자인(Conversion**

---

[8] 언바운스, The 7 Principles of Conversion-Centered Design

Centered Design)은 마케팅의 전환율을 끌어 올리기 위한 디자인 프레임워크다. 언바운스는 수많은 전환 솔루션과 컨설팅에서 얻은 경험을 통해 컨버전을 개선하는 몇 가지 원칙을 제안한다. 컨버전에 좋은 영향을 끼치는 7가지 원칙을 보자.

전환율을 높이는 디자인(Conversion Centered Design)의 7가지 원칙

원칙 1. 핵심에 집중하기(Create Focus)

원칙 2. 뼈대 세우기(Build Structure)

원칙 3. 일관성 유지하기(Stay Consistent)

원칙 4. 혜택 보여주기(Show Benefits)

원칙 5. 이목 끌기(Draw Attention)

원칙 6. 신뢰 형성하기(Design for Trust)

원칙 7. 저항 줄이기(Reduce Friction)

원칙 1. 핵심에 집중하기

사용자는 당신의 페이지에 들어왔을 때 보이는 링크와 정보 외에도 많은 정보와 결정에 둘러싸여 있다. 랜딩 페이지의 정보는 그 페이지 안에 있는 정보끼리가 아닌 사용자를 둘러싼 모든 정보와 경쟁 상태에 처한다. 따라서 한 페이지에서 많은 링크와 선택을 제시한다면 그 어떤 것도 주목받지 못할 확률이 높다. 사용자들은 꼼꼼히 읽지 않고 나에게 유용해 보이는 것만 집어내며 읽는다는 사실을 기억하자. 랜딩 페이지 디자인에서 가장 중요한 첫 번째 원칙은 랜딩 페이지가 수행해야 하는 단 한 가지 목표에 집중하는 것이다. 선택 옵션이 많아질수록 주의가 분산된다. 그림 7.27은 2만 개가 넘는 랜딩 페이지에서 링크의 개수에 따른 전환율을 조사한 그래프다. 그림에서 보는 것처럼 링크의 개수가 적을수록 전환율이 높아진다.

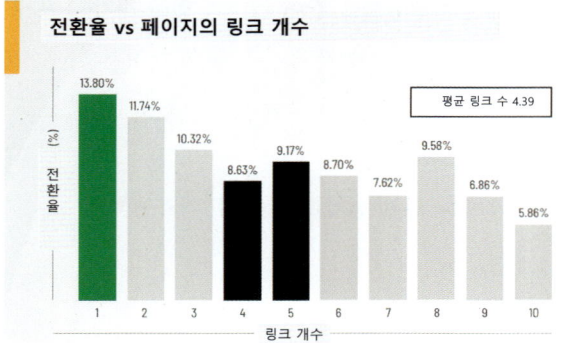

그림 7.27 링크 개수에 따른 전환율의 차이

랜딩 페이지에서 가장 중요한 내용이 무엇인지를 결정하는 데 에너지를 집중하자. 당신의 사용자가 가장 했으면 하는 일이 무엇인가? 그것이 페이지에서 가장 분명하고 잘 보이게 하자. 목표 달성을 방해하는 내용이 있다면 모두 제거하자.

원칙 2. 뼈대 세우기

좋은 페이지에는 좋은 흐름이 있다. 내용과 형태 구조가 잘 잡혀 있으면 계속 스크롤하면서 읽어 내려가고, 내용을 잘 이해했을 때 사용자에게서 끌어내고 싶어 하는 행동까지 하게 할 확률이 높아진다. 페이지의 뼈대는 내용 면에서는 목표를 수행하기까지의 논리가 자연스러워야 하고, 형식 면에서는 그 흐름이 구조적으로 드러나야 한다.

설득적인 콘텐츠 흐름

1. 제목
2. 사진
3. 다른 사람들은 어떻게 생각하는가: 사용자 증언, 또는 제품을 사용하는 모습 등
4. 이 서비스(제품)의 훌륭한 점 2~3가지
5. 이 서비스(제품)를 선택하지 못하는 장애물(또는 해결책) 언급
6. 고객 로고

먼저 내용 면에서 흐름이 자연스러워야 한다. 제품의 특징, 사용자의 혜택, 궁금증, 걱정이 자연스럽고 매끄럽게 이어져야 한다. 설득이 끝날 때쯤 CTA가 눈에 잘 띄는 곳에 있어야 한다. 내용이 타당하고 잘 이해됐을 때 CTA 클릭으로 이어진다. 제품보다 사용자가 얻는 것에 초점을 맞춘다. 이미지, 일러스트레이션, 영상 등으로 글의 내용과 흐름을 보조한다. 장식적인 용도로 비주얼 콘텐츠를 사용하는 것을 자제하자. 화면에 나오는 모든 요소는 페이지의 핵심 목적을 보조하는 용도로 쓰여야 한다.

구조적으로는 정보 하이어라키(hierarchy)가 분명해야 한다. 가장 중요한 정보가 가장 잘 보이고, 그다음 중요한 정보가 두 번째로 잘 보여야 한다. 가장 중요한 정보만 봐도 그 페이지의 개요를 알 수 있어야 한다. 하이어라키를 제시하기 위해서는 글자 크기, 진하기와 같이 한 두가지의 변수만 적용해서 정보의 레벨이 눈에 명확히 들어오게 하자. 제목의 레벨마다 다양한 변수를 적용하면 무엇이 더 중요하고, 덜 중요한지 알기 어렵다. 예를 들어 첫 번째 레벨의 제목은 크고 진한 글씨로, 두 번째 레벨의 제목은 아이콘을, 세 번째 레벨의 제목은 빨간 색상과 느낌표를 이용한다면 어떤 제목이 더 중요하고 덜 중요한지 알기 어렵다.

원칙 3. 일관성 유지하기
랜딩 페이지는 웹 페이지와 독립적으로 존재하기 때문에 홈페이지 모체의 가이드라인을 그대로 따를 필요는 없지만, 사용자 경험 측면에서 랜딩 페이지도 브랜드와 일관된 경험을 하는 것이 바람직하다. 브랜드를 경험하는 모든 접점은 고객과 맺는 관계다. 브랜드의 가이드라인과 같은 폰트, 색상, 스타일 등을 적용한 페이지에서 고객은 편안함을 느끼고, 브랜드에 대한 신뢰를 유지하며, 내용을 더 잘 이해한다.

원칙 4. 혜택 보여주기
이 페이지의 목표를 수행함으로써 사용자가 얻는 혜택이 무엇인지를 알려주자. 중요한 것은 제품의 특성이 아니라 사용자가 얻는 것을 알려줘야 한다는 점이다. 이 혜택을 활용하는 방식이나 혜택으로 인해 생긴 변화도 좋다.

글과 함께 영상, 이미지, 일러스트레이션으로 내용을 강화하자. 사용자가 이 제품을 이용해서 즐거운가? 그렇다면 즐거워하는 인물의 이미지를 추가하자. 공적으로 사용하는 방식과 사적으로 사용하는 방식이 다른가? 그렇다면 실생활에서 다양하게 사용하는 모습을 동영상으로 보여줘도 좋다.

이미지나 동영상은 내용과 일치해야 한다. 이미지를 글과 무관하게 오로지 장식의 목적으로 사용하는 경우도 많은데, 그것은 사용자의 관심을 분산시켜 행동에 이르지 못하는 방해 요소로 작용한다.

원칙 5. 이목 끌기

랜딩 페이지에서 가장 중요한 요소는 CTA다. CTA는 페이지에서 가장 튀어야 한다. 색상, 폰트, 모양, 스타일을 적용하여 CTA가 잘 드러나게 하자.

색상은 사람의 감정에 영향을 준다. 예를 들어 빨간색은 강렬함, 경고, 피 등을 연상시킨다. 초록은 편안함, 치유 등을 떠올리게 한다. 버튼에 놓인 글자가 전환율에 더 큰 영향을 끼친다고 하지만, 버튼 색상이 전환율에 영향을 끼치기도 한다. 미국의 마케팅 솔루션 기업인 허브스팟은 CTA의 색상을 초록색에서 빨간색으로 바꿨다(그림 7.28). 초록은 안정감을 주는 반면, 붉은색은 긴박감을 조성해 더 행동을 끌어낼 것이라고 가정했기 때문이다. 그 결과 전환율이 21% 상승했다. 그러나 모든 경우 붉은색이 초록색보다 더 전환율이 높다고 단정 지을 수는 없다. 브랜드의 특성과 랜딩 페이지에서 사용자의 상황이나 감정에서 어떤 색상이 사용자의 행동을 더 촉구할지 주의를 기울여야 한다. 허브스팟의 테스트 결과는 색상 자체의 효과일 수도 있지만, 다른 요소와 대조 효과가 크기 때문에 생긴 결과일 수도 있다. 빨간색 버튼은 이 페이지의 다른 요소를 감안했을 때 대조 효과가 더 강렬하다. 컬러판에서 페이지의 주 색상과 가장 대비 효과가 큰 색상을 선택하는 것도 좋은 방법이 될 수 있다.

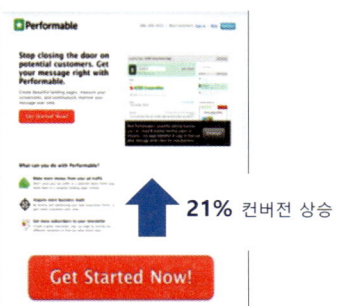

21% 컨버전 상승

그림 7.28 버튼 색상에 따른 전환율 차이 조사. 허브스팟[9]

강조는 가장 중요한 요소에만 절제해서 쓰자. 많은 페이지가 많은 색상, 수많은 이모티콘, 형형색색의 이미지, 각기 다른 폰트와 색상 기호 등을 무분별하게 사용해서 가장 중요한 부분에 시선이 가는 것을 막는다. 색상이나 이미지, 이모티콘 등의 강조 요소는 절제해서 사용하자. 버튼 크기, 효과, 배치도 조정하면서 가장 효과가 좋은 것을 찾아보려는 노력을 기울이자.

글자의 크기로 정보의 하이어라키를 분명히 보여주는 것도 대비 효과를 만드는 방법이다. 정보의 하이어라키가 분명하면 가장 중요한 내용에 이목을 집중시켜 페이지에서 말하고자 하는 내용을 더 잘 이해할 수 있다. 큰 틀을 이해하면 세부 내용을 읽게 될 가능성도 높아진다. 글자 크기로 정보의 서열이 명확하게 보이게 디자인하자.

그림 7.29 정보의 하이어라키에 따른 글자의 가시성 비교

---

[9] 허브스팟(Hubspot), The Button Color A/B Test: Red Beats Green

원칙 6. 신뢰 형성하기

제품의 홍보보다 다른 사람의 추천에 더 많은 영향을 받는 이유는 같은 입장에 처한 사람들의 말을 더 신뢰하기 때문이다. 따라서 제품의 글은 사용자 입장에서 써야 한다. 통계나 권위 있는 연구 기관의 연구 결과도 신뢰를 끌어내기에 좋다. 친구, 유명인, 전문가나 사용해 본 사람들의 실질적인 증언도 좋다. 사회적 증언이나 클라이언트 로고 자체가 중요한 것은 아니다. 제품에 대한 신뢰감을 주고 그 페이지의 목적 달성을 돕는 것이 목적이다. 사회적 증언을 구성하는 사람(또는 기업), 내용, 이미지(또는 영상)를 세심하게 선택하자. 다음은 사회적 증언을 효과적으로 드러내는 몇 가지 방법이다.

- 어깨가 보이는 상반신 사진을 이용한다. 사람의 사진이 담기면 증언의 신뢰성이 올라간다. 얼굴만 클로즈업한 사진보다는 어깨가 드러나는 사진이 더 신뢰감을 준다.
- 실제 인물의 정보를 적는다. 약자 대신 전체 이름, 회사 이름, 위치와 같이 실제의 상세한 정보가 담길수록 신뢰감이 올라간다.
- 사용자에게 중요한 증언을 담는다. 증언에는 사용자가 관심 있어 하는 내용을 다룬다. 관심 주제를 다룰 때는 진한 글씨체로 더 잘 보이게 한다.
- 증언을 여러 개 적는다. 강력한 하나의 증언도 좋지만, '다른 사람들도 다 잘 사용하고 있다'는 인식을 주려면 여러 개가 더 좋다.
- 중요한 증언은 더 상단에 배치하거나 더 눈에 띄게 한다. 페이지 전체의 정보 하이어라키 안에서 디자인한다.
- 수상 경력, 고객사 리스트, 별점, 공유 수 등의 다른 사회적 증언도 좋다.

원칙 7. 저항 줄이기

사용자들은 페이지의 내용이나 구조가 물 흐르듯이 자연스러울 때 최종 행위에 이르게 될 가능성이 높아진다. 왜 사용자가 이해되지 않는 문장을 이해하려고 시간을 들여야 하는가? 왜 사용자가 복잡한 양식을 제출하려고 귀중한 시간을 들여야 하는가? 사용자가 최종 행위에 다다르기까지 저항이나 불편을 줄이는 것은 전환율을 올리는 데도 기여하지만, 사용자의 시간을 절약해주는 배려이기도 하다. 사용자가 서비스를 이용하면서 저항을 줄일 수 있는 몇 가지 방법을 살펴보자

- 글을 쉽게 쓴다. 의미를 명료하게 한다. 정보를 간소화한다. 이벤트 참여 조건이 복잡하면 이벤트 참여 확률을 낮추기도 하지만, 참여한다고 해도 기업에 대해 좋은 인상을 주지 못한다. 글을 썼다면 동료에게 의미가 분명하고 쉽게 전달되는지 검토를 요청하자. 회사 외부의 인원에게도 검토를 부탁하자. 잘 이해하지 못한다면 내용을 설명하려고 애쓰지 말고 다시 쓰자.

- 양식을 간결하게 한다. 복잡한 양식이나 정보를 과도하게 요구하는 양식, 문제가 발생하는 양식은 참여율을 낮추고 기업에 대한 부정적인 인식을 갖게 한다. 랜딩 페이지의 목적에 부합하는 딱 필요한 만큼의 정보만 요구하자. 사용자가 어려움 없이 작성할 수 있게 쉽고 간결하게 설계하자. 속도도 체크하자. 현재 어떤 상태에 있는지 쉽게 확인할 수 있게 하자. 한 번에 한 단계씩 순차적으로 진행하는 것도 좋다. 양식 작성 후 성공 여부를 알려주고, 오류가 있다면 시스템이 허락하는 선에서 최대한 정확히 알려주고, 해결 방안도 제시하자.

현업 인터뷰 온라인 행동 데이터 분석/컨설팅 전문기업, 포그리트

포그리트 대표 솔루션 뷰저블

1. 회사 소개를 간단히 부탁드립니다.

포그리트는 사용자의 경험을 빅데이터 기술로 다루는 기업입니다. 대표 솔루션인 뷰저블(Beusable.net)은 온라인 공간에서 사용자들이 고객이 되기까지의 과정에서 발생하는 데이터에 주목합니다. 사용자들이 콘텐츠를 둘러보다가 구매 결정으로 전환되기까지 다양한 데이터가 발생합니다. 뷰저블은 사용자의 마우스 클릭이나 움직임, 스크롤, 또는 터치를 기반으로 한 탭, 스와이프, 핀치 아웃 같은 다양한 인터랙션을 수집합니다.

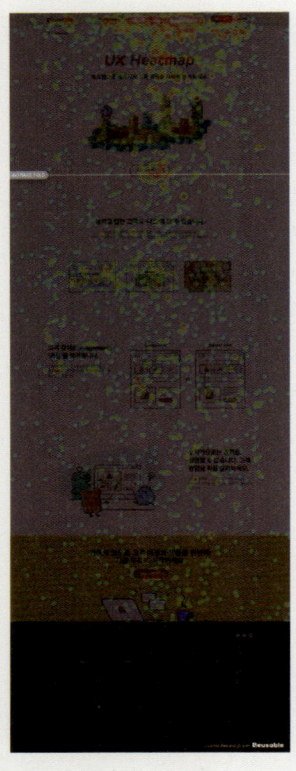

그림 7.30 마우스의 움직임을 히트맵으로 보여주는 뷰저블 화면

그림 7.31 마우스 스크롤을 히트맵으로 보여주는 뷰저블 화면

그리고 수집한 데이터를 히트맵이나 다양한 대시보드로 제공하여 서비스를 담당하는 기획자, 마케터, 디자이너 등 다양한 직군의 사람들이 개발자의 도움 없이도 서비스 안에서 사용자의 총체적인 움직임을 이해하고 데이터를 쉽게 해석할 수 있도록 도움을 주고 있습니다.

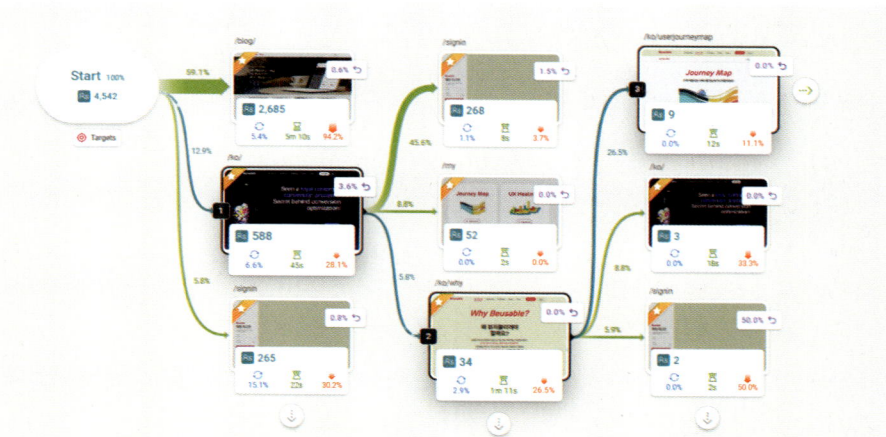

그림 7.32 뷰저블로 서비스 유입부터 이탈까지 그린 사용자 여정 지도

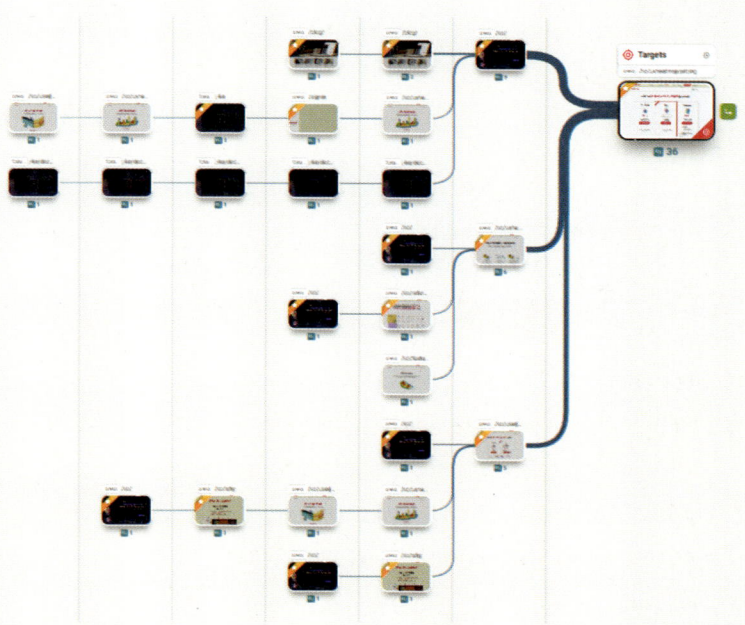

그림 7.33 뷰저블로 타깃 페이지까지의 유입을 그린 사용자 여정 지도

뷰저블 솔루션은 실제 고객의 행동으로부터 서비스의 방향성을 찾아서 단순히 UI를 개선하는 차원을 넘어 고객에게 더 나은 서비스 경험을 제공하도록 돕고 있습니다.

2. UX 라이팅을 위한 A/B 테스팅 솔루션을 소개해 주세요.

빠르게 변하는 고객의 경험과 요구사항을 서비스 글에 빠르게 적용하는 것이 중요합니다. 또한 고객의 페인 포인트(pain-point)를 포착해서 글에서 언급하면 더 좋은 효과를 기대할 수 있습니다. 하지만 서비스 부서들은 리소스나 복잡한 이해관계 같은 한계로 UI의 글을 빠르게 바꾸고 검증하기가 어려운 것이 현실입니다.

뷰저블의 UX 라이팅 A/B 테스트는 이런 문제를 해결하기 위해 개발했습니다. 뷰저블 A/B 테스트로 별다른 코드를 설치하거나 개발팀의 도움 없이 UI에 올라간 글을 수시로 자유롭게 바꿀 수 있습니다. 글자를 바꾼 후 전환율 결과는 즉시 히트맵으로 확인합니다. 뷰저블의 A/B 테스트 솔루션으로 고객과 서비스가 동시에 만족하는 최선의 해결책을 누구나 쉽게 찾을 수 있습니다.

3. UX 라이팅을 위한 A/B 테스팅 솔루션의 주요 기능과 활용법을 알려주세요.

뷰저블은 코드 한 줄 설치로 A/B 테스트를 위한 준비가 완료됩니다. UI의 텍스트를 뷰저블에서 쓰기만 하면 바로 A/B 테스트를 할 수 있습니다. 또한 A/B테스트 실행 후 고객이 편집한 텍스트를 읽고 클릭하고 스크롤하며 소비하는 형태, 그리고 전환하는 고객의 총체적인 경험을 데이터로 수집하여 A/B 테스트의 히트맵으로 검증할 수 있습니다.

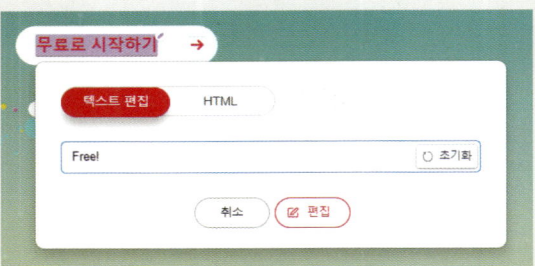

그림 7.34 뷰저블 A/B 테스트 솔루션으로 손쉽게 글자를 편집하는 화면

4. 뷰저블 A/B 테스트 솔루션으로 성공한 사례를 알려주세요.

많은 기업이 뷰저블 A/B 테스트에 많은 관심을 보이고 있습니다. 그중 신한카드의 사례를 공유해 보고자 합니다. 신한카드에서는 뷰저블 A/B 테스트의 장점이 빠르고 쉬운 실행, 그리고 결과에 대한 명확한 커뮤니케이션과 용이한 의사결정이라고 합니다. 조직의 특성상 작은 글자 하나 수정하는 데 몇 달이 소요되는데, 뷰저블 A/B 테스트로 2~3일 만에 테스트하고 결과 데이터까지 얻기 때문에 불필요한 리소스와 기회비용을 절약할 수 있어 큰 도움이 된다고 합니다. 또한 다양한 의견과 경력의 차이가 존재하는 조직에서 고객의 경험을 기반으로 커뮤니케이션하고 의사결정을 할 수 있기 때문에 최선의 결과를 서비스에 일관되게 유지할 수 있는 점도 큰 장점이라고 합니다. 단기간에 여러 건의 A/B 테스트를 실행하면서 성과 좋은 메시지를 빠르게 적용함으로써 기존보다 전환율이 5% 높아졌습니다.

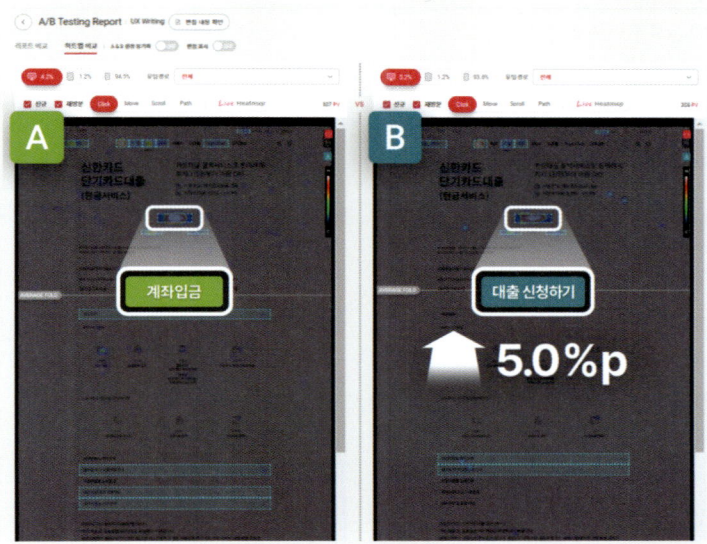

그림 7.35 뷰저블을 이용한 신한카드의 A/B 테스트 화면

5. 앞으로의 솔루션 발전 계획과 회사의 발전 계획에 대해 말씀해 주세요.

Data in your hand!

포그리트는 단지 솔루션과 기술만 제공하는 것이 아니라 누구나 쉽게 데이터를 경험하는 데이터 문화를 이끌어가고자 합니다. 사용자들이 데이터를 얻는 데서 그치는 것이 아니라 가치 있는 인사이트를 얻고 의미 있는 경험을 나눌 수 있도록 다양한 콘텐츠와 기술을 갖춰나갈 예정입니다. 실제 사용자 경험 개선에 도움이 되는 히트맵이나 여정 맵 같은 시각화 도구로 그 비전을 실현시키는 중입니다. 앞으로는 글로벌 진출로 더 크고 다양한 데이터를 다루는 기업으로 나아가고자 합니다.

7장 요약

1. UX 라이팅은 사용자 경험과 관련된 모든 언어와 체계를 다루고, 마이크로카피는 그중 서비스 안의 중요한 행위 근처에 위치한 글을 다룬다. 주요 액션 근처에 있는 적합한 글자로 이용 과정이 매끄러워지고, 모르는 내용을 안내하고, 유쾌한 경험을 갖게 할 수 있다.

2. 좋은 마이크로카피를 쓰는 방법은 서비스 입장이 아닌 사용자 입장에서 쓰는 것이다. 사용자가 매끄러운 경험을 하게 돕고, 사용자의 걱정을 덜어주고, 사용자를 즐겁게 하고, 사회적 증거를 제시하며, 사용자를 존중하는 마음가짐으로 쓴다.

3. 버튼 위의 글은 고객이 클릭하는 상황과 가치가 잘 결합됐을 때 전환율에 좋은 영향을 끼친다.

4. 전환율을 높이는 7가지 디자인 원칙: 핵심에 집중하기, 뼈대 세우기, 일관성 유지하기, 혜택 보여주기, 이목 끌기, 신뢰 형성하기, 저항 줄이기다.

참고 문헌

1. 킨너렛 이프라(Kinneret Yifrah), 『마이크로카피』(에이콘, 2020)
2. 조슈아 포터(Joshua Porter), Writing Microcopy, bokardo, http://bokardo.com/about/, 2009.3.
3. 케이트 모란(Kate Moran) & 킴 살라자(Kim Salazar), 「Stop Shaming Your Users for Micro Conversions」, 닐슨 노먼 그룹, 2017, https://www.nngroup.com/articles/shaming-users/
4. 예일 벤 데이비드(Yale Ben David), Good copy is good business, UX Salon Words 2022
5. 구글, developer documentation style guide, Writer for a global audience
6. 마이클 에이가드(Michael Aagaard), [How To] Write a Call-to-Action that Converts, 언바운스, 2012
7. 마이클 에이가드(Michael Aagaard), Small Changes That Have a BIG Impact on Increasing Conversion Rates, 언바운스, 2013
8. 언바운스, The 7 Principles of Conversion-Centered Design
9. 허브스팟(Hubspot), The Button Color A/B Test: Red Beats Green

8장

UX 라이팅에 생성형 AI 활용하기

"생성형 AI 글의 수준은 2025년에 평균적인 인간을 뛰어넘고,
2030년에는 전문 작가 수준을 넘어설 것이다."

세쿼이아 캐피털

8.1. UX 라이팅 분야의 AI 도입

생성형 AI의 출현은 콘텐츠를 만드는 모든 사람에게 신선하면서도 충격적인 사건이다. 생성형 AI의 기능과 가능성에 대해서 이미 많은 연구와 사례가 나오고 있고 전문직의 대체 가능성, 보완가능성에 대한 탐색이 활발히 진행 중이다. 정말 세쿼이아 캐피털의 예측처럼 될지 확신할 수 없으나, 적어도 우리는 공부하고 준비해야 한다. 이 책을 쓰는 시점에도 생성형 AI는 진화하고 있어 섣불리 UX 라이터를 위한 생성형 AI의 역할과 가능성을 서술하기는 어렵지만, 현재까지의 연구와 생각을 정리해 보았다.

8.1.1. UX 라이팅을 위한 생성형 AI의 도입

생성형 AI(Generative AI)는 텍스트, 이미지, 음악, 비디오와 같은 원본 콘텐츠를 생성할 수 있는 인공지능이다. 사용자가 구체적 명령 키워드나 문장(프롬프트)을 입력하면 AI가

학습한 대규모 데이터를 기반으로 새로운 콘텐츠를 생성해 낸다. 생성형 AI가 도입되기 전에도 UX 라이터들은 라이팅의 효율성 향상과 체계적 검수 등을 위해 다양한 AI 툴을 사용해 왔다. 하지만 생성형 AI 도구는 UX 라이터의 생산적인 활동을 일정 부분 대체할 수 있고 많은 영역에서 UX 라이터의 조언자, 협력자 역할을 수행할 수 있어서 UX 라이팅 분야에 관여하거나 종사하는 수많은 전문가, 직업인들에게 큰 파급효과를 주고 있다.

세쿼이아 캐피털(Sequoia Capital)은 생성형 AI에 관한 대표적인 AI 모델로 Open AI GPT3, DeepMind Gopher, Facebook OPT, Hugging Face Bloom, Cohere, Anthropic, AI2, Alibaba, Yandex 등을 제시했다.[1] 또한, 생성형 AI의 텍스트 관련 적용 분야로 마케팅 콘텐츠, 이메일 등 판매 콘텐츠, 고객지원, 회의 자동 요약, 기타 일반 글쓰기 등을 제시하고 있다. 하지만 사실상 생성형 AI 도구는 우리가 글을 사용하는 거의 모든 영역에서 활용 가능하며 세쿼이아 캐피털이 언급한 분야 이외에도 교육, 사무 업무, 의사결정 지원, 정보 검색, 문서 작성 및 보완 등에 적극적으로 사용되고 있다. 세쿼이아 캐피털은 텍스트 분야의 생성형 AI의 발전에 대해 놀라운 예측을 했는데, 바로 2023년에는 과학 논문과 같은 특정 분야에서 글의 고도화가 잘 수행되고, 2025년에는 문서 작업 결과가 평균적인 인간 수준을 넘어서며, 2030년에는 전문가 수준을 뛰어넘을 것이라는 것이다. 물론 반론도 만만치 않지만 충격적인 예측이 아닐 수 없다.

다양한 생성형 AI 도구가 있지만, OpenAI에서 출시한 챗GPT(ChatGPT)-3.5가 큰 파급력을 보여줬다. 2022년 11월 챗GPT-3.5 모델이 무료로 출시됐고, 2023년 3월에는 챗GPT-4.0 모델이 유료 형태로 출시됐다. 챗GPT는 접근 가능한 모든 데이터를 기반으로 추론하여 사용자가 가장 만족할 만한 답변을 제공한다. 3.5, 4.0 모델을 거치면서 챗GPT는 많이 진보했지만, 잘못된 정보나 허위 답변을 제공하는 할루시네이션(hallucination)[2], 학습데이터의 최신성 부족, 영어를 제외한 다국어 결괏값의 부족(4.0에서 한글 결괏값이 보완됨) 등이 여전히 문제로 지적되고 있다.

---

1 세쿼이아 캐피털(Sequoia Capital), "Generative AI: A Creative New World", https://www.sequoiacap.com/article/generative-ai-a-creative-new-world/, 2022
2 할루시네이션: 할루시네이션 현상은 생성형 AI가 실제 존재하지 않는 정보를 생성하는 경우를 말한다. 이는 모델이 학습한 데이터에서 유래되는 것으로 잘못된 패턴이나 상상력에 의해 발생할 수 있다. 예를 들어, 생성형 AI가 특정 주제에 대한 질문에 대답하려고 할 때 모델이 가진 지식의 한계로 인해 부정확하거나 허구 정보를 제공할 수 있다. (출처: ChatGPT-4, 2023. 6. 7)

구글에서는 더 오랜 기간 인공지능을 차세대 주력 분야로 연구하고 육성해 왔다. 최근 챗GPT에 대응하기 위해 바드(Bard)라는 생성형 AI 모델을 출시했고 한국에도 2023년 4월에 소개했다. 오랜 기간 AI 연구와 기업 투자에 신경 써온 구글답게 내재된 기술력은 높으나 서비스 활용성은 아직 약하다. 구글은 방대한 최근 데이터 수집에서 상대적 강점을 가지고 있고, 생성형 AI 결과에서 구글 검색 인터페이스(google it)로 연계되는 경험을 제공한다.

국내에서는 네이버가 하이퍼클로바(HyperCLOVA)라는 생성형 AI 모델을 오랜 기간 연구해 왔고, 2021년 5월 25일에 공개했다. 하이퍼클로바는 네이버 창업 이후 쌓아온 많은 한국어 데이터를 학습했고, 더 풍부하고 자연스러운 한국어 결괏값에서 장점을 가지고 있다.

8.1.2. 생성형 AI 활용 영역

전문가마다 생성형 AI를 UX 라이팅에 활용하는 분야나 기대 효과가 모두 다르다. 생성형 AI 도구의 장단점을 정확히 인식하고 다양한 도구를 적재적소에 활용한다면 UX 라이터는 번거로운 검토, 수정, 교정 업무의 시간을 줄이고 콘텐츠 고도화, 창의적인 스토리텔링과 같은 본질적인 업무에 좀 더 집중할 수 있게 된다. 여기서는 생성형 AI 도구를 활용할 만한 UX 라이팅 영역을 다양한 측면에서 구체적으로 살펴볼 것이다. 여기서 알아볼 영역은 일관성 체크와 보이스앤톤 유지, 쉽고 간결한 언어, 로컬라이제이션, 개인화, 자료 검색과 이슈 파악, 해결 방안 모색, 후보안 도출, 검수 및 오류 체크, 재정비/반복 등이다.

일관성 체크와 보이스앤톤 유지

서비스가 확장되고 다양한 서비스가 추가되다 보면 일관성 있는 글쓰기와 보이스앤톤 유지가 어려운 숙제가 된다. 이런 상황에서 생성형 AI는 표현을 빠르게 교정하고 추천하는 기능을 제공하기 때문에 자사의 라이팅을 일관되게 유지할 수 있게 도와준다.

최근 많은 회사에서 일관성과 효율성을 높이는 UX 라이팅 협업 도구를 개발하거나 상용화된 관리 소프트웨어를 구입해 사용하기도 한다. 이 소프트웨어들은 서비스에 쓰이는 모든 UX 라이팅 요소들을 데이터베이스화하고 업무 프로세스를 소프트웨어에 이식하여 일관된 UX 라이팅을 작성하고 쉽게 협업 및 관리할 수 있게 돕는다. 그림 8.1은 대표적인 UX 라이팅 관리 도구인 프런티튜드(Frontitude)에서 데이터베이스화된 언어 기록을 새로 작성하는 글에서 자동으로 추천하는 모습을 보여준다.

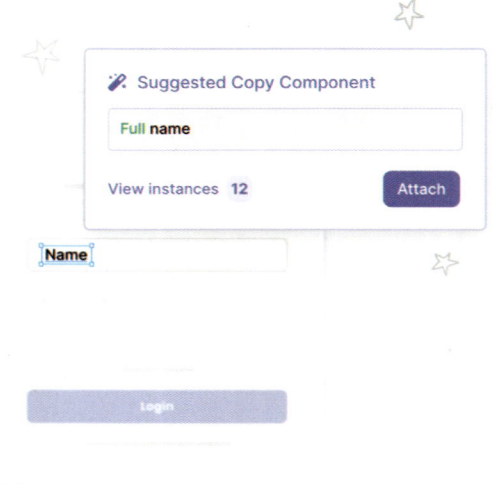

그림 8.1 프런티튜드에서 제공하는 일관성 체크 및 추천 도구

쉽고 간결한 언어

생성형 AI가 UX 라이터를 가장 잘 도울 수 있는 방법 중 하나는 쉽고 간결한 언어로 교정해 주는 기능이다. 중복된 내용이나 유사한 표현을 통폐합하고, 어려운 표현은 쉬운 표현으로 변경해준다. 글이 읽기 어렵다면 읽기 쉬운 형태로 편집해 준다.

로컬라이제이션

콘텐츠 로컬라이제이션 시 다양한 UX 라이팅 관리 도구가 활용된다. 로컬라이제이션은 나라별로 현지 문화나 뉘앙스를 잘 반영해야 하기 때문에 현지 번역가의 도움을 필요로 하는 것이 일반적이나, 최근에는 AI 도구들이 이 역할을 부분적으로 수행하고 있다. 예를 들면 프레이즈(Phrase)[3] 사의 AI 번역 소프트웨어는 번역 작업에 가장 적합한 엔진을 자동으로 사용하며, 번역해서는 안 되는 콘텐츠를 걸러낸다.

개인화

생성형 AI가 가장 빛을 발할 수 있는 분야로 개인화된 콘텐츠 생성을 들 수 있다. 개인화 측면의 이점은 UX 라이터를 도와주는 측면을 넘어 새로운 가능성을 제시한다. 티타임스 인터뷰에 참여한 뤼튼 이세영 대표는 향후에는 쇼핑몰 랜딩 페이지가 개인의 사용 데이터를 기반으로 생성형 AI 도구를 활용해 개인화되어 제작

---

[3] https://phrase.com/products/phrase-tms/

될 것으로 전망하고 있다.[4] 기업은 개인이 선호하는 콘텐츠, 상품, 설정 등 다양한 데이터를 수집하여 각 개인의 선호도와 취향을 분석할 수 있으며 마케팅, 개인화 페이지, 콘텐츠 추천 등에 개인화된 UX 라이팅을 생성하여 제공할 수 있다. 콘텐츠 배너나 이미지 등도 UX 라이팅과 마찬가지로 개인화될 수 있으며, 이 외에도 초개인화된 콘텐츠 전략, 디자인, 라이팅이 보편화될 것이다. 쇼핑몰 랜딩 페이지에서 상품을 소개하는 문구와 배치, 속성이 생성형 AI를 통해 철저히 개인화된 형태로 제공될 것이라는 전망은 꽤 현실감 있게 다가오며 생성형 AI 시대에 UX 라이터의 역할을 지속적으로 고민해야 하는 현 상황을 대변한다.

자료 검색, 이슈 파악

생성형 AI는 특정 주제의 조사나 초안 작성을 대신해 줄 수 있어 빠르게 콘텐츠의 뼈대를 만들고 구상하는 시간과 비용을 줄일 수 있다. 생성형 AI가 검색을 통해 자료를 수집하고 선별하고 취합하는 정보 검색/가공의 노력을 상당 부분 대체할 수 있기 때문에 UX 라이팅 분야에서 생산성의 혁신이 이루어질 수 있다.

해결 방안 모색

생성형 AI는 특정 주제에 대한 콘텐츠 후보안과 뼈대에 관한 제안을 빠르게 수행하여 UX 라이터가 깊이 있는 정리와 체계화에 집중할 수 있도록 도와준다. 또한 빠른 시간 내에 UX 라이터가 생각하지 못했던 내용과 이슈를 다양하게 추천해 주어 UX 라이터가 보다 풍부하고 완결성 있는 콘텐츠를 만드는 데 도움을 줄 수 있다. 특히 일반적으로 널리 알려진 개념에 대한 요약과 정리는 생성형 AI가 인간보다 더 효율적으로 한다. 하지만 생성형 AI는 할루시네이션이라는 내용 왜곡이 문제가 될 수 있으므로 사실 관계와 정보 정확성을 늘 체크해야 한다.

후보안 도출

생성형 AI는 콘텐츠 후보안, CTA(Call to Action) 후보 제안과 최적화에 유용하게 활용될 수 있다. 특히 특정 컨텍스트에 적합한 다양한 UX 라이팅 후보를 단시간에 빠르게 도출하고 A/B 테스트를 통해 최적의 대안을 선정할 수 있게 돕는다. 실무 A/B 테스트 환경에서는 한 번에 2가지 대안보다는 여러 개의 후보안을 동시에 테스트하는 경우가 많은데, 생성형 AI는 유사하지만 미세하게 다른 다양한 후보를 빠르게 추천해 주어 유용하다.

검수 및 오류 체크

검수 및 오류 체크는 AI 도구를 가장 적극적이고 효과적으로 활용하는 분야 중 하나다. 과거에는 단순 오류나 문법 교정과 같은 낮은 수준의 교정이 주류였으나, 최근에 출시되는 생성형 AI 도구들은 글의 난이도와 문체를 교정하고, 가독성을 높이는 고차원적인 편집 기능을 제공한다.

---

[4] 이세영 뤼튼 대표, "고객마다 영화포스터 생성 – 생성AI라서 가능한 서비스는?", 티타임즈TV, https://www.youtube.com/watch?v=_TADgzveYLM, 2023

재정비/반복

UX 라이팅이 완성되고 서비스가 출시된 이후에 다양한 사용자 피드백을 받는다. 최근 생성형 AI 기술 기반 스타트업들은 다양한 채널의 고객 피드백을 통합 관리할 수 있게 도와준다. 예를 들면 딥블루닷(Deep BlueDot)의 생성형 인공지능 기반 고객 피드백 분석 서비스형 소프트웨어인 '싱클리(Syncly)'는 개별 피드백의 반영과 서비스 개선 시 예상 효과에 대한 통찰을 담은 데이터도 제공한다. 이러한 솔루션들은 앞으로 더 고도화될 것으로 보이며, UX 라이터는 더욱 빠르고 정확하게 사용자 피드백을 콘텐츠에 반영하여 서비스 개선에 도움을 얻을 수 있다.

생성형 AI 서비스는 UX 라이팅 분야에의 활용 가능성이 매우 크고 다양하지만 한계도 분명하다. UX 라이터는 업무 목적과 프로세스에 따라 도구의 장단점과 한계를 면밀히 학습하여 적절한 감수 절차를 거쳐 활용해야 한다.

8.2. UX 라이팅에 활용할 수 있는 AI 도구

생성형 AI 도구는 글을 생성하여 UX 라이팅 작성을 돕는다. 문법 체크 및 수정 보완 정도의 역할만 하던 AI 에디팅 도구들도 진화하여 최근에는 글의 생성을 부분적으로 도와주고 있다. 이번 절에서는 UX 라이팅에 활용할 수 있는 AI 도구를 크게 '에디팅·번역 도구,' '범용 생성형 AI 도구,' 글쓰기 분야에 특화된 '버티컬 AI 라이팅 도구'로 나눠서 설명한다.

8.2.1. 에디팅 및 번역 도구

UX 라이터는 번역, 글의 교정, 편집 및 보완 등을 위해 다양한 AI 기반의 에디팅·번역 도구를 활용한다. 대표적으로 영어권에서는 그래머리(Grammarly), 헤밍웨이(The Hemingway Editor), 딥엘(DeepL) 등의 번역 도구를 쓰는데, 이러한 도구도 점점 글의 대상, 의도, 형식, 분야에 맞게 글을 추천하는 도구로 진화하고 있다. 해외에 서비스를 제공하는 대한민국 UX 라이터에게도 다국어 지원 기능은 중요하므로 여기서 몇 가지 대표적인 도구를 알아보고자 한다.

그래머리(Grammarly)

그래머리는 일반인에게도 널리 알려진 문법 교정 도구이며, 다양한 플러그인을 통해 접근할 수 있다. 그래머리는 초기에 단순한 문법 교정에 집중하다가 최근에는 글쓰기 자체의 완성도와 언어의 난이도, 특징, 보이스앤톤에 적합한 글을 쓰도록 도와주는 도구로 진화하고 있다. 그림 8.2는 그래머리를 이용해 교정을 수행한 화면이다. 그림 8.2의 왼쪽 이미지를 보면 직접 문법 교정을 하고 오른쪽 지원 도구에서는 전체적인 점수, 정확도(Correctness), 명확성(Clarity), 몰입(Engagement), 전달력(Delivery)을 점수로 평가한다. 유료 프리미엄 가입자에게는 톤 보정, 가독성 보완, 다양한 단어 추천과 같은 추가적인 기능을 제공하여 더 전문가다운 글을 쓸 수 있도록 돕는다. 또한 유료 버전에서는 그림 8.3에서 보는 것처럼 글의 대상(Audience), 형식(Formality), 분야(Domain), 의도(Intent)에 따라 글의 목표를 설정하고 교정할 수 있도록 도와준다.

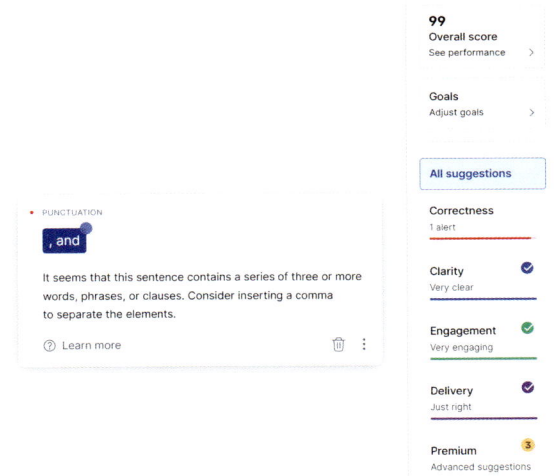

그림 8.2 그래머리에서 추천하는 글의 교정과 지원 도구 예시

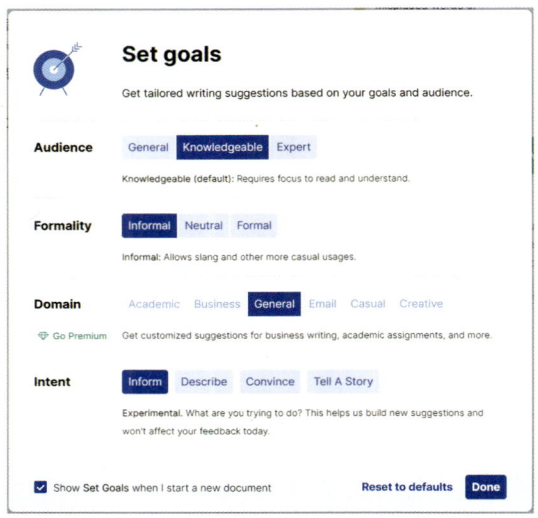

그림 8.3 그래머리에서 글의 목표 타깃과 성격, 도메인을 설정하는 화면

헤밍웨이 에디터(Hemingway Editor)[5]

헤밍웨이는 영어권의 작가와 UX 라이터가 더 간결하고 명확한 문장을 작성하는 데 도움을 주는 도구다. 헤밍웨이 에디터의 구체적인 기능은 다음과 같다.

- 복잡한 단어와 구를 식별해서 더 간단하고 쉽게 읽을 수 있는 것으로 추천한다.
- 글의 난이도를 평가하는 '읽기 용이성 점수(Readability)'를 제공한다.
- 읽기 용이성을 방해하는 구체적인 요소를 진단하고 개선에 도움이 되는 방안을 제공한다.

---

5 https://hemingwayapp.com/

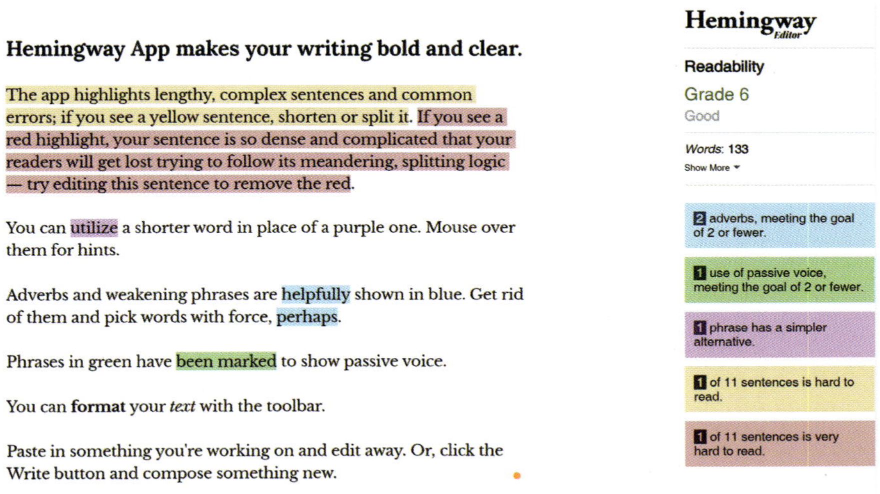

그림 8.4 헤밍웨이 에디터가 제공하는 문장 평가 도구

번역 도구[6]: 딥엘(DeepL), 구글 번역기(Google Translate), 네이버 파파고(Naver Papago)

다국어로 서비스를 제공하는 기업들은 다양한 번역 도구의 도움을 받아 서비스를 현지화할 수 있다. 물론 현지 UX 라이터가 매끄럽게 읽히도록 최종 글의 검수와 교정을 하지만, 초벌 번역은 번역기의 적절한 활용으로 업무 효율성을 높일 수 있다. 한글 번역은 딥엘, 구글 번역기, 네이버 파파고 등이 편리하다.

이 세 번역기의 장단점을 간단히 살펴보자. 딥엘은 새로운 세대의 신경망과 딥러닝 알고리즘을 기반으로 한 AI 기술 적용으로 문장의 미묘한 의미를 파악해서 번역하는 법을 학습한다. 따라서 다양한 언어의 맥락을 더 상세히 이해하고 섬세하게 표현한다. 단 아시아권 언어에는 아직 미흡하다. 구글 번역기는 광범위한 언어를 지원하고 편리한 인터페이스를 자랑한다. 다만 아직까지는 문화적인 맥락이나 미묘한 차이를 잘 반영하지 못한다. 네이버 파파고는 한국어, 일본어, 중국어 등 아시아권, 비영어권 언어 번역 정확도가 더 높은 편이다.

---

6 딥엘: https://www.deepl.com/ko/translator
구글 번역: https://translate.google.co.kr/
네이버 파파고: https://papago.naver.com/

그림 8.5 딥엘 번역기의 기본 화면

8.2.2. 범용 생성형 AI 도구

현재 대부분 생성형 AI 라이팅 도구는 OpenAI 사의 챗GPT를 기반으로 한다. 구글의 바드나 네이버 하이퍼클로바도 부분적으로 사용되기는 하나, 챗GPT가 가장 앞서 B2C, B2B 서비스를 출시하여 안정적인 성능과 결괏값을 보여주고 있다. 여기서는 대표적인 생성 AI 도구인 챗GPT와 한글 상황에서 강점을 보이는 하이퍼클로바를 살펴보기로 하자.

GPT[7]

챗GPT는 Open AI 사가 개발한 생성형 AI 도구로 설명이 필요 없을 정도로 단기간에 전 세계에 생성형 AI의 열풍을 가져온 주역이다. 챗GPT에서 GPT는 'Generative Pre-trained Transformer'의 약자로 입력된 데이터의 맥락을 파악하여 사전 학습된 정보를 기반으로 대화를 생성하는 챗봇 형태의 인공지능이다. 챗GPT-3.5는 긴 내용, 복잡한 지시사항, 높은 퀄리티를 특징으로 2022년 11월 베타버전이 공개됐다. 챗GPT는 2023년에 100조 개의 파라미터, 인간 피드백을 통한 강화학습(RLHF: Reinforcement Learning from Human Feedback), 영어 외 다양한 언어의 정확도 향상(한글 포함) 등을 특징으로 하는 챗GPT-4 유료 버전으로 발전했다.

---

[7] https://chat.openai.com/

챗GPT는 UX 라이팅을 위해 특화된 도구가 아니라 범용적인 AI 도구이므로 UX 라이터는 프롬프트라고 일컫는 질의어 유형과 좋은 질문 방법을 미리 잘 숙지하고 챗GPT를 사용해야 한다. 다양한 UX 라이팅의 상황에서 챗GPT를 효율적으로 사용할 수 있는 방법을 알아보자.

1. 챗GPT에게 현재 UX 라이터가 처한 상황과 목적을 분명히 알려주고, 전문 UX 라이터의 입장에서 글을 써보라고 한다. (예시 프롬프트: I am writing for an app…., Act like an UX writing expert)

2. 요구하는 언어의 특징과 요건을 정확하게 기술한다. 특히 글의 개성과 속성에 대한 깊이를 요구사항에 반영하면 결과의 질이 좋아진다. (예시 프롬프트: Be Specific but concise, make it interesting, headline should be up to 20 words)

3. 챗GPT에게 계속 질문하여 더 나은 답을 요구하고, 실험정신을 가지고 접근한다. (예시 프롬프트: Come up with 5 more….)

4. 회사의 성격과 주요 비즈니스 영역, 고객과의 관계 등을 자세히 설명하고 서비스가 가진 보이스앤톤을 구체적인 형용사로 표현하여 설명한 다음 답을 요구한다. (예시 프롬프트: The XX tone of voice is…)

5. 챗GPT는 초안을 작성하는 데에 주로 활용하고 내용을 수정하거나 보완하는 것은 인간 전문가가 하고, 스타일가이드 체크나 교정 같은 일은 그래머리나 헤밍웨이 같은 AI 에디터에게 맡김으로써 업무의 효율성과 품질을 향상시킬 수 있다.

6. 챗GPT는 영어에 특화된 도구이므로 앞서 소개한 번역 AI 도구를 병행하여 사용하면 좋다. 특히 네이버 하이퍼클로바 같은 한글에 강점을 가진 도구와 교차 사용한다.

7. 사용자 리서치에서 얻은 사용자 컨텍스트, 페르소나 유형, 고객 여정, 감정 등 경험 데이터를 적절히 활용하면 생성형 AI는 특정 컨텍스트나 사용자 경험에 더 적합한 답을 제공한다. 사용자 데이터와 컨텍스트에 대한 많은 힌트와 가이드라인을 제공한다.

참고로, UX 라이팅을 위한 좀 더 자세한 프롬프트 가이드를 정리하기 위해 장민, 안재관의 『프롬프트 엔지니어』의 질문을 참조하여 다음과 같은 질문을 챗GPT-4에 해봤다.[8] 책에서 제시한 프로페셔널 프롬프트 엔지니어로 가정한 프롬프트 엔지니어링 가이드를 활용하되, 주제만 UX 라이팅으로 변경했다. 그 결과 다음과 같은 프롬프트를 만들었으며, 좀 더 자세한 프롬프트 가이드를 얻을 수 있었다[9].

---

8 장민, 안재관, 『프롬프트 엔지니어』(알투스, 2023)
9 번역은 DeepL을 활용하고, 저자가 부분적으로 수정했습니다.

챗GPT가 제안하는 UX 라이팅을 위한 프롬프트 기술

<프롬프트>

너는 이제부터 챗GPT 등 생성형 AI의 최고 수준 프로페셔널 프롬프트 엔지니어이다. 아래와 같은 양식으로 프롬프트 엔지니어링 기법을 배우고자 하는 초보 프롬프트 엔지니어를 위해 가이드를 제시하고자 한다. 적용 분야는 UX 라이팅이다. 가장 핵심적인 프롬프트 엔지니어링 기법들에 대해서 중요도를 정하고 중요도 순서대로 프롬프트 엔지니어링 기법을 아래 형식에 맞춰 작성해 줘.

순번: 프롬프트 엔지니어링 기법 이름

순번 개수: 10개 이상의 순번으로 내용을 나열해줄 것

중요도: 별 5개를 최고점으로 하고 중요도를 별의 개수로 표시

설명: 기법에 대한 특징과 상세 설명

목적: 이 기법을 반드시 사용하려는 목적과 사용의 이유

좋은 프롬프트: 제시한 기법을 적극 적용해 활용한 프롬프트

나쁜 프롬프트: 제시한 기법을 전혀 고려하지 않은 프롬프트

비교: 좋은 프롬프트와 나쁜 프롬프트를 비교해 왜 차이점이 발생하는지 기술하라.

<답변>

시퀀스: 신속한 엔지니어링 기술 이름

중요도: 별 5개

1, 프롬프트 기술: 컨텍스트 확장 Context Expansion

중요도: ★★★★★

- 설명: 컨텍스트 확장에는 모델의 응답을 안내하기 위해 프롬프트에 추가 관련 정보 또는 컨텍스트를 제공하는 것이 포함됩니다. 여기에는 사용자, 제품, 특정 작업 또는 기타 관련 정보에 대한 세부 정보가 포함될 수 있습니다.
- 목적: 컨텍스트 확장은 모델이 UX 작성 작업의 특정 컨텍스트와 제약을 이해하는 데 도움이 됩니다. 보다 정확하고 맞춤된 응답을 가능하게 하여 생성된 콘텐츠가 원하는 사용자 경험과 일치하도록 합니다.
- 좋은 프롬프트: "당신은 쇼핑 앱의 '장바구니에 추가' 버튼에 대한 마이크로카피를 작성하고 있습니다. 이 앱은 단순성과 편리함을 중시하는 패션에 민감한 밀레니엄 세대를 대상으로 한다는 점을 명심하세요."
- 잘못된 프롬프트: "'장바구니에 추가' 버튼에 대한 마이크로카피를 작성하십시오."
- 비교: 좋은 프롬프트는 대상 고객과 선호도에 대한 중요한 컨텍스트를 제공하여 모델이 보다 적합하고 사용자 중심적인 카피를 생성할 수 있도록 합니다. 잘못된 프롬프트는 맥락이 부족하여 일반적이거나 부적절한 제안으로 이어집니다.

2. 프롬프트 기술: 어조 및 음성 구체화 Tone and Voice Specification

중요도: ★★★★

- 설명: 어조 및 음성 사양에는 UX 작성 작업을 위해 원하는 어조, 음성 또는 브랜드 특성에 대해 모델에 명시적으로 지시하는 작업이 포함됩니다. 격식 대 캐주얼, 친근함 대 프로페셔널, 장난기 대 진지함과 같은 매개변수를 포함합니다.
- 목적: 어조와 음성을 지정하면 일관성이 보장되고 생성된 콘텐츠의 개성이 브랜드의 개성과 일치합니다. 제품 전체에서 일관된 목소리를 유지함으로써 응집력 있는 사용자 경험을 만드는 데 도움이 됩니다.
- 좋은 프롬프트: "명상 앱에 대해 친근하고 캐주얼한 어조로 온보딩 환영 메시지를 작성하세요."
- 잘못된 프롬프트: "명상 앱에 대한 온보딩 메시지를 작성하십시오."
- 비교: 좋은 프롬프트는 원하는 어조를 명확하게 정의하여 사용자에게 공감을 불러일으키고 따뜻하고 매력적인 사용자 경험을 생성하는 문구를 만듭니다. 잘못된 프롬프트에는 톤 사양이 부족하여 일반적이거나 일치하지 않는 제안으로 이어집니다.

3. 프롬프트 기술: 길이 및 간결성 지침 Length and Conciseness Guideline

중요성: ★★★

- 설명: 길이 및 간결성 지침에는 생성된 콘텐츠에 대해 원하는 길이와 간결성 수준을 지정하는 것이 포함됩니다. 여기에는 글자 수 제한, 단어 수 제한 또는 간결하고 스캔 가능한 사본의 필요성이 포함될 수 있습니다.
- 목적: 길이 및 간결성 지침을 제공하면 생성된 콘텐츠가 디자인 제약 조건에 맞고 깨끗하고 시각적으로 매력적인 사용자 인터페이스를 허용합니다. 모델이 간결하고 정확한 카피를 생성하도록 권장합니다.
- 좋은 프롬프트: "최대 15자로 버튼에 대한 툴팁을 작성하십시오. 짧고 임팩트 있게 유지하십시오."
- 잘못된 프롬프트: "버튼에 대한 툴팁을 작성하십시오."
- 비교: 좋은 프롬프트는 특정 길이 가이드라인을 제공하여 사용자 인터페이스와 시각적으로 일치하는 짧고 영향력 있는 문구를 만듭니다. 잘못된 프롬프트는 길이 사양이 부족하여 장황한 제안으로 이어질 수 있습니다.

4. 프롬프트 기술: 사용자 페르소나 통합 User Persona Integration

중요도: ★★

- 설명: 사용자 페르소나 통합에는 대상 사용자 또는 프롬프트의 사용자 세그먼트에 대한 세부 정보가 포함됩니다. 여기에는 나이, 관심사, 목표 또는 문제점과 같은 특성이 포함됩니다.
- 목적: 사용자 페르소나 세부 정보를 통합하면 모델이 의도한 사용자와 공감하는 콘텐츠를 생성하는 데 도움이 됩니다. 이를 통해 사용자의 요구 사항, 선호 사항 및 고충을 해결하는 사용자 중심 사본을 만들 수 있습니다.
- 좋은 프롬프트: "모험과 진정한 경험을 추구하는 예산에 민감한 1인 여행자를 대상으로 하는 여행 예약 앱에 대한 확인 메시지를 작성하세요."

- 잘못된 프롬프트: "여행 예약 앱에 대한 확인 메시지를 작성하세요."
- 비교: 좋은 프롬프트에는 사용자 페르소나 세부 정보가 포함되어 모델이 예산에 민감한 1인 여행자의 필요와 욕구를 구체적으로 충족하는 카피를 생성할 수 있습니다. 잘못된 프롬프트는 페르소나 통합이 부족하여 잠재적으로 일반적입니다.

5. 프롬프트 기술: 지침 명확성 Instruction Clarity
중요도: ★
- 설명: 지침 명확성은 모델의 응답을 안내하기 위해 명확하고 명시적인 지침을 제공하는 것을 포함합니다. 모호함을 피하고 생성된 콘텐츠가 원하는 UX 작성 작업을 정확하게 처리할 수 있도록 도와줍니다.
- 목적: 명확한 지침은 모델에 지침을 제공하여 오해의 위험을 줄이고 생성된 콘텐츠의 관련성과 정확성을 향상시킵니다.
- 좋은 프롬프트: "음식 배달 앱의 '지금 주문' 버튼에 대한 대체 마이크로카피 옵션을 생성하세요," "소셜 네트워킹 앱의 새로운 기능을 홍보하기 위해 눈에 띄는 헤드라인을 제안해 주세요."
- 잘못된 프롬프트: "버튼에 대한 마이크로카피 생성," "새 기능의 헤드라인을 작성하세요."
- 비교: 좋은 프롬프트는 명확한 지침을 제공하여 집중적이고 관련성 있는 제안을 유도합니다. 나쁜 프롬프트는 명확성이 부족하여 광범위하고 덜 구체적인 응답을 유도합니다.

6. 프롬프트 기술: 언어 스타일 적응 Language Style Adaption
중요도: ★
- 설명: 언어 스타일 적응은 특정 타겟 고객 또는 브랜드 페르소나에 맞게 언어 스타일을 조정하도록 모델에 지시하는 것을 포함합니다. 여기에는 공식 언어 대 비공식 언어, 전문 용어 대 일반인 용어 또는 전문 용어 사용과 같은 매개 변수가 포함될 수 있습니다.
- 목적: 언어 스타일 조정은 생성된 콘텐츠가 타겟 고객 또는 브랜드 페르소나가 선호하는 언어 스타일에 맞게 조정되도록 합니다. 이는 보다 관련성 있고 일관된 사용자 경험을 만드는 데 도움이 됩니다.
- 좋은 프롬프트: "초보 사용자를 대상으로 하는 재무 관리 앱의 인앱 알림은 간단하고 전문적이지 않은 언어를 사용하여 작성하세요," "젊은 전문가를 타깃으로 하는 브랜드를 위해 재미있고 재치 있는 어조로 이메일 제목을 작성하세요."
- 잘못된 프롬프트: "재무 관리 앱의 인앱 알림을 작성하세요," "이메일 제목을 작성하세요."
- 비교: 좋은 프롬프트는 원하는 언어 스타일을 지정하여 타겟 고객에게 더 매력적이고 적절한 카피를 생성합니다. 나쁜 프롬프트는 언어 스타일 조정이 부족하여 일반적이거나 덜 적합한 제안으로 이어집니다.

7. 프롬프트 기술: 브랜드 보이스 일관성 Brand Voice Consistency

중요도: ★

- 설명: 브랜드 보이스 일관성은 브랜드가 설정한 가이드라인에 따라 생성된 콘텐츠 전체에서 일관된 목소리와 어조를 유지하도록 모델에게 지시하는 것을 포함합니다.
- 목적: 브랜드 보이스 일관성은 생성된 콘텐츠가 브랜드의 개성, 가치 및 커뮤니케이션 스타일을 반영하도록 합니다. 이를 통해 모든 접점에서 강력하고 인식 가능한 브랜드 아이덴티티를 확립할 수 있습니다.
- 좋은 프롬프트: "브랜드의 친근하고 도움이 되는 성격을 반영하는 생산성 앱의 오류 메시지를 작성하세요," "브랜드의 전문적이고 신뢰할 수 있는 이미지에 부합하는 이커머스 앱의 성공 메시지를 작성하세요."
- 잘못된 프롬프트: "생산성 앱에 대한 오류 메시지를 작성하세요," "이커머스 앱에 대한 성공 메시지를 작성하세요."
- 비교: 좋은 프롬프트는 브랜드 보이스 일관성의 중요성을 강조하여 브랜드가 설정한 가이드라인에 부합하는 카피를 작성합니다. 나쁜 프롬프트는 브랜드 보이스의 일관성을 무시하여 일관성이 없거나 브랜드에서 벗어난 제안으로 이어질 가능성이 있습니다.

8. 프롬프트 기술: 마이크로카피 적용 Microcopy Adaption

중요도: ★

- 설명: 마이크로카피 적용에는 버튼 레이블, 도구 설명 또는 양식 필드 지침과 같은 마이크로카피 요소를 생성하거나 적응하도록 모델에 지시하는 것이 포함됩니다.
- 목적: 마이크로카피 적용을 통해 생성된 마이크로카피 요소가 명확하고 간결하며 사용자 친화적이 되도록 할 수 있습니다. 사용자 인터페이스의 사용성과 효율성을 향상시키는 데 도움이 됩니다.
- 좋은 프롬프트: "긴급성과 행동을 유도하는 콜투액션(Call to Action) 버튼 레이블에 대체 옵션을 제공하세요," "설정 아이콘의 툴팁 텍스트를 수정하여 사용자에게 더 명확하고 안내를 제공하세요."
- 잘못된 프롬프트: "버튼 레이블을 생성하세요," "툴팁 텍스트를 작성하세요."
- 비교: 좋은 프롬프트는 마이크로카피 요소를 구체적으로 다루므로 의도한 목적에 맞게 최적화되고 맞춤화 된 제안을 제공합니다. 나쁜 프롬프트는 마이크로카피 적응에 대한 고려가 부족하여 잠재적으로 일반적이거나 덜 효과적인 제안으로 이어질 수 있습니다.

9. 프롬프트 기술: 정서적 호소 Emotional Appeal

중요도: ★

- 설명: 감성적 소구는 흥분, 신뢰 또는 공감과 같은 사용자의 특정 감정을 불러일으키는 카피를 생성하도록 지시하는 것이 포함됩니다.
- 목적: 감성적 소구는 사용자와 제품 간에 더 깊고 의미 있는 관계를 형성하는 데 도움이 됩니다. 사용자 행동에 영향을 미치고 신뢰를 조성하며 전반적인 사용자 경험을 향상시킬 수 있습니다.

- 목적: 감성적 소구는 사용자와 제품 간에 더 깊고 의미 있는 관계를 형성하는 데 도움이 됩니다. 사용자 행동에 영향을 미치고 신뢰를 조성하며 전반적인 사용자 경험을 향상시킬 수 있습니다.
- 좋은 프롬프트: "로그인 시도 실패 후 사용자가 공감하고 안심할 수 있는 오류 메시지를 작성하세요.", "곧 출시될 제품에 대한 기대감을 불러일으킬 수 있는 홍보 배너 문구를 작성하세요."
- 잘못된 프롬프트: "로그인 실패에 대한 오류 메시지를 작성하세요.", "홍보용 배너 문구를 작성하세요."
- 비교: 좋은 프롬프트는 정서적 소구에 중점을 두어 특정 감정을 불러일으키고 보다 매력적이고 설득력 있는 사용자 경험을 창출하는 카피를 만듭니다. 나쁜 프롬프트는 감정적 호소력을 간과하여 잠재적으로 밋밋하거나 영감을 주지 못하는 제안으로 이어질 수 있습니다.

10. 프롬프트 기술: 사용자 여정 통합 User Journey Integration
중요도: ★

- 설명: 사용자 여정 통합에는 프롬프트를 구성할 때 사용자의 여정 또는 제품 내의 특정 터치포인트를 고려하는 것이 포함됩니다. 여기에는 이전 상호 작용, 현재 단계 또는 향후 작업을 참조하는 것이 포함될 수 있습니다.
- 목적: 사용자 여정 통합은 사용자의 컨텍스트와 이전 상호 작용을 고려하여 원활하고 개인화된 사용자 경험을 만드는 데 도움이 됩니다. 이를 통해 생성된 콘텐츠가 사용자의 요구와 기대에 부합할 수 있습니다.
- 좋은 프롬프트: "사용자의 노력을 인정하고 여정을 계속할 수 있도록 동기를 부여하는 작업 완료에 대한 진행 메시지를 작성하세요.", "장바구니를 포기한 사용자에게 후속 이메일을 작성하여 구매를 완료하도록 독려하세요."
- 잘못된 프롬프트: "작업 완료에 대한 진행률 메시지를 작성하세요.", "후속 이메일을 작성하세요."
- 비교: 좋은 프롬프트는 사용자의 여정을 통합하여 사용자의 맥락을 인식하고 보다 맞춤화되고 관련성 높은 사용자 경험을 제공하는 카피를 제공합니다. 나쁜 프롬프트는 사용자 여정 통합이 부족하여 일반적이거나 단절된 제안으로 이어질 가능성이 있습니다.

위 답변을 통해 챗GPT를 비롯한 텍스트 기반 생성형 AI를 UX 라이터가 활용할 때 일반적으로 참고할 수 있는 구체적인 지침을 어느 정도 파악할 수 있다. 지금 이 시간에도 생성형 AI는 발전하고 있으므로 앞으로 더 많은 노하우가 공유되기를 기대한다.

하이퍼클로바[10](HyperCLOVA)

하이퍼클로바는 챗GPT에 필적하는 파라미터 수를 가지고 있으며 대부분의 한국어 데이터를 학습하여 한국어 최적화가 장점이다. 해외의 생성형 AI 서비스를 써보면 자연스러운 한국어 결과가 아니라 다소 아쉬운 경우가 많은데, 하이퍼클로바는 이 부분에 강점을 가지고 있다. 하이퍼클로바는 네이버 서비스인 클로바 챗봇, 노트, 쇼핑, My플레이스 등에 우선적으로 적용되고 있으며, 뤼튼 및 폴라리스 오피스, 루이스(Lewis), 잡브레인(Job Brain), 라이팅젤, 스토리네이션, 아나트(Anate), 카피클(Coypkle), 단비Ai(danbee.ai) 등과 같은 다양한 한글 생성형 AI 응용프로그램에 탑재되어 다양한 한글 콘텐츠 생성 분야에 활용되고 있다.

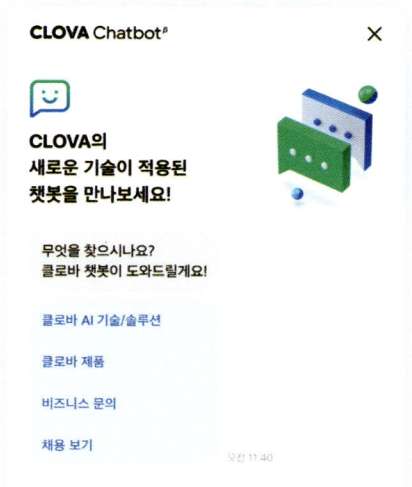

그림 8.6 하이퍼클로바의 챗봇 솔루션

하이퍼클로바X로 업그레이드 계획을 가지고 있으며 전반적 내용은 네이버 클로바의 정석근 CSO가 발표한 2023 한국 HCI 학술대회 키노트 스피치[11]를 통해 전반적인 서비스 현황

---

[10] https://tuney.kr/8IRVXb
[11] 정석근 네이버 클로바 CSO, "Large Language Model의 발전에 따른 새로운 서비스 경험의 가능성", 2023 HCI Korea 키노트 스피치, https://url.kr/24aqiu.

과 응용, 개발 계획을 파악할 수 있다. 해당 영상에서 소개한 여러 가지 서비스 모델 중 하나를 소개하면, 라이브 쇼핑/방송 제작을 도와주는 방송 작가 솔루션 'Commercial AI'가 있다. 우선 원하는 상품을 정하면 네이버에 축적된 데이터베이스로 고객이 선호하는 상품의 특성 및 키워드를 이용하여 제품을 위한 대본을 생성한다. 그런 다음 쇼호스트 스타일의 말투와 억양을 입힌 음성 내레이션까지 생성해 준다.

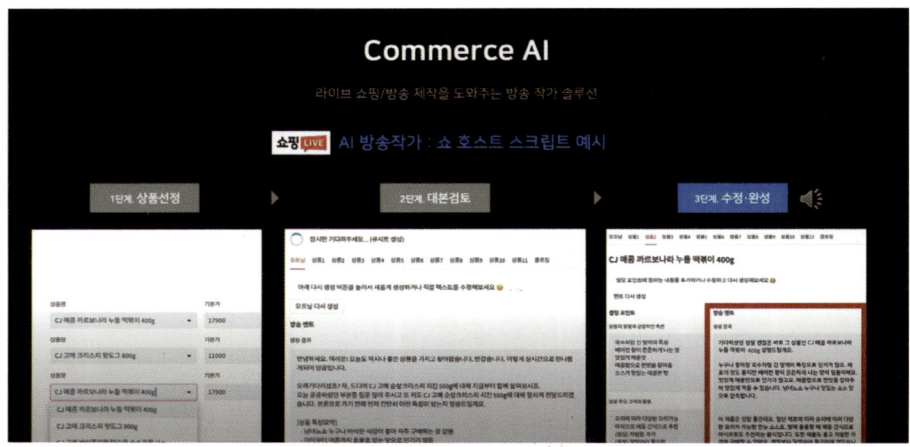

그림 8.7 하이퍼클로바의 Commerce AI 방송 작가 솔루션

8.2.3. 버티컬 생성형 AI 도구

챗GPT와 같은 생성형 AI 엔진을 기반으로 UX 라이팅 업무에 특화된 도구가 많이 출시됐는데, 대표적으로 널리 사용되고 성능을 인정받은 재스퍼(Jasper AI), Copi.ai, 뤼튼(WRTN) 3가지를 여기서 소개하려고 한다. 이들은 UX 라이팅 분야에 특화된 대표적 생성형 AI 도구로, 전문화된 글쓰기 템플릿과 결괏값을 제공하여 구체적인 목적을 가진 글쓰기 분야에서 사용된다. 간단한 마케팅 문구부터 이메일, 회사 소개 글, 스토리텔링과 브랜딩을 위한 전문적인 글쓰기까지 다양한 템플릿은 UX 라이터의 업무를 위한 매우 똑똑한 비서 혹은 조언을 주는 동업자의 역할을 하고 있다. 참고로 글로벌 시장에서 널리 쓰이는 서비스는 영어에 특화된 서비스가 많은 편이지만, 한글을 지원하는 서비스도 점차 늘고 있다.

Jasper AI (과거 Jarvis)

많은 생성형 AI 서비스가 긴 글보다는 짧은 글에 특화된 반면, Jasper AI는 상대적으로 긴 글 작성에도 강점을 보인다. 또한 50가지가 넘는 다양한 UX 라이팅 템플릿을 제공한다. 그림 8.8과 같이 텍스트 요약기, 패러그래프 제너레이터, AIDA 프레임워크 등 다양한 메뉴와 템플릿을 제공하며, 빠르게 목적에 적합한 결과를 얻을 수 있다. 전반적으로 성능이 우수하여 전문 UX 라이팅 도구로 많이 추천한다. 한글로 결과를 볼 수 있는 언어 옵션도 제공한다.

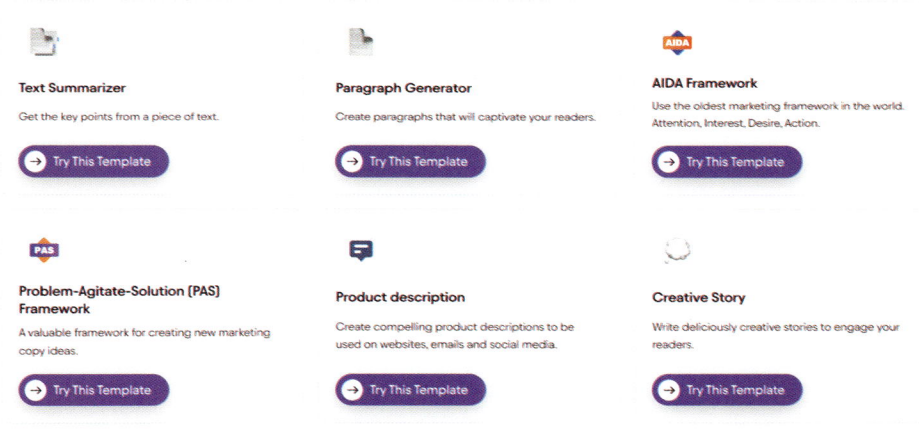

그림 8.8 Jasper의 라이팅 템플릿 예시

Copi.ai

Copi.ai도 Jasper AI 못지않게 많이 사용한다. 다양한 목적에 맞는 글쓰기를 대부분 지원하며 신용카드 정보 입력 없이도 무료로 사용해 볼 수 있다. 블로그와 같은 긴 글은 Jasper에 비해 성능이 낮다는 평가도 있으나, 계속 개선되는 중이다. Copy.ai는 Copy.ai를 잘 활용하는 방법이나 사례를 잘 소개하고 있다. 특히 영업 및 마케팅팀의 역량을 강화하는 15가지 AI 프롬프트 마케팅 가이드 같은 글(그림 8.9 참고)은 추천할 만하다. Copi.ai도 한글 옵션을 제공한다.

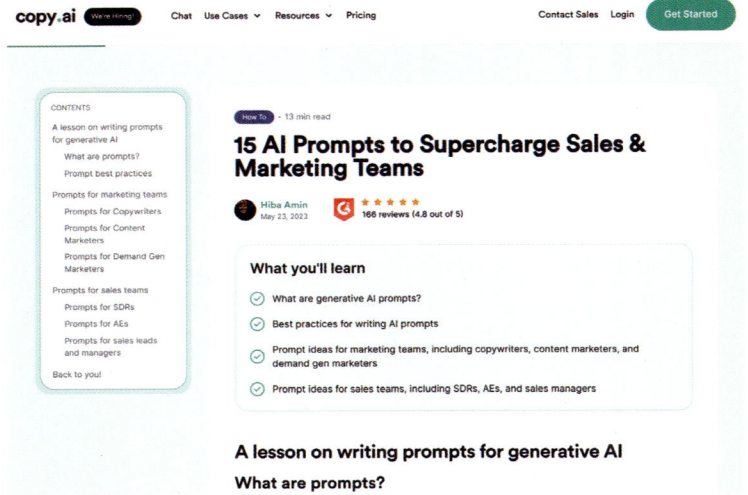

그림 8.9 Copy.ai의 15가지 AI 프롬프트 마케팅 분야 가이드[12]

Copy.ai에서는 최근 AI 기반 업무 자동화 지원 도구를 출시했다. 반복되는 콘텐츠 작성과 마케팅 프로모션에 지친 UX 라이터라면 copy.ai를 비롯한 AI 워크플로 자동화 도구를 살펴볼 필요가 있다. 다음은 copy.ai의 업무 자동화에 대한 지원 기능이다.[13]

- 전체 콜드 이메일[14], 워크플로 자동화(고품질 개인화 기능을 갖춘 이메일 작성)
- 검색 엔진 결과 페이지에서 가져온 데이터를 통해 순위에 최적화된 게시물과 페이지를 생성
- 매력적인 제품 설명 만들기, 매출 향상을 위한 자동 후속 메시지 생성
- 긴 기사와 블로그 게시물 생성

---

[12] 히바 아민(Hiba Amin), "15 AI Prompts to Supercharge Sales & Marketing Teams", Copi.ai, https://url.kr/fgqds6, 2023
[13] 잭 해리스(Zac Harris), "AI Workflow Automation: What It Is & How to Get Started Now", Copi.ai, https://www.copy.ai/blog/ai-workflow-automation, 2023
[14] 콜드 이메일: 새로운 상대에게 보내는 이메일

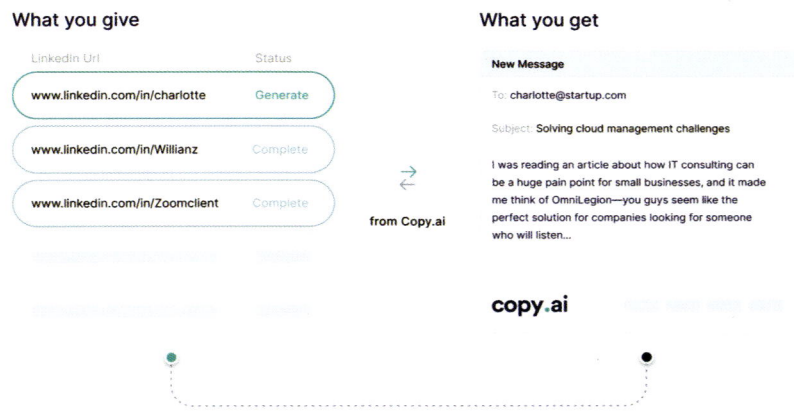

그림 8.10 링크드인 프로필에 기반하여 콜드 이메일을 작성하는 예시 (출처: Copi.ai)

뤼튼(WRTN)

뤼튼은 전문화된 생성형 AI 기반 라이팅 도구로, 국내에 본사를 두고 한글 콘텐츠에 특화된 기능과 결괏값을 보여주는 도구다. 뤼튼은 OpenAI의 챗GPT 3.5, 4, 네이버 하이퍼클로바, 스테이블 디퓨전 등 다양한 생성형 AI를 기반으로 사용자가 다양한 생성형 AI 엔진을 손쉽게 사용할 수 있도록 서비스를 제공한다. 특히 많은 양의 한국어 단어를 학습하여 한글에 더 최적화된 결과물을 만들어 낸다.

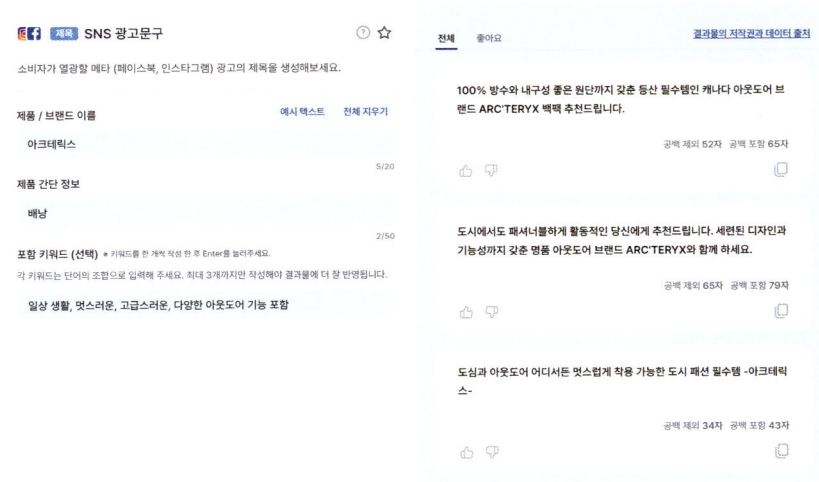

그림 8.11 뤼튼의 SNS 광고 문구 활용 예시

뤼튼은 자기소개서, 독서감상문, 인스타 피드, 리포트, 대본, 광고 문구 등과 같은 세분화된 템플릿을 제공한다. 네이버 파워링크, 네이버 브랜드 검색, 자기소개서, 쇼핑몰 상세 페이지 등과 같이 한국에서 통용되는 플랫폼과 콘텐츠 특성을 반영하고 있어 실용적인 가치가 높다. 아울러 뤼튼은 공유 트렌드라는 서비스를 통해 현재 인기 있는 프롬프트나 최근 프롬프트를 제공한다. 이는 새로운 프롬프트를 발견하고 확산시킬 수 있는 계기가 될 것으로 보인다.

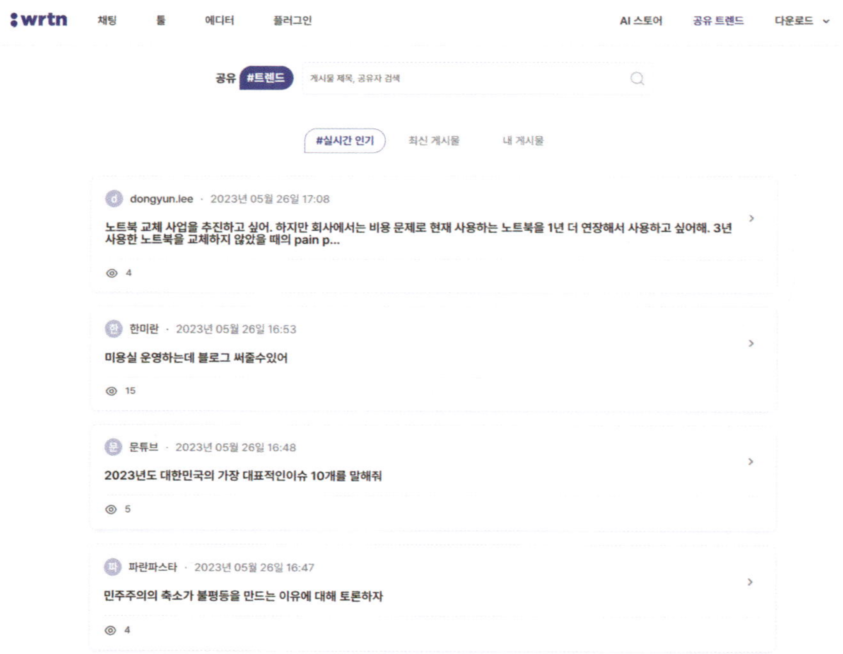

그림 8.12 뤼튼 공유 트렌드 서비스 화면

8.3 챗GPT로 서비스 글쓰기

지금까지 UX 라이팅 환경에서 사용할 수 있는 다양한 생성형 AI 도구를 알아봤다. 그중 대표적인 생성 AI 도구인 챗GPT를 이용해서 UX 라이팅의 다양한 상황에서 글을 써보자. 우선 서비스에서 자주 일어날 수 있는 4가지 상황을 선정하여 챗GPT에 다양한 질문을 던졌다. 챗GPT-4 유료 모델을 이용했고, 4가지 상황은 다음과 같다:

- 환불이 불가능하다고 알리는 글
- CTA 글자
- 보이스앤톤 조정
- 스타일가이드 만들기

8.3.1. 환불이 불가능하다고 알리는 글

구매한 제품을 여러 이유로 환불해 줄 수 없다고 전하는 상황은 언제나 곤혹스럽다. 고객의 기분을 상하지 않게 하면서 환불해줄 수 없다는 내용을 부드럽게 쓰기 위해 챗GPT를 활용했다.

프롬프트 1: 사용자에게 환불이 안된다고 알리는 글을 써줘

ChatGPT:

안녕하세요 [고객님의 이름],

먼저 문제를 겪으셔서 죄송하다는 말씀을 드리고 싶습니다. 저희 [회사 이름]는 고객님께 항상 최상의 서비스를 제공하려고 노력하지만, 때때로 이러한 상황이 발생할 수 있음을 이해해 주시기 바랍니다.

저희가 고객님의 환불 요청을 신중하게 검토한 결과, 안타깝게도 이번 경우에는 환불을 진행해드릴 수 없음을 알려드리게 되었습니다. 이는 저희의 환불 정책에 따라 환불 가능 기간이 지난 상품이거나, 환불 요건을 충족하지 못한 경우에 해당하게 됩니다.

저희 [회사 이름]의 환불 정책에 대해 자세히 알고 싶으시다면, 다음 링크를 참고해 주세요: [환불 정책 링크]

고객님의 불편을 최소화하기 위해, 저희는 다양한 대안을 제공할 수 있습니다. 예를 들어, 상품에 대한 할인, 무료 업그레이드, 다음 구매에서 사용 가능한 쿠폰 등이 있습니다. 이러한 대안 중 관심이 있으신 옵션이 있다면, 저희 고객 지원팀에게 알려주시기 바랍니다.

다시 한 번 불편을 드려 죄송하다는 말씀을 드리며, 저희 [회사 이름]은 앞으로도 고객님의 만족을 위해 최선을 다하겠습니다. 혹시 추가 질문이나 도움이 필요하시다면 언제든지 연락해 주시기 바랍니다.

감사합니다.

> [회사 이름] 고객 지원팀
>
> [고객 서비스 담당자 이름]

고객에게 사과 → 환불 불가 기준 안내 → 더 자세한 정보로 링크 → 대안 제시 → 마무리의 명확한 구조와 논리적인 절차로 진행된다. 논리 구조의 흐름을 충분히 활용할 만하다. 이번에는 더욱 정교한 결과를 얻기 위해 환불할 수 없는 구체적인 상황을 입력했다. 전통떡을 판매하는 쇼핑몰이고, 떡은 신선 식품이라 배송 이후에는 환불이 안 된다는 정보와 이메일이라는 조건을 추가했다.

> **프롬프트 2:** 전통떡 전문 쇼핑몰, 신선식품 특성상 떡은 배송후에 환불이 안된다, 단 제품의 하자가 있을 경우에만 가능하다, 불편을 드려 죄송하다, 더 문의가 있으면 연락해 달라는 내용의 이메일을 써줄래?

ChatGPT:

제목: 전통 떡 구매 안내 및 환불 정책 안내

안녕하세요, [고객님의 이름]님!

먼저 저희 전통떡 전문 쇼핑몰을 이용해 주셔서 진심으로 감사드립니다. 저희는 고객님께 항상 최상의 품질과 맛을 전달하기 위해 노력하고 있습니다.

신선한 식품의 특성 상, 떡은 배송 후에 일반적으로 환불이 어렵습니다. 하지만 만약 제품에 하자가 있는 경우, 고객님의 만족을 위해 환불을 진행해드리겠

습니다. 이러한 정책으로 인해 불편을 느끼시게 된 점에 대해 사과의 말씀을 드립니다.

만약 추가적인 문의사항이 있으시거나, 제품에 하자가 있다고 생각되는 경우, 언제든지 저희에게 연락해 주시기 바랍니다. 고객님의 소중한 의견을 듣고 최선을 다해 처리해 드리겠습니다.

다시 한 번 저희 전통떡 전문 쇼핑몰을 이용해 주셔서 감사드리며, 앞으로도 맛있고 신선한 제품으로 고객님의 기대에 부응하겠습니다.

감사합니다.

[회사 이름] 고객 서비스 팀

구체적인 명령이 들어가자 글이 더 명확하고 읽기 쉬워졌다. 딱딱하고 사무적인 느낌을 중화하기 위해서 경쾌하고 인간적으로 톤으로 조정해줄 것을 요청했다.

프롬프트 3: 너무 딱딱해. 경쾌하고 인간적으로 써줘.

ChatGPT:

제목: 전통 떡 구매 시 알아두면 좋은 TMI! 🍡

안녕하세요, [고객님의 이름]님!

저희 전통 떡 쇼핑몰을 찾아주셔서 너무 기뻐요! 😊 최고의 품질과 맛을 전달하기 위해 열심히 준비했답니다. 다만 신선한 떡은 좀 까다로운 면이 있어요. 😔 배송 후에는 환불이 어렵다는 점이죠. 하지만 걱정 마세요! 제품에 문제가 있을 경우, 저희가 책임지고 환불해드릴게요. 이런 정책 때문에 불편하신 점 있다면 정말 미안해요.

궁금한 점이나 문제가 생기시면 언제든 연락주세요! 저희는 고객님의 의견을 소중히 생각하며 빠르게 도와드릴게요.

이번 구매로 행복한 경험을 만들어 드리기 위해 최선을 다하겠습니다. 앞으로도 맛있는 전통 떡으로 고객님의 사랑에 보답할게요! 💕

행복한 하루 되세요! 😊

[회사 이름] 고객 서비스 팀

프롬프트 2와 프롬프트 3은 내용은 동일하고 톤만 다르다. 달라진 톤을 비교해 보자.

- "저희는 고객님께 항상 최상의 품질과 맛을 전달하기 위해 노력하고 있습니다."
  →"최고의 품질과 맛을 전달하기 위해 열심히 준비했답니다."
- "신선한 식품의 특성상, 떡은 배송 후에 일반적으로 환불이 어렵습니다."
  →"다만 신선한 떡은 좀 까다로운 면이 있어요."

일상 용어를 써서 경쾌하지만 환불이 안되는 심각한 상황에서 'TMI(Too Much Information)'같은 표현이나 지나친 감정은 적합하지 않다. 정확한 사용자의 맥락을 파악하지 못하는 챗GPT의 한계이기도 하다. 서비스, 고객의 특징, 글을 쓴 상황에 따라 어떤 톤으로 쓸지 결정하자.

환불이 안 된다고 알리는 상황은 고객에게 부정적인 감정을 주고 큰 문제로 확대될 가능성이 있다. 이런 예민한 문제를 다룰 때는 어떻게 커뮤니케이션해야 하는지(프롬프트 4 참고), 그리고 이런 문제 상황에서 때 좋은 대응으로 관계를 개선시킨 사례(프롬프트 5 참고)가 있는지 챗GPT에 추가로 물었다.

프롬프트 4: 환불 불가로 실망감을 느낀 고객에게는 어떻게 해야 좋을까

ChatGPT:

환불 불가로 실망감을 느낀 고객에 다음과 같은 방법으로 대응할 수 있습니다:

1. 공감과 사과: 고객의 실망감을 인정하고 진심으로 사과하세요. 고객의 감정을 이해하며 문제를 해결하고자 하는 의지를 표현합니다.
2. 환불 불가 이유 설명: 환불이 불가능한 이유를 상세하게 설명하여 고객이 이해할 수 있도록 도와주세요. 이때 정책이나 규정을 명확하게 인용하며, 고객의 상황에 맞게 예시를 들어 설명할 수 있습니다.
3. 대안 제시 및 협의: 환불이 불가능한 경우에도 고객의 불만을 완화하기 위해 다양한 대안을 제시하세요. 이때 고객과 협의를 통해 최선의 해결책을 찾아내는 것이 중요합니다. 예를 들어, 상품 교환, 할인, 무료 업그레이드, 다음 구매에서 사용 가능한 쿠폰 등이 있습니다.
4. 고객의 의견 수렴: 고객이 원하는 해결책을 물어보고, 가능한 한 그 해결책을 제공해 주세요. 고객이 만족할 수 있는 방안을 찾아내려 노력합니다.
5. 회사 정책 개선: 고객의 불만을 회사의 정책 개선에 반영하여, 비슷한 문제가 재발하지 않도록 노력하세요. 고객의 소리를 경청하고, 개선 사항을 고객에게 알리는 것이 중요합니다.
6. 지속적인 커뮤니케이션: 문제 해결 후에도 고객과 연락하여 만족도를 확인하고, 추가적인 지원이 필요한지 확인하세요. 이를 통해 고객에게 더 나은 서비스를 제공하며 신뢰를 회복할 수 있습니다.

기억하세요, 고객의 만족을 위해 항상 최선을 다하는 것이 중요합니다. 고객의 불편함을 해결하고, 고객과의 관계를 회복하기 위해 진심으로 노력하시기 바랍니다.

프롬프트 5: 고마워. 정답같아. 그럼 네가 추천한 것과 같은 좋은 대응으로 고객과의 관계를 개선시킨 사례가 있을까?

ChatGPT:

네, 고객과의 관계를 개선시킨 사례들이 있습니다. 이러한 사례들은 대부분 우수한 고객 서비스와 소통 능력, 고객의 문제를 적극적으로 해결하는 데 초점을 맞춘 것입니다. 몇 가지 사례를 소개하겠습니다.

1. 제품 교환: 한 소비자가 온라인으로 구매한 제품이 손상되어 도착했습니다. 이 소비자는 판매자에게 연락하여 사진과 함께 상황을 설명했습니다. 판매자는 즉시 사과하고 새 제품을 보내기로 약속했습니다. 빠른 대응과 친절한 서비스로 인해 소비자는 판매자에게 감사의 메시지를 보내고, 미래에도 계속 구매할 의사를 밝혔습니다.
2. 항공사의 예약 변경: 한 소비자가 개인적인 이유로 항공편을 변경해야 했습니다. 변경 기간이 지난 후였지만, 소비자는 항공사에 연락하여 상황을 설명했습니다. 항공사 직원은 고객의 사정을 이해하고, 무료로 예약을 변경해 주었습니다. 이러한 유연한 대처로 인해 소비자는 항공사에 대한 충성심을 높여 다음에도 이용할 계획을 세웠습니다.

3. 레스토랑에서의 음식 알레르기 대응: 한 소비자가 레스토랑에서 알레르기 반응을 일으키는 음식을 먹고 즉시 반응이 나타났습니다. 레스토랑 직원은 즉시 응급 처치를 도와주고, 병원에 동행했습니다. 또한, 레스토랑은 소비자의 병원비를 전액 지불했습니다. 이러한 적극적인 대처로 인해 소비자는 레스토랑에 감사의 뜻을 표하며, 긍정적인 평가를 남겼습니다.

이와 같이, 고객의 문제를 빠르게 해결하고, 고객과 긍정적으로 소통하는 것이 고객과의 관계를 개선시키는 핵심입니다.

이로써 문제 상황에 선제적으로 대응하고, 혹시 문제가 생겼을 때는 다른 사례를 참고하며 실수 없이 대처할 수 있다. 챗GPT로 글의 틀을 잡았고, 활용할 만한 다양한 표현 아이디어를 얻었다. 그뿐만 아니라 혹시 발생할지 모르는 상황을 미리 숙지하여 큰 문제가 발생하지 않게 준비할 수 있다.

8.3.2. CTA 글자

CTA는 서비스 UI에서 근간이 되는 요소 중 하나다. 사용자들은 CTA를 거쳐 서비스를 이동하고, 서비스에서 원하는 행동을 끌어낸다. CTA에 들어가는 글자는 버튼을 클릭했을 때 사용자가 얻는 가치를 담아야 한다. 챗GPT로 CTA에 들어가는 글자의 아이디어를 얻어보자. CTA 실험을 하기 전에 전환율을 높이려면 버튼의 문구를 어떻게 써야 하는지(프롬프트 6), 실제 사례가 무엇인지(프롬프트 7)를 물었다.

프롬프트 6: CTA에 어떤 글이 있을때 전환이 잘되지?

ChatGPT:

전환율을 높이는 CTA(Call-to-Action)에는 다음과 같은 특징이 있습니다:

1. 간결하고 명확함: CTA는 간결하고 명확해야 합니다. 이용자가 무엇을 해야 하는지 바로 이해할 수 있도록 작성해야 합니다.
2. 동기부여: CTA는 이용자에게 행동을 취하도록 동기를 부여해야 합니다. 이용자에게 어떤 이점이 있을지, 왜 행동을 취해야 하는지 알려주는 메시지가 효과적입니다.
3. 행동지향적인 언어 사용: "지금 시작하기", "무료로 체험하기" 등과 같이 이용자가 행동을 취하도록 유도하는 언어를 사용하는 것이 중요합니다.

4. 시간 제한 강조: "한정된 시간 동안만 제공", "지금 바로 시작하세요"와 같이 시간에 대한 제한을 강조하여 이용자의 즉각적인 행동을 유도합니다.

5. 개인화: 가능하다면, 이용자의 이름이나 관심사 등을 포함하여 개인화된 메시지를 제공하는 것이 전환율을 높이는 데 도움이 됩니다.

6. 색상과 디자인: CTA 버튼은 웹사이트나 앱의 디자인과 잘 어울려야 하며, 동시에 충분히 눈에 띄어야 합니다. 색상, 크기, 위치 등이 중요합니다.

CTA는 이용자의 행동을 유도하는 중요한 요소이므로, 실험과 데이터 분석을 통해 최적의 CTA를 찾아야 합니다. 다양한 버전의 CTA를 A/B 테스팅하여 어떤 메시지가 더 효과적인지 확인하는 것이 좋습니다.

프롬프트 7: 어떤 글자가 좋은 전환으로 이끌었는지 사례를 알려줄래?

ChatGPT:

좋은 전환율을 이끌어낸 CTA(Call to Action) 사례는 다양합니다. 몇 가지 예시를 들어보겠습니다.

1. Netflix: "시청을 시작하세요" - Netflix는 사용자가 서비스를 무료로 체험할 수 있도록 독려하는 간결하면서도 명확한 메시지를 사용합니다. 사용자는 이 메시지를 통해 서비스를 즉시 사용해볼 수 있음을 이해하게 됩니다.

2. Spotify: "무료로 가입하기" - Spotify는 사용자에게 무료로 서비스를 이용할 수 있다는 점을 강조하여 전환율을 높입니다. 무료라는 단어는 사용자에게 리스크 없이 서비스를 체험할 수 있음을 나타냅니다.

3. Dropbox: "무료로 시작하기" - Dropbox의 CTA는 사용자가 서비스를 무료로 시작할 수 있음을 명확하게 전달합니다. 사용자에게 어떠한 금전적인 부담도 없이 서비스를 시작할 수 있음을 알려줍니다.

4. Evernote: "가입하고 시작하기" - Evernote는 CTA에서 직접적으로 어떤 행동을 취하라고 요청합니다. 가입하면 바로 시작할 수 있다는 메시지를 통해 사용자에게 이점과 행동 요구를 동시에 전달합니다.

이렇게 각 사례에서 볼 수 있듯, 좋은 전환율을 이끌어내는 CTA는 서비스의 가치를 명확하게 전달하고, 사용자가 즉시 행동을 취할 수 있도록 동기를 부여하는 메시지를 포함하고 있습니다.

이제 구체적인 서비스를 가정해서 CTA를 실험해 보기로 한다. 여기서는 도서 구독 서비스에서 한 달에 9,900원 하는 정기 결제하는 버튼을 가정했다.

프롬프트 8: 도서 구독 서비스, 월구독 정기 결제를 위한 CTA 버튼 글자를 만들어줘. 한 달에 9,900 원이야.

ChatGPT:

"한 달에 9,900원으로 책을 누리세요! 지금 구독하기"

버튼에 들어가는 글자가 너무 길다. 글자 수를 10자로 제한해서 다시 물었다.

프롬프트 9: 도서 구독 서비스, 월구독 정기 결제를 위한 CTA 버튼 글자를 만들어줘. 한 달에 9,900 원이야. 10자 이내로.

ChatGPT:

"9,900원 구독."

다양한 표현 아이디어를 얻기 위해 10가지를 더 만들어 달라고 요청했다.

프롬프트 10: 같은 내용으로 10가지 더 만들어줘

ChatGPT:

1. "9,900원 독서!"
2. "책 읽기 9,900원!"
3. "월 9,900원 구독"
4. "9,900원 책 끝없이"
5. "독서 무제한 9,900"
6. "월정액 9,900원!"
7. "9,900원 독서파티"
8. "책의 세계 9,900"
9. "9,900원 책향기"
10. "독서 천국 9,900"

구독 가격은 버튼이 위치한 페이지에서 이미 인지했을 가능성이 크다. 중복 가능성이 있으니 가격을 제외한 CTA 글을 다시 요청했다.

프롬프트 11: 가격을 빼고 다시 10개를 만들어줘

ChatGPT:

1. "지금 구독하기"
2. "독서 무제한"

3. "책의 세계로"

4. "월정액 구독"

5. "도서 구독 시작"

6. "책 읽기 무한대"

7. "무한 독서 체험"

8. "독서 클럽 가입"

9. "책 끝없이 즐기기"

10. "독서 패러다임"

가격을 제외하니 도서 구독 서비스를 결제하게 만드는 다양한 표현 아이디어가 나왔다.

- 긴급성에 호소: '지금 구독하기'
- 무제한 독서 강조: '독서 무제한,' '책 읽기 무한대'
- 독서 활동 자체의 강조: '책의 세계로,' '책 끝없이 즐기기'

다양한 가치를 반복 테스트하면서 서비스에 가장 효과가 큰 글자를 찾아낸다. 그러나 다양한 가치와 표현을 모두 다 테스트하는 것은 불가능하다. 가치의 우선순위를 정하기 위해 사용자들이 도서 구독 서비스를 이용하는 이유를 물었다.

프롬프트 12: 사람들이 도서 구독 서비스를 이용하는 이유는 뭘까?

ChatGPT:

사람들이 도서 구독 서비스를 이용하는 이유는 다양하지만, 주요한 이유들은 다음과 같습니다:

1. 경제성: 구독 서비스를 통해 소비자들은 도서 구매 비용을 절약할 수 있습니다. 일정 금액을 지불하면 다양한 도서를 무제한으로 이용할 수 있기 때문입니다.

2. 편리성: 구독 서비스를 이용하면 집에서도 쉽게 책을 찾고 다운로드할 수 있어 편리합니다. 따로 도서관이나 서점에 방문할 필요가 없습니다.

3. 다양성: 도서 구독 서비스는 보통 수많은 도서를 제공합니다. 서비스에 가입한 회원들은 다양한 장르의 책을 누리며 새로운 작품을 접할 기회가 많아집니다.

4. 개인화: 도서 구독 서비스는 사용자의 취향에 맞춰 추천 도서를 제공하곤 합니다. 이를 통해 사용자들은 자신이 관심 있는 도서를 쉽게 찾을 수 있습니다.

5. 모바일 친화적: 스마트폰이나 태블릿 등의 모바일 기기를 이용해 언제 어디서든 도서를 이용할 수 있습니다.
6. 독서 동기 부여: 구독 서비스의 정기 결제와 이용 기간 제한 등은 사용자들에게 독서의 동기를 부여할 수 있습니다. 이로 인해 사용자들은 더 많은 도서를 접하게 되고 독서량이 증가할 수 있습니다.

이 외에도, 도서 구독 서비스를 이용하는 사람들은 서비스의 특성에 따라 다양한 이유로 서비스를 선택합니다. 이러한 이유들이 결합되어 도서 구독 서비스의 인기를 높이고 있습니다.

이 중 6번, 독서 동기 부여라는 가치로 CTA 글자를 다시 물었다.

프롬프트 13: 독서 동기 부여라는 가치로 CTA 글자를 다시 만들어줄래? 10자까지

ChatGPT:

"독서 의지 UP! 구독"

같은 메시지로 10개를 더 요청했다.

프롬프트 14: 10개만 더 만들어줄래?

ChatGPT:

1. "읽기 동기 활성화"
2. "독서 열정 살리기"
3. "책읽기 습관 길러요"
4. "읽기 충전소 구독"
5. "독서모티베 구독"
6. "독서 열정 잡기"
7. "일상에 독서 습관"
8. "읽기의 힘 얻기"
9. "독서 의욕 켜기"
10. "독서 에너지 충전"

서비스의 핵심적인 가치가 페이지 제목과 CTA에 잘 담기는 것은 중요하다. 사용자가 우리 서비스를 이용하는 이유, 우리 서비스에서만 얻을 수 있는 가치, 또는 행동을 돕는 문구가 담겼을 때 서비스에 유리한 행동을 유도할 수 있다. 사용자가 버튼을 클릭해서 얻고자 하는 정확한 가치와 동기는 사용자 데이터에서 발굴해야 한다. 이렇게 선별된 내용을 토대로 표현을 고민하고 결정하는 과정에서 챗GPT를 활용하면 좋다. 생각지 못한 다양한 표현과 아이디어로 막힌 생각이 풀릴지 누가 알겠는가!

8.3.3. 보이스앤톤 조정

브랜드에 적합한 보이스로 일관되게 글을 쓰면 브랜드 정체성과 친근감을 주면서 편안하고 즐거운 브랜드 경험을 선사할 수 있다. 이를 위해 서비스를 만드는 사람들은 보이스 원칙에 따른 다양한 글의 내용과 형식을 정의해야 한다. 글의 분위기나 주제, 내용을 정했다면 이제 정의한 보이스 원칙에 맞게 글을 다듬어야 한다. '친절한' 보이스는 어떤 표현을 어떻게 써야 할까? 전문가다운 글은 어떤가? 분위기나 느낌을 문장에 반영하는 것은 쉽지 않다. 보이스 원칙에 맞는 문장을 쓰는 데 챗GPT를 사용해 보자.

한 의류 쇼핑몰의 회사 소개 글로 다양한 보이스를 실험했다. 이 쇼핑몰은 이탈리아에서 디자인을 공부하던 학생이 명품 패션을 많은 사람에게 합리적인 가격으로 제공하고 싶다는 비전으로 시작했다. 이 쇼핑몰은 최고급 원단을 사용하며 일상에서 멋스럽게 활용할 수 있는 기본 핏의 의류를 판매한다. 품질에 비해 합리적인 가격으로 오랜 신뢰를 쌓았다. 이런 내용을 담은 회사 소개 글을 부탁했다.

프롬프트 15: 의류 쇼핑몰의 회사 소개글을 써줘. 이태리에서 디자인 유학 중 명품 패션을 더 많은 사람이 입을 수 있도록 패션 사업 시작. 동대문 시장에서 시작. 최고급 원단을 합리적인 가격에 판매, 품질을 알아본 단골 고객이 쌓이면서 좋은 브랜드로 성장. 어디에서나 잘 어울리는 기본핏을 좋은 원단으로 제공하는 회사의 비전은 계속됨.

ChatGPT:
안녕하세요, 저희는 "모던클래식"입니다. 이태리 디자인의 절묘함을 한국의 땅에 뿌리내리기 위해 시작된 이 브랜드는 명품 패션을 더 많은 사람들이 입을 수 있도록 하기 위한 우리의 첫 걸음이었습니다.

그 시작은 바로 동대문 시장, 한국의 패션 중심지에서 했습니다. 최고급 원단을 합리적인 가격에 제공하면서 품질에 대한 깊은 이해를 바탕으로 고객들에게 신뢰를 쌓아왔습니다. 이런 저희의 노력 덕분에 오늘날 "모던클래식"은 뛰어난 품질과 합리적인 가격의 상징으로 자리매김하게 되었습니다.

저희의 비전은 단순히 패션 아이템을 판매하는 것이 아닙니다. 모든 사람들이 어디에서나 자신감 있게 입을 수 있는 기본핏의 의류를 최고급 원단으로 제공하는 것입니다. 그리고 이 비전은 여전히 저희의 가슴 깊이 새겨져 있습니다.

누구나 즐길 수 있는 고급 패션을 추구하는 "모던클래식"이라는 브랜드와 함께하는 여정에 당신을 초대합니다. 여기서 시작된 우리의 이야기는 계속될 것입니다. 항상 고객 여러분의 만족을 위해 노력하는 "모던클래식"이 되겠습니다. 감사합니다.

챗GPT는 이 브랜드에 '모던클래식'이라는 이름을 붙였다. 프롬프트에 입력한 내용을 자연스럽게 문장으로 완성했다. 이제 이 내용을 세 가지 버전으로 다르게 써 보자. 먼저 '캐주얼하고 재미있는' 버전이다.

프롬프트 16: 여러 가지 다른 스타일로 다시 써줄래? 먼저 캐주얼하고 재미있게

ChatGPT:

하이, 우리는 "모던클래식"이야! 이태리에서 디자인 무술을 배운 뒤, 명품 패션을 더 많은 친구들이 입을 수 있게 하려는 생각으로 이 꿈을 시작했지. 그 시작이 바로 동대문 시장이었어.

우리는 최고급 원단을 끝내주게 착한 가격에 팔면서, 꾸준히 품질을 철저히 지켰어. 그래서 단골 친구들이 점점 늘어나, 이제는 꽤 괜찮은 브랜드로 성장했단다.

우리의 꿈은, 아무리 생각해도 멋진 기본핏 의류를 최고급 원단으로 만들어서 너희들에게 제공하는 거야. 그리고 그 꿈은 여전히 우리의 가슴 깊이 살아있어.

패셔니스타로 변신할 준비가 됐나? 그럼 "모던클래식"과 함께 놀러와! 우리의 이야기는 아직 막 시작이야. 항상 너희를 위해 최선을 다하는 "모던클래식"이 될게. 기대해줘!

어떻게 표현이 바뀌었는지 살펴보자.

- 친구에게 말하듯 반말을 쓴다.
- 일상 용어를 쓴다: '착한 가격,' '꽤 괜찮은 브랜드'…
- 감정이 가득하게 쓴다: '꿈,' '가슴 깊이 살아있어,' '기대해줘'…

- 공식적인 표현은 친근한 표현으로 바꿨다

    "그 시작은 바로 동대문 시장, 한국의 패션 중심지에서 했습니다"

    → "그 시작이 바로 동대문 시장이었어"

    "고객들에게 신뢰를 쌓아서 … 합리적인 가격의 상징으로 자리매김하게 되었습니다."

    → "단골 친구들이 점점 늘어나, 이제는 꽤 괜찮은 브랜드로 성장했단다"

이는 공식적인 표현을 친근한 표현으로 바꿀 때 참고할 만하다. 다음으로 세련된 전문가다운 글을 요청했다.

프롬프트 17: 이번에는 세련되고 전문가스러운 글로 바꿔줘

ChatGPT:

존경하는 고객님,

저희는 "모던클래식"입니다. 이태리에서 디자인 전공으로 유학한 경험을 바탕으로, 명품 패션을 더욱 다가갈 수 있는 가격으로 제공하고자 패션 사업을 시작하였습니다.

저희의 첫 시작은 동대문 시장이었습니다. 저희는 최고의 품질을 제공하는 것을 약속하며, 고객님들에게 합리적인 가격의 고품질 원단을 제공하였습니다. 이러한 끊임없는 노력의 결과, 저희는 단골 고객님들을 기반으로 성장하며, 현재는 뛰어난 브랜드로 인정받고 있습니다.

저희 "모던클래식"의 비전은 어디에서나 잘 어울리는 기본핏을 고급 원단으로 제공하는 것입니다. 이는 고객님들이 자신감을 가지고 어느 장소에서든 멋스럽게 차려입을 수 있도록 돕는 것을 의미합니다. 이러한 비전은 오늘날까지도 저희가 추구하는 가치이며, 앞으로도 변하지 않을 것입니다.

고객님들과 함께하는 "모던클래식"의 여정에 여러분을 초대합니다. 저희는 앞으로도 고객님들의 만족을 위해 끊임없이 노력하겠습니다. 고맙습니다.

전문가다운 글에서는 브랜드 비전을 소비자의 일상과 연결 지었다. 예를 들어 기본핏을 고급 원단으로 제공한다는 것의 의미는 '고객이 자신감을 가지고 어느 장소에서든 멋스럽게 차려입을 수 있도록 돕는 것'이다. 세련된 이미지를 더하기 위해 세련된 색상이나 이미지를 더하면 글의 분위기가 극대화된다. 명품이나 원단에 대한 전문지식을 더해도 좋다. 마지막으로는 이 글을 한 기업가의 스토리텔링 형식으로 바꿔줄 것을 요청했다.

프롬프트 18: 기업가의 스토리텔링 형식으로 바꿔줘

ChatGPT:

존경하는 고객님,

안녕하세요, "모던클래식"의 창업자입니다. 이태리의 유명한 디자인 학교에서 유학하던 중, 명품 패션을 더 많은 사람들이 경험할 수 있게 하는 꿈을 키웠습니다. 그 꿈을 품고 돌아온 제 고향은 바로 한국의 동대문 시장이었습니다.

그곳에서 저는 최고급 원단을 합리적인 가격에 제공하기 시작했습니다. 시작은 작았지만, 품질에 대한 저의 믿음은 확고했습니다. 그 결과, 저희 제품의 품질을 인정해주는 단골 고객들이 점점 늘어나게 되었고, 그 덕분에 오늘날 "모던클래식"은 품질과 가격, 그 두 가지 모두에서 고객님들에게 사랑받는 브랜드가 되었습니다.

저희의 비전은 "기본핏이지만 고급스러운 의류를 제공하는 것"입니다. 고급 원단으로 제작된 제품을 통해 고객님들이 어디에서나 자신감 있게 입을 수 있도록 도와주는 것, 그것이 저희가 추구하는 가치입니다. 이 비전은 오늘날까지도 변함없이 제 가슴 깊이 새겨져 있습니다.

"모던클래식"의 이야기는 아직 끝나지 않았습니다. 앞으로도 고객님들과 함께, 더욱 발전하며 품질 좋은 제품을 제공해드리겠습니다. 저희와 함께 이 여정에 동참해주신 모든 고객님들께 진심으로 감사드립니다.

이제 챗GPT의 글은 창업자의 시점으로 바뀐다. '꿈을 품고 돌아온 고향', '저의 믿음은 확고했습니다', '이 비전은 오늘날까지도 변함없이 제 가슴 깊이 새겨져 있습니다'처럼 꿈을 키운 상황, 품질에 대한 확고한 의지, 앞으로의 비전을 경영자가 다른 사람에게 말하듯이 썼다.

8.3.4. 스타일 가이드 만들기

콘텐츠의 일관성을 위해 콘텐츠 스타일 가이드를 제작하고 싶은 기업이 많지만, 시간과 노력이 부담스럽다. 스타일 가이드를 비교 분석하는 리서치 작업에 챗GPT를 사용하면 많은 시간을 절약할 수 있다. 이 책에서는 스타일가이드의 틀을 잡고, 항목을 결정하고, 활용하는 감을 잡는 데 챗GPT를 활용해봤다. 먼저 쇼핑몰을 위한 콘텐츠 스타일가이드에 어떤 요소가 들어가는지를 물었더니 다음의 7가지를 알려줬다. 여기서는 챗GPT의 답변 중 제목만 인용했다.

1. 브랜드 톤앤보이스
2. 문법과 맞춤법
3. 제품 설명
4. 명확한 제목과 부제목
5. 쉽게 이해할 수 있는 언어 사용
6. CTA
7. 고객 서비스

위의 7가지 요소를 더 구체적인 항목으로 나눌 것을 요구했다.

> **프롬프트 19:** 쇼핑몰 콘텐츠를 위한 스타일 가이드를 만들려고 하는데 이 7가지 항목을 어떻게 더 발전시켜야 하는지 구체적인 항목을 알려줄래?

ChatGPT:

쇼핑몰 콘텐츠에 대한 스타일 가이드를 발전시키고자 한다면, 다음과 같은 세부 항목들을 고려해 볼 수 있습니다:

1. 브랜드 톤 및 목소리
   - 브랜드의 개성을 반영하는 키워드 목록을 작성합니다.
   - 브랜드를 대표하는 세부적인 표현과 문장 구조를 정의합니다.
   - 통화, 특정 행사, 특정 플랫폼에서 어떻게 언어를 사용해야 하는지를 정의합니다.

2. 문법과 맞춤법
   - 특정 언어 스타일(예: AP, Chicago)을 선택하고 그에 따른 문법과 맞춤법 규칙을 명시합니다.
   - 약어, 숫자, 대문자 사용 등에 대한 규칙을 설정합니다.

3. 제품 설명
   - 제품 카테고리마다 독특한 설명 형식을 정의합니다.
   - 구체적인 제품 정보(재료, 크기, 사용법 등)를 어떻게 표현할지 정의합니다.
   - 잠재적인 고객 질문에 대한 답변을 제공하는 방법을 고려합니다.

4. 명확한 제목과 부제목
   - 제목과 부제목에 대한 특정 길이 제한을 설정합니다.
   - 제목과 부제목 작성에 대한 구체적인 예제를 제공합니다.

5. 쉽게 이해할 수 있는 언어 사용
- 복잡한 용어나 전문 용어를 대신할 일반적인 용어를 목록으로 만듭니다.
- 문장 길이에 대한 제한을 설정하여 간결한 언어 사용을 유도합니다.

6. 호출부(CTA, Call To Action)
- 다양한 상황에 적합한 CTA 예제를 제공합니다.
- CTA의 위치와 디자인에 대한 가이드라인을 작성합니다.

7. 고객 서비스
- 고객 질문에 대응하는 방법에 대한 가이드라인을 작성합니다.
- 고객 서비스의 톤과 매너를 정의합니다.

이러한 세부적인 가이드라인은 콘텐츠의 일관성을 유지하고 브랜드의 전문성과 신뢰성을 강화하는데 도움이 될 것입니다.

이 정도면 우리 서비스에서 필요한 것을 채택하고, 그렇지 않은 것은 기각시키면서 우리 서비스의 스타일가이드에 들어갈 내용을 결정할 수 있겠다. 더 구체적으로 감을 잡기 위해 항목별로 예시를 들어달라고 했다. 챗GPT의 답변 중에서 '3. 제품 설명', '4. 명확한 제목과 부제목', '5. 쉽게 이해할 수 있는 언어 사용' 세 가지를 자세히 살펴보자.

3. 제품 설명
"제품 설명은 항상 세부적이고 사실적으로 작성합니다. 제품의 주요 특징, 사용 방법, 사이즈, 색상 등을 포함해야 합니다. '이 블라우스는 편안한 핏을 주는 100% 면소재로, 세탁 시에도 색상이 잘 유지됩니다.'"

4. 명확한 제목과 부제목
"제목은 핵심 키워드를 포함하고, 60자 이내로 작성합니다. 부제목은 추가적인 정보를 제공하며, 30자 이내로 작성합니다. 예) 제목: '여름을 위한 완벽한 면 블라우스' 부제목: '편안함과 스타일을 모두 잡았습니다!'"

5. 쉽게 이해할 수 있는 언어 사용
"전문 용어나 복잡한 언어는 피하고, 가능한 한 간단하고 명확한 언어를 사용합니다. 예) '이 제품은 향상된 내구성을 제공합니다' 대신 '이 제품은 오래가고 튼튼합니다'를 사용합니다."

'4번 제목' 항목을 보면 '핵심 키워드를 포함하여 60자 이내로 작성', '부제목은 추가 정보를 30자 이내로 작성'과 같이 규정할 수 있음을 알려준다. '5번 쉽게 이해할 수 있는 언어 사용' 항목에서는 복잡한 언어를 피하고 명확한 언어를 사용하는 구체적인 문장 예시로 "이 제품은 향상된 내구성을 제공합니다"를 "이 제품은 오래가고 튼튼합니다"처럼 바꿀 수 있다고 알려준다. 여기까지 쇼핑몰의 콘텐츠 스타일가이드에 대해 챗GPT에 물었는데, 어디서나 알 수 있는 일반적인 내용이라 구체적으로 쇼핑몰을 찍어서 다시 물었다. 쇼핑몰 쇼피파이의 콘텐츠 가이드의 큰 틀(프롬프트 20)과 가이드에 입각한 실제 단어 사용 예시(프롬프트 21)를 순차적으로 물었다.

프롬프트 20: 쇼피파이의 콘텐츠 가이드 항목과 예시를 알려줘

ChatGPT:

Shopify는 그들의 콘텐츠를 작성하고 구성하는 데 사용하는 스타일 가이드를 제공합니다. Shopify의 스타일 가이드는 몇 가지 주요 항목으로 구성되어 있으며, 다음은 그 중 일부에 대한 설명입니다:

- **1. 명확성:** Shopify는 콘텐츠가 명확하고 이해하기 쉬워야 한다고 강조합니다. 불필요한 전문 용어나 어려운 언어의 사용을 최소화하고, 가능하면 항상 간단한 언어를 사용하도록 권장합니다.

- **2. 포괄성:** Shopify는 모든 사용자가 콘텐츠를 이해하고 접근할 수 있도록 하는 것을 중요하게 생각합니다. 이를 위해 그들은 포괄적인 언어의 사용을 강조하며, 성별 중립적인 표현과 다양한 배경의 사용자를 고려한 언어를 사용하도록 권장합니다.

- **3. 사용자 인터페이스 텍스트:** Shopify는 사용자 인터페이스의 텍스트를 작성할 때는 반드시 활성 목소리를 사용하고, 사용자에게 어떤 행동을 취하도록 명확하게 안내하는 것을 중요하게 생각합니다.

- **4. 맞춤법과 문법:** Shopify는 캐나다 영어 맞춤법을 기본으로 하지만, 사용자의 위치에 따라 영국 영어나 미국 영어를 사용하기도 합니다. 그들은 문장이 너무 길지 않도록 하고, 대명사 'we' 대신 'Shopify'를 사용하는 것을 선호합니다.

이런 가이드라인은 Shopify가 자신들의 콘텐츠를 일관성 있게 유지하고, 사용자에게 명확하고 포괄적인 정보를 제공하는 데 도움이 됩니다. Shopify의 전체 콘텐츠 스타일 가이드는 그들의 웹사이트에서 확인할 수 있습니다.

프롬프트 21: 쇼피파이에서 일관된 콘텐츠를 위해 규정한 단어 목록을 알려줄래?

ChatGPT:

Shopify의 콘텐츠 스타일 가이드는 특정 용어와 표현에 대해 명확한 지침을 제공하며, 이는 콘텐츠가 일관성을 유지하고 사용자에게 명확한 메시지를 전달하는 데 도움이 됩니다. 다음은 Shopify가 특별히 규정한 일부 단어와 표현에 대한 예시입니다:

1. **사용자:** Shopify는 고객을 'users'가 아닌 'people' 또는 'merchants'로 지칭하도록 권장합니다. 이는 콘텐츠가 더 인간적이고 개인적으로 느껴지게 하기 위함입니다.
2. **Shopify:** Shopify는 대명사 'we' 대신 'Shopify'를 사용하는 것을 선호합니다. 이는 텍스트가 더 공식적이고 명확하게 느껴지도록 하기 위함입니다.
3. **성별 중립적 언어:** Shopify는 콘텐츠가 가능한 한 포괄적이도록 성별 중립적인 언어를 사용하는 것을 강조합니다. 예를 들어, 'he or she' 대신 'they'를 사용하거나, 'guys' 대신 'folks' 또는 'people'을 사용하는 것을 권장합니다.
4. **활성/수동 목소리:** 가능한 한 활성 목소리를 사용하도록 권장합니다. 이는 텍스트가 더 직접적이고 활기차게 느껴지게 합니다.

이러한 용어와 표현에 대한 지침은 Shopify의 콘텐츠 스타일 가이드의 일부일 뿐이며, 전체 가이드에서는 더 많은 정보와 예시를 제공합니다. Shopify의 스타일 가이드는 그들의 웹사이트에서 확인할 수 있습니다.

쇼피파이의 콘텐츠 스타일 가이드는 주어로 'user' 대신 'people'이나 'merchant'를, 'we' 대신 'Shopify'를 쓰도록 권한다. 문장의 작은 표현까지 규정함으로써 일관된 표현에 공을 들이고 있음을 알 수 있다.

콘텐츠 가이드의 유용성에 비해 바쁘게 돌아가는 현업에서는 일일이 가이드를 참조하며 글을 쓰기 어렵다는 고충이 크다. 따라서 스타일 가이드를 더 잘 활용하기 위한 많은 방법을 동원한다. 마지막으로 스타일 가이드를 현업에서 잘 활용할 수 있는 방법을 물었다.

프롬프트 22: 스타일가이드대로 쓰도록 사람들을 격려하고 코칭하는 방법은 뭐가 있을까

스타일 가이드에 따라 작성하는 것은 일관된 브랜드 메시지를 유지하고, 고객에게 명확하고 전문적인 이미지를 제공하는 데 중요합니다. 그러나 스타일 가이드를 처음 도입하거나 적용하려는 팀이나 개인들에게는 이것이 쉽지 않을 수 있습니다. 다음은 스타일 가이드를 따르도록 사람들을 격려하고 코칭하는 몇 가지 방법입니다:

> 1. **스타일 가이드 소개**: 팀에게 스타일 가이드를 소개하고, 그 중요성과 목적을 설명하세요. 가이드가 왜 필요하고, 이를 따르면 어떤 이점이 있는지를 알려주는 것이 중요합니다.
> 2. **교육 및 훈련**: 스타일 가이드에 대한 교육 세션을 제공하세요. 특정 예제를 통해 어떻게 사용해야 하는지 보여주고, 팀원들이 직접 실습할 수 있는 기회를 제공하세요.
> 3. **피드백과 검토**: 팀원들의 작업을 검토하고, 스타일 가이드에 따라 수정할 부분이 있는지 피드백을 제공하세요. 이를 통해 스타일 가이드를 실제 작업에 적용하는 방법을 배울 수 있습니다.
> 4. **정기적인 갱신**: 스타일 가이드는 정적인 문서가 아니라, 시간이 지나면서 변화하고 발전할 수 있는 동적인 문서입니다. 팀원들에게 이런 변화를 알리고, 새로운 규칙이나 업데이트에 대해 교육하세요.
> 5. **재미있는 경쟁**: 스타일 가이드를 따르는 것을 재미있게 만들어보세요. 예를 들어, 가장 많은 스타일 오류를 찾아낸 사람에게 상을 주는 경쟁을 만들어볼 수 있습니다.
> 6. **가이드 사용의 용이성**: 가이드를 쉽게 찾을 수 있도록 해야 합니다. 온라인 문서, 프린트버전, 참고 카드 등 다양한 형태로 제공하여 팀원들이 필요할 때 쉽게 참조할 수 있도록 하세요.
>
> 이러한 방법들은 팀원들이 스타일 가이드를 효과적으로 이해하고 적용하는 데 도움이 됩니다.

이렇게 콘텐츠 가이드를 만들어서 조직에서 활용하는 방법까지 챗GPT로 배웠다. 스타일 가이드 작업은 창의성이나 개성을 요하는 글과 달리 다양한 사례를 취합하고 분석하고 요약하는 작업이 많이 결부된 만큼 챗GPT와 같은 도구가 특히 유용하다. 스타일 가이드를 만들고 싶지만 시간과 노력이 부담되거나, 어떻게 활용할지 아이디어를 구하고 있다면 챗GPT를 활용해 보자.

8.4. AI 도구는 UX 라이터를 대체할까?

UX 라이팅을 더 효율적으로 관리하고 생산할 수 있는 여러 생성형 도구와 챗GPT를 이용한 활용 방법을 알아봤다. 생성형 AI 도구에서 적합하고 구체적인 프롬프트를 사용하면 UX 라이팅 작업에 많은 도움을 받을 수 있지만, 그러한 AI 도구에는 한계도 존재한다.

생성형 AI 도구의 장점
- 글을 시작하는 아이디어를 얻을 수 있다.
- 업계 현황을 빠르게 파악할 수 있다.

- 엄격한 제한 조건을 충족시킬 수 있다.
- 무제한으로 반복 수행이 가능하다.

생성형 AI 도구의 한계
- 출력되는 결과물이 단조롭고 피상적이다.
- 프롬프트 활용 노하우를 알아야 정확한 결과를 얻을 수 있다.
- 사실과 출처 여부가 부정확할 수 있다.
- 다른 기업의 글과 차별화하기 어렵다.

그렇다면 무궁무진한 가능성을 지닌 AI 도구는 과연 UX 라이터를 대체할까? 이 질문에 관해서는 '**글쓰기와 생각을 촉구하는 AI의 장점은 활용하고, 인간성과 차별화가 결여된 AI의 단점은 사람이 보완해야 한다**'라고 답할 수 있다. UX 라이팅 원리와 방향성을 만드는 일은 기계가 할 수 없는 인간의 일이다. 수많은 답변 속에서 최적의 답안을 골라내는 전략과 기준을 세우는 것도 인간의 일이다. 글 쓰는 부분에서 절약한 시간을 전략과 기준을 세우는 데 집중하자.

결국 이 책에서 말하는 모든 원칙과 방법이 AI 시대 UX 라이터에게 더 중요해진 셈이다. 글을 쉽고 재미있게 쓰는 업무를 뛰어넘어 사용자를 더 잘 알고, 더 사용자 중심적인 플로를 설계하고, 글의 기준을 정리하고, 일관성을 고수하고, 테스트하는 전략적인 작가가 돼야 한다. 그럼, AI 시대에 오래도록 살아남는 UX 라이터가 되려면 어떤 역할을 해야 할까? 하나씩 살펴보자.

8.4.1. 사용자에 초점을 맞추자

문장을 쓰느라 아낀 시간을 사용자를 더 자세히 파악하는 데 쓰자. 사용자는 누구고, 무엇을 알고 싶어 하는가? 우리 제품 또는 브랜드는 사용자에게 무엇을 약속할 수 있는가? 기업에 긍정적이고 장기적으로 효과가 좋으려면 사용자의 관심과 맥락을 정확하게 반영한 글을 써야 한다. 지금 이 단계에서 사용자는 무슨 행동을 하는가, 무엇을 얻고 싶어 하고 어떤 좌절을 느끼는가, 어디에서 와서 어디로 가는가, 지금 어떤 감정을 느끼는가를 조사하라. 에어비앤비는 해외 서비스를 론칭하면서 현지인들이 에어비앤비의 기능이나 글자의 의미를 어떻게 받아들이는지를 조사했다. 글자 그대로 번역하거나 좀 더 매끄러운 표현으로 번역하는 것에 안주하지 않고 현지 사용자의 니즈와 라이프스타일, 언어를 탐구했다. 그 결과 원래 서비스의 분위기는 살리면서 지역 사용자에게 특화된 언어나 서비스로 최적화했다. 수많은 글 속에서 우리 기업의 글을 돋보이게 하는 가장 효과적인 방법은 사용자가 듣고 싶어 하는 내용을 듣고 싶어 하는 언어로 제공하는 것이고, AI 시대에 UX 라이터는 이 일을 주도적으로 해내야 한다.

8.4.2. 선택의 기준을 확립하자

AI는 아무리 많은 조건을 내세워도 지치지 않고 조건에 맞는 결과물을 낸다. 이 무한한 결과물 중에서 어떤 것을 선택해야 할 것인가? 선별의 확실한 기준이 없다면 많은 선택지에서 우왕좌왕하느라 더 많은 시간을 허비하고, 서비스 전체의 글은 심각하게 일관되지 않는 결과에 이를 수 있다. UX 라이터는 수많은 서비스, 수많은 담당자가 미시적인 기준에 흔들리지 않도록 전사가 따를 수 있는 기준을 확립하는 일에 집중해야 한다. 우리 기업의 목소리는 무엇인가, 프롬프트를 어떻게 작성할까, 기존에 사용한 글은 어떤 효과가 있었나, 우리 기업에서 쓰는 문장, 단어, 표현법은 무엇일까? 문서 또는 도구를 만들고, 이를 내재화할 수 있는 아이디어를 발휘하자.

8.4.3. 사용자 경험의 큰 틀을 바라보자

AI 도구는 명령에 맞춘 세부적인 해결안을 내는 데는 능하지만, 전체 그림을 판단하고 그리는 일에는 부족하다. 사용자가 제품에서 더 매끄러운 경험을 할 수 있도록 UX 디자인팀이나 서비스팀과 긴밀히 연계하자. 사용자의 전체 동선은 어떤가, 각 동선마다 필요한 정보가 충분히 제공되는가, 필요한 행동 단계가 적합한 위치에 적합한 언어로 표시되는가, 왜 들어오고 왜 이탈하는가, 사용자가 듣고 싶어 하는 내용인가, 다른 기업은 이 부분을 어떻게 하고 있는가, UX 라이터는 큰 흐름을 보면서 큰 틀에서 작은 부분들이 제 역할을 할 수 있도록 관찰하고 조정하는 역할을 해야 한다.

8.4.4. 디테일이 생명이다

큰 틀을 봤다면 깊숙한 부분도 들여다보자. 이 글은 보이스 기준에 적합한가? 단어나 맞춤법, 표기 규정에 맞는가? 같은 내용에 같은 표현을 썼는가? 중요한 문장이 화면에서 잘 드러나는가? 이 페이지에서 전달하고자 하는 내용이 맞는가? 문장과 아이콘의 의미가 일치하는가? 일관되고 꼼꼼하고 깊숙한 곳까지 공을 들이면 제품의 만족도에 좋은 영향을 미친다. 글 쓰는 데 절약한 시간을 완결성을 높이는 데 투자하자.

8.4.5. 출처와 사실 여부를 꼼꼼하게 확인하자

AI는 잘못된 정보를 제공하거나 존재하지 않는 출처에서 인용하기도 한다. 한국의 유명한 UX 라이터를 알려달라고 하니 UX 라이팅 서적의 저자라며 몇 사람을 추천했지만, 언급된 책은 존재하지 않는 책이었다. 생성형 AI가 제안한 정보를 쓸 때는 반드시 출처와 정보의 정확성을 검증하자.

8.4.6. 사회적, 시대적, 지역적 상황을 검토하자

성차별적인 내용, 정치적인 이슈, 재앙이나 시대적인 상황 등을 검수하는 역할도 중요하다. 예를 들면 이태원 압사 사고가 일어난 이후라면 할로윈 데이 행사에 관한 글은 매우 주의깊게 작성해야 한다. 로컬라이제이션하는 서비스라면 그 지역과 상황의 특수성을 반영할수록 번역 글이 더 매끄러워진다. 사용자의 상황이나 감정에 적합한지 다양한 조직과 역할의 사람들에게 검수받자.

8장 요약

1. 생성형 AI 도구는 다양한 UX 라이팅의 목적으로 활용할 수 있다. 일관성 체크와 보이스앤톤 유지, 쉽고 간결한 언어, 현지 컨텍스트를 반영한 로컬라이제이션, 개인화, 자료 검색과 이슈 파악, 해결방안 모색, 후보안 도출, 검수 및 오류 체크, 재정비/반복이 그에 해당한다.

2. UX 라이팅에 활용할 수 있는 AI 도구는 용도에 따라 3가지로 나눌 수 있고, 대표적인 도구는 다음과 같다.
   - 에디팅 및 번역 도구: 그래머리, 헤밍웨이 에디터, 딥엘, 구글 번역기, 네이버 파파고
   - 범용 생성형 AI 도구: 챗GPT, 하이퍼클로바
   - 버티컬 생성형 AI 도구: Jasper AI, Copi.ai, 뤼튼
3. 빠르게 글을 쓰고 생각을 촉발하는 AI의 장점을 활용하되, AI가 하지 못하는 전략과 기준 수립, 인간성 부여, 사용자 편의성 증대, 적합한 도구 활용과 같은 일에 UX 라이터가 집중함으로써 업무의 효율성을 높이면서 더 사용자 중심적인 글을 쓸 수 있다.

참고 문헌

1. 세쿼이아 캐피탈(Sequoia Capital), "Generative AI: A Creative New World", https://www.sequoiacap.com/article/generative-ai-a-creative-new-world/, 2022
2. 이세영 뤼튼 대표, "고객마다 영화포스터 생성- 생성AI라서 가능한 서비스는?", 티타임즈TV, https://www.youtube.com/watch?v=_TADgzveYLM, 2023
3. 장민, 안재관, 『프롬프트 엔지니어』(알투스, 2023)
4. 히바 아민(Hiba Amin), "15 AI Prompts to Supercharge Sales & Marketing Teams", Copi.ai, https://url.kr/fgqds6, 2023
5. 잭 해리스(Zac Harris), "AI Workflow Automation: What It Is & How to Get Started Now", Copi.ai, https://www.copy.ai/blog/ai-workflow-automation, 2023

9장

글쓰기 마무리;
검토, 테스트, 관리

"이번에는 평소보다 글이 더 길어요. 짧게 쓸 시간이 없었거든요."
블레즈 파스칼

글은 의미는 명확해야 한다. 글이 명확하지 않거나 중요한 내용이 깊이 숨어 있어 보이지 않으면 사용자는 제품에서 목적을 달성하지 못하고, 달성한다고 하더라도 시간을 많이 들여야 한다. 이것은 잠재적으로 제품과 브랜드에 좋지 않은 영향을 끼친다.

독자 중심적인 글을 썼다면 이제 다음 단계 작업으로 들어가야 한다. 글이 목적과 사용자에게 맞게 쓰였는지, 의도한 대로 사용자가 이해하는지, 서비스의 기준에 맞게 쓰였는지 확인해야 한다. 이 장에서는 글의 수준을 높이기 위해 글을 다듬고 검증하는 방법에 대해 알아본다.

9.1. 콘텐츠 검토하기

글쓰기는 초안을 쓰고 그것을 수정하는 과정이다. 초안에 90%의 시간을 쓰고 나머지 10%만 수정에 쓴다면 그 누구도 좋은 글을 쓸 수 없다. 초안은 누구나 엉망이다. 대문호나 대작가들도 처음 쓴 글은 남에게 보여주기 어려울 정도로 창피한 수준이라고 한다. 모든 대작가가 글 잘 쓰는 비결을 다작과 지겨울 정도로 반복되는 검토라고 했다. 모호함이 완전히 사라질 때까지 많이 쓰고 많이 고치자.

그림 9.1은 한 증권사에서 경품 당첨 조건을 기술한 페이지의 일부 내용이다. 1번에는 두 가지 조건, 입금과 거래가 들어간다. 흔히 번호 하나에 조건 하나라고 생각하기 때문에 사용자들은 번호 하나에 담긴 거래 조건 중 하나인 '입금'을 하고 나서 조건을 충족했다고 오해할 수 있다.

❶ 기간 중 순입금액에 해당하는 금액 거래
(대상상품에 한함, 22.8.31까지)

❷ 리워드 기준 순 입금액에 해당하는 잔고 유지
(22.9.30까지)

그림 9.1 이벤트 경품 당첨 조건을 기술한 글 (출처: 삼성증권)

글 쓰는 사람이나 서비스 담당자는 서비스와 정보에 익숙하기 때문에 내용이 어렵지 않게 느낄 수 있지만, 글을 처음 읽은 사람은 그렇지 않다. 미국 연방 정부에서 배포하는 플레인 랭기지 가이드라인(Plain Language Guidelines)[1]에서 이 사실을 입증하는 한 실험 결과를 공유했다. 이 실험은 참전 군인을 대상으로 쓴 글에서 '군 복무 중 얻은 장애(service connected disability)'를 어떻게 이해하는지 물었다. 실험자는 이 개념이 혼란을 일으킬 거라고 생각하지 않았지만 독자 중 어떤 사람은 군 복무 중 얻은 장애로, 어떤 사람은 전투 중 얻은 장애로, 어떤 사람은 꼭 군 시절에 얻은 장애일 필요는 없다고 생각했다. 개념을 잘못 이해함으로써 생긴 오해는 고객 문의를 증가시키고, 사용자들의 목적 달성을 방해하며, 불만을 가진 사용자의 항의가 생기게 할 수 있다. 글의 뜻을 명료하게 하는 데 아낌없이 노력을 투자하자.

9.1.1. 작가가 직접 검토하기

먼저 글을 쓴 사람이 스스로 검토한다. 대략 다음의 내용을 확인한다.

---

[1] 플레인 랭귀지 가이드라인(Plain Language Guidelines), https://www.plainlanguage.gov/

글의 목표

1. 글의 목표와 부합하는가?

2. 쓰려던 내용이 맞는가?

3. 사용자가 궁금해하는 내용인가? 그 내용에 대한 답이 담겼는가? 핵심이 잘 보이는가?

글의 구조와 흐름

4. 대충 훑어만 봐도 페이지에 중요한 내용이 잘 드러나는가?

5. 글을 소리 내서 읽었을 때 대화하듯이 편안히 읽히는가?

6. 순서는 자연스러운가?

7. 논리에 빈틈이 없는가?

8. 사실 정보가 명확한가?

표현과 문체

9. 쉽고 명확한 언어를 사용했는가?

10. 더 뺄 내용은 없는가?

    - 부사나 형용사를 조심할 것: 의미를 전달하는 데는 동사와 명사가 더 효과적이다. 없어도 의미에 영향을 주지 않는 부사나 형용사는 생략하자.

    - 중복을 피할 것: 중요한 메시지를 각인시키기 위해 다양한 장소에서 다양한 방법으로 강조하는 것은 중요하다. 하지만 작은 영역에서 같은 의미의 단어, 문장, 단락이 반복되면 중요하다는 신호를 주기보다 중언부언하는 듯이 보인다. 더구나 읽을 글이 많아져 중요한 메시지가 묻히고, 읽을 의욕을 떨어뜨린다. 같은 말이 반복된다면 하나만 남기고 모두 걸러내자. 특히 제목과 단락의 내용이 동일한 것에 주의하자.

11. 문법, 철자 등이 정확한가?

12. 효율적으로 의미를 전달할 다른 방법이 있는가?

    - 목록이나 도표는 여백을 만들어 내용을 파악하기 좋게 만든다. 이미지나 동영상 하나가 긴 글을 대체할 수도 있다.

정보의 정확성

13. 링크가 잘 작동하는가?

14. 정보가 정확한가?

15. 정보의 위치가 적합한가?

콘텐츠 가이드라인이 존재한다면

16. 보이스, 톤, 용어, 문법, 기업 규정 등의 기준에 적합한가?

9.1.2. 동료와 함께 검토하기

작가에 의한 일차적인 검토가 완료되면 동료나 지인에게 검토를 부탁하자. 외부 시선은 글을 쓴 작가는 보지 못하는 허점을 쉽게 찾는 경우가 많다. 다른 사람에게 어떤 의미로 전달되는지를 확인하고 피드백에 맞춰 글을 수정하자.

다른 사람과 함께 검토할 때는 글을 큰 그림과 작은 그림으로 나누면 효과적이다. 큰 그림 담당자는 목표, 체계, 보이스와 톤, 핵심, 사용자 중심적인 언어 등을 검토해 달라고 부탁하고, 작은 그림 담당자에게는 철자, 문법, 오타, 일관성 등을 확인해 달라고 한다.

사내 전문가나 전문 부서가 있다면 전문적인 검수를 받아보자. 회사 전체의 관점에서 보지 못하는 부분에서 도움을 받을 수 있을 뿐만 아니라, 편집이나 어법과 같은 전문적인 도움을 받을 수 있고, 가이드라인이 있다면 잘 준수했는지도 확인해 줄 것이다.

다른 사람과 함께 검토할 때 자존심은 내려두자. 지적은 언제나 고통스럽지만 사용자 중심적인 글이라는 대의를 위해 잠시 나를 내려두자. 상호 검토 과정이 작가에 대한 공격과 방어로 흐르지 않게 기준에 준거해서 피드백을 주는 문화도 중요하다. 커뮤니케이션 방식을 미리 합의한다면 더 생산적인 검토 과정을 만들 수 있다.

서비스 오픈 전에 하루 이틀 급하게 수정하지 말고 처음부터 검토 계획을 세우고 충분한 시간을 확보하자. 콘텐츠 방향성이나 역할, 담당자, 산출물, 일정은 관련자들과 처음부터 공유하자. 중요한 시점이 다가오면 어떤 내용이 언제쯤 나오는지를 며칠 전에 알려서 담당자가 마음의 준비를 하게 하자.

9.2. 일관된 글쓰기

사용자는 일관된 스타일과 용어 속에서 더 빨리 읽고 더 잘 이해한다. 한 브랜드 안에 있는 듯한 편안함도 느낀다. 한두 명만 있는 조직에서는 일관되게 쓰는 것이 어렵지 않지만, 사람이나 서비스가 많아질수록 어려워진다. UX 라이터로서 중요한 업무 중 하나가 브랜드의 글을 일관되게 관리하는 것이다. 많은 기업이 일관된 글을 위해 기준을 수립하고, 정리하고, 전파한다. 이 일을 효율적으로 하기 위해 체크리스트, 콘텐츠 스타일 가이드, 디자인 시스템을 활용한다.

9.2.1. 체크리스트

현재 콘텐츠 수준을 가늠하거나 글을 쓰거나 글을 쓰고 검토할 때 체크리스트를 활용하면 편리하다. 체크리스트를 꼼꼼하게 만들어 하나의 목적을 위해 여러 사람이 활용하면 콘텐츠의 품질이 향상된다. 처음부터 만들 필요 없이 좋은 것 하나를 기준으로 삼은 후 필요한 것을 덧붙이고 불필요한 것을 빼면서 우리 서비스에 적합하게 만들면 된다. 표 9.1은 콘텐츠 전문 연구·컨설팅 기업인 UX Writers Collective의 바비 우드가 공유한 UX 라이팅 체크리스트다.

표 9.1. UX 라이팅 체크리스트[2]

종합	
☐ 잘 읽히는	초등학교 고학년도 쉽게 읽을 정도의 대화체로 간결하게 썼는가?
☐ 간결한	제목이나 글이 반복, 유사함, 모호함, 불필요한 글자 없이 짧고 명료한가?
☐ 쉬운	복잡한 내용을 설명하지는 않는가? 용어가 처음 등장할 때 쉬운 언어로 정의했는가?
☐ 보편적인	기술 용어, 전문 용어, 또는 번역이 어려운, 이를테면 '뽕뽕 지구 오락실' 같은 단어를 사용하지 않았는가?

---

[2] 바비 우드(Bobbi Wood), UX Writing Checklist: Content Heuristics for Designers, https://www.linkedin.com/pulse/ux-writing-checklist-content-heuristics-designers-bobbie-wood/

☐ 일관된	동일 요소나 UI 컴포넌트에 동일한 패턴과 스타일을 적용했는가?
☐ 논리적인	여러 화면으로 글이 이어질 때 논리 전개가 눈으로 확인 가능하고, 누구나 이해할 만한가?
☐ 잘 이끄는	다음 행위가 화면마다 명확하게 기재됐는가?
☐ 사용자 중심적인	기업이나 제품의 목표보다 사용자 혜택과 목표가 긍정적으로 강조되었는가?
☐ 전체를 아우르는	글이 레이아웃과 일러스트레이션을 보완하고, 반대로도 서로 보완하는가? (전체가 부분보다 큰가?)
☐ 우선순위가 분명한	눈을 찌푸리고 봤을 때 정보의 서열이 명확한가? 가장 중요한 행위와 정보가 도드라졌는가?
보이스, 톤 & 용어	
☐ 공감하는	단계마다 톤이 사용자의 상황과 감정에 적합하고 긍정적인가?
☐ 브랜드스러운	문법, 용어, 문구, 정중함의 정도가 기업의 브랜드 보이스 원칙과 일치하는가?
☐ 일관된	마케팅부터 고객 지원까지, OS와 기기마다, 연관 제품마다, 모든 사용자 경험에 걸쳐 용어가 일관되게 사용되는가?
☐ 글로벌 친화적인	유머나 특정 방식이 문화적으로, 글로벌 환경에서 적합한가?
☐ 믿을만한	화자의 관점이 특정 관점에 연루되지 않고 전체적으로 일관되고, 믿을 만하고, 가치 있는가?
☐ 올바른	철자, 문법, 구두법, 데이터, 숫자 포맷이 스타일 가이드대로 작성됐는가?
에러 메시지	
☐ 실행 가능한	어떤 문제가 일어났는지 쉽게 썼는가? 사용자가 다시 과업으로 돌아가기 위해 무엇을 해야 하는지 알려주는가?
☐ 공감하는	사용한 언어나 톤이 사안의 심각성과 어울리는가? 문제의 원인을 사용자에게 전가하지 않는가?
☐ 근접한	에러 메시지는 에러가 발생한 필드나 컴포넌트 가까이 있는가?
정보성 글 & 툴팁	
☐ 정보성의	사용자는 확신을 가지고 결정을 내리고 서비스를 계속 사용할 수 있게 흐름의 모든 지점에서 충분한 정보와 안내를 받는가?
☐ 준비된	사용자는 여러 단계로 된 과제를 시작하거나 중요한 행동을 하기 전에 일어날 결과에 대해 충분한 정보를 받는가?
☐ 안심되는	복잡한 결정 상황(데이터 공유나 구매 결심 같은)에서 안심을 주고 걱정을 덜어주는 안내나 정보가 충분한가?

☐ 너그러운	툴팁은 도움이 필요하거나 불안한 사용자에게 부가적인 정보를 제공하는가?	
☐ 도움 되는	사용자는 단계적인 공개(progressive disclosure)를 받거나 '막다른 길'을 피함으로써 쉬운 길을 택할 수 있는가?	

공지 & 알림

☐ 전면 배치	화면의 일부가 잘려도 의미가 충분히 전달될 수 있게 중요 구절이나 단어가 앞에 나오는가?
☐ 의미 있는	공지나 알림의 내용이 사용자에게 보이는 그 순간에 유용하고 적합한가?
☐ 적절한	톤이 사용자 상황에 적절한가?
☐ 사용자 중심적인	판매나 마케팅, 제품 팀의 필요가 아닌 사용자 욕구에 초점을 맞췄는가?
☐ 일관된	각각의 알림이나 내용은 유사 메시지에 특정 패턴을 사용하기로 규정한 전체 틀을 준수하는가?

온보딩(처음 사용)

☐ 가치 중심적인	이 글은 사용자에게 어떻게 제품의 가치를 경험할 수 있는지 바로 알려주는가?
☐ 사용자 중심적인	이 제품이 사용자 문제 해결에 어떤 도움을 주는지(기능이나 기술 사양 대신)에 초점을 맞췄는가?
☐ 연결된	기술된 제품의 혜택은 마케팅에서 사용하는 주요 판매 소구점과 일치하는가?
☐ 필수적인	초기 화면은 첫 사용자에게 굳이 필요 없는 정보 대신 초기 행동을 촉발하는 데 꼭 필요한 정보만 담았는가?
☐ 안심되는	온보딩 메시지에 사용자들이 가장 궁금해하고 첫 사용에 대한 궁금증이나 의심을 불식시키는 내용을 담았는가?
☐ 존중하는	사용자에게 데이터 접근을 요청하거나 동의를 구하기 전에 왜 필요한지와 사용자에게 무엇이 좋은지를 설명하는가?

다이얼로그/모달(Dialog/Modals)

☐ 직접적인	제목은 단일의, 명확한 질문을 던지는가? 또는 단일하고 간결한 내용을 전달하는가?
☐ 확실한	버튼 글자는 모호하지 않은 행위를 담았는가? 클릭하면 어떤 일이 일어나는지 알려주는가?
☐ 설명적인	쉬운 용어로 일어날 결과와 다른 선택지를 명확하게 설명하는가?

대시보드(Dashboard)

☐ 명백한	중요한 통계, 차트, 추천 행위가 돋보이도록 적절한 시각 강조 장치와 함께 정보를 제시하는가?

☐ 그룹화된	데이터가 분명하고 논리적으로 그룹화되고 이름 붙여졌는가?
☐ 직관적인	초보자나 숙련자 모두 똑같이 제목, 이름, 캡션을 보고 시각화된 데이터를 쉽게 해석할 수 있는가?
☐ 포괄적인	복잡한 개념이나 업계 용어를 툴팁으로 설명하는가? 또는 익숙하지 않은 사용자를 위해 도움말 링크를 제공하는가?
☐ 우선순위가 분명한	대시보드의 행위가 필수인지, 추천인지, 선택인지 명확한가?
☐ 눈에 띄는	상세 내용을 더 보고 싶거나 끼치는 영향을 더 잘 알고 싶은 사용자를 위해 데이터 출처에 접근할 수 있는가?

빈 상태(Empty States)

☐ 긍정적인	메시지는 사용자 혜택에 초점을 맞추고, 목적을 달성하도록 격려하는가?
☐ 명쾌한	빈 상태를 채우려면 어떤 행동을 해야 하는지 정확히 설명하는가?
☐ 전체를 아우르는	이미지와 글자가 상호 보완적이고 브랜드와 톤 가이드라인을 따르는가?
☐ 암시적인	빈 상태에서 사용자가 점차 공간을 채워 나갈 수 있게 데이터, 정보, 시각 자료 등으로 암시를 주는가?

양식

☐ 논리적인	유사한 필드끼리 그룹 지어 있는가?
☐ 분명한	필드와 섹션은 누구나 쉽게 이해할 수 있는 용어로 분명하고 일관되게 이름 붙였는가?
☐ 고유한	필드 항목과 힌트 텍스트가 짝을 지어 중복이 없고 독립적이면서 고유한 목적을 수행하는가?
☐ 도움을 주는	힌트 텍스트는 복잡한 서식을 위한 예시나 안내로 문제를 방지하는가?
☐ 예방하는	정보나 확신이 필요한 필드 옆에 툴팁이 위치하는가?
☐ 타당한	필드나 데이터 확인이 필요한 에러가 발생했을 때 사용자를 올바른 방향으로 이끌고 입력값을 수정하는 것에 의미 있게 초점을 맞추는가?

이메일

☐ 전면 배치	가장 중요한 내용이나 요구 행위가 이메일 제목에서 보이는가?
☐ 관련 있는	이메일 내용은 직접적으로 핵심을 담았는가? 사용자가 무엇을 하고 어떻게 반응해야 하는지 분명한가?
☐ 필수적인	모든 문장이 반드시 필요한가? 포함된 정보 하나하나가 사용자에게 의미 있는가?

☐ 간결한	제목줄은 짧고(대략 20자) 요구 행위나 긴급성이 잘 보이는가?
☐ 친근한	이메일 내용의 톤이 공손하고, 이해하기 쉽고, 긍정적이고, 문제 해결에 집중하는가?
☐ 잘 읽히는	본문은 여러 개의 소제목으로 나뉘어 짧고 훑어보기 좋은가?
☐ 실행 가능한	절차별 안내가 철저하고 분명한가? CTA는 찾기 쉽고 이메일 상단 근처에 있는가?
☐ 일관된	이메일에 쓰인 용어가 인터페이스, 고객 지원 콘텐츠, 그리고 사용자가 선호하는 것과 일치하는가?
☐ 정보성의	이메일은 사용자가 어떻게 더 정보를 얻고 피드백을 받으며 도움이 필요할 때 누구와 연락해야 할지를 알려주는가?

9.2.2. 콘텐츠 스타일 가이드

콘텐츠 스타일 가이드는 콘텐츠의 원칙이나 보이스, 문법, 용어와 같은 콘텐츠 규칙을 정리한 문서다. 체크리스트가 글의 품질을 관리하는 수단이라면 스타일 가이드는 품질 높은 글을 쓰도록 돕는 기준이다. 글의 내용이나 보이는 방식을 잘 규정하고 구성원들이 그것을 숙지하고 글을 썼을 때 사용자는 서비스 곳곳을 다니면서 잘 이해하고 편안함을 느낀다. 스타일 가이드를 잘 만들어 두면 글 쓰는 시간을 줄일 수 있고, 전문 작가가 아니더라도 잘 쓸 수 있다.

콘텐츠 스타일 가이드 구성 요소

스타일 가이드는 큰 틀에서 보이스, 톤, 스타일, 용어를 정리한다. 기업이나 서비스의 필요에 따라 포괄적으로 다루기도, 날카롭고 깊게 다루기도 한다.

- **보이스**: 브랜드의 원칙, 개성을 어떤 용어로 표현할지 정의한다. 예를 들면 '안전을 강조한', '활기차고 에너지 넘치는', '감정을 제한하고 사실만 짧게'처럼 브랜드의 표현 방식을 규정한다. 구성원이 큰 틀의 가이드라인을 공유하면 비슷한 브랜드 목소리를 낼 수 있다.
- **톤**: 사용자는 서비스 안에서 항상 똑같은 감정적 경험을 하지 않는다. 처음 서비스에 진입할 때, 제품을 알아갈 때, 문제가 생겼을 때, 행동을 마쳤을 때의 느낌과 필요한 정보가 다르다. 제품의 성격에 따라서

도 다른 감정, 다른 질문, 다른 요구를 가진다. 톤은 사용자의 다양한 경험적 맥락마다 어떻게 글의 분위기나 어조를 달리해야 하는지를 규정한다.

- **스타일**: 보이스와 톤이 글의 내용을 규정한다면 스타일은 글의 형식을 규정한다. 제목, 단락, 이미지 결합 방식, 철자, 아이콘 활용과 같은 것을 담는다. 다양한 콘텐츠가 유사한 포맷으로 구성될수록 한 서비스에 있는 듯한 경험을 줄 뿐만 아니라 이해가 더 잘 된다.
- **용어**: 서비스에서 많이 사용하는 용어, 표기법을 정의한다. 사용자에게는 친숙하지 않은 기업 용어나 기술 용어를 순화하는 단어나 특별히 강조해야 하는 마케팅 문구, 더 쉬운 표현, 맞춤법 등을 정리한다.

콘텐츠 스타일 가이드 사례

콘텐츠 스타일 가이드를 어떻게 만들어야 하는지 감을 잡기 위해 국내외 다양한 기업의 스타일 가이드를 소개하려고 한다. 기업은 콘텐츠나 서비스의 성격, 사용자, 작가 등에 따라 다양한 목적과 방식으로 콘텐츠 가이드를 제작한다. 다른 기업의 콘텐츠 가이드를 연구하면 글을 바라보는 그 서비스만의 독특한 관점이나 강조점부터 활용 사례까지 확인할 수 있다. 기업의 라이팅 가이드는 많은 연구와 노력을 기울여 만든 결과물로 구석구석 읽어 보기를 추천한다.

영국 정부 콘텐츠 디자인 가이드[3]

영국 정부 콘텐츠는 영어에 익숙하지 않은 외국 체류자를 비롯해 전 국민이 이용한다. 게다가 영국 정부 사이트에서 다루는 정보는 수많은 기관과 담당자에 의해 관리된다. 영국 정부 콘텐츠 디자인 가이드는 글을 어떻게 써야 하는지에 대한 세세한 규정에 앞서 사용자가 웹 글을 어떻게 읽고, 어떻게 이에 대응해서 써야 하는지와 같은 원리를 교육하는 데서부터 시작한다.

표 9.2. 영국 정부 콘텐츠 디자인 가이드

웹을 위한 글쓰기	- 사람들이 웹에서 글을 읽는 방식 - 좋은 콘텐츠는 읽기 쉬운 글이다.

---

[3] 영국 정부(Gov.uk), 「Content design: planning, writing and managing content」, https://www.gov.uk/guidance/content-design

전문가를 위한 글쓰기	▪ 전문 용어는 쉬운 용어로 바꿔 쓴다. ▪ 기술 용어/ 법적인 내용/ 법률 용어
독자를 이해하자	▪ 독자가 잘 이해하는 글을 쓰기 위해 독자의 행동 방식, 어휘를 조사한다. ▪ 영국 정부의 독자
웹에서 글을 읽는 방식	▪ 일상 용어 ▪ 긴 글 대신 짧은 글 ▪ 9살 독해 수준에 맞춘다. ▪ 흔치 않은 일은 설명한다. ▪ 짧은 문장 ▪ 대문자는 읽기 어렵다. ▪ 앰퍼샌드(기호 '&')는 읽기 어렵다. ▪ 사용자들이 웹에서 읽는 방식
타이틀	▪ 타이틀을 특별하게 만든다. ▪ 타이틀이 잘 이해되게 한다. ▪ 타이틀이 가능한 곳이라면 짧게 ▪ 타이틀을 명확하고 설명적으로 ▪ 같은 말을 두 번 하지 않는다. ▪ 타이틀에 'ing' 붙이기 ▪ 타이틀에 포맷(안내, 공지, 조언같은) 적지 말기 ▪ 꼭 필요하지 않는 한 날짜 쓰지 말기 ▪ 꼭 필요하지 않는 한 부서명 쓰기 않기
요약하기	▪ 혼란을 피하기 위해 쉬운 영어 쓰기 ▪ 중복적인 도입 글 쓰지 말기 ▪ 능동태로 쓰기
콘텐츠 구조화하기	▪ 페이지 길이 ▪ 본문 쓰기 ▪ 제목 달기 ▪ FAQ 쓰지 않기
영국 정부 스타일의 글쓰기	▪ 간결하게 ▪ 능동태로 ▪ 사용자를 언급하기 ▪ 표기 규칙

영국 정부 스타일의 글쓰기	- 날짜 범위 - 성별 중립적인 표현 - 링크 - 쉬운 영어 - 장애와 관련된 글쓰기 - 'we'를 사용할 때
글 업데이트 후	- 사용자에게 잘 전달되는지 확인하기
변경 사항 기록	- 변경 기록을 보는 사람 - 언제 변경 사항을 기록해야 하나 - 변경 사항 기록하는 방법

쇼피파이와 메일침프의 콘텐츠 스타일 가이드

쇼피파이와 메일침프의 가이드는 작가가 글쓰는 방법뿐만 아니라 사용자인 소상공인들이 쇼피파이로 만든 사이트에서 일관된 목소리로 잘 쓸 수 있는 방법을 알려준다. 기업만의 보이스앤톤을 규정한 방식을 참고할 만하고, 사용자를 만나는 다양한 채널에서 어떻게 글을 쓰면 좋은지를 배울 수 있다.

표 9.3. 쇼피파이와 메일침프의 콘텐츠 스타일 가이드

쇼피파이 콘텐츠 가이드[4]	- 접근성이 높고 포괄적인 언어 - 실행 가능한 언어 - 알트 텍스트[5] - 문법과 표기 규칙 - 도움말 문서 - 판매자→구매자 콘텐츠 - 이름 - 제품 정보 - 보이스앤톤

---

[4] 쇼피파이 폴라리스(Shopify Polaris), Product Content, https://polaris.shopify.com/content/product-content
[5] 알트 텍스트(alt text): 알트 텍스트는 시각장애인 웹 접근성을 높이는 방법 중 하나로, 이미지를 문구로 설명해주는 대체 텍스트를 말한다. (출처: ZDNET KOREA, "트위터, 사진 설명 도구 '알트텍스트 뱃지' 시범 도입")

메일침프 콘텐츠 스타일 가이드[6]	- 글의 목적과 원칙 - 보이스앤톤 - 메일침프에 대해 쓰기 - 사람에 대해 쓰기 - 문법과 표기 규칙 - 웹 요소 - 교육적인 콘텐츠 만들기 - 법률 콘텐츠 쓰기 - 이메일 뉴스레터 쓰기 - 소셜 미디어 글쓰기 - 접근성을 위한 글쓰기 - 번역을 위한 글쓰기 - 구조화된 콘텐츠 만들기 - 저작권 및 상표 - 단어 목록 - 읽을 거리

국내 기업의 라이팅 가이드라인

국내는 금융, 통신 업계와 온라인 서비스 업체를 중심으로 라이팅 가이드라인을 제작하고 있다. 가이드라인의 목적은 기업과 서비스에 따라 달라지지만, 어려운 용어를 쉽고 친절하게 순화하거나 브랜드 고유의 목소리를 내는 데에 초점을 맞춘다.

표 9.4. 국내 기업들의 라이팅 가이드라인

신한카드 UX 라이팅 가이드[7]	- 바르게 쓰기 - 친절하게 쓰기 - 쉽게 쓰기 - 일관되게 쓰기 의 4원칙을 중심으로 서비스 상황과 유형에 따른 다양한 원칙과 사례 소개

---

[6] 메일침프(Mailchimp) Content Style Guide, https://styleguide.mailchimp.com/
[7] 디지털 인사이트, "와이어링크, 『신한카드 UX Writing 가이드 2.0』", 2021.10.27

KB 국민카드 UX 라이팅 가이드라인[8]	▪ UI 표기의 일관성 ▪ 일관성 있는 보이스와 톤 ▪ 국민카드 내 다양한 채널에서 동일한 경험을 위한 가이드 ▪ 어려운 용어, 전문 용어 순화 등 ▪ 고객이 중심이 되는 글쓰기 가이드라인
SK 텔레콤 사람 잡는 글쓰기[9]	▪ 이해하기 쉬운 통신 용어 ▪ 세대별 타깃 언어, 어린이 고객 ▪ 사회적 감수성을 반영한 언어 ▪ 마케팅에서 헷갈리는 맞춤법 ▪ 국립국어원 발표 다듬은 말 ▪ 신조어

카카오메이커스 보이스앤톤 가이드라인[10]	1. 이렇게 활용하세요
	2. 메이커스의 글쓰기 시작하기
	   ▪ 비전과 미션
	   ▪ 메이커스를 설명하는 5가지 관형어
	   ▪ 메이커스 페르소나
	3. 메이커스 글쓰기 원칙
	   ▪ 고객에게 신뢰를 강요하지 않습니다.
	   ▪ 고객의 발견을 돕습니다.
	   ▪ 고객의 시간을 빼앗지 않습니다.
	   ▪ 고객의 감수성을 존중합니다.
	   ▪ 고객에게 사회적 가치를 가장하지 않습니다.
	4. 메이커스 영역별 가이드
	   ▪ 메인 카피
	   ▪ 오픈예정 카피
	   ▪ 상세 페이지

---

[8] 디지털 인사이트, "KB국민카드, '고객 친화적' 가이드라인 수립… 고객과 더 가까워진다", https://vo.la/68DGZ
[9] SK텔레콤 뉴스룸, "[한글날 기념] 사람 잡는 글쓰기? 외계어 같은 통신 용어 바로잡는다!", 2022.10
[10] 카카오메이커스, "메이커스다운 글쓰기 1", 브런치, 2021.8, https://brunch.co.kr/@makerswithkakao/28

링크트인의 라이팅 가이드라인을 제작한 매트 헤이즈(Matt Heyes)는 "스타일 가이드는 텍스트 결정의 기준이 되고, 텍스트 검증의 부담을 줄인다. 또한 가이드라인에 따라 쓰는 문화를 내재화하고, 정책적인 논의를 촉발하는 효과를 가져온다"고 말했다. 누구나 큰 자원을 투자하여 포괄적이고 보기 좋은 스타일 가이드를 만들 수는 없다. 대신 좋은 가이드라인 하나를 모델로 삼아 우리 회사에 필요 없는 부분은 빼고 필요한 부분은 추가하면서 작게 시작하는 것은 회사의 규모나 상황과 상관없이 누구나 할 수 있다. 작게 시작해서 필요에 따라 덧붙이고 수정하면서 스타일 가이드가 자라나게 하자. 그 과정에서 가이드라인에 입각해서 글 쓰는 문화를 더욱 공고히 하고, 콘텐츠의 원칙을 구성원들 사이에 더 깊이 뿌리내리게 할 수 있다.

9.2.3. 디자인 시스템과 라이팅 결합하기

> "여러 사람이 공통된 패턴 언어를 사용한다면
> 여럿이 해도 한 사람이 한 것처럼 디자인할 수 있다[11]."

스타일 가이드를 배포하는 순간 모든 구성원이 가이드를 꼼꼼히 확인하고 적용하는 이상을 꿈꾸지만 현실은 그리 아름답지 않다. '회원가입'을 띄어 쓰지 말라고 몇 번을 알려주고 가이드에도 적혀 있지만 잘 고쳐지지 않는다. 서비스 담당자들이 일일이 확인하고 적용하기에는 항상 해결할 다른 문제가 쌓여 있다. 혹 가이드를 이해하고 꼼꼼히 적용하려고 해도 그 원칙을 막상 글로 쓰려면 답답하기만 하다. 스타일 가이드의 이론과 실제 사이의 간극을 줄이기 위해 기업에서는 스타일 가이드를 실행할 수많은 아이디어를 동원한다. 사내 교육이나 워크숍을 열기도 하고, 서적이나 리플렛으로 만들어 배포하기도 하며, 퀴즈를 만들어 가이드를 훈련시키기도 한다. 작가가 부서마다 쫓아다니며 설명하거나 공유 게시판에 일일이 답변을 달기도 한다. 그중 최근에는 가이드라인을 사내 글쓰기 문화로 내재화하면서 담당자들이 하나하나 적용해야 하는 어려움을 해결하기 위해 많은 기업이 라이팅을 디자인 시스템과 결합한다.

---

11 크리스토퍼 알렉산더, 『영원의 건축』(안그라픽스, 2013)

그림 9.2는 DLS(Design Language System)이라 부르는 에어비앤비의 디자인 시스템에서 만들어진 화면들이다. 다른 부서, 다른 국가, 다른 플랫폼, 다른 디바이스, 다른 서비스에서 나오는 화면들이지만 일관성이 있다. 화면에 나오는 정보를 작은 모듈로 만들어 서비스마다 필요한 모듈을 조립하듯 사용하기 때문이다. 각 모듈마다 글자의 길이나 위치, 내용을 정하고, 국가나 서비스에 영향을 받지 않도록 최대한 중립적이고 짧은 단어를 사용한다.

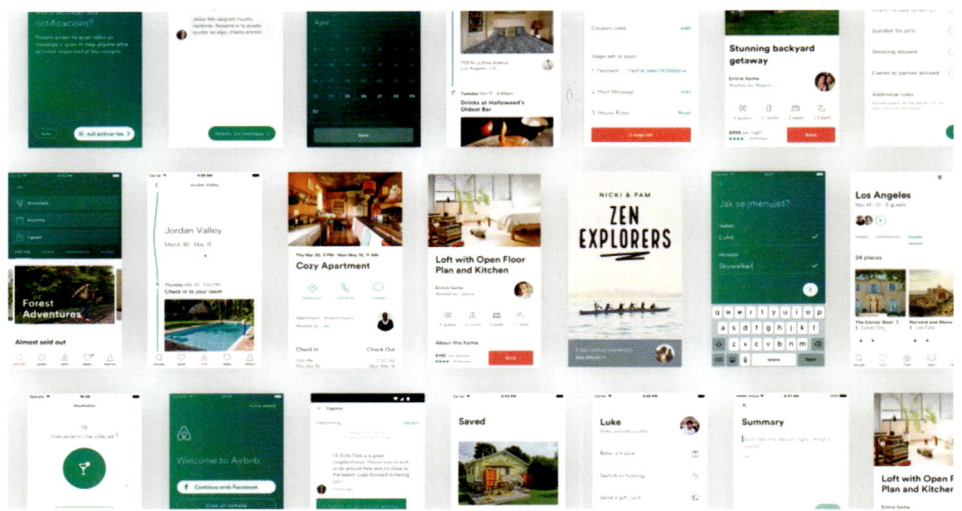

그림 9.2 에어비앤비의 다양한 디자인 화면[12]

핸드폰 보험 회사인 아수리온(Asurion)은 많은 기획자들이 글 쓰는 노력을 줄이면서도 일관성이 확대되도록 디자인 시스템과 콘텐츠 디자인을 결합했다. 텍스트를 명확하고 간결하게 만들고, 임시 텍스트 대신 실제 텍스트로 테스트해서 최종 화면에서 생기는 오류를 최소화하고, 글자 스타일이나 가독성을 높이는 편집 원칙을 디자인 시스템에 녹였다. 그 덕분에 서비스 제작자들은 일일이 스타일 가이드를 찾아보지 않아도 쉽게 원칙을 볼 수 있게 됐다. 이 작업을 주관한 Asurion의 UX 라이터 카멜 샤프는 "이 과정을 통해 팀 간의 신

---

[12] 카리 사리넨(Karri Saarinen), "When we use systems", 에어비앤비 디자인, https://airbnb.design/events/when-we-use-systems/

뢰와 커뮤니케이션, 협업, 존중의 토대를 다지고 효율적으로 글을 관리할 수 있어 디자이너들이 매우 좋아한다. 제품 UI와 콘텐츠 디자인을 일체화하고, 더 많은 상황을 포괄하면서 더 많은 예시를 담기 위해 지속적으로 확장할 것이다.[13]"라고 말한다.

국내 핀테크 기업인 토스는 보이스톤 메이커를 개발해 일관된 토스의 말투를 자동화했다.[14] 기획자가 스타일 가이드를 확인하고 수정하는 대신, 컴퓨터가 가이드를 인식하고 토스에 적당한 말투를 추천하는 방식이다(그림 9.3).

그림 9.3 토스 보이스앤톤 메이커 예시 화면

자동화된 도구 덕분에 기획자들은 큰 수고를 들이지 않고도 통일된 말투를 적용할 수 있게 되었고, UX 라이터는 프로젝트 팀을 찾아다니며 수정 요청을 하는 대신 감성적인 메시지와 상위 가이드라인에 더 집중할 수 있게 됐다. 토스는 "토스의 보이스앤톤 메이커는 합의된 표현을 추천하는 데서 그치지 않고 사람과 말하는 듯한 인간적인 말투를 구현하는 것을 목표로 한다"고 전한다.

9.3. 콘텐츠 평가하기

UX 라이팅에 근거를 확보하고 설득력을 높이기 위해 콘텐츠를 평가하는 것은 매우 중요하다. UX 라이터는 문제의 성격과 내부 조직 상황에 맞게 적절한 사용자 리서치 방법을 선택하고 직접, 혹은 UX 리서처의 도움을 받아 사용자 리서치를 수행하여 UX 라이팅의 적

---

[13] 카멜 샤프(Carmel Scharf), "When Content Design Met Design Systems: a Product Design Romcom", UX Salon WORDS 2022, https://words2022.uxsalon.com/speakers/carmel-scharf/
[14] 토스, Simplicity 21, 어느 날 토스가 말을 걸기 시작했다, https://toss.im/simplicity-21/sessions/4-3

합성 평가와 설득 근거를 확보해야 한다. 표 9.2에 UX 라이팅 평가를 위한 다양한 콘텐츠 테스트 방법을 정리했다. A/B 테스트, 다변량 테스트, 퍼널 분석, 인페이지 애널리틱스 분석, 카드 소팅, 설문 조사, 사용성 평가는 2장에서 언급했으니 여기서는 나머지를 소개한다. 2장에 제시된 리서치는 사용자를 이해하기 위해 주로 기존 버전과 경쟁사를 대상으로 하는 것이라면 여기에서 소개하는 것은 UX 라이팅을 고도화하는 데 주로 활용한다.

표 9.2 콘텐츠 테스트 방법론

구분	방법
데이터 분석	▪ A/B 테스트, 다변량 테스트 ▪ 퍼널 분석(AARRR 등) ▪ 인페이지 애널리틱스 분석
콘텐츠 구조와 기능/레이블	▪ 카드 소팅 ▪ 트리 테스팅 ▪ 설문 조사
가시성/가독성	▪ 스퀸트 테스트(Squint Test) ▪ 아이트래킹(Eye Tracking) ▪ 읽기 속도 테스트(Reading Time Test) ▪ 전문가 테스트(Subject Matter Expert Test) ▪ 가독성 점수
문해력	▪ 클로즈 테스트(Cloze Test) ▪ 형광펜 테스트(Highlighter Test) ▪ 패러프레이즈 테스트(Paraphrase Test) ▪ 문해력 설문(Comprehension Survey)
보이스앤톤	▪ 콘텐츠 스타일 가이드 검수(자동화/반자동화) ▪ 반응 카드 기법(Reaction Card Method) ▪ 보이스앤톤 이미지 설문조사(Voice & Tone Image Survey)
복합적 분석	▪ 사용성 평가(Usability Test)

9.3.1. 트리 테스팅

트리 테스팅은 UX 라이터, 정보설계가, PO(Product Owner), PD(Product Designer) 등이 협력하여 만든 정보 구조를 평가하는 방법이다. 전문 테스팅 도구를 이용하여 정보 구조를 표현한 후 사용자에게 특정 기능이나 콘텐츠를 찾는 등의 태스크를 주고 이들이 원활하고 빠르게 특정 메뉴를 찾아가는지를 평가한다. 트리 테스팅으로 정보 구조와 레이블의 문제를 동시에 진단할 수 있다.

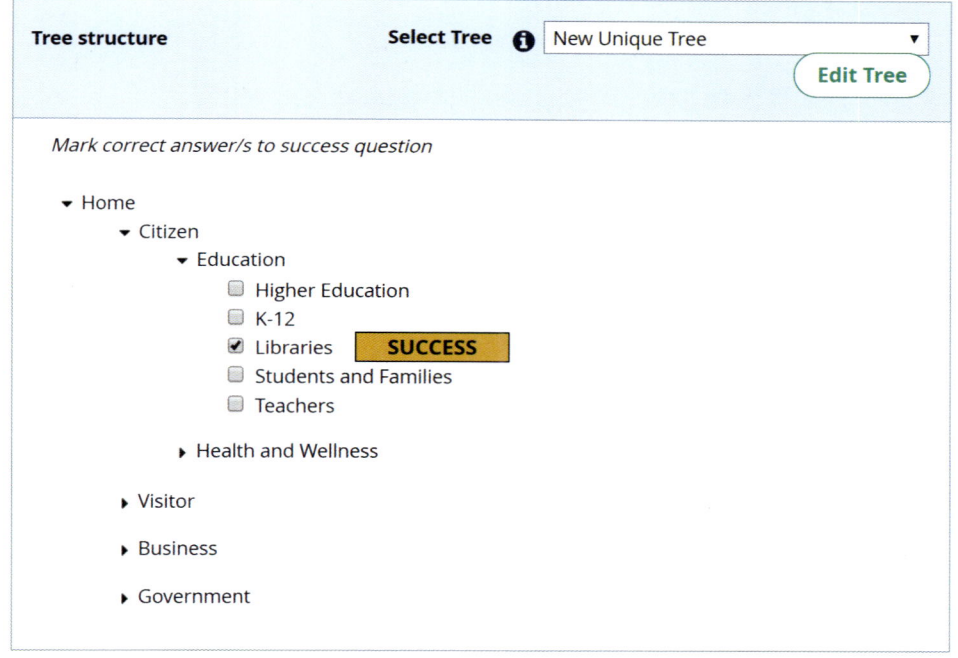

그림 9.4 User Zoom의 트리 테스팅 화면 예시[15]

---

[15] 캐서린 화이텐튼(Kathryn Whitenton), "Tree Testing: Fast, Iterative Evaluation of Menu Labels and Categories", https://www.nngroup.com/articles/tree-testing/, 2017

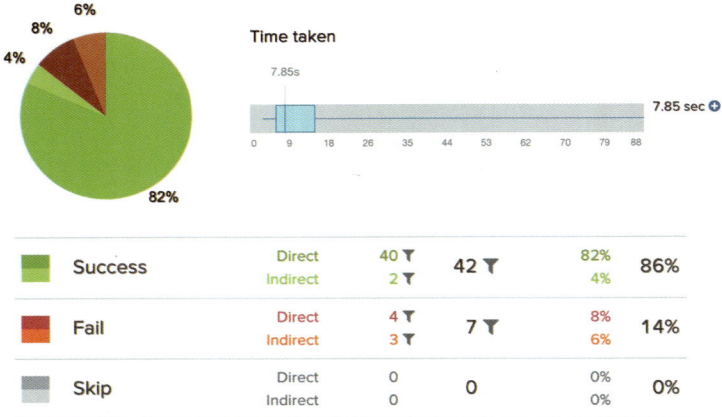

그림 9.5 Optimal Workshop의 트리 테스팅 분석 결과 예시[16]

9.3.2. 스퀸트 테스트

스퀸트(Squint)는 단어 뜻 그대로 본문에서 살짝 떨어져서 눈을 찡그리고 화면을 보는 방법으로, 버튼이나 헤드라인처럼 정말 강조해야 할 부분이 잘 보이는지, 또 강조돼 보이는 부분에 중요한 정보가 담겼는지를 확인하는 방법이다. 확실한 위계 없이 많은 정보가 여기저기 흩뿌려졌다면 제일 중요한 한두 가지가 시선을 받지 못하는 문제를 발견할 수 있다.

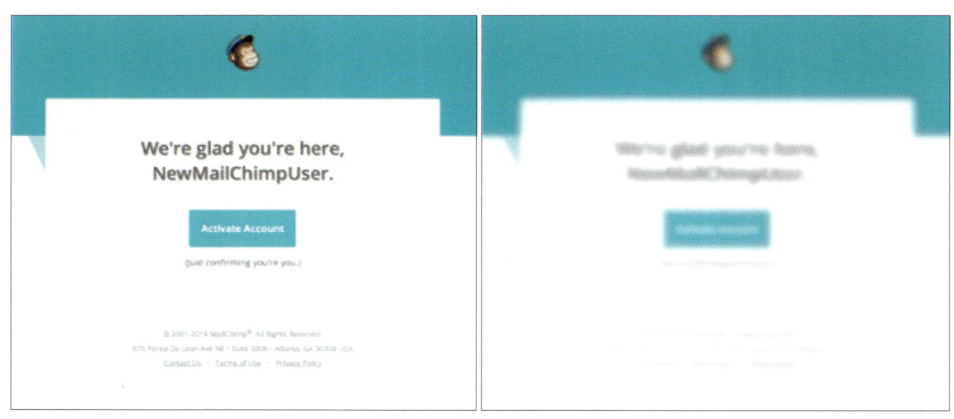

그림 9.6 메일침프 CTA 스퀸트 테스트[17]

---

[16] https://www.optimalworkshop.com/treejack/
[17] INTUIT mailchimp / Calls To Action / The Squint Test, https://templates.mailchimp.com/design/calls-to-action/

9.3.3. 아이트래킹

아이트래킹은 시선 추적이 가능한 별도의 장비를 활용해 콘텐츠의 어떤 부분에 시선이 머무는지 기록하고 히트맵 형태로 결과를 분석하는 연구 방법이다. 대표적으로 구글과 네이버가 초기에 검색 페이지를 최적화하기 위해 아이트래킹을 수행하면서 사용자의 시선이 어떻게 흘러가는지, 어떤 패턴을 보이는지를 연구했다. 실제로 필자는 네이버 검색 페이지에서 아이트래킹을 활용하여 UX 디자인과 라이팅을 최적화하고 매출과 만족도 향상을 끌어낸 적이 있다. 광고, 뉴스, 지식iN, 웹사이트, 블로그/카페 DB 등의 다양한 콘텐츠 묶음으로 된 네이버 통합 검색에서 UI 요소 단위로 시선의 움직임을 관찰하면서 사용자의 시선을 유도하고, 콘텐츠 간 트래픽을 미세하게 조정했다. 공개된 아이트래킹 자료를 얻고 싶다면 닐슨 노먼 그룹에서 다양한 아이트래킹 리서치 연구 결과를 무/유료로 제공하고 있다.[18]

그림 9.7 대표적인 아이트래킹 솔루션 기업인 토비(Tobii) 사의 웨어러블 아이트래킹 기기[19]

---

[18] 닐슨 노먼 그룹, 「How People Read Online: The Eyetracking Evidence」 https://www.nngroup.com/reports/how-people-read-web-eyetracking-evidence/

[19] https://www.tobii.com/solutions/consumer-research-and-user-experience/ux-research

9.3.4. 읽기 속도 테스트

원안과 대조안의 콘텐츠를 읽는 시간 차이가 얼마나 나는지를 확인함으로써 콘텐츠가 원활한 읽기 흐름을 가졌는지를 평가한다. 콘텐츠를 읽는 시간이 짧을수록, 빠르게 핵심을 파악할수록 좋다. 아이트래킹과 병행하면 사용자 시선의 점프, 반복적 스캐닝, 역방향 이동을 얼마나 자주 하는지를 파악할 수 있고 원활한 읽기 흐름을 방해하는 요인도 파악할 수 있다.

9.3.5. 가독성 점수

가독성 점수는 체중을 재는 것처럼 가독성을 점수로 평가한다. 영미권에서는 영어를 평가하는 플래시 킨케이드 테스트(Flesch-Kincaid Test), 헤밍웨이 편집기(Hemingway Editor)와 같은 가독성 개선 도구를 보편적으로 활용한다. 이 중 플래시 킨케이드 테스트는 루돌프 플래시(Rudolf Flesch)가 1975년에 개발한 것으로, 단어와 문장의 길이를 분석하면서 해군 문서 지침을 연구한 데서 시작했다.[20] 영미권 UX 라이터들은 글을 완성하기 전에 중간 평가처럼 가독성 점수를 활용한다. 높은 점수는 쉬운 글을 뜻하며, 읽기 수준이 학년으로 표시된다. 다만 영어에만 적용된다는 것과 대상 독자나 상황, 서비스 목적, 최신 트렌드에 적합한지는 확인할 수 없다는 한계가 있다.

9.3.6. 전문가 테스트

UX 라이터는 글쓰기 전문가지만, 도메인 전문가는 아닐 확률이 크다. 특히 새로운 비즈니스에 대한 글을 쓸 때 전문용어나 배경지식에 관한 이해가 부족하므로 스스로 모든 언어를 정리하고 최적화하는 것은 어렵다. 이때 분야 전문가를 찾아 전반적인 용어, 문제의 소지가 있는 용어, 법적 측면 등을 다듬는 것이 좋다. 글로벌 시장에 진출할 때도 마찬가지다. 각 나라의 UX 라이터와 협력하여 번역 결과를 그 나라의 문화와 사용자에 맞게 고쳐 써야 한다.

---

[20] 킨케이드(Kincaid, J.P.), 피쉬번(Fishburne, R.P.), 로저스(Rogers, R.L.), & 치쏨(Chissom, B.S). (1975). 「Derivation of new readability formulas (automated readability index, fog count, and flesch reading ease formula) for Navy enlisted personnel」. Research Branch Report 8-75. Chief of Naval Technical Training: Naval Air Station Memphis.

9.3.7. 클로즈 테스트

클로즈 테스트는 문장의 N번째 단어를 괄호 처리하고 사용자가 괄호 안의 단어를 완성하게 함으로써 완벽하게 콘텐츠를 이해하는지를 평가하는 기법이다. 이 기법은 1953년 테일러가 처음 제안했다.[21] 일반적으로 긴 길이의 글은 6번째 단어를 비워 놓는데, 길이가 짧은 글은 6보다 작은 수의 N번째 단어를 비워 놓고 테스트하기도 한다. 테스트 이후에는 어느 정도 비율의 사용자가 올바른 단어나 동의어를 채웠는지를 합산 평가한다. 정답율이 60% 혹은 그 이상일 때 글이 이해하기 쉽다고 평가한다.

9.3.8. 형광펜 테스트

사람들에게 글이 적힌 종이를 주고 잘 이해되는 부분은 녹색 형광펜으로, 잘 이해되지 않는 부분은 붉은색 형광펜으로 밑줄을 그어 달라고 요청하여 사용자의 이해도를 평가하는 방법이다. 최종적으로 사람들이 칠한 색 그대로 깨끗한 종이에 덧칠하여 사람들이 편안하게 받아들이는 녹색 부분과 불편하게 받아들이는 붉은 부분이 드러나게 한다. 주로 붉은 영역에 노력을 집중하면 문해력 향상에 큰 도움이 된다.

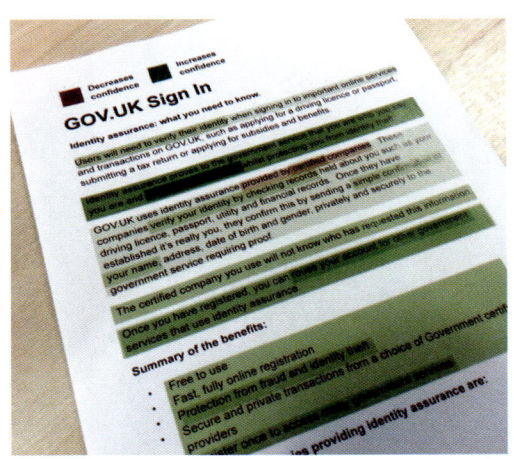

그림 9.8 영국 정부 사이트의 형광펜 테스트 예시[22]

---

[21] 테일러(Taylor), W. L. (1953). "Cloze procedure: A new tool for measuring readability". Journalism Quarterly. 30 (4): 415–433.

[22] 핏 게일(Pete Gale), A simple technique for evaluating content, 2014, 영국 정부 블로그, https://userresearch.blog.gov.uk/2014/09/02/a-simple-technique-for-evaluating-content/

9.3.9. 패러프레이즈 테스트

글을 참가자에게 읽게 한 후 의미를 말해 달라고 하여 사용자가 글을 얼마나 이해했는지를 평가한다. 답변을 들으며 애초에 이 글이 의도한 바대로 쓰였는지를 평가한다. 참가자의 말을 교정하거나 작가의 의도를 설명할 필요는 없고, 원래의 의도와 다르게 전달된 부분이 있다면 피드백을 토대로 수정한다. 이후에 "이 문서로 무엇을 하시겠습니까?", "작가는 이 문서로 무엇을 의도한다고 생각하시나요?" 같은 추가 질문으로 사용자가 생각하는 글의 목적이나 용도가 처음 취지와 일치하는지도 확인한다.

9.3.10. 문해력 설문

문해력 설문은 콘텐츠에 대한 사용자 이해도를 퀴즈로 평가하는 방법이다. 다양한 길이의 콘텐츠를 제시하고 사용자가 제대로 콘텐츠를 이해하는지 객관식 퀴즈를 내서 정답을 선택하게 한다. 여러 사용자의 설문을 종합하고 점수화해서 콘텐츠 문해력을 진단한다.

9.3.11. 콘텐츠 스타일 가이드 검수(자동화/반자동화)

최근 들어 각 기업에서는 UX 라이팅의 기존 데이터를 DB화하여 라이팅 시스템을 구축하는 사례가 늘고 있다. 자사 시스템을 직접 구축하거나 적절한 외부 솔루션을 사용하기도 하는데, 이런 시스템을 통해 기업의 스타일 가이드에 적합한지를 자동으로 검수한다. 단 콘텐츠마다 목적, 맥락, 사용 흐름이 다양하기 때문에 완전한 자동화보다는 UX 라이팅 전문가의 검수를 보조하는 용도로 활용하는 것이 일반적이다.

9.3.12. 반응 카드 기법

반응 카드 기법은 사용자의 감정적 반응을 측정하기 위한 UX 리서치 방법이다. 특정 경험을 하고 이후에 느껴지는 감정이나 생각을 주어진 형용사 카드 중 선택하게 한 후, 인터뷰로 선택의 이유를 듣는다. 대표적으로 마이크로소프트의 호감도 툴킷(Desirability

Toolkit)이 있는데, 사용자에게 118가지 형용사가 적힌 카드를 주면서 특정 콘텐츠를 경험하게 한 후 그중 3~5개의 카드를 선택하고 선택한 이유를 설명해 달라고 요청한다. 이를 통해 기업이 전달하고 싶은 느낌과 사용자가 받아들이는 느낌이 일치하는지를 확인한다.

9.3.13. 보이스앤톤 이미지 설문조사

보이스앤톤 이미지 설문조사는 단기간에 다수의 사용자로부터 특정 콘텐츠에 대한 사용자의 반응을 파악할 때 유용하다. 콘텐츠를 제시하고 사용자가 느끼는 콘텐츠의 성격을 객관식, 주관식으로 질문하고 그 답을 분석한다. 이를 통해 UX 라이터가 기대한 반응을 사용자가 보여주는지를 알 수 있다. 특히 동일한 콘텐츠와 단어라도 문화권, 나라, 지역, 세대별로 받아들이는 게 다를 수 있으므로 신규 시장이나 타깃에 진출할 때 적극 활용할 만하다.

9.3.14. 복합 사용성 평가

오랜 기간 UX 리서치를 수행하면서 서비스 종류, 상황, 리소스, 테스트 활용 능력 등을 다양하게 고려하여 프로젝트에 맞는 최적의 방법을 찾는 것이 최선임을 알게 됐다. 이는 업계 UX 리서치 리더들의 공통적인 견해이기도 하다. UX 리서치 조직과 리소스가 충분한 상황이라면 2~3가지 방법론을 결합해서 사용하자.

다양한 리서치를 자유롭게 활용하기 어렵다면 2장에서 소개한 사용성 평가로 사용자의 이해도, 행동, 반응, 감정을 종합적으로 살핀 후 전문가 테스트나 자문, 패러프레이즈 테스트를 결합해 사용해 볼 것을 추천한다. 이때 사용성 평가에서 사용자가 시나리오를 어떤 패턴으로 이해하는지, 어떻게 수행하는지, 어떤 콘텐츠를 주의 깊게 보고 어떤 것을 간과하는지를 관찰하는 것이 중요하다. 최근에는 사용성 평가 시 발생하는 사용자 행동 데이터(클릭, 탭 등)를 페이지 단위로 시각화하는 분석 도구가 나와서 콘텐츠에 대한 사용자의 이해를 더 쉽고 정확하게 알 수 있다.

9장 요약

1. 수준 높은 글을 쓰기 위해서는 글의 목적과 사용자에 맞게 씌어졌는지, 의도대로 사용자들이 이해하는지, 서비스의 기준에 맞게 썼는지를 검수해야 한다. 일차적으로 글을 쓴 작가가 검토하고, 주변 동료와 지인에게 추가 검수를 받는다.

2. 많은 기업이 일관된 글을 효율적으로 쓰기 위해 다양한 도구 또는 시스템을 활용한다. 대표적으로 체크리스트, 콘텐츠 스타일 가이드, 디자인 시스템을 활용한다.

3. UX 라이팅에 근거를 확보하고 설득력을 높이기 위해 콘텐츠를 평가하는 것이 매우 중요하다. 콘텐츠를 평가하는 목적과 상황에 따라 다양한 방법론이 존재한다. 트리 테스팅, 스퀸트 테스트, 아이트래킹, 읽기 속도 테스트, 가독성 점수, 전문가 테스트, 클로즈 테스트, 형광펜 테스트, 패러프레이즈 테스트, 문해력 설문, 콘텐츠 스타일 가이드 검수, 반응 카드 기법, 보이스앤톤 이미지 설문조사, 복합 사용성 평가 등이 그것이다.

참고 문헌

1. 플레인 랭기지 가이드라인(Plain Language Guidelines), https://www.plainlanguage.gov/
2. 바비 우드(Bobbi Wood), UX 라이팅 Checklist: Content Heuristics for Designers, https://www.linkedin.com/pulse/ux-writing-checklist-content-heuristics-designers-bobbie-wood/
3. 영국 정부(Gov.uk), 「Content design: planning, writing and managing content」, https://www.gov.uk/guidance/content-design
4. Shopify Polaris, Product Content, https://polaris.shopify.com/content/product-content
5. Mailchimp Content Style Guide, https://styleguide.mailchimp.com/
6. 디지털 인사이트, "와이어링크, 『신한카드 UX 라이팅 가이드 2.0』, 2021.10.27
7. 디지털 인사이트, KB국민카드, '고객 친화적' 가이드라인 수립… 고객과 더 가까워진다, https://vo.la/68DGZ
8. 크리스토퍼 알렉산더, 『영원의 건축』(안그라픽스, 2013)
9. 카리 사리넨(Karri Saarinen), "When we use systems", 에어비앤비 디자인, https://airbnb.design/events/when-we-use-systems/
10. 카멜 샤프(Carmel Scharf), "When Content Design Met Design Systems: a Product Design Romcom", UX Salon WORDS 2022, https://words2022.uxsalon.com/speakers/carmel-scharf

11. 토스, Simplicity 21, 어느 날 토스가 말을 걸기 시작했다, https://toss.im/simplicity-21/sessions/4-3

12. 캐서린 화이텐튼(Kathryn Whitenton), "Tree Testing: Fast, Iterative Evaluation of Menu Labels and Categories", https://www.nngroup.com/articles/tree-testing/, 2017

13. https://www.optimalworkshop.com/treejack/

14. INTUIT mailchimp / Calls To Action / The Squint Test, https://templates.mailchimp.com/design/calls-to-action/

15. 닐슨 노먼 그룹, 「How People Read Online: The Eyetracking Evidence 」, https://www.nngroup.com/reports/how-people-read-web-eyetracking-evidence/https://www.tobii.com/solutions/consumer-research-and-user-experience/ux-research

16. 킨케이드(Kincaid, J.P), 피쉬번(Fishburne, R.P), 로저스(Rogers, R.L), & 치쏨(Chissom, B.S). (1975). 「Derivation of new readability formulas (automated readability index, fog count, and flesch reading ease formula) for Navy enlisted personnel」. Research Branch Report 8-75. Chief of Naval Technical Training: Naval Air Station Memphis.

17. 테일러(Taylor), W. L. (1953). "Cloze procedure: A new tool for measuring readability". Journalism Quarterly. 30 (4): 415-433.

18. 핏 게일(Pete Gale), A simple technique for evaluating content, 2014, 영국 정부 블로그, https://userresearch.blog.gov.uk/2014/09/02/a-simple-technique-for-evaluating-content/

UX 라이팅 교과서

원리, 프로세스, 사례로 배우는

03

UX 라이터로
살기

10장

UX 라이팅 실전 사례

이 장에서는 콘텐츠와 언어로 문제를 해결하는 실제 사례를 살펴볼 것이다. 공유된 해외 사례와 UX Writing Lab의 사례를 보면서 다양한 서비스 상황마다 어떻게 글로 문제를 해결하는지 감을 잡아보자. 살펴볼 사례는 허브스팟의 온보딩 데모, 구글의 AR Core, 그리고 국내 유망 스타트업인 에어서플라이와 웨이브웨어의 사례다. 아울러 UX Writing Lab이 UX 디자인팀과 협업하는 사례도 다룰 것이다.

10.1. 해외 UX 라이팅 사례

해외 기업 중에서 온라인 마케팅 솔루션 기업인 허브스팟과 구글이 사용자 중심적인 글을 쓰기 위해 어떤 노력을 기울였는지 살펴보자. 허브스팟은 회원 가입 후 보이는 온보딩 데모 영상을 제작하는 과정을, 구글은 증강 현실 프로그램인 ARCore 홈페이지의 메인 화면 슬로건을 쓴 과정을 소개한다.

10.1.1. 허브스팟 온보딩 데모[1]

허브스팟은 마케팅, 영업, 고객 서비스를 통합적으로 관리할 수 있는 CRM 플랫폼이다. 허브스팟은 월정액 회원제 서비스인데, 일부 기능을 체험하는 무료 CRM 도구를 제공한다. 무료지만 마케터들이 고객을 편리하게 관리할 수 있는 유용한 기능을 제공한다. 이번에 소개할 사례는 이 무료 CRM 도구를 사용자에게 써 보기를 유도하는 상황이다.

초반 몇 년 동안은 이 도구로 마케터가 할 수 있는 현업 과제를 알려줬다. 과제 목록을 바꿔가며 테스트했지만, 다운로드 수치에는 큰 변화가 없었다. 결국 CRM 도구의 다운로드를 증가시킬 목적으로 UX 디자이너, 콘텐트 디자이너, 리서처, 엔지니어, 프로덕트 매니저로 이뤄진 프로젝트 팀을 결성했고, 도구의 효능을 알리는 스토리텔링 데모를 만들기로 결정했다. 제품 자체가 좋다는 데는 모두 동의하기 때문에 제품 개선보다 효능을 알리는 데 초점을 맞췄고, 사용자 입장에서 스토리텔링을 하기로 했다.

이야기에는 영웅이 나오고 달성해야 할 과제가 존재한다. 목적 달성을 방해하는 문제가 생기지만 결국 영웅은 난관을 극복하고 목적을 이룬다. 여기서 영웅은 이 데모를 보게 될 신규 사용자다. 영웅의 목표는 세일즈 리드[2]를 늘리는 것이다. 영웅의 목표를 가로막는 상황은 사용자의 실제 상황으로 들어가 조사했다. 목표를 달성하는 데 방해하는 현실의 요소는 무엇인지, 이 도구를 설치하지 못하는 심리적인 장애물은 무엇인지를 샅샅이 조사했다. 예를 들면 사용자는 새 CRM을 내려받으면 기존에 저장해 둔 고객 정보가 다 사라질 것이라고 걱정한다. 사용자가 문제로 생각하는 실제 상황을 데모 안에서 직접 언급함으로써 서비스가 사용자를 잘 안다는 느낌을 주고, 허브스팟의 해법에 신뢰를 주고자 했다. 이렇게 영웅의 문제와 허브스팟의 해결책을 하나하나 매칭하며 자연스러운 순서로 배치했다(그림 10.1).

---

[1] 마우라 번(Maura Byrne), The Power of Storytelling in Onboarding New Users, 2020, Medium
[2] 세일즈 리드: 잠재 고객으로 전환될 가능성이 있는 고객 명단을 의미하는 마케팅 용어

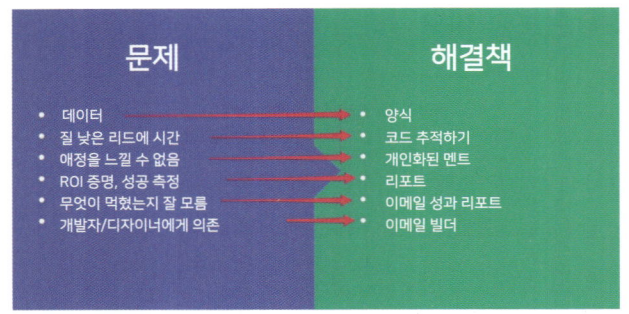

그림 10.1 사용자 상황의 문제와 허브스팟의 해결책 매칭

데모의 페르소나는 세 개로 정했다: 영업 직원, 영업팀 팀장, 마케터. 회원 가입할 때 직업을 써넣으면 그 페르소나에 맞는 영상이 나간다. 페르소나에 해당하는 실제 사용자와 인터뷰하고, 회사 내 피드백 채널을 뒤지며 페르소나가 처한 현실의 상황과 용어를 찾아냈다. 이 과정에서 회사 영업팀의 도움을 적극 활용했다. 회원 가입을 마치면 바로 데모 영상으로 넘어간다. 가입할 때 확보한 이름과 직군으로 맞춤 영상이 나간다.

그림 10.2는 영업 팀원을 위한 화면 중 일부다. 첫 번째 이미지는 직원이 처한 상황이다. 이 사람은 양질의 리드를 확보해야 한다. 허브스팟이 이 목표를 도울 것이다. 돕는 방법 중 하나가 두 번째 화면에 보인다. 이 직원은 디자이너 도움 없이 여기서 제공되는 이메일 템플릿으로 쉽고 빠르게 고객 이메일을 만들었다. 고객은 내가 보낸 이메일을 읽었을까? 세 번째 그림에서 고객이 이메일 링크를 네 번 클릭한 사실을 알려준다. 링크를 여러 번 클릭했다면 고객으로 전환될 가능성이 높아 보이니 양질의 리드 목록에 이 고객 정보를 추가했다. 마지막 화면은 평생 100% 무료 허브스팟 도구로 양질의 리드를 확보했다는 내용으로 끝나고, 이어서 CRM 프로그램을 설치하라는 안내가 나간다.

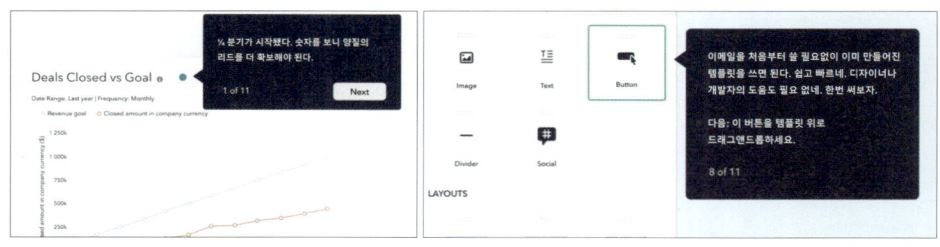

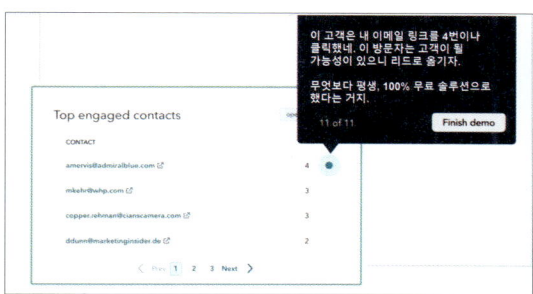 

그림 10.2 허브스팟 영업 팀원용 온보딩 데모 예시 화면들

스토리텔링 데모를 내보내기 시작하고 데모를 끝까지 시청한 사람은 60%에 달했고, 33%의 사용자가 도구를 설치했다. 긍정적인 피드백은 82%였고, 재방문 및 활성화 수치도 증가했다. 이 수치는 사용자 입장으로 파고들어 고객의 상황과 제품의 필요를 정확히 연결하고, 흥미진진한 스토리를 고객의 언어로 전달한 결과다.

10.1.2. 구글 ARCore[3]

구글의 UX 라이터 이반 간도는 구글의 증강현실 플랫폼인 ARCore에서 사용자가 처음 보게 되는 글을 뽑아낸 과정을 소개했다. 데모 버전에 개발자가 올렸던 최초 버전은 지루하고 글자가 많고 구글스럽지 않아서 UX 라이터와 함께 메시지 개선 작업에 들어갔다.

ARCore의 핵심 메시지를 파악하기 위해 사용자가 ARCore에 어떤 기대를 가지고 어떻게 경험하는지를 사용자 여정으로 그렸다. 대개 이 과정에서 단계마다 들어갈 메시지 내용과 톤이 드러나지만, 여기서는 잘 드러나지 않아 관련자를 만나 제품의 속성을 깊이 팠다. 이렇게 처음 제품을 인지하는 단계에서 필요한 메시지 속성을 뽑았다: 열정적인 톤, 열린 결론, 행동 중심적, 미래를 바라보는, 구글 친화적인 보이스와 톤, 제품 우선이 아닌 개발자 우선의 톤 등. 이 방향성에 따라 소개글을 표 10.1처럼 바꿨다.

---

[3] 이반 간도(Yvonne Gando): UX writing: Designing better product experiences, 2018, https://www.youtube.com/watch?v=-TO3t5XYhWuA&t=1931s

표 10.1 구글 ARCore 제품 소개 글, 이전 vs. 이후

개선 이전	개선 이후
①Welcome to ARCore ②Build a new class of Augmented Reality apps that integrate the real world with ③digital objects and content. ④Deploy to over a hundred million Android devices. (ARCore에 오신 것을 환영합니다. 디지털 제품과 콘텐츠를 현실 세계와 결합한 새로운 차원의 증강 현실 앱을 깔아보세요. 수많은 안드로이드 제품에서 사용할 수 있습니다.)	Build the future With ARCore, ②shape brand new experiences that seamlessly blend the ③digital and physical worlds. ④Transform the future of work & play at Android scale. (미래를 건설하세요 ARCore와 함께 디지털 세상과 현실 세상을 잇는 새로운 경험을 만드세요. 안드로이드에서 일과 놀이의 미래를 완전히 바꿔보세요.)

① Welcome은 제품 중심이고, Build the future는 ARCore로 사용자가 누릴 수 있는 미래의 무한한 가능성을 암시한다.

② build app은 행위지만, shape new experiences는 사용자가 ARCore로 누리는 미래 지향적 가치다.

③ digital objects and content는 기술 중심이고, digital and physical world는 인간 세상과 기술의 결합을 보여준다.

④ Deploy는 '활용한다'라는 정적인 의미이고, transform은 '바꾸다'라는 동적인 의미다.

이렇게 완성된 글에 구글스러운 삽화를 넣어 사용자가 홈페이지에서 처음 만나는 제품의 소개 글이 되었다.

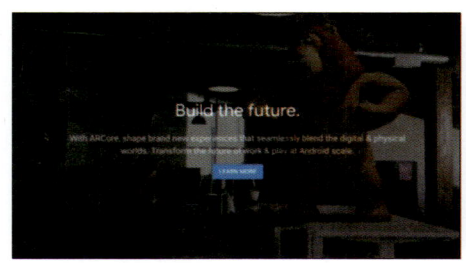 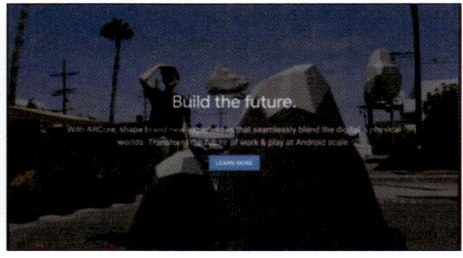

그림 10.3 구글 ARCore 홈페이지 첫 화면

10.2. 국내 UX 라이팅 사례

여기서는 UX 라이팅 전문 연구 기관인 UX Writing Lab이 수행한 사례를 소개하려고 한다. 기업 구매 조달을 돕는 에어서플라이에서 홈페이지 소개문을 개선한 과정과 실리콘 특수 기술로 기능성 스포츠 웨어를 제작하는 웨이브웨어, 그리고 사용성 평가와 UX 라이팅을 결합하여 사용자 경험을 개선한 공공 기관의 사례를 살펴보자.

10.2.1. 에어서플라이

에어서플라이는 로랩스에서 만든 기업 구매 대행 서비스다. 규모가 큰 회사는 구매 담당 부서가 있어 구매를 대신해 주지만, 구매 담당자가 없는 소규모 기업은 구매 과정이 원활하지 않고 관리자가 분산된다. 에어서플라이는 이런 기업 구매 문제를 해결하고자 만들었다. 에어서플라이에 회원 기업으로 가입하면 부서나 담당자, 결제 수단, 물품 목록을 등록할 수 있어서 계정 하나로 구매가 통합 관리된다. 따라서 누가 무엇을 구매했는지 일일이 파악할 필요 없이 에어서플라이만 들어가면 된다. 통합 관리의 이점 외에도 필요한 물품의 링크를 에어서플라이에 등록하면 모니터링 봇이 72시간 안에 등록된 최저가를 찾아주기 때문에 기업의 비용을 절감해준다. 원클릭으로 주문하고, 최저가를 찾아주고, 통합적으로 관리하니 구매 담당자가 별도로 없는 중소 규모 회사에서는 에어서플라이로 시간과 비용을 절약하고 구매 관리를 편하게 할 수 있다.

로랩스는 서비스 가치는 잘 전달되는지, 사용자의 구매 흐름을 가로 막는 지점이 어딘지를 찾고 있었다. 그래서 서울여대 산업디자인학과에서는 사용성 테스트로 사용자가 에어서플라이를 어떻게 이용하는지를 확인하고, UX Writing Lab은 에어서플라이에 담긴 메시지를 봤다. 그림 10.4는 에어서플라이의 첫 화면 최상단에 나왔던 서비스 가치다.

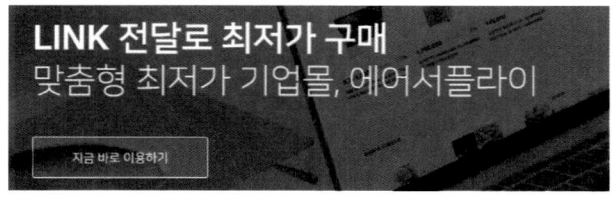

그림 10.4 에어서플라이 첫 화면 메시지

이 글은 LINK 전달이라는 서비스 이용 방식, 맞춤형과 최저가라는 사용자 가치, 기업몰이라는 서비스 형태가 혼재되어 제품이 제공하는 핵심적인 가치가 바로 그려지지 않았다. 표현도 더 명확히 할 필요가 있었다. 우선 LINK 전달이라는 방식이 모호하다. 또한 영어 'LINK'보다 한글 '링크'가 더 쉽게 읽힌다.

그림 10.5는 에어서플라이에서 최저가가 가능한 이유를 알려주던 화면이다. 다른 고객이 더 낮은 가격을 찾아 에어서플라이에 신청하면 최저가로 변경된다. 최저가는 사용자가 누리는 큰 혜택이라 매우 중요한 혜택이지만 원리가 잘 이해되지 않았고, 다른 고객이 더 낮은 가격을 찾아야 한다는 단서가 붙어 있어 언제나 최저가는 아닐 수 있다는 의구심이 들었다. 에어서플라이의 최저가 모니터링 기술을 보여주고, 최저가라는 확신을 줄 필요가 있었다.

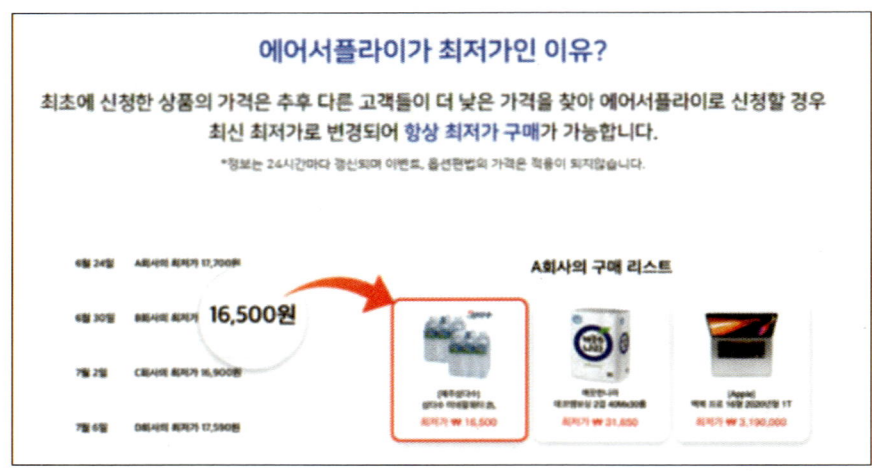

그림 10.5 에어서플라이가 최저가인 이유를 설명하는 페이지

이와 같은 문제의식을 바탕으로 몇 가지 방향성을 제안했다. 몇 가지 예를 들어보면 다음과 같다.

- 사업자 입장을 사용자 입장으로 바꾸자.
- 슬로건에서 서비스 성격을 한눈에 파악하게 하자.

- 최저가는 중요한 혜택이므로 설득력 있게 쓰자.
- 에어서플라이의 구매 대행 과정을 이해할 수 있는 도식을 제공하자.

이를 토대로 바뀐 몇 개의 문장을 살펴보자.

1. 메인 슬로건, '소모품 최저가 구매를 한 곳에서 한 번에': 글의 초점이 확실히 사업자에서 사용자로 옮겨진 것을 확인할 수 있다. 무엇을 하는 곳이고, 사용자가 어떤 혜택을 얻는지 잘 보인다.

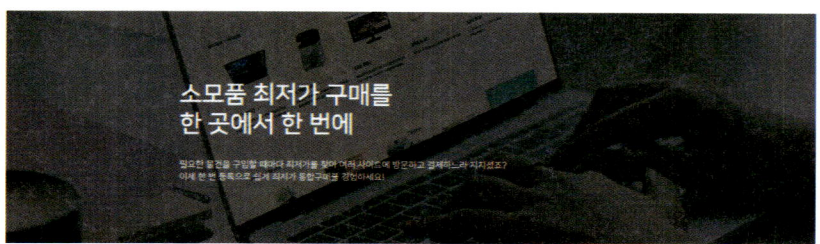

그림 10.6 컨설팅 후 개선된 메인 슬로건

2. 최저가가 가능한 이유: 그림 10.7에서 어떻게 에어서플라이에서 최저가가 가능한지를 논리적으로 전달한다. 에어서플라이의 최저가 모니터링 봇이 최저가를 찾아내고, 공급사와 직접 제휴를 맺어 싸게 공급받기 때문이다. 설득력이 생기니 최저가에 대한 신뢰가 생긴다.

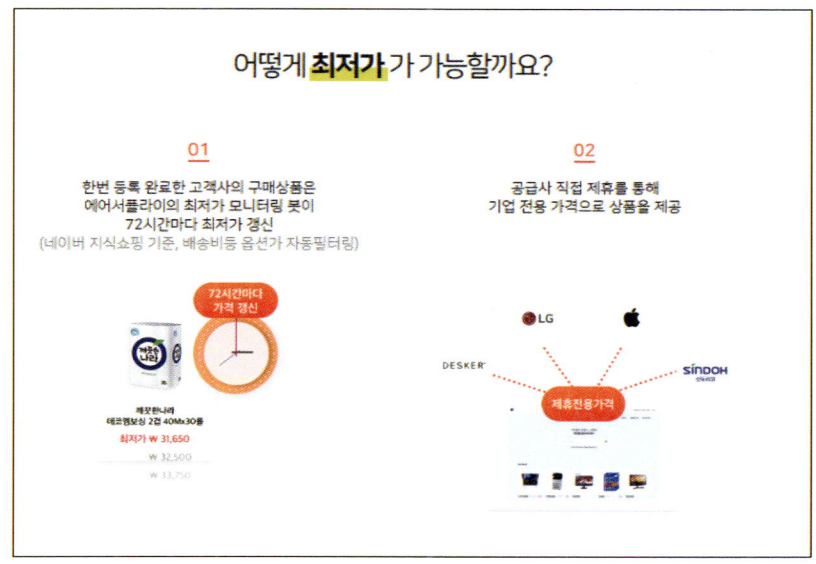

그림 10.7 컨설팅 후 개선된 '최저가가 가능한 이유'를 설명한 글

에어서플라이는 효율적인 구매 관리로 기업이 본질에 집중할 수 있게 서비스가 정교해지는 한편, 이를 표현하는 소개 글도 쉬지 않고 진화하며 기업의 가치를 확장하고 있다. 그 예로 그림 10.8에서 2023년 6월에 올라간 에어서플라이의 메인 메시지를 보자. 최저가 구매에서 통합 구매로 메시지의 초점이 옮겨간 것을 확인할 수 있다. 최저가 정보가 오해를 불러일으키는 데다 회원 기업들이 재고 소모와 구매 편의성에 더 큰 가치를 둔다는 것을 이해하면서 서비스 내외로 이러한 고객의 가치를 반영했다. 에어서플라이는 어려운 경기 상황에도 회원 기업사 700개, 누적 거래액 100억 이상으로 질적으로, 양적으로 성장이 계속되고 있다.

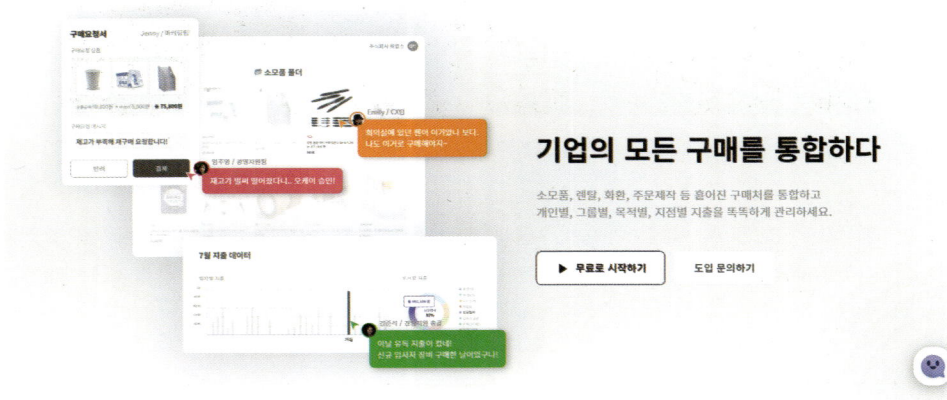

그림 10.8 '통합 구매의 편리함'이라는 가치를 반영한 메시지(2023년 6월)

10.2.2. 웨이브웨어

㈜웨이브컴퍼니는 실리콘 소재에 관한 기술력을 자랑하는 회사로, 자체 개발한 특수 실리콘을 원단에 부착해 운동 능력을 향상시키는 의류인 웨이브웨어를 제작·판매한다. 웨이브웨어를 입는 것만으로 키네시올로지 테이핑 효과를 볼 수 있다. 키네시올로지 테이핑이란 스포츠 테이핑, 근육 테이핑, 또는 테이핑이라고 부르는 요법으로, 운동이나 각종 활동으로 부상을 당했을 때 부상 부위를 지지해서 통증을 덜 느끼고 운동을 더 잘 할 수 있게 도와주는 기법이다. 스포츠 선수나 평소에 운동을 많이 하는 사람들은 키네시올로지 테이

핑을 많이 하는데, 한번 쓰고 버려야 한다거나 테이프 부착에 관한 전문지식이 필요하다는 점, 붙이고 떼기가 번거롭다는 점과 같은 불편함이 있다. 웨이브웨어는 이런 불편에서 착안하여 새로운 종류의 스포츠 의류를 제작하기 시작했다.

웨이브 컴퍼니는 Bio Waved Adhesive Silicone, BWAS라는 점착성 있는 물결 무늬 실리콘에 특허를 보유하고 있다. 끈끈한 실리콘을 원단에 부착한 웨이브웨어는 입기만 해도 테이핑 효과를 기대할 수 있다. 테이프를 떼었다 붙이는 번거로움이 없고, 일회용으로 쓰고 버리는 부담도 사라졌다. 다른 부상 방지용 압박 의류와는 다르게 착용감도 가볍다.

웨이브웨어의 뛰어난 점은 기술력이다. BWAS로 실리콘 특허가 있고, 전문 기관과 협력하여 실리콘의 안정성, 통증 감소 능력, 스포츠 능력 향상을 입증받았다. 미국 FDA에서 의료기로 승인도 받았다. UX Writing Lab과 서울여대 UX 디자인팀에서 사용성 컨설팅을 하던 당시 웨이브웨어의 기술력이 묘사된 방식을 살펴보자.

그림 10.9 웨이브웨어의 장점을 설명한 글

그림 10.9의 묘사 방식을 보면 몇 가지 우려되는 부분이 있다. 키네시올로지 테이핑, BWAS 점착 실리콘과 같은 용어가 어렵다. 또한 ㈜웨이브컴퍼니의 자랑인 기업의 기술이

사용자에게 어떤 혜택을 주는지가 잘 드러나지 않는다. 디자인도 의미 전달을 방해한다. 이미지와 배경색이 강해 글자에 시선이 집중되지 않고, 이미지는 정확히 의미를 대변하지 못한다.

그림 10.10은 원단의 기술력을 설명하는 페이지다. 이 페이지는 더 어렵고, 영어가 많이 사용되고, 사용자에게 주는 의미가 전달되지 않는다.

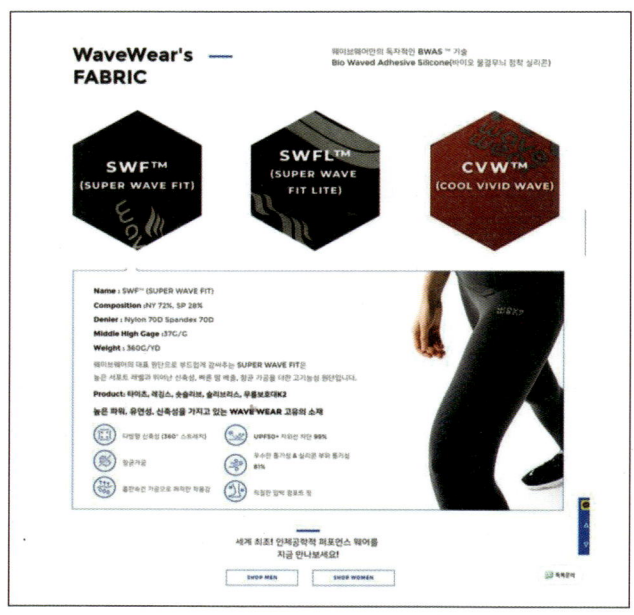

그림 10.10 웨이브웨어 원단의 기술력을 설명하는 글

글의 개선 방향을 도출하기 위해 테이핑 경험이 있는 사람들을 인터뷰했다. 전문 스포츠 선수나 운동을 열정적으로 즐기는 일반인이 테이핑을 활용했다. 테이핑을 해봤던 사람들은 운동하다 부상을 당해 본 경험이 있다. 부상이 생기면 운동 능력이 떨어지는데, 이 상태에서 운동을 지속하다 보니 실력은 저조하고 심리적으로 위축된다. 이들은 통증 없이 운동하기를 원하고, 부상 상황에 대한 공감을 원하고, 효과적으로 부상을 방지해주기를 간절히 원했다. 이를 바탕으로 몇 가지 메시지 방향성을 추출했다.

- 사용자 중심적인 언어 사용: 어려운 용어나 전문 용어를 걷어내자. 짧고 명확하게 쓰고, 글이 잘 읽히지 않는 디자인을 개선하자.
- 운동 능력을 향상시키고 부상을 보호해 준다는 희망: 헛된 다짐보다는 제품의 효능을 객관적이고 논리적으로 입증하자. 기술력을 사용자 입장에서 쉽고 간결하게 쓰자.
- 좌절에 대한 공감: 고객의 좌절감이 결부된 글에서 공감 능력을 발휘하자.
- 사용자 입장에서 웨이브웨어의 장점: 부상 보호, 스포츠 능력 향상, 테이프 탈부착의 번거로움 없음, 편한 착용감 등
- 웨이브 웨어의 성능을 확신하는 방법: 현직 선수들의 증언, BWAS 특허 기록, 효능을 입증하는 전문 테스트 결과, FDA 승인 등 자랑스러운 연구 업적

방향성 제안 후 개선된 글을 보자. 그림 10.11은 웨이브웨어 쇼핑몰에 접속하면 처음 나오는 글이다. 어려운 기술 대신 의류의 점착도가 높다는 점을 강조한다. 점착도가 있어 지구력을 올리고 피로도를 낮춘다. 웨이브컴퍼니의 기술력을 사용자 입장으로 풀어냈다.

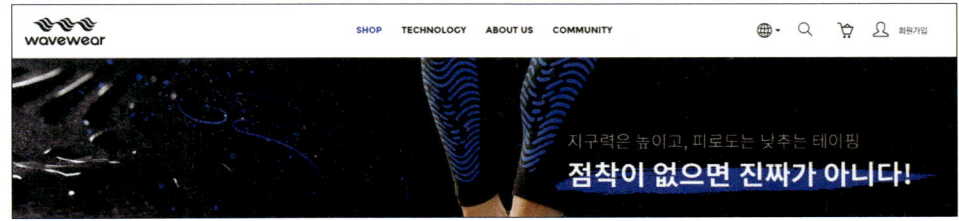

그림 10.11 개선 후 웨이브웨어의 메인 글

그림 10.12는 웨이브웨어의 특징을 설명한다. 밝은 배경색을 써서 배경색과 글자색의 대비가 높아지자 글자가 잘 보인다. 이미지는 글의 내용을 보조한다. 글자 편집 방식도 글자의 가독성을 높였다. 진한 제목만 훑어봐도 웨이브웨어의 주요 특징을 이해할 수 있다.

그림 10.12 개선 후 웨이브웨어의 특징 글

웨이브 웨어 역시 제품의 품질과 기술력을 향상시키는 한편, 글도 사용자 친화적으로 개선함으로써 사용자에게 다가가기 위해 노력을 다각적으로 기울이고 있다.

10.2.3. 사용성 평가와 UX 라이팅 결합

필자는 포털, 금융, 쇼핑, 게임, 소셜, IoT, 자동차 인포테인먼트에 이르는 다양한 도메인에서 오랜 기간 사용성 평가를 적절히 활용해 왔다. 여기서는 한 정부 기관 서비스에서 사용성 평가를 기반으로 UX 디자인과 라이팅을 개선한 사례를 다뤄보려고 한다. 특정 정부기관을 UX 전문가 자격으로 지속해서 멘토링하던 중 서비스 전반의 UX 이슈를 진단하고 개선 방향을 제시하는 프로젝트를 의뢰받았고, 서울여대 산업 디자인학과와 UX Writing Lab이 공동으로 컨설팅을 맡았다. 서울여대는 사용성 평가와 UX 디자인을, UX Writing Lab은 UX 라이팅 부문을 담당했다. 프로젝트 프로세스는 다음과 같다.

1. 사용자 이해와 사용자별 주요 태스크 설정 및 문제 파악
2. 사용성 평가 계획 및 UX 라이팅 개선 방향에 대한 전반적인 리뷰

3. UX 라이팅 이슈 및 개선 방향성을 고려한 사용성 평가 수행과 분석
4. UX 라이팅의 문제점, 개선 방향을 포함한 사용성 평가 결과 분석과 개선안 제안

단계별로 UX 디자이너와 UX 라이터가 협업하면서 보다 세심하게 리서치 이슈를 정의하고 개선 방안을 도출했다. 사용성 평가를 어떻게 진행하고 어떻게 방향성을 뽑아냈는지 몇 가지 예시를 살펴보자.

사용성 평가를 통해 그림 10.13과 같이 과업별로 수행 시간과 성공/실패 여부를 측정했다. 전체 평균 대비 특정 사용자의 데이터를 비교해 기록했다. 사용성 평가에서 시간이나 동선의 1차 성공 기준에 미달하면 성공 대신 부분 성공으로 표기했다. 표에서 보다시피 Task 1, 2, 3은 Task 4, 5, 6에 비해 성공률이 낮다. 성공률, 성공 시간 데이터를 기반으로 UX 라이팅과 연관된 태스크 상의 문제 지점을 객관적으로 찾아냈다. 태스크 성공률이 낮은 태스크는 인터뷰를 통해 사용자의 이해도와 어려움을 파악한 후 구체적인 UX 라이팅 개선을 진행할 수 있었다.

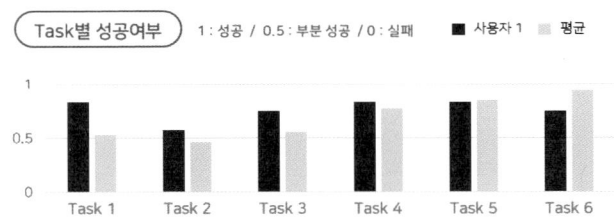

그림 10.13 정부 기관 프로젝트에서 수행한 사용성 평가 결과: 태스크 성공 여부

이후 태스크 그룹(카테고리)별로 사용자 반응을 관찰하고 인터뷰를 진행하면서 그들의 핵심 니즈(Core Needs), 페인 포인트(Pain Point), 핵심 사용자 보이스와 행동(Key User Voice/Behavior)을 도출했다. 표 10.2는 지원 신청 페이지와 마이 페이지에서 사용자들이 경험한 혼란과 요구사항을 정리한 것이다. 이것으로 UX 라이팅의 개선 근거를 파악하고 이해 관계자와의 협의를 효과적으로 진행할 수 있었다. 여기서 혼란을 느낀 메뉴명에 대해 사용자 반응을 근거로 하여 개선 작업에 착수할 수 있었다.

표 10.2 사용자의 핵심 니즈, 페인 포인트, 핵심 사용자 반응과 행동

카테고리	핵심 니즈/페인 포인트	사용자 인용문/사용자 행동
지원 신청	메뉴명이나 버튼의 레이블을 보고 혼란스러움을 느낀다.	• "처음에 **이런 단어가 보여서 좀 헷갈렸어요." • ** 부분을 보고 망설임
마이페이지	기본 회원정보에 비밀번호 수정이 함께 있었으면 좋겠다.	• 이름과 아이디 사이에서 망설이는 모습 • **내비게이션에서 찾아보는 모습

또한 실시간으로 사용자가 특정 UI 요소를 사용하는 모습을 관찰하면서 사용자의 미세한 행동 변화, 표정 변화, 시간상 지연, 읽는 경험의 정도를 포착했다. 이 프로젝트에서는 그림 10.14와 같이 특정 태스크에서의 사용자 행동과 반응을 바탕으로 우수점, 문제점, 개선점, 성공 지수를 정리했다. 예를 들어 비밀번호를 변경하는 페이지를 연결하는 링크 위치를 개선할 수 있었고 비밀번호 조건의 가독성을 개선했다.

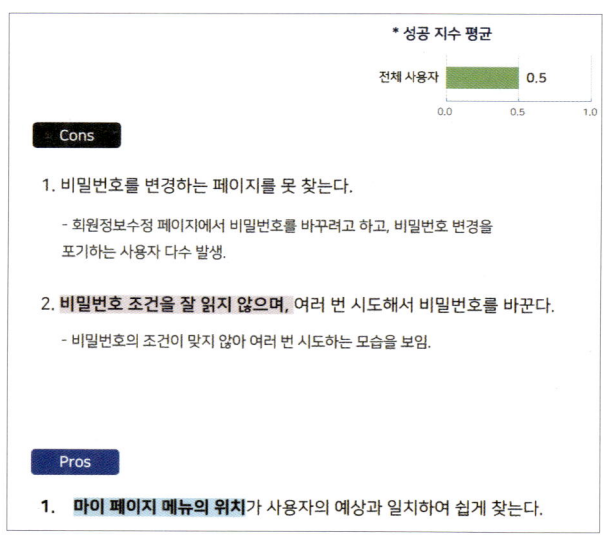

그림 10.14 태스크별 사용자 행동 관찰 기록

경험이 많은 UX 디자이너나 UX 라이터라도 사용성 평가 같은 리서치를 통해서만 정확한 문제를 발견할 수 있다. 두 조직은 실험 계획부터 대안 제시까지 많은 협업과 토론을 진행하면서 실제 사용자 행동을 기반으로 심층적이고 구체적으로 개선안을 도출했다.

> 현업 인터뷰 **SWIT UX 라이터 이수현**

UX 라이터로 알리기 위해서
브런치에서 퍼스널 브랜딩 했습니다.

SWIT UX 라이터 이수현
브런치 UX writing 한글 패치 운영자[4]

1. 소개 부탁드립니다.

글로벌 협업툴 서비스 회사, Swit에서 UX 라이터로 일하는 이수현입니다.

저는 테크 업계에서의 커리어를 모바일용 영상 편집 앱 서비스를 만드는 회사에서 고객 관리로 시작했습니다. 제가 한 일은 사용자가 보낸 문의 메일 또는 앱스토어 남긴 리뷰에 답변하는 일이었습니다. 작은 스타트업이다 보니 앱 문구 작성과 번역까지 담당하게 되었고, 도움이 될 만한 자료들을 찾다가 제가 하는 일이 UX 라이팅이라는 것을 알게 되었습니다. 개발이나 디자인 없이 글로 UX를 크게 개선할 수 있다는 점에서 UX 라이팅에 관심을 갖기 시작했고, 평소에 글 읽기와 쓰기를 좋아하는 저의 성향에도 잘 맞아 UX 라이터가 되고 싶다는 생각을 했습니다.

이후 UX 라이터로 커리어를 전환하여 Swit의 첫 번째 UX 라이터가 되었습니다.

Swit은 생산적이고 효율적인 협업을 돕는 글로벌 서비스형 소프트웨어(Saas) 기업입니다. 다른 협업 툴과 달리 메신저와 업무 관리 기능이 결합되어 있고, 구글 워크스페이스와 마이크로소프트 365 등 다양한 외부 앱 연동을 지원합니다. Swit의 UX 라이터는 제품 내 모든 텍스트를 한국어와 영어로 작성하고, 텍스트 콘텐츠를 지속적으로 개선하고 관리합니다.

---

[4] https://brunch.co.kr/magazine/koreanuxwriting

2. UX 라이터로서 브런치로 퍼스널 브랜딩을 했다고 들었어요. 그 이야기를 들려주세요.

처음 UX 라이터가 돼야겠다고 생각했을 무렵 UX 라이팅이라는 개념 자체가 한국에서 새로웠습니다. 그래서 UX 라이팅 자료를 영문·국문 가리지 않고 찾아 읽었습니다. 여러 자료를 읽다 보니 구글 같은 외국 제품의 UX 라이팅은 자료가 많았지만, 한국 제품에 대한 자료는 찾기 어려웠습니다. 그래서 직접 국내 자료를 만들어 보자고 결심했습니다. 인기 많은 국내 앱 서비스를 직접 사용해 보면서 사용성을 분석하고, 정리해서 제 브런치 채널에 공유하기 시작했습니다. 앱에 나타나고 있는 문구의 목소리와 톤은 어떤지, 비슷한 기능들을 어떻게 다르게 썼는지, UX 라이팅이 자연스럽거나 부자연스러운 이유는 무엇인지를 적었습니다. 혼자 공부한 내용을 정리하려고 시작했던 브런치를 많은 분이 읽어주시면서 저는 UX 라이터로서 퍼스널 브랜딩을 하게 되었고, 그 인연으로 국내의 UX 전문가분들을 만나고 알게 되었습니다.

3. UX 라이팅은 기업이나 서비스에 어떻게 기여한다고 생각하시나요?

UX 라이터는 기획, 디자인, 개발로 풀어낼 수 없는 문제를 글로 해결하는 문제 해결사입니다. 제품을 개발하다 보면 리소스 부족, 짧은 일정, 기술적 제약 등 여러 가지 이유로 제품의 사용성이 좋지 않을 때가 있습니다. 이럴 때 UX 라이팅의 역할이 매우 중요해집니다. 제품의 사용성이 좋지 않을 때도 사용자가 치명적인 문제로 인식하지 않도록 UX 라이터가 만들어야 합니다.

4. UX 라이터로 보람을 느낀 에피소드를 들려주세요.

저는 입사 후 혼자 iOS와 안드로이드 2개 플랫폼에 있는 모든 텍스트를 고쳐서 사용성을 개선하는 일을 맡았습니다. 많은 업무량과 잘해야 한다는 압박감에 지쳐 있을 때 제품을 매일 들여다보며 퀄리티를 확인하는 QA 팀의 팀장님께서 모바일 앱 사용성이 많이 좋아졌다는 피드백을 주셨습니다. UX 라이터로서 자신감을 가질 수 있던 감사한 순간이었습니다. 몇 가지 사례를 알려 드릴게요.

먼저 경고창을 개선한 화면입니다.

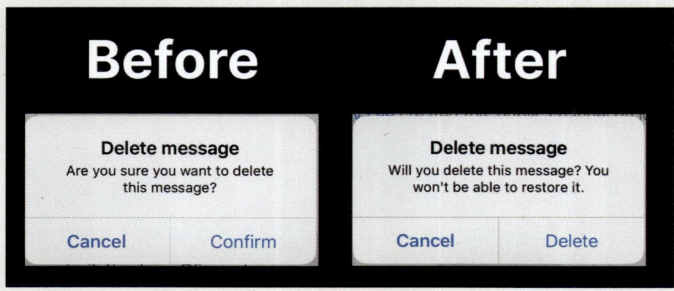

그림 10.15 경고 메시지 개선 화면

- 삭제된 메시지는 복구할 수 없다는 유용한 정보를 추가했습니다.
- 서비스의 질문과 사용자의 액션으로 자연스러운 흐름이 이어지도록 본문에 "메시지를 삭제하시겠습니까?"라는 질문을 추가하고, 사용자가 선택할 수 있는 옵션을 '확인'에서 '삭제'로 구체화했습니다.

바텀 시트(Bottom Sheet[5]) 문구를 개선한 사례도 들려 드리겠습니다.

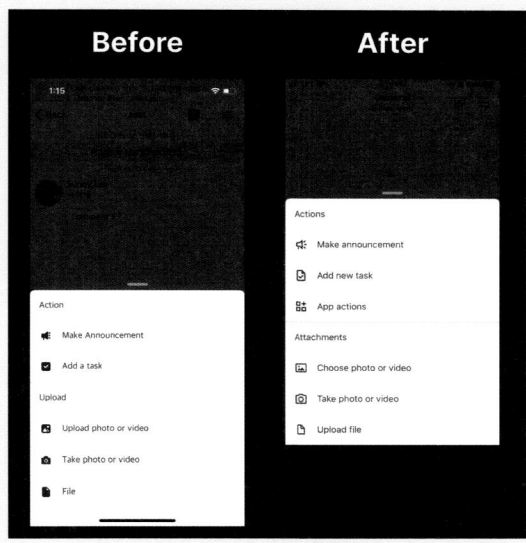

그림 10.16 바텀시트 개선 화면

- 카테고리는 명사형, 하위 메뉴는 동사형으로 작성하여 일관성을 유지했습니다.
- 정관사 사용 여부, 대문자 표기 규칙 등을 통일하여 전체적인 통일감을 주었습니다.
- Upload photo or video 메뉴를 사진이나 비디오를 촬영 후 업로드할 수 있다는 의미로 해석할 수 있기 때문에 저장되어 있는 사진 및 비디오를 '선택'해서 올릴 수 있는 메뉴임을 강조하기 위해 Choose photo or video로 변경했습니다.

---

5   바텀시트(Bottom Sheet): 바텀시트는 주로 모바일에서 사용하는 것으로 화면의 아래쪽에 위치한 부차적인 메뉴를 말한다.

5. UX 라이팅은 혼자 하는 작업이 아니잖아요, 본인의 작업을 어떻게 설득하시나요?

- 리서치 준비: 글을 쓰면서 고민했던 포인트, 이 포인트를 해결하고자 했던 관점, 해결책을 뒷받침하는 근거나 비슷한 문제를 해결한 타사의 사례를 준비해서 작업의 신뢰도를 높입니다.
- 대안 준비: 다른 팀원들이 제 안에 만족하지 않을 수 있기 때문에 2안, 3안을 준비해 가곤 합니다. 1안이 최선인 이유와 각각의 안이 가진 장단점을 함께 설명합니다.
- 다른 부서 입장에서 생각하기: UX 라이팅팀의 고민뿐 아니라 기획, 디자인, 개발, QA 등 다양한 팀이 가진 고민을 파악하려고 합니다. 그러한 고민 사이에서 우선순위를 생각하며 작업 방향을 설정합니다. 작업 방향이 일치하면 설득 과정이 더 순조로워집니다.

6. UX 라이터로 역량을 강화하기 위해 어떤 일을 하시나요?

- 업무 일지 정리: 어떤 자료와 근거로 UX 라이팅을 했는지, 그리고 어떤 이유로 최종 결정을 했는지를 기록합니다. 이러한 데이터가 모이면 나중에 비슷한 내용의 업무를 하게 될 때 참고할 수 있고, 다른 팀원들과 소통하는 데 도움이 됩니다.
- 독서: UX 관련 국내외 인터넷 자료와 책을 주기적으로 찾아 읽습니다. UX는 변화 속도가 빠른 분야이기 때문에 인터넷으로 최신 트렌드를 접하고 책으로 전문가의 인사이트를 얻습니다.
- 도구 사용: 업무에 필요한 툴을 능숙하게 다루려고 노력합니다. 특히 디자이너분들께서 사용하는 디자인 툴인 피그마를 잘 다룰 줄 알면 효율적이고 생산적인 협업이 가능합니다.
- 타사 리서치: 비슷한 기능을 제공하는 다른 회사는 같은 기능을 어떻게 표현하는지 비교하고 정리합니다.

7. UX 라이터를 꿈꾸는 사람들에게 들려주고 싶은 조언을 말씀해 주세요.

테크 업계가 성장하고 사용자 경험이 중요해지면서 UX 라이팅은 앞으로도 계속 중요한 역할을 할 것입니다.

UX 라이터가 되고 싶다면 자신만의 UX 라이팅 콘텐츠를 만드는 것을 추천합니다. 저는 UX 라이터로 퍼스널 브랜딩을 하면서 커리어를 시작할 때 많은 도움이 되었습니다. 자신의 콘텐츠는 자신의 개성과 장점을 매력적으로 보여줄 수 있는 무기가 될 것입니다.

UX 라이팅에 관심이 있고 그 세계에 대해 알고 싶다면 링크드인이나 블로그, SNS에서 UX 라이터를 찾아 조언을 구해보세요. 아직 한국에는 UX 라이터가 많지 않아 서로의 존재를 소중하고 신기하게 여기기 때문에 따뜻한 선배 UX 라이터가 되어 줄 것입니다. (저도 그럴 것입니다.)

UX 라이팅은 한국에서 역사가 오래된 분야가 아니다 보니 업무 체계나 협업 과정, 업무 조언을 얻기가 쉽지 않습니다. 그럴 때마다 저는 '헤맨 만큼 내 땅이다'라는 말을 생각합니다. 헤매면서 찍어놓은 발자국이 모여 길이 되고, 그 길이 다른 UX 라이터분들에게 도움이 된다는 것을 믿기 바랍니다.

참고 문헌

1. 마우라 번(Maura Byrne), The Power of Storytelling in Onboarding New Users, 2020, Medium
2. 이반 간도(Yvonne Gando): UX writing: Designing better product experiences, 2018, https://www.youtube.com/watch?v=TO3t5XYhWuA&t=1931s
3. 에어서플라이 UX Writing 개선안, UX Writing Lab 브런치
4. 웨이브웨어 UX Writing 개선, UX Writing Lab 브런치

11장

UX 라이터로 일하기

사용자가 서비스를 인지하는 방식에 영향을 미치는 요소는 많지만, 그중 인터페이스에서 커뮤니케이션하는 방식이 한 부분을 차지한다. UX 라이터는 서비스 이미지를 최전방에서 전달하는 역할을 한다. 단어 하나, 문장 하나를 조각하는 일에 자부심과 책임감을 가져야 한다. 현재 UX 라이터이거나 UX 라이터로 전직 또는 취업을 꿈꾸는 사람들에게 실질적인 도움이 되도록 UX 라이터를 채용하는 기업은 어디인지, 어떤 자격을 요구하는지, UX 라이터는 어떻게 일하는지를 살펴보면서 이 책을 마무리하려고 한다.

11.1. UX 라이터 채용 기업과 요구 역량

공저자인 이지현 교수가 지도하고 정지현이 연구한 석사논문 'UX 라이팅을 위한 프로세스 및 워크숍 도구 개발에 관한 연구[1]'에서는 UX 라이터를 채용하는 기업과 기업에서 요구하는 역량을 포괄적으로 조사했다. 2022년 3월 20일부터 2022년 10월 31일까지 링크트인과 원티드의 채용 공고를 분석해서 국내 기업 22개, 해외 기업 25개를 선정했다(표 11.1 참고).

---

1 정지현, UX 라이팅을 위한 프로세스 및 워크숍 도구 개발에 관한 연구, 서울여자대학교 산업디자인학과 석사 논문, 2023

표 11.1 UX 라이터 채용 기업(2022.03.20~2022.10.31, 링크트인과 원티드의 채용 공고 분석)

	국내			해외	
1	네이버	콘텐츠 크리에이팅 UX 라이팅 담당자	1	Airbnb	UX 라이터
2	네이버 Z (ZEPETO)	UX 라이터	2	Amazon	UX 라이터
3	라인 재팬	UX 라이터	3	Apple	UX 라이터
4	레어노트	UX 라이터	4	Bolt	UX 라이터
5	마이셀럽스	UX 라이터	5	Booking.com	UX 라이터
6	뮤직카우	UX 라이터	6	Canva	콘텐츠 라이터
7	뱅크 샐러드	UX 라이터	7	Capital One	콘텐츠 디자이너
8	비마이프렌즈	콘텐츠 라이터	8	Carvana	UX 라이터
9	삼성전자	UX 라이터	9	Cleo	UX 라이터
10	샌드버드	테크니컬/UX 라이터	10	Creative Circle	UX 콘텐츠 디자이너
11	쏘카	UX 라이터	11	Dropbox	콘텐츠 라이터
12	신한은행	UX 라이터	12	Figma	UX 라이터
13	야놀자	UX 라이터	13	General motors	UX 라이터
14	와이어링크	UX 라이터	14	Go jek	UX 라이터
15	쿠팡	UX 라이터/콘텐츠 전략가	15	Google Cloud	UX 라이터, 콘텐츠 디자이너
16	토스	UX 라이터	16	Grab	콘텐츠 디자이너
17	파운트	UX 라이터	17	Klarna	UX 라이터
18	플리토	UX 라이터	18	OCBC Bank	UX 라이터
19	하나은행	UI/UX 라이터	19	Rivian	UX 라이터
20	현대자동차	UX 프로페셔널 라이터	20	Santander Bank	UX 라이터
21	현대카드	UX 라이터	21	Spotify	UX 라이터
22	PXD	UX 라이터	22	Squarespace	UX 콘텐츠 전략가
			23	Tinder	UX 라이터
			24	Vanguard	UX 라이터
			25	YouTube	UX 라이터/콘텐츠 디자이너

이 논문은 또한 표 11.1에 있는 기업들이 요구하는 직무 설명을 분석하여 기업이 UX 라이터에게 필요로 하는 역량이 무엇인지를 추출했다. 기업이 UX 라이터에게 요구하는 9가지 핵심 역량은 '높은 작문 실력', '디지털 환경에 대한 이해', '사용자 경험에 대한 이해', '비즈니스에 대한 이해', '데이터 기반 의사 결정', 'UX 라이팅 정책/거버넌스 수립', '여러 이해관계자와의 협업', '타깃 그룹의 언어 및 문화 이해도', '디자인 툴 사용'이다. 표 11.2와 11.3을 참고하자.

표 11.2 UX 라이터 필요 역량 및 업무

필요 역량(9개)	업무(18개)	직무 설명 예시
높은 작문 실력	긴 글/콘텐츠 작성	▪ 긴 호흡의 글부터 빠른 카피 작성까지, 다양한 형태의 글 작성 ▪ 논리적 언어 표현 능력 및 커뮤니케이션 역량 보유자
	행동 유도를 위한 글 작성	▪ 사용자의 관심과 행동을 유도할 수 있는 짧고 매력적인 카피라이팅 역량 보유 ▪ 사용자의 목표 달성을 도와주는 글 작성
디지털 환경에 대한 이해	디지털 프로덕트 글쓰기	▪ 디지털 환경에 대한 이해도가 있는 분
	디지털 콘텐츠 제작	▪ 디지털 콘텐츠 환경에 익숙하신 분
사용자 경험에 대한 이해	사용자 경험/목표 탐구	▪ HCI, UX 또는 유사 분야에서 학사 학위 또는 동등한 경험 ▪ 사용자 멘탈모델(Mental Model)을 이해하고, 이를 바탕으로 플로우와 텍스트를 설계할 수 있는 분
	사용자 수준으로 글쓰기	▪ 고객 타깃에 맞는 수준의 글 작성하기(이해하기 쉬운 글) ▪ 사용자 중심의 사고를 기반으로 앱 내 모든 텍스트 감수 ▪ 전문용어를 사용자 언어로 바꾸는 경험을 보유한 분 ▪ 사용자 친화적인 정보로 가공, 검수(교정/교열), 개선
비즈니스에 대한 이해	비즈니스 요구사항에 대한 고려	▪ 고객과 비즈니스에 대해 다각도로 파악할 수 있는 분 ▪ 업계에 대한 지식이 있는 분 ▪ 비즈니스 요구사항을 파악한 글 작성

데이터 기반 의사 결정	데이터 기반 글쓰기	▪ 데이터 기반의 글쓰기 ▪ A/B 테스트를 통해 효율이 좋은 텍스트 패턴을 발견하고 시스템화
	성과 측정 및 데이터 분석	▪ 데이터 분석 역량이 있으신 분 ▪ 유저가 더 반응하는 포인트를 비교하는 실험이 가능한 분
UX 라이팅 정책/거버넌스 수립	보이스앤톤 수립	▪ 일관된 내러티브로 제품의 언어적 매력도 향상하여 앱 개성 창출 ▪ 일관된 톤으로 간결하고 명확한 문장을 쓸 수 있는 분 ▪ 앱 주요 서비스에 대한 회사 철학을 반영한 직관적인 UX 라이팅 작성
	UX 라이팅 시스템화	▪ 디자이너, 마케터와 협업 통한 사용자 친화적인 콘텐츠 기획 및 작성 ▪ 언어적 관점에서 UX 라이팅 시스템/가이드라인 개발 경험이 있으신 분
	콘텐츠 전략 수립	▪ 콘텐츠 전략으로 비즈니스 및 사용자 경험 문제를 해결할 수 있는 기회 ▪ 콘텐츠 전략 원칙과 도구에 대한 기본적인 이해 필요 ▪ 콘텐츠 기획 및 발굴, 제작, 배포까지 관장
여러 이해관계자와의 협업	텍스트 감수 및 피드백	▪ 브랜드 차원의 UX 라이팅 퀄리티 제고와 일관된 보이스톤 유지를 위한 전사 대상 라이팅 교육 ▪ 사용자 중심의 사고를 기반으로 앱 내 모든 텍스트 감수
	건설적인 논쟁	▪ 좋은 문장에 대해 논리적인 이유를 제시하여 협업하는 동료들을 설득하는 능력 ▪ 동료들에게 건설적인 피드백을 제공
	여러 조직과의 소통	▪ UX 디자이너, UX 리서처, PO/PM과의 다양한 협업 경험을 갖고 계신 분 ▪ UI 텍스트를 만들고 관련 부서와 협업하여 제품 전반의 사용성 개선

타깃 그룹의 언어 및 문화 이해도	현지화/번역	▪ 여러 가지 언어로 글쓰기가 가능하신 분 ▪ 뛰어난 영/한 번역 스킬이 있으신 분
	문화/언어에 대한 이해를 바탕으로 글쓰기	▪ 영문 작성 혹은 협의 가능 수준의 영문 어학능력 소지자 ▪ 우수한 국문 글쓰기, 한글에 대한 이해 ▪ 영어, 커뮤니케이션, 언론학 학사 학위
디자인 툴 사용	프로토타이핑	▪ 피그마, 스케치 등 관련 서비스에 대한 이해도가 있으신 분 ▪ 피그마, HTML 및 구글 제품을 비롯한 웹 기반 설계 응용프로그램 및 도구 사용 경험

표 11.3 토스와 쿠팡의 UX 라이터 직무 기술(출처: 링크드인)

토스 UX 라이터 직무 기술

UX Writer
Viva Republica (Toss) · Seoul, Seoul, South Korea (On-site) 3 days ago · 60 applicants

합류하면 함께 할 업무예요
- 토스 서비스 내 유저의 원활한 내비게이팅을 위해 UX Writing Principles에 기반하여 텍스트를 지속해서 검수하고 개선해요.
- 여러운 금융 업계 용어 및 자료를 토스만의 보이스톤에 맞춰 사용자 친화적인 정보로 가공해요.
- 효율적인 마케팅 카피를 통해서 제품을 개선하여 토스 비즈니스에 긍정적 영향을 끼쳐요.
- 서비스 내의 텍스트뿐만 아니라, 브랜딩이나 마케팅 등 외부 커뮤니케이션 텍스트에서도 일관된 보이스톤을 유지하기 위해 라이팅 시스템을 개발해요.
- A/B 테스트를 통해 효율이 좋은 텍스트의 패턴을 발견하고 시스템화해요.
- 프로덕트 디자이너 및 개발자와 협업하여 프로덕트 전반의 라이팅 퀄리티를 개선해요.
- UX Writer의 역할의 한계를 확장할 수 있는 다양한 업무를 고민해요.

이런 분과 함께하고 싶어요
- 모바일 프로덕트에 대한 글쓰기 문법을 이해하는 분이 필요해요.
- 글쓰기를 패턴화하여 추상화된 개념으로 정의할 수 있는 분이 필요해요.
- 느낌 기반이 아닌 사용자에 의한 정확한 근거를 기반으로 본인 문장에 대해 논리적인 이유를 제시하며 협업하는 동료들을 설득하는 능력이 필요해요.
- 사용자의 눈길을 끌어 지표를 개선할 수 있는 매력적인 카피를 쓰는 능력이 필요해요.
- 좋은 단어와 문장에 대해 민감한 감각이 있는 분이면 좋아요.

쿠팡 Content Strategist 직무 기술

Staff UX Writer / Content Strategist (Coupang Eats)
Coupang · Seoul, South Korea (Hybrid) 4 weeks ago · 33 applicants

직무 소개
콘텐츠 전략가 (UX Writer)는 기업과 서비스의 목소리를 주관하며, 여러 고객 접점에서 가장 효과적인 메시지를 도출합니다. 고객이 서비스 이용에 필요한 정보를 선별하여 전달할 높은 수준의 콘텐츠를 제공하고, 긍정적인 고객 경험을 위해 제품과 다양한 매체에 최적화된 콘텐츠를 기획 및 제작합니다. 이 과정에서 PO, 디자이너, 리서처, 마케터, 리걸, PR 등 유관 부서와 협업하며 고객 커뮤니케이션을 통해 비즈니스에 기여합니다.
- 비즈니스 목표를 명확하게 이해하고 고객 관점에서 필요한 핵심 메시지와 커뮤니케이션 방향성을 제시하며, 비즈니스 목표 달성을 위한 고객 접점을 제안하고 콘텐츠를 기획 및 실행합니다.
- 여러 프로젝트 가운데 우선순위를 조정할 수 있습니다.
- 디자인 과정에서 고객 여정과 커스터머 잡을 바탕으로 효과적인 커뮤니케이션을 위한 피드백을 제공하고, 의견을 조율하여 완성도 높은 결과물을 도출합니다.
- 여러 도메인의 콘텐츠를 통합적으로 분석하고 중복 지점을 확인해 콘텐츠의 품질을 개선합니다. 이 과정에서 일관된 보이스앤톤과 서비스 용어가 적용될 수 있도록 커뮤니케이션 가이드를 제공하며 전파합니다.
- 콘텐츠 제작 과정에서 프로덕트, 브랜드, 마케팅 등 여러 팀의 이해관계자와 협업을 주도하며, 필요에 따라 협업을 위한 프로세스를 수립합니다.
- 효과적인 콘텐츠 전략과 글쓰기 방법론을 프레임워크로 제작하고, 여러 팀이 활용할 수 있도록 이를 전파합니다.
- 비즈니스 성공 사례를 활용해 팀 안팎에서 콘텐츠 전략의 역할과 가치를 명확하게 입증하며, 영향력을 확대해나갑니다.
- 시니어, 주니어 콘텐츠 전략가의 롤 모델로서 멘토링을 통해 피드백을 제공하고, 제품 품질을 향상시킵니다. 나아가 콘텐츠 전략가들의 커뮤니티를 주도하며 업무 역량 향상에 기여합니다.

자격 요건
- 광고, 홍보, 신문, 방송, 언론, 미디어, 경영, 디자인 관련 학사 학위 또는 이에 준하는 경력 보유
- 광고, 홍보, 신문, 방송, 언론, 미디어, 경영, 디자인 관련 학사 학위 또는 이에 준하는 경력 보유
- UX 라이팅, 카피라이팅, 아티클 등 전문 글쓰기 역량과 블로그나 소셜미디어 운영 및 콘텐츠 제작 경험을 잘 보여주는 우수한 포트폴리오
- 요구 사항을 이해하고, 긴 혹은 짧은 글로 정확하게 표현해낼 수 있는 글쓰기 역량
- 8년 이상의 관련 실무 경력
- 글쓰기 가이드라인 문서, 프레젠테이션을 제작할 수 있는 능력
- 아트디렉터, 다양한 사내 부서, 외주 업체와 긴밀히 협업하여, 프로젝트를 이끌고 완성해본 경험

11.2. UX 라이터와 협업

UX 라이터는 사업적 이해와 사용자의 요구를 포착하여 글로 문제를 해결한다. 가장 압도적으로 보이는 '글쓰기'라는 업무는 작업의 끝단에 위치하는 업무의 일부에 불과하다. 몇 글자를 쓰기 위해 그 앞에 이해 관계자들과 수없이 논의와 고민을 해야 한다. 사실상 작가라기보다 문제 해결사이자 의견 조율가, 사용성 전문가, 디자이너에 가깝다.

각자 다른 생각과 다른 목표를 조율하며 결과물을 도출하는 일은 큰 도전이다. 제품 부서는 더 많은 정보를 끄집어내고 싶어 할 수 있고, 제품의 가치를 다르게 생각할 수 있다. 마케팅팀은 가치 중심적인 카피보다 판매의 언어를 선호할 수도 있다. 개발팀은 내용보다 제약에 더 관심을 가질지도 모르고, 디자인팀은 글자의 가독성보다 예쁜 그림이나 색에 더 중점을 둘 수 있다. UX 라이터는 이 많은 사람의 관심을 조정하면서 최선의 결과를 끄집어내야 한다. 협업은 UX 라이터에게 생존과도 같은 것이라서 협업할 때 갖추면 좋은 자세를 알 필요가 있다. 먼저 UX 라이터가 협업하는 대상을 알아보자. UX 라이터는 제품·서비스 관련자, 통계나 개발 담당자, 마케팅·브랜딩 관련자, 법률 담당자 등과 만나게 된다.

11.2.1. 협업의 대상

제품·서비스 담당자: 프로덕트 매니저, 기획자, UX 전문가 등
아마 제품이 출시되는 전 과정을 함께 하면서 가장 자주 교류하는 집단이 될 것이다. 비즈니스 목표, 사용자 문제, 프로젝트의 방향성을 완벽하게 이해하고 글자로 이 과정에 기여해야 한다. 사용자가 정보를 잘 이해하는가? 사용자가 더 오래 머무르기를 원하는가? 클릭률을 높여야 하는가? 매출 향상이 필요한가? 고질적으로 사용자의 발목을 잡는 지점이 있는가? 이들은 자주 만나 작업의 진척도를 공유하고 결과물을 공동으로 감수한다.

데이터 통계 전문가
데이터 통계 전문가는 UX 라이터를 설득력과 논리력을 갖춘 집단으로 무장시켜 준다. 어떤 부분에서 고질적인 문제가 발생하는가? 지난 개편으로 어떤 진전, 또는 퇴보가 있었는

가? UX 라이팅의 투자 효과는 어떤가? 이들과 함께 글쓰기 노력의 효과와 개선 방향성에 대한 근거를 마련한다.

개발자

온라인 서비스가 안정적으로 운영되고 사용자 중심적으로 개선되려면 개발자와 UX 라이터가 긴밀히 협조할 필요가 있다. 서비스 기획안과 일정을 언제나 개발자와 공유하고, 사용자가 마주하는 인터페이스에 보이는 글의 길이, 포맷, 내용이 적합한지를 확인받자. UX 라이터는 기술이나 개발 자원의 한계를 이해하여 그 한계 안에서 최선의 방법을 끌어내거나, 그 한계를 돌파하도록 격려하고 협조한다.

마케팅·브랜딩 담당자: 마케터, 영업, 브랜딩 전문가, 카피라이터 등

UX 라이터가 제품의 보이스앤톤이나 콘텐츠의 상위 전략까지 담당하는 경우라면 특히 이 집단과 긴밀히 협조할 필요가 있다. 상세한 제품 정보를 상위 레벨의 함축적인 언어로 바꾸거나, 반대로 상위 레벨의 언어를 구체적인 일상 용어로 바꿔야 할 수도 있다. 마케팅 관련자들도 고객과 전방에서 교류하는 집단이다. 이들이 작가가 아니라면 더 쉽고 사용자 중심적인 언어로 바꿀 수 있도록 전문적인 도움을 주고, 라이터가 글을 쓸 때는 회사 전체의 브랜딩 노력에 기여할 수 있도록 글의 내용과 톤이 브랜드 전략과 일치하게 한다.

법률 전문가

규제나 법의 관리하에 놓인 정보라면 법률 전문가들의 검수가 필요하다. 중요한 정책이나 법이 잘못 기재되거나, 필요한 정보가 누락되거나, 반대로 불필요하게 추가된 것이 없는지를 이 집단에게 확인받는다. 최근에는 어려운 절차나 정책, 법의 내용을 쉬운 고객 언어로 바꾸는 기업이 증가하고 있다. 이런 경우에 발생할 수 있는 법적인 문제를 가정하여 법률 전문가와 긴밀한 연계를 맺고 있어야 한다.

11.2.2. 협업의 전략

협업은 이론상으로는 아름답지만 현실은 그렇지 않다. 눈치 보기와 갈등, 책임 떠넘기기로 상처뿐인 협동으로 끝나기도 한다. UX 라이터가 하는 일은 다양한 사업 부서와 연결되어 있다. 소통 능력이 일의 성패를 가늠할 수 있기 때문에 이해관계자들과 좋은 관계를 유지해야 한다. UX 라이터가 협업할 때 가져야 할 몇 가지 자세를 살펴보자.

프로젝트 초반에 참여한다

UX 라이팅이 결부된 프로젝트라면 최대한 프로젝트 초반부터 주도적으로 참여하자. 라이터가 주도하는 프로젝트에도 이해 관계자들을 초반부터 참여시키자. UX 라이터로서 할 일과 목표를 가지고 최대한 일찍부터 서로의 의견을 조율하다 보면 마지막 순간에 '이건 내가 원하던 게 아닌데'라며 감정 상하며 뒤집는 사태를 방지할 수 있다.

자주 커뮤니케이션한다

상황이 바뀌거나, 걱정거리가 생겼거나, 새로운 시도가 필요하다면 그때마다 이해 관계자들에게 알리자. 협업에서 깜짝 놀라게 하는 일은 자제해야 한다. 언제나 상대방이 미리 알아서 마음의 준비를 할 수 있게 하자.

상대의 입장을 배려한다

UX 라이터는 사용자의 대변자로 사용자 입장에서 일한다. 이 기술을 협업 상대에게도 발휘하자. 상대의 상황과 목표, 주요 관심사를 이해하고, 상대가 쓰는 말을 쓰자. 이 과정에서 더 좋은 솔루션을 찾고, 어려워 보이던 갈등이 쉽게 해결되기도 한다. 상대의 생각을 배척하는 대신 상대와 내가 공동 이익을 볼 수 있는 방법을 고민하자.

비즈니스 목표와 사용자에 집중한다

다양한 이해관계에 휩쓸리다 보면 큰 그림은 사라지고 지엽적인 디테일에 매달리기 쉽다. 페르소나든, 사용자 여정 지도든, 아니면 큰 목표에 집중하게 돕는 어떤 도구든 활용해서 협업이 산으로 가지 않게 중심을 단단히 붙잡자. 어떤 문제에서 시작했는지, 사용자 성향은 어떤지를 떠올리며 본질에서 벗어난 논의를 수면 위로 끌어올리자.

선택의 이유를 전달한다

왜 특정한 선택을 했는지 설명한다. 설명할 때는 다음과 같이 다양한 측면에서 근거를 대며 논리적으로 설명해야 한다.

- 글 측면: 왜 특정 단어를 선택했는지, 또는 왜 선택하지 않았는지를 알리자. 중심 메시지, 문장 구성 방식, 기호, 줄 수 등 글의 모든 요소에는 선택의 이유가 있어야 하고, 그것을 이해관계자에게 알려야 한다.
- 구조 측면: 왜 콘텐츠를 이렇게 구조화했는가? 제목이 왜 이렇게 많은가, 왜 콘텐츠 전개 방식이 이런가? 왜 특정 컴포넌트를 사용했는가 등을 이해시키자.
- 전략 측면: 비즈니스 목표를 어떻게 돕는가? 사용자는 이 상황에서 어떤 감정을 가지고 어떤 행동을 하려 하는가? 어떻게 이 글이 사용자에게 도움되는가? 플로우는 왜 이런가?

통계와 데이터로 설득력을 높인다

새로운 시도나 팀 작업을 설명하는 다양한 상황에서 설득력을 높일 수 있는 가장 좋은 방법은 수치를 제시하는 것이다.

- 사용자 수: 방문자 수, 활성 사용자 수, 이탈률 등
- 주요 고객 문의
- 웹사이트 트래픽이나 앱 다운로드
- 전환율, A/B 테스트 결과 등
- 서비스 내 사용자 이동 경로와 행동: 어디로 들어와서 어디로 나가며 어떤 행동을 취했는가 등
- 기타: 마우스 이동, 히트맵 등

회사마다 추적하는 데이터와 방법이 다르다. 정기적으로 추적하는 데이터가 아니라면 별도로 데이터팀에 요청해야 할 수도 있다. 핵심은 UX 라이팅 작업과 데이터를 연계하는 방향성을 명확히 설정하고, 그에 맞는 가장 적합한 데이터를 산출하는 것이다.

11.2.3. 피드백 주고받기

UX 라이터가 쓰는 글자는 사업의 목표와 사용자 편의, 그리고 이해 관계자의 요구에 부합해야 한다. 따라서 다양한 이해 관계자와 피드백을 주고받는 것은 불가피하다. 긍정적이고 호의적인 피드백은 괜찮지만, 부정적이고 공격적인 피드백은 감정을 곤두서게 만들어 생산적인 결과물을 내는 데 방해가 된다. 상대의 의견을 감정적으로 받아들이지 않고 일에 집중하는 몇 가지 방법을 살펴보자.

배경을 공유한다

회의를 시작하면서 지금 공유할 글이 나오게 된 배경을 설명하자. 어떤 문제의식에서 시작됐는지, 해결안은 어떤 근거로 나왔는지, 다른 대안은 무엇인지 등을 공유하자. 그리고 지금 이 자리에서 필요로 하는 의견은 무엇인지도 알리자. 방향성을 정돈하면 목적에 충실한 논의의 기반을 다질 수 있다.

상대의 피드백을 예상한다

상대에게 들을 수 있는 피드백의 종류를 예상하자. 내가 필요로 하는 피드백과 상대가 줄 수 있는 피드백을 미리 예상하면 짧은 시간에 더 유용한 결과를 도출할 수 있다.

같은 팀, 또는 제품 담당자라면 글의 세밀한 부분에 대해 의견을 줄 것이다. 예를 들면 다음과 같다.

- 왜 이 단어를 사용하셨나요? 다른 단어는 어떤가요?
- 문장 부호를 빼면 어떨까요?
- 두 줄 대신 한 줄로 줄여봅시다.

경영진이나 마케팅팀이라면 좀 더 전략적이고 전체적인 수준에 대해 알려줄 것이다. 예를 들면, 다음과 같다.

- 이번 프로젝트 목표에 어떻게 기여하나요?
- 우리 브랜드의 방향성과 일치하나요?
- 이 문장은 회사가 모든 책임을 떠안는 듯한 느낌을 줍니다.
- 부정적으로 들리는데 긍정적인 어조로 바꿔봅시다.

생각을 끄집어낸다

피드백이 모호하다면 질문을 던져 상대의 의중을 알아내자. "이 제목은 사용자가 해야 할 일을 분명히 알려줍니다"라거나 "이 문장은 우리 서비스 스타일과 어울리지 않아요" 같은 의견은 사용자와 서비스에 초점을 맞추고 있다. 하지만 "이 제목은 마음에 안 들어요",

"MZ 세대가 좋아하는 문장으로 바꿔주세요"와 같은 모호한 의견이 나온다면 다음과 같은 질문을 던져 상대의 진짜 생각을 끄집어내자.

- 이 부분의 핵심 메시지와 어감은 무엇이라고 생각하나요?
- 이 글을 읽는 사용자의 상황과 감정은 무엇인가요?
- 왜 이 글(문장, 단어, 배치, 어감 등)이 우리 기업과 어울리지 않다고 느끼시나요? 어울린다고 생각하는 다른 글이 있다면 알려주세요.
- 이 글이 서비스 가이드라인의 어떤 부분에서 미흡(또는 충족)하다고 생각하시나요?
- 어떤 느낌인지 좀 더 구체적으로 말해주세요. 좋은 느낌인가요? 나쁜 느낌인가요? 어떤 글자(문장, 배치, 어감 등)가 그런 느낌을 갖게 하나요?
- 전체 서비스 플로에서 이 글(또는 상대의 의견)은 어떻게 적합(또는 부적합)한가요?
- 혹시 다른 더 좋은 표현(단어, 문장, 이미지) 떠오르는 것이 있나요?
- 혹시 의견을 뒷받침할 수 있는 통계나 데이터가 있나요?
- 마음에 드는(또는 마음에 들지 않는) 다른 글은 무엇인가요?

현실의 회의는 책처럼 매끄럽지 않을 수 있지만, 작은 도전과 실패가 쌓이면서 점점 UX 라이터의 역량과 내공이 쌓여갈 것이다. 사용자의 입장에 공감하는 실력을 기업과 상대팀에게도 발휘해 보자. 사용자 입장에서 생각하고, 회사가 달성하려는 것을 이해하고, 다른 부서의 입장을 이해하면서 사용자와 서비스가 공동으로 이로운 지점을 찾아 나가자. 신기하게도 생명 없는 화면의 글자에 기업의 가치관이, 구성원들의 관계가, UX 라이터의 마음이 전해진다.

> **현업 인터뷰** 숨고 UX 라이터 정서우

UX 라이팅의 투자 가치를 입증하고
UX 라이터 공식 직함을 만들었습니다.

숨고 UX 라이터 정서우

1. 소개 부탁드립니다.

생활 솔루션 플랫폼 '숨고'에서 UX 라이터로 일하고 있습니다. 헬스케어 서비스인 눔 코리아와 데이터 사이언스 교육기관인 DS 스쿨에서 콘텐츠 마케터로 일했어요. 고객과 인터뷰하고 성공 사례를 콘텐츠로 만드는 일이었죠. 그리고 숨고에 콘텐츠 마케터로 입사했습니다. 그러다 UX 라이팅으로 직무를 변경해 숨고의 첫 번째 UX 라이터가 되었습니다.

2. 회사에 UX 라이터라는 직함을 새롭게 만든 것이 흥미로워요. 자세히 들려주세요.

저는 인터뷰가 좋아서 콘텐츠 마케팅을 하게 되었어요. 그런데 이 인터뷰 글로 SNS 콘텐츠를 만들어야 하는데 SNS에 맞는 감성적이고 과장된 글쓰기가 너무 어려웠어요. 그러다 우연히 FAQ 작업을 맡게 되었어요. 기존에 발행된 FAQ는 사용자 입장에서 볼 때 내용이 어렵고, 한 문장에 내용도 많아 잘 이해가 안 됐어요. 정보 구조화도 좋지 않았고요. 고객에게 필요한 내용만 논리적으로 구조화하는 작업을 했는데 일에 폭 빠지면서 이런 종류의 일이 내 적성에 잘 맞는다는 것을 알게 되었습니다.

이 계기로 프로덕트팀에서 이런 성격의 업무들을 하나둘씩 받게 되었습니다. 그중 하나로 숨고의 고수가 상품 등록을 해야 하는데 상품 등록 반려 건이 너무 많이 나오는 거예요. 이걸 해결하기 위해 상품 등록 페이지의 한 퍼널만 개선해 주면 좋겠다는 의뢰가 들어왔습니다. 그런데 가만히 보니까 그 퍼널 하나만 봐서 해결할 수 있는 게 아니었어요. 그래서 처음부터 끝까지 화면을 모두 캡처해서 논리의 흐름을 살펴봤습니다. 새벽 3시까지 몰입하면서 작업을 했어요. 그렇게 전체 플로를 살펴보면서 전체적인 피드백을 다 드렸습니다. 반려가 유독 많이 나는 상품으로 상품 등록 페이지 내 플레이스 홀더에 예시 상황을 들면 좋을 거 같다는 제안을 했고요. 같은 말인데도 다양한 단어로 표현이 되어 있는 부분은 통일했습니다. 그리고 구체적인 안내가 필요한 부분에 충분한 안내가 없어서 콜아웃 섹션과 문구도 함께 제안했습니다. 사람들에게 UX 라이터로 자질을 인정받았고, UX 라이팅 업무를 늘려갔습니다.

3. 어떻게 UX 라이터의 필요성을 입증하셨나요?

UX 라이터가 있으니 좋은 건 알겠다는 반응이었는데 제가 UX 라이터가 되면 저를 대신할 콘텐츠 마케터 한 명을 새로 채용해야 했습니다. 그래서 대표님이 UX 라이터에 투자할 만한 가치가 있는지 효용성을 입증하라는 미션을 부여했습니다. 디자인이나 다른 어떤 요소의 변경 없이 UX 라이팅만으로 성과가 난다는 것을 보여야 했습니다. 그래서 UX 라이팅으로 큰 임팩트가 있을 만한 화면을 골랐습니다. 마케팅 수신 동의 모달, 전환율을 높여야 하는 피처 진입점에 있던 툴팁 글귀, 특정 피처 네이밍 개선, 고객 맞춤 서비스 제안 문구 개선 등을 뽑았습니다.

그중 한 예를 들려 드릴게요. 당시 회사에서 마케팅 알림 동의가 너무 낮아서 문제였어요. '광고성 수신 동의'라고 떡하니 써 있어서 고객이 동의하고 싶지 않겠더라고요. 그래서 사용자가 유용한 정보를 얻을 수 있다는 느낌으로 제목을 바꿨습니다. CTA 문구도 바꿨고요. 이런 식으로 여러 번의 실험을 거쳐 최적화된 문구를 찾아냈습니다. 결과적으로 웹에서는 8.4% 상승이 있었고요. 앱에서는 31.81% 상승이 있었습니다. 이 실험을 통해 매달 500만 원의 추가 매출을 발생시킬 수 있었습니다.

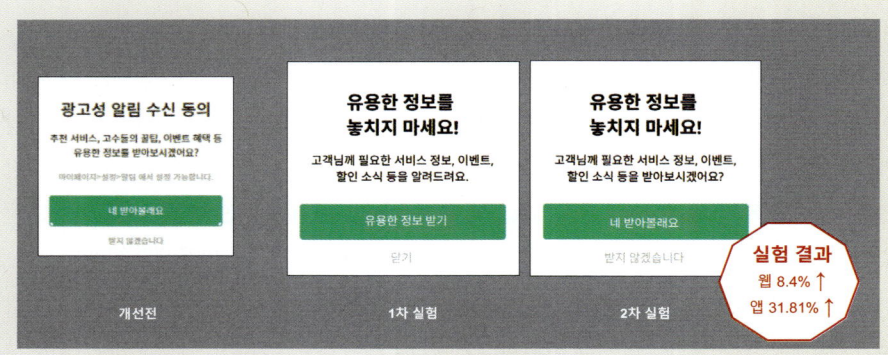

그림 11.1 광고성 알림 동의 화면 AB 테스트 결과

하나 더 예를 들어 드릴게요. 숨고 사용자는 '요청서'라는 걸 작성해서 고수에게 견적을 받을 수 있어요. '요청서'는 숨고에서 매우 중요한 기능 중 하나인데 요청서 작성 과정이 길어서 이탈하는 사용자가 꽤 있었어요. 이탈하는 사용자를 붙잡기 위해 노출되는 모달을 봤더니 어감이 너무 부정적인 거예요. 얼마 안 남았고, 힘내서 이 과정을 마무리하면 어떤 혜택을 얻을 수 있는지 알려주는 문장으로 개선해서 A/B 테스트를 진행했습니다. 이 실험 역시 통계적으로 유의미하게 4.8%의 상승이 있었고, 매달 620만 원 추가 매출 발생에 기여했어요.

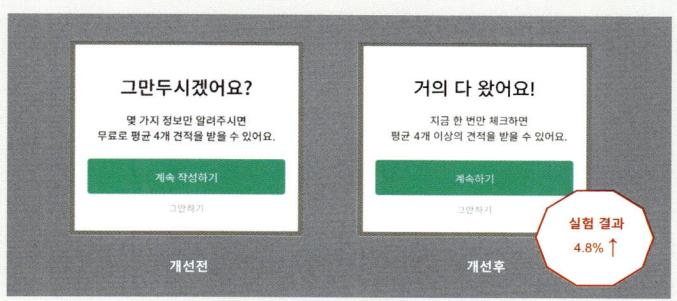

그림 11.2 긴 요청서를 작성할 때 그만두려는 사용자에게 보여지는 화면의 AB 테스트 결과

두 달 동안 A/B 테스트 10건을 실행했고, UX 라이팅으로 2천만 원 이상의 수익을 냈습니다. 이렇게 UX 라이터의 투자 가치를 입증하고 첫 번째 UX 라이터로 일하게 되었습니다.

4. UX 라이터의 역량을 강화하기 위해 어떤 일을 하시나요?

UX 라이팅 전문 글을 올리는 캡처프레이즈라는 매체의 에디터로 참여하고 있어요. 해외의 UX 라이팅 아티클을 읽고 번역하는 일을 합니다. 사내 UX 라이팅 스터디도 리드하고 있습니다. 처음에는 UX 라이팅 책을 읽으며 스터디를 진행했는데요, 다음부터는 숨고 안에서 어색한 UX 라이팅을 개선하는 방향으로 바꿨습니다. 외부 UX 라이터들을 만나기 위해 콘퍼런스에 참가하기도 하고 국내 UX 라이터들과 소통하고 교류하고 있습니다.

5. UX 라이팅은 혼자 하는 작업이 아니잖아요, 본인의 작업을 어떻게 설득하시나요?

숨고는 데이터 중심 기업이에요. 제가 UX 라이팅 투자 효과를 입증한 것처럼 데이터로 설득해야 합니다. 그리고 협업을 요청한 분들(보통 PO, UX 디자이너)과 만날 때 안을 10개 이상 만들어 가요. 그 중에서 한 가지를 마음속에 정해 놓습니다. 라이팅 플로를 설명하면서 이렇기 때문에 이 아이디어가 좋다고 생각한다고 말씀드려요. 그러면 대부분 수긍하십니다. 하지만 언제나 그렇지는 않아요. UX 라이터는 자신의 안을 밀어붙이는 사람이 아니고 협업을 요청한 분들이 좋은 생각과 결정을 할 수 있도록 도와드려야 한다고 생각해요. 따라서 제 안으로 좋은 논의가 촉발되는 역할에도 만족합니다. 이 과정에서 상대가 더 좋은 아이디어를 말씀해 주시기도 합니다.

6. 국내에 UX 라이팅의 초기 시장을 개척하고 계십니다. 기업의 나 홀로 UX 라이터 또는 UX 라이팅 업무를 입증해야 하는 분들에게 조언을 해주신다면?

UX 라이팅이 제품에 어떻게 기여하는지 명확히 전달해야 합니다. 저 같은 경우는 데이터로 입증을 해야 했고, 그래서 데이터로 결과를 보여드렸습니다. UX 라이터의 직분과 업무를 입증하고 평가받아야 하는 것에서 초연해져야 합니다. 필요하다고 생각하지 않는 분야에 누가 투자하고 싶겠어요. 평가받는 과정에서 더 좋은 글을 쓰고 내 업무 역량도 더 단단해집니다.

잘 정의된 업무 목록이나 케이스가 있는 게 아니다 보니 정답을 물어볼 수 없는 점도 답답합니다. 그래서 업계 사람들을 많이 만나려고 하는데, 답답한 만큼 내가 정답을 하나하나 만들어 가는 즐거움을 가질 수 있습니다. 정답이 없고 막연한 현재 상황에 속상해하기보다 내가 스스로 개척한다는 마음가짐을 가지셨으면 좋겠어요.

11장 요약

1. UX 라이터를 채용하는 기업에서 요구하는 핵심 역량은 다음과 같다.

    - 높은 작문 실력
    - 디지털 환경에 대한 이해
    - 사용자 경험에 대한 이해
    - 비즈니스에 대한 이해
    - 데이터 기반 의사 결정
    - UX 라이팅 정책/거버넌스 수립
    - 여러 이해관계자와의 협업
    - 타깃 그룹의 언어 및 문화 이해도
    - 디자인 툴 사용

2. UX 라이터 협업의 전략은 다음과 같다.
    - 프로젝트 초반에 참여하자
    - 자주 커뮤니케이션하자
    - 상대의 입장을 배려하자
    - 비즈니스 목표와 사용자에 집중하자
    - 선택의 이유를 전달하자
    - 통계와 데이터로 설득력을 높이자.

3. 피드백을 주고받는 기술은 다음과 같다.
    - 배경을 공유하자
    - 상대의 피드백을 예상하자
    - 생각을 끄집어내자.

참고 문헌

1. UX 라이팅을 위한 프로세스 및 워크숍 도구 개발에 관한 연구, 서울여자대학교 산업디자인학과 석사 논문, 정지현, 2023.01

A - J

A/B 테스트와 다변량 테스트	59
A/B 테스팅 솔루션	196
AI 도구	204
Asurion	258
Beusable	61
ChatGPT	200
Copi.ai	217
DeepL	207
F 패턴	4, 6
Google Translate	207
GPT	208
Grammarly	205
hallucination	200
Hemingway Editor	206
HyperCLOVA	201, 215
information foraging	5
information scent	5
In-page Analytics	61
Jasper AI	217

K - Z

KB 국민카드 UX 라이팅 가이드라인	256
Naver Papago	207
OpenAI	200
SK 텔레콤 사람 잡는 글쓰기	256
SWIT	287
The 7 Principles of Conversion Centered Design	186
UI/UX 카피	25
UX 라이터가 쓰는 글의 종류	24
UX 라이터 채용 기업	293
UX 라이터 필요 역량 및 업무	294
UX 라이팅과 마이크로카피의 관계	161
UX 라이팅 업무 영역	19
UX 라이팅을 위한 프로세스 및 워크숍 도구 개발에 관한 연구	292
UX 라이팅의 브랜딩 측면의 업무	22
UX 라이팅의 사용성 측면의 업무	21
UX 라이팅의 언어적 측면의 업무	20
UX 라이팅의 일관성 측면의 업무	24
UX 라이팅의 전환율 측면의 업무	23
UX 라이팅 정의와 특징	17
UX 라이팅 체크리스트	247
UX 라이팅 프로세스	33
UX 라이팅 vs. 카피라이팅	18
WRTN	219

ㄱ

가독성 점수	264
검색 결과, 라우팅 페이지에서의 스캐닝 패턴	11
경청 투어	52
경험 지도(Experience Map)와 고객 경험 지도(Customer Experience Map)	70
고객 접점 채널 활용	53
구글 번역기	207
구글 ARCore	275
그래머리	205
글쓰기 마무리	243
네이버 파파고	207
닐슨 노먼 그룹	xxvi
데이터 분석	59
디자인 시스템과 라이팅 결합	257
딥엘	207
랜딩 페이지 최적화	184
레이어 케이크(Layer Cake) 패턴	7
로랩스	277
로셀 킹	59
론 모어(Lawn Mower) 패턴	10
뤼튼	219
링크 개수에 따른 전환율의 차이	188

ㅁ - ㅅ

마이크로카피	160
마이크로카피의 효과	168
마이클 에이가드	xxvi, 181
메일침프	82
메일침프 보이스 가이드라인	83
메일침프의 톤 디자인 예시	84
메일침프 콘텐츠 스타일 가이드	255
목록과 도표 활용	129
문해력 설문	266
바이패싱(Bypassing) 패턴	11
반응 카드 기법	266
보이스앤톤 디자인	28
보이스앤톤 디자인의 정의	75
보이스앤톤 디자인의 효과	76
보이스앤톤 디자인 프로세스	78
보이스앤톤 이미지 설문조사	267
보이스와 톤 형용사 목록	79
복합 사용성 평가	267
뷰저블	61, 193
사용성 평가	54
사용성 평가와 UX 라이팅 결합	284
사용자 여정 지도	68, 195
사용자 인터뷰	53
사용자 질문 뽑아내기	51
생성형 AI	199
생성형 AI 활용 영역	201
설득적인 콘텐츠 흐름	188
설문 조사	58
세쿼이아 캐피털	199
쇼피파이 콘텐츠 가이드	254
숨고	303
스캐닝을 돕는 글	16
스캐닝 패턴	5
스퀸트 테스트	262
스파티드(Spotted) 패턴	8
시장/경쟁사 분석	54
신한카드의 서비스 핵심 원칙	79
신한카드 UX 라이팅 가이드	255

ㅇ - ㅈ

아수리온	258
아이트래킹	3, 263
앨런 쿠퍼(Alan Cooper)	62
언바운스	186
에디팅 및 번역 도구	204
에리카 홀	42, 156
에어비앤비의 디자인 시스템	258
에어서플라이	277
여백 활용하기	125
역피라미드 글쓰기	115
연관된 정보는 근처에 배치	127
열린 카드 소팅과 닫힌 카드 소팅	56

영국 정부 콘텐츠 디자인 가이드	252	콘텐츠 스타일 가이드	251
우버	85	콘텐츠 스타일 가이드 검수	266
우버의 보이스앤톤 원칙	86	콘텐츠 스타일 가이드 사례	252
웨이브웨어	280	콘텐츠 스토리텔링	151
웨이브컴퍼니	280	콘텐츠 전략	37
이수현	287	콘텐츠 전략 수립	30
인페이지 애널리틱스	61	콘텐츠 제작	27
읽게 만드는 제목 쓰기	133	콘텐츠 테스트 방법론	260
읽기 속도 테스트	264	콘텐츠 평가하기	259
작가 중심의 글 vs. 독자 중심의 글	3	클로즈 테스트	265
전문가 테스트	264	클릭을 유도하는 링크 쓰기	137
전환 관련 개념	180	탈잉	xxvii
전환율을 높이는 글쓰기	160	토스 보이스앤톤 메이커	259
전환율을 높이는 디자인의 7가지 원칙	186	톤 가이드라인과 톤에 따른 예시	80
전환을 이끌어 내는 버튼 카피의 공식	181	트래픽 분석	59
정보 사냥	5	트리 테스팅	261
정보의 계층 구조	123	패러프레이즈 테스트	266
정보의 향기	5	퍼널 분석	60
정보 패턴화	110	페르소나	62
정서우	303	포그리트	193
정지현	292	프롬프트 기술	210
제록스(Xerox) PARC	4	피드백	300
제이콥 닐슨	3	하이퍼클로바	201, 215
제이콥 닐슨의 10가지 사용성 휴리스틱	93	할루시네이션	200
조셉 슈거맨	154	핵심이 잘 보이는 글쓰기	110
조슈아 포터	xxv	허브스팟 온보딩 데모	273
좋은 대화를 나누는 과정	44	헤밍웨이 에디터	206
좋은 마이크로카피 쓰는 방법	162	협업	297
		협업의 대상	297
		협업의 전략	298
		형광펜 테스트	265
		히트맵	194

ㅊ - ㅎ

챗GPT	200
체크리스트	247
최소한으로 작동하는 대화 워크시트	157
카드 소팅	55
카카오메이커스 보이스앤톤 가이드라인	256
카피와 전환율	180
카피 최적화	31
커미트먼트(Commitment) 패턴	9
콘텐츠 검토	243